交通运输战略与政策丛书

2015年日本国土交通旅游白皮书

交通运输部规划研究院　编译

人民交通出版社股份有限公司
China Communications Press Co.,Ltd.

内 容 提 要

本书是日本国土交通省2015年发布的重要战略性政策白皮书,阐释了国土交通省基础设施领域促进日本经济增长的战略和政策,内容涵盖经济与国土交通关系、国土交通治理、新旅游发展战略、促进区域振兴、创造安全舒适美丽健康社会、交通行业发展趋势与战略以及国际合作等。对于研究探索我国经济高质量发展、推进治理能力现代化、建设交通强国路径具有重要参考价值。

本书可供交通、国土、旅游行业政府部门、科研机构人员借鉴参考,也是广大读者快速深入了解日本经济社会的好途径。

图书在版编目(CIP)数据

2015年日本国土交通旅游白皮书 / 交通运输部规划研究院编译. — 北京:人民交通出版社股份有限公司,2018.12

ISBN 978-7-114-14523-0

Ⅰ. ①2… Ⅱ. ①交… Ⅲ. ①旅游业—交通运输管理—白皮书—日本—2015 Ⅳ. ①F593.130

中国版本图书馆 CIP 数据核字(2018)第 259946 号

交通运输战略与政策丛书

书　　　名:	2015年日本国土交通旅游白皮书
编 译 者:	交通运输部规划研究院
责任编辑:	丁　遥　闫吉维　张　洁
责任校对:	宿秀英
责任印制:	张　凯
出版发行:	人民交通出版社股份有限公司
地　　　址:	(100011)北京市朝阳区安定门外外馆斜街3号
网　　　址:	http://www.ccpress.com.cn
销售电话:	(010)59757973
总 经 销:	人民交通出版社股份有限公司发行部
经　　　销:	各地新华书店
印　　　刷:	北京虎彩文化传播有限公司
开　　　本:	787×1092　1/16
印　　　张:	22.25
字　　　数:	521千
版　　　次:	2018年12月　第1版
印　　　次:	2018年12月　第1次印刷
书　　　号:	ISBN 978-7-114-14523-0
定　　　价:	120.00元

(有印刷、装订质量问题的图书,由本公司负责调换)

交通运输战略与政策丛书
编委会

主　　编：陈胜营
副 主 编：王文龙　张小文
成　　员：聂向军　马衍军　袁春毅　蒋　斌
　　　　　张　男　崔　敏　姚晓霞　奉　鸣
　　　　　何佳媛　黄丽雅　高　翠　王佳强
　　　　　罗诗屹　王　婧　赵　羽　赵如意

《2015年日本国土交通旅游白皮书》
编委会

主　　编：聂向军　袁春毅

成　　员：马衍军　何佳媛　奉　鸣　蒋　斌

　　　　　张　男　崔　敏　黄丽雅　高　翠

　　　　　王佳强　王　婧　赵　羽

翻译审定：何佳媛

丛书前言
Preface of Series

交通运输是兴国之器、强国之基。党的十九大报告明确提出建设交通强国的宏伟目标,这是以习近平同志为核心的党中央高瞻远瞩,在科学研判社会主义现代化强国进程中,赋予交通运输行业的新定位和新使命,为新时代交通运输发展指明了方向,带来了前所未有的新机遇。交通运输系统将在新时代奋力开启由交通大国迈向交通强国的新征程。交通运输部高度重视交通强国建设,在2018年全国交通运输工作会议构筑起交通强国建设的"四梁八柱",明确了基本内涵、总体思路、战略目标等,并指出要分两步实现交通强国战略目标。

新时代开启新征程,新使命呼唤新作为。交通运输部规划研究院作为部属事业单位,将继续秉承"服务政府、服务行业,当好交通运输部智囊团、做现代交通运输业发展智库"的使命,瞄准宽领域、高层次、信息化、国际化的总体方向,致力于建成行业权威、国内一流、国际知名的交通运输研究咨询机构。多年以来,我们以支持交通运输行业构建畅通、高效、安全、绿色的现代交通运输体系为方向,重点开展综合交通、现代物流、公路、水运、环境保护、节能减排、安全应急、信息化等方面的战略、规划、政策、标准规范、关键技术等研究。承担了多个国家战略交通规划,完成了国家公路网、沿海港口、内河航运、水上交通安全监管和救助等多项国家级交通发展规划以及长江口深水航道治理、渤海海峡跨海通道等国家重大交通工程规划论证工作,为交通运输行业全面、协调和可持续发展提供了强有力的技术支撑。

立足中国交通运输发展的现状及愿景,以更宽的视角洞察国际交通运输科技发展前沿,通过有计划地精心组织编纂"交通运输战略与政策丛书",突出资政功能，展示科研精品，传播交通知识，打造交流平台，全方位呈现近年来有关交通运输行业及相关领域的全局性、战略性、前瞻性、长期性的战略和政策等方面的研究成果，努力为实现交通强国梦贡献绵薄之力。

交通运输部规划研究院院长

2018 年 12 月

前　言
Foreword

日本已成为一个人口快速老龄化的社会,作为产业支柱的劳动年龄人口持续减少。同时,日本还面临着日益严峻的财政紧缩和全球竞争。

然而,如果能通过减少社会浪费提高生产率,即使促进经济发展的劳动力持续减少,也能实现可持续的经济增长。

根据这种观点,日本国土交通省(MLIT)将2016年确定为"生产率革命的起始年",同时致力于掀起一场生产率革命,确保在人口减少的情况下,通过提高社会各个方面的生产率实现经济增长❶。

在此背景下,并意识到上述问题后,《2015年日本国土交通旅游白皮书》的第一部分"支撑日本经济增长的国土交通管理的发展——引发生产率革命的战略基础设施管理"通过着重论述具有高存量效应❷(旨在提高社会基准生产率,探索未来发展方向)的战略基础设施发展,阐释并探讨了日本国土交通省采用与基础设施❸有关的方法,促进日本经济增长的政策。

具体来讲,第一章"日本经济与土地、基础设施、交通和旅游管理之间的关系",探讨了日本面临的人口减少、经济和财政状况,以及其他挑战,同时通过审视基础设施发展的历史、基础设施投资的变迁,以及近代早期(特别是江户时代和第

---

❶日本国土交通省专门成立了"国土交通省生产率革命总部",它将致力于在三个方面提高生产率:"社会基础""不同行业"和"面向未来"的投资和新技术,具体项目将在它们成熟时陆续发布。

❷存量效应:"基础设施的存量效应是指基础设施建设完工后具备的相应功能产生的影响以及在中长期内持续产生的影响,这类影响包括在发生灾害时提高安全性的影响以及提高生活质量的影响。例如,改善生活条件以及生产扩张效应,如通过减少出行时间提高效率和生产率。"[《基础设施优先发展计划》(由内阁府于2015年9月制定)第1章第2.2(1)(i)节]

❸基础设施的定义:在本书中,除非另有规定,否则基础设施在广义上是指日本国土交通省管辖的社会实物资本(如公路、铁路、港口码头、河堤、水坝、下水道系统、公园),以及由其提供的与交通社会实物资本有关的公共交通服务。

通常,公路和下水道系统之类的实体设施均可视为基础设施。例如,《广辞苑词典》(第6版)对基础设施的解释是:"作为工业和社会生活基础的设施。这包括社会资本(如公路、铁路、港口码头和水坝)和与生活有关的社会资本(如学校、医院、公园和社会福利实施)。"

二次世界大战后经济增长期)的基础设施累积存量的影响,从历史的角度分析了基础设施发展对经济增长的影响。

第二章"引发生产率革命的战略基础设施管理",阐释了为使存量效应最大化所付出的努力。这些努力包括:在有安全保障的前提下,提高生产率(如通过尝试"明智投资、智慧利用",最大限度地发挥现有设施的作用,使存量效应得以"显现");对公私合作的努力进行案例研究,以创建新的私营部门需求,促使基础设施有效发展和运行;同时阐明企业活动与基础设施之间的关系,以及基础设施开发者与用户的预期,以使存量效应最大化;最后,通过对作为基础设施用户的民营企业经营者进行民意调查(问卷调查)提高生产率。

第三章"培育和拓展新市场、寻找领导者和采用新技术",通过探索海外增长领域,阐释了致力于基础设施系统海外扩张的案例研究,通过利用基础设施吸引入境外国游客,以及旨在提拔和培养建筑业栋梁的前瞻性举措,促进基础设施发展和基础设施开发现场(如 i-Construction)的生产率提高。

2016 年 4 月 14 日晚间,一连串地震袭击了熊本县和大分县,并造成巨大破坏。本书在第一部分第四章介绍了对 2016 年熊本地震的灾后响应(自 2016 年 5 月中旬起)。

本书的第二部分阐述了 2015 年日本国土交通省的各部门在每个政策问题的处理方面取得的进步。

目录 Contents

第一部分　支撑日本经济增长的国土交通管理的发展
——引发生产率革命的战略基础设施管理

第一章　日本经济与土地、基础设施、交通和旅游管理之间的关系 ·················· 3
  第一节　日本经济及其外部条件 ··· 3
  第二节　经济趋势与基础设施发展 ··· 14

第二章　引发生产率革命的战略基础设施管理 ·· 41
  第一节　以存量效应最大化为目标 ··· 41
  第二节　通过公私合作关系实现基础设施的有效发展和运营 ·················· 57
  第三节　私营企业民意测验与分析的结果 ·· 69

第三章　培育和拓展新市场、寻找领导者和采用新技术 ································ 87
  第一节　培育和拓展新市场 ·· 87
  第二节　为发展基础设施寻找领导者、提高现场生产率和采用新技术 ······ 106

第四章　补充部分——对2016年熊本地震的灾后响应 ································· 125
  第一节　受灾状况 ·· 125
  第二节　国土交通省在地震发生后立即采取的措施 ······························ 127
  第三节　为灾民提供的救助措施 ··· 131
  第四节　重要基础设施的恢复状况 ·· 132
  第五节　受损严重的基础设施的恢复 ··· 133
  第六节　振兴旅游业的措施（包括恢复旅游资源） ······························· 133
  第七节　追加概算 ·· 133
  第八节　结论 ·· 134

第二部分　国土交通省的政策趋势

第一章　东日本大地震后的恢复和重建措施 ··· 137
  第一节　现状及恢复和重建措施 ··· 137

第二节	基础设施和交通的稳步恢复与重建	137
第三节	促进城镇的灾后重建,让灾民有稳定的住所	140
第四节	恢复本地公共交通和振兴旅游业	141
第五节	确保重建项目的顺利实施	142
第六节	福岛县的重建和振兴等	143
第七节	根据东日本大地震的经验教训建设抗海啸的社区	143

第二章 实施适应时代需求的国土交通管理 145
第一节	加快实施一揽子国土政策	145
第二节	防止社会基础设施老化的措施	145
第三节	推动社会基础设施的发展	149
第四节	促进交通政策的执行	150
第五节	促进海洋政策的实施(海洋国家)	153
第六节	推动水循环的实施	154
第七节	措施的有效和优先部署	156
第八节	使中央和地方政府以及私营部门之间的关系进入新阶段	158
第九节	政策评估、项目评估与互动管理	159
第十节	承办2020年东京奥运会和残奥会的途径	160

第三章 成为旅游国家,建设美丽国度 161
第一节	旅游业的趋势	161
第二节	建设旅游国的途径	162
第三节	建设景观怡人的美丽国度	169

第四章 促进区域振兴 173
第一节	区域振兴的途径	173
第二节	推动区域振兴措施的实行	173
第三节	鼓励私营部门参与城市发展	184
第四节	促进本地化发展措施的实行	185
第五节	促进北海道的综合发展	186

第五章 打造舒适的生活空间 190
第一节	实现富裕的居住生活	190
第二节	创造舒适的生活环境	195
第三节	打造更加便利的交通网络	196

第六章 建设具有竞争力的经济与社会 200
第一节	建设交通网络	200
第二节	实施综合物流政策	212
第三节	重振各个行业	217

第七章 建设安全舒适的社会 237
| 第一节 | 建设无障碍社会 | 237 |

第二节	自然灾害应对措施	241
第三节	确保建筑安全	265
第四节	加强交通运输行业安全管理	266
第五节	危机管理和安全措施	281

第八章 创造并保持美丽健康的生活环境 288
第一节	推进全球变暖应对措施	288
第二节	促进循环型社会的建设	295
第三节	恢复和保护自然环境与国土开发	298
第四节	维持或修复健康水循环	302
第五节	保护海洋环境	308
第六节	防止大气和噪声污染,改善生活环境	309
第七节	全球环境变化的观察、监测和预报	312

第九章 加强战略性国际扩展,做出更大贡献 316
第一节	促进基础设施系统出口	316
第二节	促进国际合作与谈判	322
第三节	国际标准化倡议	328

第十章 利用信息通信技术促进技术研发 331
第一节	利用信息通信技术促进土地、基础设施、交通和旅游领域的创新	331
第二节	促进技术研发	335
第三节	改进施工管理技术	338
第四节	建筑机械和机械设备技术开发	338

第一部分

支撑日本经济增长的国土交通管理的发展

——引发生产率革命的战略基础设施管理

第一章 日本经济与土地、基础设施、交通和旅游管理之间的关系

第一章"日本经济与国土交通管理之间的关系",根据第二章和后续章节的假设和描述,联系日本经济面临的严峻形势,从历史和统计数据的角度,分析了基础设施发展对经济增长的重要影响。

第一节"日本经济及其外部条件"概括性地介绍了人口(特别是劳动年龄人口)的日益减少将使日本在2050年成为老龄化率接近40%的超老龄化社会,快速增长的长期债务和其他因素会导致财政状况窘迫。

第二节"经济趋势与基础设施发展"通过探讨经济增长和基础设施发展史(江户时代与战后经济增长期),阐释了基础设施如何促进人们生活的进步和时代经济发展。通过公共投资水平的国际比较,我们阐述了考虑日本土地贫瘠和恶劣自然环境的必要性,同时简要介绍了基础设施的存量效应,并分析了它对基础设施、生产率和经济增长的影响。

第一节 日本经济及其外部条件

一、日本的人口状况和未来趋势

1. 总人口与劳动年龄人口的变化

由于少子化和老龄化加剧,在经过2008年的高峰后,日本的总人口逐渐下降;在经过1995年的高峰后,日本劳动年龄人口也已减少。2015年全国人口普查的初步数字表明,自每五年一次的人口普查开展以来,日本的总人口首次下降到1亿2711万人。根据国立社会保障与人口问题研究所(IPSS)的预测(对出生率/死亡率的中期预测),到2030年和2060年,日本的总人口将分别降至1亿1662万人和8647万人(与2010年相比下降32.3%),其中劳动年龄人口到2030年预计降至6773万人,到2060年预计降至4418万人(与2010年相比下降45.9%)(图Ⅰ-1-1-1)。

2. 人口老龄化加剧

此外,日本2015年[1]的老龄化率[2]达到26.7%的创纪录新高,这不仅是历史最高水平,而且远远高于其他国家的老龄化率(图Ⅰ-1-1-2)。此外,日本预计将成为超老龄化社会,2025年

---

[1] 日本总务省开展的"人口预测"(截至2015年10月1日)。
[2] 老年人口(65岁及以上)在总人口中的比例。

其老龄化率将升至30%，2050年将达到近40%。

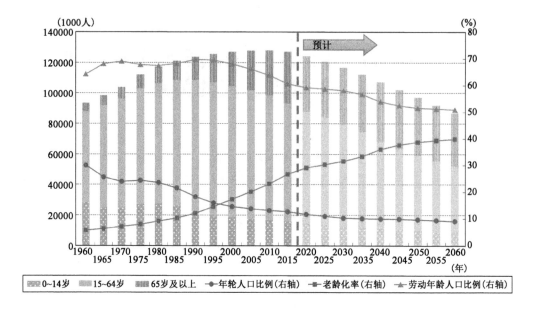

图Ⅰ-1-1-1 日本的人口结构变化

资料来源：日本总务省(MIC)负责进行的"全国人口普查"和"人口预测"(截至2010年)，日本总务省对2015年的"人口预测"(截至2015年10月1日)；国土交通省根据IPSS提供。

3. 不同地区人口结构变化的差异

根据不同地区的人口分布预测，2010—2050年，有超过60%的居民区的人口将减少一半，有约20%的居民区将变成非居民区。同样，小城市的人口变化预测表明，城市越小，人口下降率越高。2010—2050年，人口不足1万人的城市，其人口将减少近一半。人口增长仅在少数地区(包括东京和名古屋地区)出现，整个日本的人口减少状况将日益加剧。在人口减少的地区，不仅年轻人口，而且老年人口也开始减少。

4. 人口减少的社会和基于更高生产率的日本经济增长

有人指出，人口下降会导致日本的总体经济规模缩小。日本经济与财政政策委员会、专家组和日本未来委员会的报告预测，由于劳动年龄人口开始急剧减少，日本经济在21世纪30～40年代将面临下行压力。人口减少和经济停滞将导致日本在21世纪40年代进入经济负增长时期，而这种局面一旦出现将很难摆脱❶。

另一方面，即使人口减少，生产率提高情景和生产率稳定情景(图Ⅰ-1-1-3)之间的实际GDP增长率也存在1%左右的差异。如果生产率提高能补偿劳动力减少的不利因素，即使人口继续减少，也可能实现经济增长。

---

❶日本未来委员会的报告假设了两种人口变化情景(人口数量保持在1亿左右的情景、人口继续减少的情景)和两种生产率变化情景(生产率增速提高的情景、生产率增速放缓的情景)。

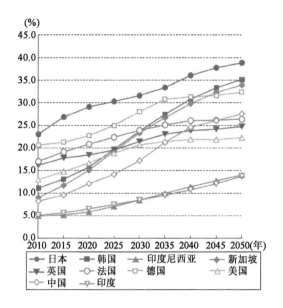

图Ⅰ-1-1-2　日本和其他国家的人口老龄化率变化
注:日本和其他国家2010年的人口是实际数字,2010年后的数字是中期预测。
资料来源:日本:IPSS提供的"日本人口预测"(2012年1月预测);其他国家:国土交通省根据联合国《世界人口展望:2015年修订版》编制。

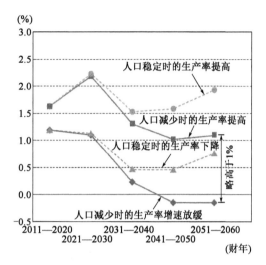

图Ⅰ-1-1-3　未来人口与实际GDP增长率预测
注:情景假设
人口稳定:①总生育率增至2.07;②人口在50年间保持1亿人。
人口减少:①总生育率降至1.33;②人口在50年间降至8500万人。
生产率提高:到21世纪20年代初,TFP增至1.8%左右;生产率增速放缓:在21世纪20年代初,TFP只增加1.0%左右。(2000—2005年的平均水平)
资料来源:国土交通省根据日本经济与财政政策委员会、专家组和日本未来委员会的报告编制。

二、日本的财政状况

就未偿债务而言,社会保障相关支出、国家偿债支出和地方交付税补贴的增加,导致日本的财政状况进一步恶化。2015年年底,日本的长期债务余额达到874万亿日元(图Ⅰ-1-1-4)。"债务占GDP的比率"可衡量债务在经济总量中的占比,它是财政稳健性的一个关键指标。与其他国家相比,日本面临更为严峻的财政状况(图Ⅰ-1-1-5)。

三、国际形势

1.结构化的国际分工

自2008年雷曼兄弟公司破产导致全球经济衰退以来,日元一直呈走强趋势,进而促使日本企业建立海外生产基地。这造成了生产流动和海外产品销售,并导致日本出口减少❶。制造业的海外生产比例❷呈增加趋势,自2012年以来已超过20%(图Ⅰ-1-1-6)。

---

❶虽然近年来日元贬值产生了制造业回流的趋势,但日本仍面临与亚洲新兴国家激烈竞争的环境。
❷海外企业的净销售额除以海外企业与国内企业的净销售额总和。

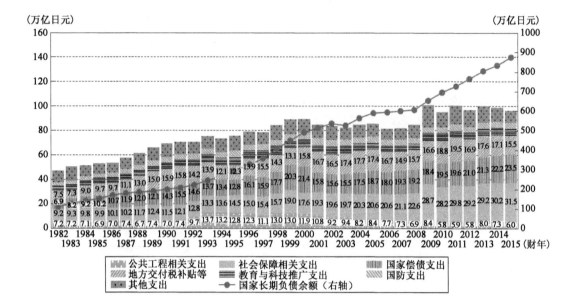

图Ⅰ-1-1-4　国家财政支出与长期债务余额的变化

注：截至2014年的支出是结算金额和2015年的初步预算。

资料来源：国土交通省根据日本财务省（MOF）的《基本财务数据》（2016年4月）和《财政统计数据》编制。

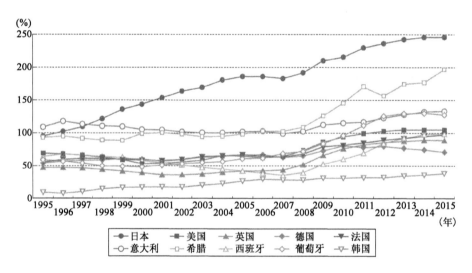

图Ⅰ-1-1-5　未偿债务余额（债务占GDP的比率）的国际比较

资料来源：日本国土交通省根据国际货币基金组织的《2015年10月世界经济展望数据库》编制。

2. 新兴国家的崛起

新兴经济体（特别在亚洲）一直蓬勃发展，2010年中国的GDP已超过日本（图Ⅰ-1-1-7）❶。按人均GDP计算，新加坡的GDP已超过日本，这清楚表明了亚洲国家的经济增长（图Ⅰ-1-1-8）。

---

❶2013年日本GDP下降主要是受日元贬值的影响。

经济快速增长的亚洲地区不仅对日本的工业基础和整体经济有着重要影响,同时也是我们考虑日本各地区未来的一个重要因素。

3. 有利于提高国际竞争力的基础设施

在国际竞争日趋激烈的全球经济背景下,为增强日本的国际竞争力,需要通过安排工业/城市基础设施,改善工业区位和工作/生活环境,同时利用完善的交通网络加强运输/物流服务。

四、日本的经济形势

1. 日本经济的现状和增长率

日本经济克服了 2008 年"雷曼事件"和 2011 年东日本大地震导致的增速放缓,于 2012 年年底重回增长轨道,但与 20 世纪 80 年代相比,其 GDP 增长率近年来一直处于低位(图Ⅰ-1-1-9)。2014 年 4 月消费税上调前,

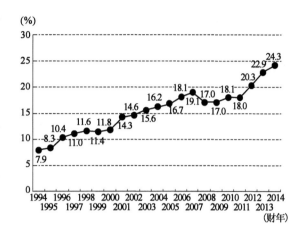

图Ⅰ-1-1-6 海外生产比例的趋势(制造业)
注:海外生产比例 = 海外子公司(制造业)净销售额/[海外子公司(制造业)净销售额 + 国内子公司(制造业)净销售额]×100
资料来源:国土交通省根据日本财务省的《各行业的公司财务报表统计》和日本经济产业省(METI)的《境外经营活动的基本概况》编制。

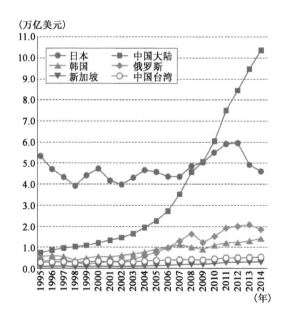

图Ⅰ-1-1-7 亚洲国家/地区和俄罗斯的 GDP(名义)变化
注:2013 年日本的人均 GDP 下降主要是受日元贬值的影响(2013 年日本的人均名义 GDP 增长,此后以日元为基础继续增长)。
资料来源:国土交通省根据国际货币基金组织的《2015年 10 月世界经济展望数据库》编制。

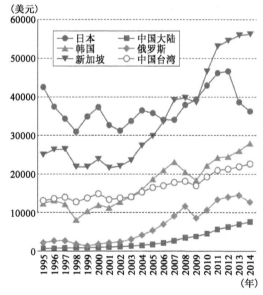

图Ⅰ-1-1-8 亚洲国家/地区和俄罗斯的人均 GDP(名义)变化
注:2013 年日本的人均 GDP 下降主要是受日元贬值的影响(2013 年日本的人均名义 GDP 增长,此后以日元为基础继续增长)。
资料来源:国土交通省根据国际货币基金组织的《2015年 10 月世界经济展望数据库》编制。

尽管需求一度跌落,随后市场反应强烈,但自2014年年末开始,消费者信心指数触底回升,个人消费、住房投资等要素保持稳健。在私营部门(如个人消费、住房投资和资本投资)需求增加的刺激下,2015年1月~3月,日本的实际GDP开始增长❶。

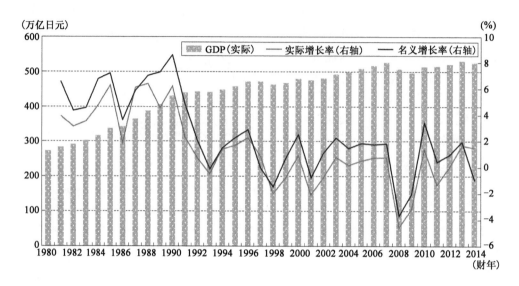

图Ⅰ-1-1-9　日本GDP的变化

注:1.实际值(链环-回路法)。
　　2.根据2001年数值(基于2000年标准)与基于2005年标准的数值的比例调整1980—2000年的数值。
资料来源:国土交通省根据内阁府的《日本国民账户》编制。

2. GDP(支出法)及其组成部分

内阁府公布的"国内生产总值"(GDP)❷是指"日本在一定时期内生产的所有产品与劳务的总增加值",同时,它还会公布GDP的季度核算(QE)。季度核算通过将GDP的需求项目,包括个人消费❸、固定资本形成总值❹、存货变化、进出口额(商品与劳务的净出口额❺)的预估值相加来计算GDP,其中个人消费约占GDP的60%(图Ⅰ-1-1-10)。

(1)个人住房投资❻

2014年的个人住房投资比上一年减少,这部分归因于消费税上调导致需求下滑,尽管如此,就业/收入环境仍有望改善,东日本大地震导致的重建需求也会增加(图Ⅰ-1-1-11)。

个人住房投资约占GDP的3%,与其他需求项目(参阅图Ⅰ-1-1-10)相比,其占比并不算大。但住房投资带来的生产性影响(对总体经济的二次影响)是巨大的,因为住房建设牵涉许

---

❶摘自内阁府编写的《2015年日本经济与公共财政年报》的第一章第二节"最近的经济形势(2015年8月14日)"。
❷由于是"国内生产总值",所以不包括日本企业的海外分公司生产的所有产品与劳务的总增加值。
❸"个人消费"是指家庭消费和非营利家庭服务机构的最终消费支出的总和。
❹"固定资本形成总值"包括个人住房投资、个人非住房投资和公共投资。
❺"商品与劳务的净出口额" = 商品与劳务出口额 – 商品与劳务进口额。
❻"个人住房投资"是单独减去"公共住房投资"的季度预估值后核算的"住房投资总额"的季度预估值。

多行业,包括建筑业、房地产业、钢铁行业和有色金属行业。此外,当乔迁新居时,人们对家电、家具和其他耐用消费品的需求也会增加,每户家庭的购置费用约为 127.5 万日元(图Ⅰ-1-1-12)。因此,在与国土交通有关的 GDP 项目中,个人住房投资与公共投资一样重要。

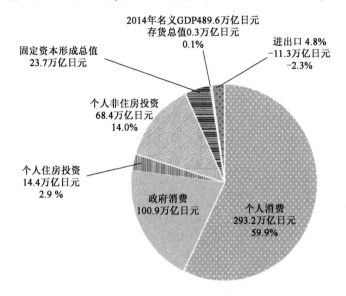

图Ⅰ-1-1-10　名义 GDP 的组成部分(支出法)
资料来源:根据内阁府的《日本国民账户》编制。

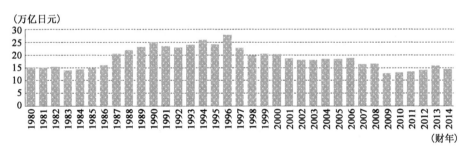

图Ⅰ-1-1-11　名义个人住房投资的变化
资料来源:国土交通省根据内阁府的《日本国民账户》编制。

(2)个人非住房投资

2014 年的名义 GDP 是 489.6 万亿日元,个人非住房投资是 68.4 万亿日元,约占 GDP 的 14%。与个人消费或其他需求项目相比,这一占比并不算大,但需要密切关注个人非住房投资的动态,因为它极有可能出现波动,并会对总体经济波动产生巨大影响。

随着企业盈利的改善,截至 2014 年,资本投资已连续 6 年增长(图Ⅰ-1-1-13)。随着劳动力的减少,要从供给侧保持日本的增长潜力,资本投资在提高生产率方面将发挥越来越重要的作用。

(3)公共投资

以季度核算形式公布的公共投资通常用于评估公共投资趋势。公共投资是指政府和公营企业为增加固定资本存量进行的投资,它包括三部分:①公共住房投资;②确保公营企业运营的机械设备和建筑投资;③政府(中央和地方政府)进行的公共工程和设施建设投资❶。

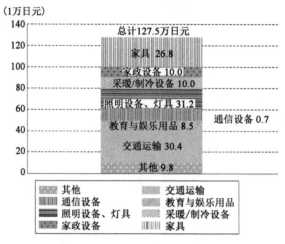

图Ⅰ-1-1-12 买房时选购的耐用消费品的分类

资料来源:国土交通省根据日本住宅金融支援机构的《2014年购房相关消费的调查》编制。

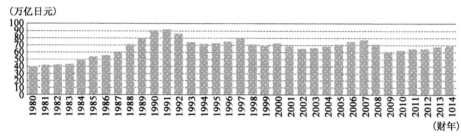

图Ⅰ-1-1-13 名义资本投资的变化

资料来源:国土交通省根据内阁府的《日本国民账户》编制。

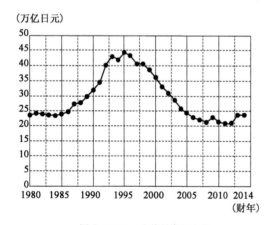

图Ⅰ-1-1-14 公共投资的变化

资料来源:国土交通省根据内阁府的《日本国民账户》编制。

在1995年的高峰期(达到44.4万亿日元)后呈下降趋势的公共投资在2013年中期后开始增长,这部分归因于东日本大地震导致支出增加(图Ⅰ-1-1-14)。

(4)进出口总额

在对外贸易中,日本1960年的出口额约为1.5万亿日元,进口额约为1.6万亿日元。但从1973年起,进口额和出口额均攀升至10万亿日元,到1980年,二者均步入30万亿的大关。1981—2010年,日本一直保持贸易顺差,但自2011年起陷入逆差,其2014年的出口额约为73万亿日元,进口额约为86万亿日元

---

❶按照施工项目的进度以季度核算的形式记录公共投资,类似于"建设投资核算"。另一方面,根据政府的财务报表,以及地方政府财务结账时的公共工程支出,核算最终的公共投资。

(图Ⅰ-1-1-15)。就贸易伙伴而言,美国原来一直是最大的贸易伙伴,但中国在2003年超过美国,此后一直是日本最大的贸易伙伴(图Ⅰ-1-1-16)。

图Ⅰ-1-1-15　日本进出口总额的趋势

资料来源:国土交通省根据财务省的《贸易统计数据》编制。

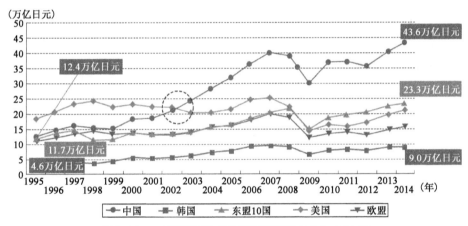

图Ⅰ-1-1-16　不同贸易伙伴国的贸易额变化(1995—2014年)

资料来源:国土交通省根据财务省的《贸易统计数据》编制。

日本的国民经济核算表明,2014年的商品和劳务出口额约占GDP的18%,说明随着国内需求的增速不断下降,国外需求对经济增长的贡献更为重要。

例如,通过在新兴国家和其他国家挖掘巨大的基础设施需求,有望通过海外基础设施系统的发展促进日本的经济增长❶。经合组织(OECD)的一份报告❷显示,2030年全球基础设施需求达2.326万亿日元,这是一个巨大市场。除了国内市场外,如果日本企业能赢得此类海外基础设施市场,不仅能增加日本企业的盈利,还能提高成本竞争力和生产率(利用规模优势),增加国内企业的回报(取得全球标准),同时加快日本经济的复苏。

---

❶海外基础设施发展还能推动GDP和GNI的增长。例如,销售日本制造铁路车辆的收益,计入GDP的"出口"部分。另一方面,在成立本地SPC并投入运营时,股息不计入GDP,而是计入GNI,即国民总收入,其中包括海外投资收益。

❷日本国土交通省根据经合组织(2006/2007)的《2030年的基础设施》和经合组织(2012)的《2030年的战略交通基础设施需求》计算。

(5) 入境外国游客的人数不断增加

随着日元贬值导致的购买力提高以及赴日旅游签证要求的放松,赴日外国游客的人数迅速增加。日本观光厅的统计显示,2015年是赴日外国游客人数最多的一年(约1974万)(图Ⅰ-1-1-17)。同时,2015年赴日外国游客的消费额比上一年增加71%,达到34771亿日元的历史新高(图Ⅰ-1-1-18)。

在统计GDP时,赴日外国游客的消费额被计入出口部分,而非个人消费部分❶。

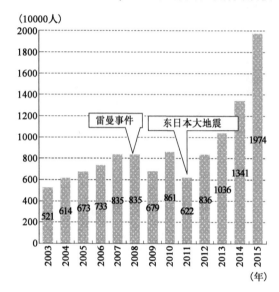

图Ⅰ-1-1-17 入境外国游客人数的变化
注:2015年的初步数据。
资料来源:国土交通省根据日本国家旅游局(JNTO)的资料编制。

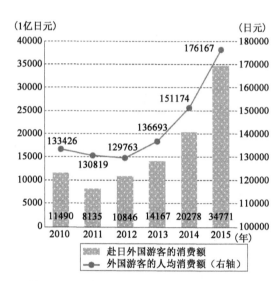

图Ⅰ-1-1-18 年度旅游消费和人均旅游支出的变化
资料来源:日本观光厅编写的《赴日外国游客的消费趋势》。

3. 产业结构变化

人口减少和老龄化导致人口结构不断变化,在此背景下,提高生产率❷(包括技术创新)对日本经济增长就更为重要。

内阁府发布的《2015年日本经济与公共财政年报》第三章第一节描述了生产率缓慢增长后的长期经济萎缩,特别是生产率提升缓慢(与其他发达国家相比)的日本服务业❸。

随着经济向服务型转变和社会老龄化,劳动密集型服务业在经济活动中的比重不断提高。

在社会结构变化(如收入水平提高、人口减少和老龄化)导致服务需求增加后,包括日本在内的发达国家已向服务型经济转变。这进一步扩大了非制造业的劳动力需求。就GDP占比和就业人数对总体经济的影响而言,经济结构正在从制造业向服务业转变。

经济结构从制造业向服务业的转变在发达国家较为普遍。在日本,服务业创造的名义

---

❶在概念上,个人消费包括日本公民的消费。另一方面,赴日外国游客的消费(易于理解的例子是买纪念品)在广义上属于出口部分,即使他们是在日本消费的。
❷生产率的定义是"生产活动的产出与生产过程投入的比率",产投比越高,说明生产率越高。
❸服务业是指除农业、林业和渔业、采矿业、制造业、建筑业以外的第三产业,即公用事业行业、批发零售业、金融保险业、房地产业、交通运输业、信息与通信业,以及其他广义和狭义服务行业,包括向个人和商业事务所提供的服务。

GDP 在总体经济中的占比从 2000 年的 70% 增至 2014 年的 74%（图 I -1-1-19）。同样，服务业的从业人员比例从 2000 年的 65% 增至 2013 年的 72%。

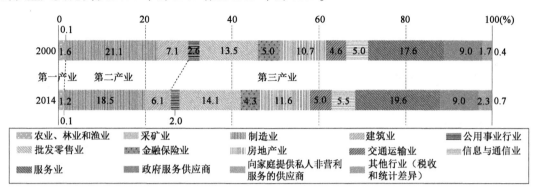

图 I -1-1-19 按经济活动计算的 GDP（名义）占比

注：政府服务供应商：中央和地方政府；
向家庭提供私人非营利服务的供应商：私立学校、非工会、政党、宗教组织等。
资料来源：日本国土交通省根据内阁府的《日本国民账户》编制。

尽管 GDP 和劳动年龄人口的占比近 70%，但服务业的人均生产率正在下降，而制造业的人均生产率正在提高。批发零售业、餐饮业、住宿业、医疗和福利业等服务行业的人均 GDP 占比格外低（图 I -1-1-20）。

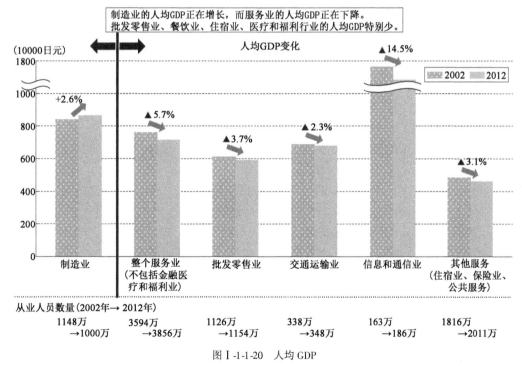

图 I -1-1-20 人均 GDP

资料来源：日本经济产业省编写的《关于提高服务业的增加值和生产率》。

在这种情况下，通过提高生产效率、加强技术创新等手段，提高服务业的劳动生产率就显得尤为重要。

第二节　经济趋势与基础设施发展

一、经济增长与基础设施发展的历史

本节阐述了自近代早期开始,基础设施发展促进经济活动和改善人们生活的历史,特别是江户时代和第二次世界大战后期的基础设施发展。

通过公共投资水平的国际比较,我们阐述了考虑日本土地贫瘠和恶劣自然环境的必要性,同时简要介绍了基础设施的存量效应,并分析了它对基础设施、生产率和经济增长的影响。

1. 支撑江户时代生活和经济的基础设施发展

在江户时代,在江户城周围集中开展的城镇和社会基础设施建设极大地改变了江户城镇的面貌。

在江户时代,人们开拓了现在皇居附近的海岸线,修筑了护城河,建造了日本桥,修建了五条重要街道(Gokaido 街道)以及自日本桥地区开始的其他主要交通网。这些基础设施一直延续到现在的平成时代。

因此,我们以江户(东京的发源地)为重点,探讨了江户时代的基础设施发展和经济活动、人们的生活、维护意识、防灾意识等。

(1)江户时代的公共工程

谁是公共工程的建设者,如何建设?

在江户时代,江户幕府与各藩之间确立了主仆关系,土木工程项目(如修建江户城、建设港口、河道整治和道路拓展)以"Tenka Bushin"(江户幕府命令建设的一类公共工程项目)的形式被分配给各藩大名,迫使他们承受经济负担。另外,在江户城周围集中开展的大规模基础设施建设需要劳力,这在一定程度上促使江户的城镇变成人口密集的大都市区。

(2)日比谷水湾的开拓和江户港的发展

当时已是幕府将军的德川家康于 1603 年建立了江户幕府,但此前他也推行了许多基础设施建设。

江户城最初是由太田道灌于 1457 年(室町时代)创建的。1590 年,当德川家康进入已历经 130 年风雨的江户城时,它已破败不堪,周围的城镇也已凋敝。所以,进驻江户城后,德川家康从一开始就计划在城四周修建基础设施。

首先,他以江户城周围为中心,重点修建了水路交通网,通过船舶向江户运送大量货物,同时推进江户港的建设。

1592 年,修建了从现在的 Gofuku-bashi 桥延伸至 Ote-mon 门的 Dosan-bori,由此建立了直通江户城下的航运系统,用于运输货物,如修建城堡所需的石料。

另外,当时的海岸线延伸到现在皇居所在的区域,日谷比地区是名为"日比谷水湾"的浅水区。为防止敌方舰船进入水湾,出于军事考虑,统治者于 1596 年将一座名为刘田山(骏河台)的小山推平,以开拓日比谷水湾,并利用填海土地建设城区和武士居所。

(3)利根川的东扩和荒川的西移

现在流入太平洋(千叶县铫子市)的利根川在江户时代流入江户湾(现在的东京湾)。

洪水和其他灾害让江户城镇经常遭受水患的破坏。利根川的东扩始于1594年,其初衷是避免水患、开发农田,同时发展航运物流。

在利根川东扩的过程中,不仅修建了改变河水流量的工程项目,还修建了防洪堤和灌溉渠。这些工程耗时60年,直到1654年才全部完工。另外,1629年还修建了将荒川(在越谷流入利根川)与利根川分开的水利工程,由此形成了现在经隅田川流入东京湾的河道。这些工程项目有利于防洪、开发新农田和推广水运,因而促进了江户的发展。

德川家康根据从日本桥开始的辐射状城市结构,计划修建五街道(即中山道、奥州街道、甲州街道、东海道和日光街道)。首先,他于1601年下令在江户和京都之间修建东海道。五街道(包括东海道)被拓宽,它们主要用于"参勤交代"(迫使大名轮流定期在江户居住的制度)和其他目的。同时,脇道(辅道、岔道)在五街道交通系统中发挥了重要作用,它们可充当五街道和本地区域之间的干道,当时为平民修建了许多这样的脇道。

因此,江户幕府修建的遍布日本的五街道和其他道路,促进了参勤交代制度的发展以及为此修建的道路沿线区域的经济发展(如道路沿线驿镇的繁荣)。如今,它们依然是日本交通网(包括铁路和公路)的精密框架。

参勤交代是大名每年轮流往来藩地和江户,在德川幕府履职的一种制度。

虽然大名游行的规模(大名行列)取决于他们的薪俸和等级,但许多游行通常都包括150~300人,势力强的大名会率领几千人浩浩荡荡游行,而且持续的时间更长(图Ⅰ-1-2-1)。

参勤交代制对经济有重要影响,例如,在日本各地和江户的城镇开展大规模的消费活动(图Ⅰ-1-2-2)。

街道名称	驿站数量	住宿设施		
		Honjin	Sub-Honjin	Hatagoya
东海道	57	116	70	3103
甲州街道	45	41	44	525
中山道	67	72	99	1812
日光街道	23	25	27	820
奥州街道	10	11	11	267

图Ⅰ-1-2-1 描绘加贺藩大名行列的折叠屏风
资料来源:石川县立历史博物馆。

图Ⅰ-1-2-2 五街道沿线的驿镇(住宿)
资料来源:国土交通省根据《近代交通发展史》(早期近代交通志)编制。

除经济影响外,各种传统和饮食文化主要在江户发展和交流,它也由此成为连接日本各个地区的交通要冲。

在陪同参观江户时的一篇日记(《Edo Sanpu Zuiko Ki》)中,荷兰东印度公司的船医和植物学家卡尔·佩特·屯贝里(Carl Peter Thunberg)(在1775年到访江户)称赞了日本的街道:"这个国家的街道一年四季都保持干净整洁,而且路面宽敞,还有排水沟。"在江户时代,平民负责清洁和维护街道,描述显示,与西方国家的街道相比,当时日本街道的养护条件处于较高的水平。

在江户时代的代表性浮世绘画作中,歌川广重创作的《东海道五十三次:日本桥晨景》[图Ⅰ-1-2-3a)]特别有名,它描绘了工匠和商人在日本桥上忙碌的场景。同样知名的还有葛饰北斋创作的《富岳三十六景:江户日本桥》[图Ⅰ-1-2-3b)],它以富士山和江户城为背景,描绘了桥上精力充沛的各色人等。

a) 歌川广重创作的《东海道五十三次：日本桥晨景》　　b) 葛饰北斋创作的《富岳三十六景：江户日本桥》

图Ⅰ-1-2-3　浮世绘画作中的江户时代的日本桥

资料来源：日本国立国会图书馆。

作为江户时期的街道起点，日本桥至今仍发挥这种作用，因为目前路牌上显示的到东京的距离正是到日本桥的距离。

专栏　歌川广重描绘的江户时期的日常生活和基础设施

在江户时代照相机并不常用，所以我们无法通过真实的照片去想象当时的日常生活。但我们每个人都会通过歌川广重（1797—1858）（图Ⅰ-1-2-4）创作的浮世绘风俗画（描绘世间百态的版画）了解日本各地的风景，他生动形象地为我们展示了江户时代后期日本的风土人情。

在江户时代，住在江户地区的普通人喜欢周游全国，而浮世绘风俗画（如描绘驿镇知名场所和观光景点的《东海道五十三次》）是当时广受欢迎的纪念品。歌川广重主要以大海、高山、河流和池塘为背景，描绘江户市民的日常生活。这些浮世绘风俗画通常以靛蓝色为主题色，描绘美丽的风景，它们对印象派画家产生了深远的影响，还在日本以外创造了"歌川蓝"一词。

他在画作中描绘了当时的基础设施（道路、桥梁、河流和港口）（图Ⅰ-1-2-5）以及许多自然景观，所以我们能想象古代的基础设施已十分完善，而且与江户市民的日常生活和经济活动密切相关。

图Ⅰ-1-2-4　歌川广重

资料来源：日本国立国会图书馆。

（4）通过发展农田灌溉提高农业产量

在江户时代，有近80%的人口住在农村地区❶，所以农业增产能直接促进经济增长。随着17世纪以来新农田和灌溉的发展，农业产量（单位：石）提高约30%。

---

❶ 参阅 Hiroshi Kito（著）《通过人口解读日本历史》（2007）。

a) 在日坂通过开山修筑的山路(静冈县挂川市)　　　b) 冈崎的一座大型桥梁(爱知县冈崎市)

图Ⅰ-1-2-5　歌川广重在《东海道五十三次》中描绘的各种基础设施
资料来源：日本国立国会图书馆。

(5)供水系统发展

距离海岸线较近在一定程度上导致江户城镇井水的盐浓度高且不宜饮用。所以，德川家康派出他的藩主 Okubo Togoro Tadayuki，命令他修建供水系统。

1629年，从 Inokashira 池、Zenfukuji 池和 Myoshoji 池抽取泉水的神田供水系统建设完工。同时，还用石头、木材、竹子等材料制造水管(图Ⅰ-1-2-6)。

a) 丸之内3丁目遗迹的水管　　　　　　b) 木制水管上的接缝标记

图Ⅰ-1-2-6　在东京千代田区挖掘出土的江户时代的木制水管
资料来源：东京供水设施历史博物馆。

随着江户人口的增加，饮用水日益短缺，第四代幕府将军德川家纲下令筹建 Tamagawa 供水系统，于是，Shouemon Tamagawa 和 Seiemon Tamagawa("Tamagawa 兄弟")开始修建供水系统。

他们于1653年4月开始挖土工程，计划连接从 Yotsuya Okido 到 Toranomon 的石制和木制管道，但当工程接近 Takaido 时，他们的施工经费花完了。因此，他们请求德川幕府再度拨付经费，但申请遭到拒绝，不得已他们只好拿出自己的钱继续进行施工。这样，在7个月后的同年11月，他们完成了从 Hamura 到 Yotsuya Okido 的管道连接工程，并于1654年11月完成从 Yotsuya Okido 到 Toranomon 的管道连接工程，他们前后只用了短短一年半的时间就将整个

Tamagawa 供水系统全部建成。

由于 Tamagawa 兄弟的工程取得成功,所以 Tamagawa 供水系统成为江户市民灌溉用水和饮用水的重要来源。360 多年后的今天,它仍在为东京的人们提供饮用水。

(6)江户的排污系统

在江户时代,油、清洗剂等化学品还不像现在这样被大量使用,而作为一种宝贵的资源进行交易的人粪,主要用作肥料。所以,江户时代的排污系统主要用于排放雨水和泉水,与现在相比,它们的污染水平相对较低。

以大阪市的排污系统(Taiko Gesui)(图Ⅰ-1-2-7)为例,它建于江户时代前的安土桃山时代,城镇居民按照町奉行(城镇行政长官)的官方告示,共同开展水清洗活动,他们还要承担维护修理费用和其他支出。

400 年后,Taiko 排污系统一直沿用到现在,这说明正确维护能使此类系统作为有效的基础设施,为人们的生活长期服务。

(7)浪速 808 座桥

集中在江户周围的许多城镇被统称为"江户 808 座镇"。另一方面,大阪的许多桥梁被称为"浪速 808 座桥"(图Ⅰ-1-2-8)。

图Ⅰ-1-2-7　大阪市仍在使用的排污系统(Taiko Gesui)
资料来源:大阪市建设局。

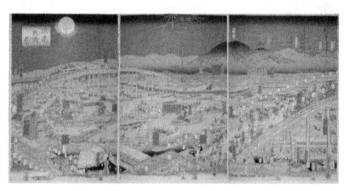

图Ⅰ-1-2-8　浪速 808 座桥的景色
资料来源:日本国立国会图书馆。

江户 350 座桥梁中有约一半是幕府修建的公共工程桥梁。

大阪的其他桥梁中,只有 12 座是通过公共工程项目修建的,如 Tenjin-bashi 桥和 Korai-bashi 桥,其余约 190 座是城镇居民为方便生活和经商自己出资修建的。日本桥(大阪市)是其中一座公共工程桥梁,但它的日常维护由桥周围的城镇居民负责,包括桥梁清洗、报告船只碰撞桥梁和扣留船夫,以及报告桥梁损坏情况。

江户隅田川上有 4 座桥梁(Ryogokubashi 桥、Eitaibashi 桥、Azumabashi 桥和 Shin'ohashi 桥),其中 Azumabashi 桥是六位城镇居民在取得江户幕府批准后自己出资修建的,其他 3 座桥梁是幕府修建的。这说明桥梁对江户城镇居民的生活和经济活动如此重要,以致他们不惜自己花钱修建桥梁。

(8) 富商发展基础设施和培养防灾意识

1854年11月5日突发安政南海地震后,从事酱油制造生意的滨口家族的第七代掌门人滨口梧陵预感海啸即将袭击广村(现在的和歌山县有田郡广川町),于是他点燃了刚收割的宝贵稻米,将村民疏散到山上,从而使许多人得救。这就是广为人知的《稻火》故事。

地震过后仅3个月,滨口梧陵就自费实行了旨在解决两个问题的重建措施,并向纪州藩提交了请愿书。

除了修建堤坝预防未来海啸的破坏外,他还采取措施解决因为海啸失去生计的村民们的就业问题。经过4年的努力,一条600m长、20m宽、5m高的大型防波堤——广村防波堤于1858年竣工(图Ⅰ-1-2-9)。

 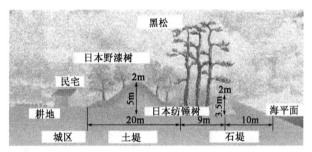

图Ⅰ-1-2-9　滨口梧陵铜像和广村防波堤横断面图
资料来源:Inamura-no-Hi no Yakata博物馆。

滨口梧陵自费修建的公共工程项目提高了村民们自力更生和防灾减灾的意识,同时也让村民们意识到防波堤是他们的财产。

后来,广村防波堤于1938年被列为历史古迹,在完工约100年后,它又在1946年的昭和南海地震引发的海啸中保护了许多村民的生命财产安全。

广村防波堤至今仍保存在有田郡广川町。1994年,广村防波堤保护委员会成立,它负责每年定期举行清洁活动,在活动期间,委员会成员还与社区儿童一起参与防灾学习。这不仅是对滨口梧陵巨大贡献的褒奖,更体现了当地居民世代延续地培养防灾意识。

由滨口梧陵档案馆和海啸教育中心组成的Inamura-no-Hi no Yakata博物馆于2007年开放,它的任务是向游客宣传防灾意识的重要性。2015年12月,联合国大会通过决议,将11月5日(安政南海地震的发生日)定为世界海啸日,这有助于在日本和全球范围内提高防灾意识。

在某些地区,江户时代"基础设施是一种财产,并应由民众维护"的意识延续至今,具体实例如下。

实例(1):在大阪市中央区,当地居民及其他人员在公共和私营部门办事处的带领下,参加一年一度的桥梁清洗活动(图Ⅰ-1-2-10),它是"桥梁清洁翻新工程"的一部分。

实例(2):在东京都中央区的日本桥,自1971年开始,日本桥保护协会(Nihonbashi-Meikyou)就组织各界人士进行桥梁清洁活动(图Ⅰ-1-2-11),参与者包括企业白领、小学生和其他社区组织成员。

实例(3):在新潟县新潟市的中央区,每年都举行万代桥(新潟市的象征)诞生节的庆祝活动(图Ⅰ-1-2-12)。

图Ⅰ-1-2-10　大阪市当地居民和其他人员在清洁中央区的桥梁
资料来源：大阪市中央区办公室。

图Ⅰ-1-2-11　清洗日本桥的人们
资料来源：Nihonbashi-Meikyou。

图Ⅰ-1-2-12　万代桥诞生节的传单和节日照片
资料来源：新潟市中央区办公室。

实例(4):自1999年开始,长崎县西海市❶委员会就考虑进行环境美化活动(图Ⅰ-1-2-13),它在出入城市的地段实施了植树造林和道路除草的项目。

专栏 地方活动与基础设施相结合的魅力社区的发展

获得"亲手建设城镇奖"的地区实行的许多措施,都旨在利用熟悉的基础设施使本地区恢复生机。

秋田县仙北市致力于利用泥沙治理设施恢复本地区的活力,此项活动主要由非营利组织"修复山溪、村庄和城镇网络"牵头。位于Obanaigawa河上的具有大型涵洞的拦沙坝于2005年竣工,它不仅具有防灾功能,还能保护自然环境和生态景观,并让社区居民参与其中。拦沙坝采用的无障碍设计方便每个人参观和游玩(图Ⅰ-1-2-14)。这个非营利组织自2005年起举办"行走治疗"的活动,在此过程中,有100多人(包括坐轮椅的人和幼儿园儿童)尽情在河畔和森林里漫步,同时深化了彼此之间的交流。此外,为鼓励人们亲近自然,并提高区域防灾意识,相关方在拦沙坝上举行了各类活动,这里还成为许多学校和组织的活动场所(图Ⅰ-1-2-15),以及举办以环境保护和防灾为主题的公民论坛的场所。

a) 在Oshima-Ohashi桥周围进行美化活动

b) 与小学配合开展的清洁活动、通识教育活动

图Ⅰ-1-2-13 西海市的道路美化活动

资料来源:国土交通省。

图Ⅰ-1-2-14 拦沙坝引入无障碍设计后,到此游玩的人络绎不绝

资料来源:国土交通省。

图Ⅰ-1-2-15 在拦沙坝顶部(游玩和学习场所)观光的幼儿园儿童

资料来源:国土交通省。

---

❶ 获得2015年国土交通大臣颁发的"亲手建设家乡奖"。此奖项由国土交通大臣颁发给创造地区魅力和鲜明特征,以及利用它们开展精彩活动的社会资本。

在佐贺县鹿岛市,当地居民自 1989 年起就致力于振兴萧条的城镇,他们利用可追溯到江户时代的肥前浜宿的城镇景观,大力发展城镇。如今,由志愿者组成的非营利组织"肥前浜宿水资源与城市景观协会"发挥重要作用的同时,鹿岛市通过举办音乐会或博览会大力发展旅游业,同时利用历史悠久的清酒酿造工艺推广酒造旅游。

2015 年,有 7 万名游客参加了鹿岛酒造旅游和肥前浜宿花卉节/清酒节(图Ⅰ-1-2-16、图Ⅰ-1-2-17),让这座城市一下成为全国关注的焦点。城市的知名度越高,移居这里的人就越多,所以非营利组织通过响应未来居民的需求,解决空置房(当地面临的一个短板)问题,积极推动本地区的发展和振兴。

图Ⅰ-1-2-16 肥前浜宿花卉节和清酒节(鹿岛酒造旅游)
资料来源:国土交通省。

图Ⅰ-1-2-17 酒造旅游活动(本地高中生举办的时装秀)
资料来源:国土交通省。

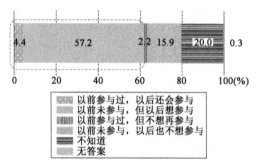

图Ⅰ-1-2-18 "居民基础设施维护参与意识"的调查结果
资料来源:国土交通省《监测调查》。

(9)居民基础设施管理意识的调查

国土交通省开展了监测调查❶,2016 年 2 月❷进行的监测调查包括以下问题:"在人口减少和财政状况严峻的情况下,为正确维护基础设施,政府正努力研究和尝试扩大居民的合作。你如何看待这种努力?"大部分受访者的回答是:"我以前没参与过这种活动,但以后我想参加。"这表明了居民们想要参与基础设施维护的意愿(图Ⅰ-1-2-18)。

如上所述,在江户时代过去几百年后,我们仍能看到作为人们日常活动基础的桥梁、道路、河堤和其他基础设施,与当地居民的生活和经济活动息息相关。

我们每个人都要与基础设施和谐共处,并正确维护它们,不仅现在如此,以后还要保持,确

---

❶ 自 2004 年开始,就国土交通省的管理问题对公众进行调查的一种制度,它主要通过互联网收集高质量的意见、要求和建议之类的信息,其目的是在规划、发展和执行国土交通管理时,将调查结果作为参考。

❷ 在 2016 年 2 月 8 日周一至 2016 年 2 月 22 日周一的调查期内,就居民基础设施管理的参与意识问题,对 1098 位年龄在 20 岁或以上的男性和女性受访者进行调查。回复者有 914 人(484 位男性和 430 位女性)。

保将这些基础设施传给下一代。

广村防波堤的实例表明,在应对自然灾害时,除了发展基础设施(结构性措施)外,提高本地居民的防灾意识(非结构性措施)同样非常重要。

2. 支撑第二次世界大战后经济增长的基础设施发展

1945年太平洋战争结束后,日本在战后废墟上开始恢复和重建工作,只用了10年的重建时间就实现经济的迅猛增长。

在高速经济增长期内,各类基础设施的发展成为一项紧迫任务,原因是东京人口急剧增加、城市扩张、交通机动化以及东京成为1964年奥运会的举办城市。承办奥运会需要举全国之力修建大规模基础设施,特别是在东京。日本从高速经济增长期到现在的大量民生基础设施的扩建工作由此展开。

战争结束已有70多年,以下内容阐述了与日本经济发展密切相关的战后基础设施建设。

(1)防洪工程

20世纪40~50年代末,一连串的强台风(包括"凯瑟琳")袭击了日本,造成频繁和严重的破坏(图Ⅰ-1-2-19)。1959年的"伊势湾"台风过后,日本首次制定了长期的防洪工程计划(10年计划或5年计划)和相关法律。为应对反复出现的洪灾破坏,人们普遍意识到,在预防洪灾和泥沙灾害的同时,必须加强洪水治理。另外,政府还利用既能防洪又能促进水利用的多用途大坝,进一步加强水资源的开发利用,以解决经济发展导致的工业用水和生活用水需求猛增的问题。

同时,突如其来的城市化在高速经济增长期内导致了各种与河流有关的问题,如缺水加剧和泥沙灾害。政府修建了大坝以应对严重缺水的问题,所以近年来,供水紧张的局面在很大程度上得到缓解。此外,政府还采取综合性的防洪措施(包括雨水渗透和保留),进行河道整治,部署预警和疏散系统,同时加强泥石流的防治。

(2)主要道路的发展

由于道路政策的制定与第二次世界大战后的社会和经济重建密切相关,所以日本在1952年制定了《道路建设与整治专项措施法案》,同时开始实行公路收费制度。1953年,日本制定了《道路发展费用融资临时措施法案》,规定将汽油税作为道路建设的专项收入,同时通过在《道路发展五年计划》中规定道路发展目标和工程量,有条不紊地推动道路建设工作。1954年,日本制定了首个《道路发展五年计划》。

第二次世界大战结束时,日本的道路状况恶劣,存量不足,以致1956年发布的《沃特金斯委员会报告》警告说"日本道路的状况非常糟糕。没有哪个工业国家能如此完全忽视公路系统"(图Ⅰ-1-2-20)。

到1997年为止,日本共制定了11个《道路发展五年计划》,它们促进了日本道路发展水平的迅速提高。

(3)《国家综合发展规划》

《国家综合发展规划》提出的中长期计划,旨在按预期目标进行国土建设,同时解决本地区和随时代变迁出现的问题。

图Ⅰ-1-2-19 1947年台风"凯瑟琳"造成的破坏
（埼玉县久喜市，即以前的栗桥镇）
资料来源：国土交通省。

图Ⅰ-1-2-20 20世纪50年代《沃特金斯委员会报告》描述的恶劣路况
资料来源：国土交通省。

自1962年制定《首个国家综合发展规划》、1969年制定《新的国家综合发展规划》、1977年制定《第三个国家综合发展规划》、1987年制定《第四个国家综合发展规划》以及1998年制定《21世纪宏伟设计》以来，日本每隔7～10年会对规划进行评审。在这些中长期计划的指引下，基础设施按照时代需求得到了巨大发展（图Ⅰ-1-2-21）。

规划名称	《首个国家综合发展规划》	《新的国家综合发展规划》	《第三个国家综合发展规划》	《第四个国家综合发展规划》	《21世纪宏伟设计》
内阁决定	1962年10月5日	1969年5月30日	1977年11月4日	1987年6月30日	1998年3月31日
背景	1. 向快速增长的经济转型； 2. 城市人口过多，收入差距扩大； 3. 收入倍增计划（太平洋经济带区域倡议）	1. 经济快速增长； 2. 主要大城市的人口和工业集中； 3. 在信息化、国际化、技术创新方面取得进展	1. 经济持续增长； 2. 出现人口和工业分散的迹象； 3. 土地资源和能源之类的有限性开始显现	1. 东京的人口和各种城市功能过度集中； 2. 工业结构的迅速变化导致大都市区以外的地区出现严重的就业问题； 3. 全面国际化取得进展	1. 全球化时代（全球环境问题、激烈竞争、与亚洲国家的交流）； 2. 人口减少和老龄化时代； 3. 先进的电算化时代
目标年	1970年	1985年	自1977年开始约10年	2000年左右	2010—2015年
基本目标	区域之间的发展平衡	丰富的环境创造	发展综合性的人居环境	多极分布式国土建设	为形成多轴国土结构打下基础

图Ⅰ-1-2-21

规划名称	《首个国家综合发展规划》	《新的国家综合发展规划》	《第三个国家综合发展规划》	《第四个国家综合发展规划》	《21世纪宏伟设计》
发展方法等	本位发展方法 有必要加强产业多元化,以实现区域发展平衡的目标。为此,我们要进一步部署与现有集中区域(如东京)有关的发展基础,并通过交通和通信设施进行有机地沟通,使之相互影响。同时,利用周边区域的特点推进连锁反应发展	大规模发展项目计划 通过建立交通网(如新干线和高速公路)推动大规模项目的建设,纠正土地的错误利用,解决人口过剩/减少问题,并缩小地区差距	安居计划 抑制主要大都市区的人口和工业集中,同时使其他地区恢复生机,以解决人口过剩/减少的问题,其目的是促进日本国土的平衡利用,同时创造整体人居环境	交流网络计划 通过下列举措建设多极和多元化的国土: (1)通过独创性相关手段,利用区域特点,促进区域发展; (2)借政府之手或以政府的指导方针为基础,促进日本各地的发展,以此发展主要的交通、信息和通信系统; (3)创造各种机会,促进中央和地方政府以及私营部门组织之间的协调和交流	参与和协调 通过各种实体的参与和区域协调促进国土建设 四种策略: (1)创建自然资源丰富的居住区(如小城市、农耕区域和渔村、丘陵山区); (2)翻修大都市区(维修、更新和利用城市空间); (3)形成区域合作走廊(轴上的区域合作团体); (4)国际范围的大规模互动(形成具有国际交流功能的区域)

图Ⅰ-1-2-21 《国家综合发展规划》

资料来源:国土交通省。

(4)主要港口的发展

《首个国家综合发展计划》制定之时,日本创建了以鹿岛港和其他工业港口为发展核心的滨海工业区,包括在太平洋区域建立以重工业为主的工业园区。

后来,为进一步加强国际交流,日本又先后建设了包括东京湾、大阪湾和伊势湾在内的国际港口。另外,20世纪60年代日本出现了集装箱运输,在经过迅速发展后形成了现在的海上集装箱运输网络。

(5)承办东京奥运会期间的基础设施发展

1959年5月26日,在德国慕尼黑召开的第56届国际奥委会(IOC)全体会议决定由东京承办第18届奥运会。

在1964年东京奥运会开幕前的5年筹备期内,日本进行了大规模基础设施建设(主要在东京),在此过程中,建造了许多质量优异的基础设施。

在15天(1964年10月10—24日)的比赛期内,有近5000位选手参加奥运会,为接待来自日本和国外的奥运选手、官员和观众,日本政府修建了交通网,包括首都高速公路和东海道新干线,以及连接各地(主要在东京)体育场馆的公路网,同时还修建了羽田机场。另外,在当时环境污染问题日益严峻的情况下,东京地区的排污和供水系统得到显著改善,为东京奥运会修建的大规模基础设施是当今日本的优质资产。日本修建的基础设施的概况如下:

①奥运专用道路以及首都高速公路

在东京奥运会筹备期间,旨在促进市中心体育场馆、邻县和奥运村之间交通往来的基础设施建设成为一项紧迫任务,为此专门修建了 22 条总长 54.6km 的奥运专用道路❶。

在首都高速公路的规划和设想过程中,日本政府于 1951 年开始初步调查,并于 1959 年确定并实施了基本计划。为满足市中心体育场馆和奥运村之间的交通需求,日本政府认为必须修建首都高速公路,所以首都高速公路发展委员会于 1960 年 12 月决定立即修建 5 条路线(32.9km)。

由于需要在短期内完成施工,所以建设方尽可能地利用原有道路、河流和水道的上部空间,以最大限度减少土地购买。随着 1 号线(京桥与芝浦之间约 4.5km)于 1962 年 12 月投入使用,4 条奥运专用路线(32.8km)❷从开始规划到正式运营只用了 5 年时间。

②东海道新干线(子弹列车)

随着经济迅猛发展,当时的东海道新干线已经难以满足紧张的客运和货运需求。因此,日本于 1957 年成立了主要国有铁路研究委员会,开始研究提高铁路(特别是东海道新干线)运能的措施。

研究委员会于 1958 年 7 月编写了一份报告,决定单独修建一条依靠交流电驱动的运营线路,以提高东海道新干线的运能,同时由日本国有铁路公司负责管理新建线路和已有铁路。

连接东京和新大阪(距离 515km,行驶约 4h❸)的东海道新干线"超特快列车"于 1964 年 10 月 1 日开始运营,正好赶上东京奥运会开幕,从 1959 年开始施工,它只用了 5 年半的时间就全部建成,整个工程耗资 3800 亿日元。

东海道新干线的发展对后来其他新干线的建设产生深远的影响。在东海道新干线建成通车后,日本又陆续修建了山阳、东北、上越、北陆、九州和北海道新干线。新干线的发展进一步促进了日本的经济增长。

③地铁的发展

日本在第二次世界大战前就在浅草和上野❹之间修建了地铁线路(总长约 2.2km),它是银座地铁线❺的基础,作为东部首条地铁线路,它于 1927 年正式通车。

虽然东京在第二次世界大战中遭受空袭,但与其他交通工具相比,地铁的损毁程度相对较轻。

随着战后重建工作的推进,东京人口日益集中,为市民提供通勤交通工具成为当务之急。然而,作为当时主要的交通工具,都电荒川线有轨电车总是拥挤不堪,所以人们对地铁发展寄予厚望。1954 年,池袋和御茶水之间的丸之内线(6.4km)开通。在 1961 年部分开通的日比谷线于 1964 年 8 月在中目黑和北千住之间(20.3km)全线开通(图Ⅰ-1-2-22),正好赶上东京奥运会开幕。

---

❶政府新建/拓宽了 4 号辐射路线(青山大道、玉川大道)、7 号辐射路线(目白大道)、3 号环形路线(外苑东通)、4 号环形路线(Gaien Nishi-dori 大道)、7 号环形路线(Kannana-dori 大道),原来的昭和大街(12 号、19 号辐射路线)变成一座立交桥。

❷8 号线(100m)在东京奥运会期间未投入使用。

❸通车时的行驶时间(自 2016 年 3 月开始需要约 2.5h)。

❹银座线于 1953 年成为正式名称。

❺银座线于 1939 年全线开通。

④东京国际机场(羽田机场)和东京单轨电车

1931年,东京国际机场(羽田机场)❶以"东京机场"的名义对外开放,它是日本首座民航机场。但第二次世界大战结束后,盟军在1945年10月禁止日本制造和使用飞机。

盟军于1952年返还大部分设施后,日本又延长了跑道,修建了停机坪,并将机场更名为东京国际机场。

1964年,日本人的海外旅行彻底放开,羽田机场开始提供国内航班到达服务和先前的C类跑道服务。

由于羽田机场和市中心之间的区域一直存在拥堵问题,引入通往机场的轨道交通工具势在必行,所以政府决定修建东京单轨电车,以顺利筹备东京奥运会。

从1963年5月开工到1964年9月17日正式通车,连接滨松町站(位于JR滨松町站附近)和羽田机场站(位于以前羽田机场航站楼下方)的东京单轨电车(13.1km)的建成仅用了1年4个月的时间,正好赶在东京奥运会开幕前完工(图Ⅰ-1-2-23)。

图Ⅰ-1-2-22 日比谷线开通仪式
资料来源:足立美术馆。

图Ⅰ-1-2-23 东京单轨电车开通仪式
资料来源:东京单轨电车有限公司。

⑤供水系统发展

在20世纪60年代,日本各地修建了净水设施,但随着生活日益便利和舒适,经济快速增长,用水需求越来越大。所以自1958年起,日本每年都会缺水。缺水最严重的时期是1964年奥运会期间,史称"东京奥运会缺水",当时东京按50%的上限供水(图Ⅰ-1-2-24),这严重影响了民众的日常生活,包括在店里和家里洗衣做饭、排队等候水车以及卫生条件恶化导致食物中毒的传播。

"东京奥运会缺水"过后,日本政府提出从利根川引水的计划,随后修建了像河道和大坝之类的水资源开发设施,例如,1965年在利根川与荒川之间修建武藏河道,切实延长供水管道。

⑥排污系统发展

随着人口集中和工业发展,自1955年起,家庭和工厂的污水排放导致公共水域(如河流和湖泊)的水污染日益严重。

根据东京排污系统规划专项调查委员会在1961年提交的《36号报告》,政府对遭受生活和工业污水严重污染的中小型河流进行覆盖保护。1964年,又对奥运场馆附近的涩谷河进行

---

❶正式名称是东京国际机场,羽田机场是常用名称。

覆盖施工(图Ⅰ-1-2-25)。

后来,日本在1970年修订了《污水处理法》,排污系统在保护公共水域水质和城市清洁方面发挥了重要作用。

图Ⅰ-1-2-24　东京奥运会缺水期间的应急供水
资料来源:东京供水设施历史博物馆。

图Ⅰ-1-2-25　进行覆盖施工的涩谷河
资料来源:涩谷民俗与文学白根纪念馆《Shibuya River Haru-no-Ogawa 讲述的区域历史》。

(6)继承奥运遗产

如上所述,日本大规模的基础设施发展一直持续到1964年奥运会开幕。2020年东京奥运会和残奥会将在历史遗产区(包括为1964年奥运会建造的场馆)和东京湾地区(主要在湾区新建)举行。

在私营企业经营者的参与下,政府已经开始在晴海地区(东京中央区)建设奥运村。

为举办2020年奥运会进行的基础设施建设有望进一步提高生活便利性,受此影响,在江户时代开拓的沿海地区正蓬勃发展❶。

被誉为"水城"的江户水运交通便利,为举办2020年奥运会,日本将大力振兴水上交通,例如,发展来自东京港和其他河流的旅游船和餐饮船。

在2020年奥运会的道路建设方面,357号国道(东京湾隧道)已于2016年3月建成开通,在开通前一周还举行了健步走活动。到2020年奥运会开幕前,政府将按顺序进行道路建设。

(7)通过基础设施发展支撑经济增长

如上所述,日本第二次世界大战后大规模修建的社会基础设施是我们现在生活的基础,它们不仅方便了人们的生活,还促进了经济增长。

交通网络发展节省的运输时间,很好地诠释了基础设施发展产生的经济影响。

对1971年和2014年从东京向各县政府运货所需的时间进行比较时可以看出,运输时间最多减少了500min(图Ⅰ-1-2-26)。

另外,我们还能看出,从第二次世界大战结束后的1947年到现在,从东京乘火车单日往返的区域显著扩大。

显然,高速公路、高速铁路等基础设施的发展促进了交通网络的建设,因而大大节省了运输时间。此类基础设施发展促进了日本经济增长,进而使其成为世界最大的经济体之一。

---

❶例如,《2016年公告地价》中的东京中央区的住宅用地比上一年增加9.7%。

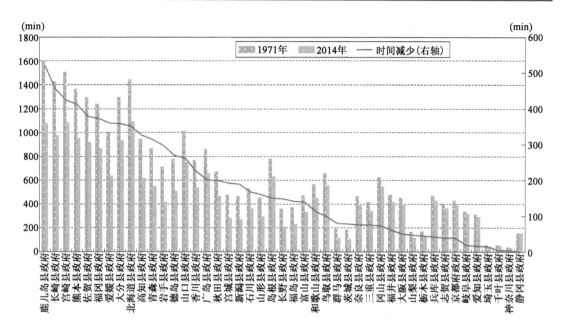

图Ⅰ-1-2-26 货物从东京运到各县政府所需的时间

注:1.使用大型卡车通过路网从东京(千代田市霞关)向县政府运输10t货物所需的时间测量值。
2.1971年和2014年的时间差别取决于路网状况,其他条件(如行驶速度)相同。
3.1971年到北海道、德岛县、香川县、爱媛县和高知县的运输时间,以及2014年到北海道的运输时间是根据水运和陆运时间计算的。
4.不包括东京和冲绳之间。

资料来源:国土交通省"全国综合运输分析系统"(NITAS)2.3版。

如上所述,在江户时代,德川家康在江户城周围集中进行的基础设施建设是现代日本的基础。另外,在战后重建期和高速经济增长期内还修建了许多基础设施,它们对日本现在的经济活动有重要意义。作为遗留资产,过去修建的基础设施极大促进了日本的经济增长。

3.基础设施投资变化

(1)公共工程相关支出的变化(总账)

在20世纪70年代激增后,公共工程相关支出在20世纪80年代基本保持不变,然后恢复增长趋势,在20世纪90年代中后期达到顶峰后逐渐减少,自2013年起,一直保持不变(图Ⅰ-1-2-27)。

(2)基础设施标准的国际比较

下文对日本和其他国家的公共投资趋势进行了比较。

以1997年的数值为基准的一般政府固定资本形成总额的变化表明,虽然其他主要经合组织国家的投资呈增加趋势,但日本的投资呈下降趋势,而且近年来一直在50左右徘徊(图Ⅰ-1-2-28)。

另外,每年的一般政府固定资本形成总额与GDP的比例表明,20世纪90年代末,日本的投资水平高于其他国家,但从2000年起,日本与其他主要发达国家的投资水平基本一致(图Ⅰ-1-2-29)。

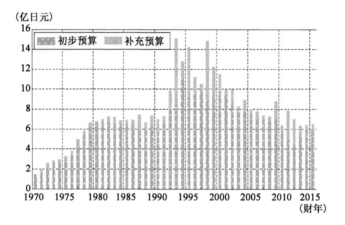

图Ⅰ-1-2-27 公共工程相关支出(总账)的变化

注:自2012年起,东日本大地震的恢复与重建支出在专用账户中记录,公共工程支出不包括这类支出。

资料来源:国土交通省根据财务省的《财政统计数据》编制。

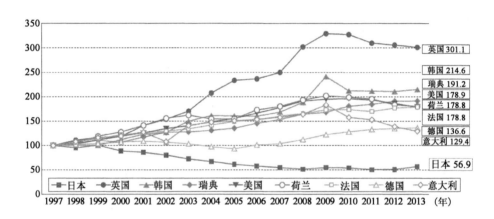

图Ⅰ-1-2-28 政府固定资本形成总额的变化(1997年为100)

注:1. 所有数值均为标准值。
2. 对于2005年的英国投资水平,不包括中央政府对英国核燃料有限公司(BNFL)资产和负债(约14万亿英镑)的假设影响。
3. 由于缺少德国和法国的固定资本形成总额的数据(1997—2008年),所以固定资本形成总额数据适用于全年。
4. 日本的数据基于08SNA,其他国家的数据基于93SNA。

资料来源:国土交通省根据《经合组织统计数据》编制。摘自日本以外的其他国家的《国家账户》,日本内阁府编制的《2014年国家财政账户》(2015年基准,93SNA)(可靠信息)。

(3)土地贫瘠和自然条件恶劣增加了建设成本

如上所述,就公共投资比例(Ig/GDP)而言,日本与经合组织其他主要成员国的公共投资额处于相同水平;但很难通过比较地域结构不同以及处于基础设施不同发展阶段的国家,确定投资水平是高还是低。

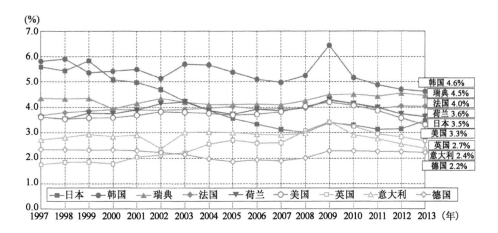

图 I-1-2-29　主要发达国家的公共投资比例(Ig/GDP)变化

注：1. 所有数值均为标准值。
　　2. 对于2005年的英国投资水平，不包括中央政府对英国核燃料有限公司(BNFL)资产和负债(约14亿英镑)的假设影响。
　　3. 由于缺少德国和法国的固定资本形成总额的数据(1997—2008年)，所以固定资本形成总额数据适用于全年。
　　4. 日本的数据基于08SNA，其他国家的数据基于93SNA。
资料来源：国土交通省根据《经合组织统计数据》编制。摘自日本以外的其他国家的《国家账户》，日本内阁府编制的《2014年国家财政账户》(2015年基准，93SNA)(可靠信息)。

日本的河流短，水流急，所以在下大雨时，河水流量会突然增加。河流泛洪时和正常时的流量对比显示，泰晤士河的流量增加8倍，多瑙河增加4倍，密西西比河增加3倍，而日本河流的流量一般都变化显著——利根川增加100倍，木曾川增加60倍，淀川增加30倍（图 I-1-2-30）。

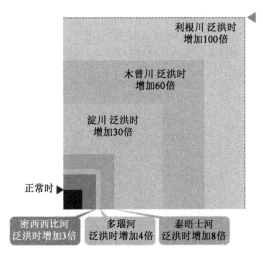

图 I-1-2-30　河流泛洪时和正常时的流量比较
资料来源：国土交通省。

此外，在泛洪时，大部分住宅区的地势都低于河流的水位（图 I-1-2-31），所以河流泛洪会对人们的生活产生严重破坏。

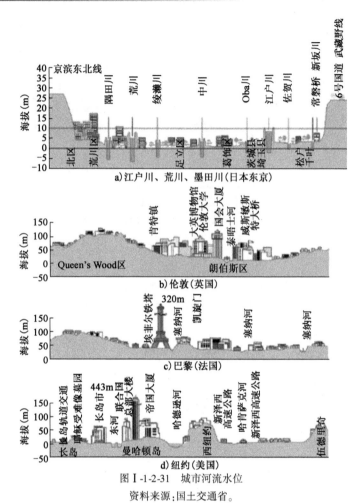

图Ⅰ-1-2-31 城市河流水位

资料来源:国土交通省。

全球近20%的6级或6级以上的地震都发生在日本周围(图Ⅰ-1-2-32)。

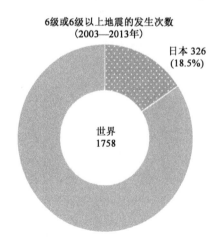

图Ⅰ-1-2-32 世界地震分布

资料来源:国土交通省根据内阁府的《2014年灾害管理白皮书》编制。

除了洪灾和地震外,日本还极易受到台风、暴雨、暴雪、海啸、火山喷发及地质灾害等灾害的破坏,由此带来的损失约占全球灾害损失总量的20%,虽然日本陆地面积只占世界陆地面积的0.27%(图Ⅰ-1-2-33)。

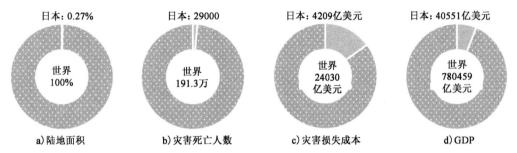

a) 陆地面积　　b) 灾害死亡人数　　c) 灾害损失成本　　d) GDP

图Ⅰ-1-2-33　日本的陆地面积、灾害死亡人数、灾害损失成本以及GDP占比
注:死亡人数和灾害损失成本是1984—2013年的合计数字;陆地面积和GDP数值是2014年的数据。
资料来源:国土交通省根据内阁府的《2014年灾害管理白皮书》和总务省的《2016年世界统计数据》编制。

另外,就地形而言,日本的桥梁和隧道等工程结构的占比高于其他国家(图Ⅰ-1-2-34),因为它要应对山川和河流密布的陡峭地形(图Ⅰ-1-2-35)。

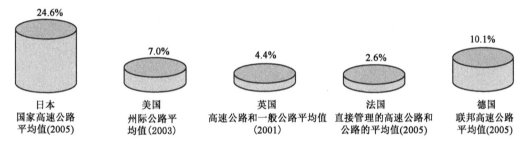

图Ⅰ-1-2-34　各国桥梁和隧道等工程结构在公路中占比的对比
注:工程结构占比=(桥梁长度+隧道长度)/总长度。
资料来源:由基础设施发展研究所测量。

日本在采用施工方法时,需要根据其恶劣的自然和土地条件,考虑自身的特殊性,所以它的基础设施建设成本要高于其他国家。因此,在对比日本和其他国家的公共投资额时,必须谨慎。

二、基础设施发展的现状和老化

1. 主要国家基础设施发展的对比

虽然日本的自然和土地条件比其他国家恶劣,导致难以进行适当对比,但日本防洪区的防洪堤覆盖率低于其他国家的水平,仅在69%左右(图Ⅰ-1-2-36)。近年来的暴雨已造成严重的洪灾损失,所以今后需要大力发展基础设施,包括坚固的基础设施。

2. 老化的社会基础设施

日本在经济高速增长期后修建的基础设施,包括在1964年东京奥运会后修建的首都高速公路1号线,预计未来需要同时更换,其中达到50年期限或已使用20年的设施比例正快速增加。

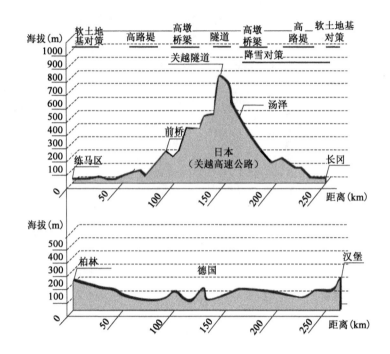

图Ⅰ-1-2-35　日本和德国的地形与高速公路的差异
注：自1998年。

正如第一节所述,随着人口减少和老龄化加剧,日本的财政状况日趋严峻,但2013年的基础设施更新费用(约3.6万亿日元)可能增至4.6万亿~5.5万亿日元,在20年间增加30%~50%(图Ⅰ-1-2-37)。

国土交通省制定了应对基础设施老化的措施,并将2013年确定为"基础设施维护活动的开局之年"。同年11月,日本制定了由政府实施的《基础设施寿命延长基本计划》,相关部门也制定了行动计划,2014年5月,国土交通省首先制定了《基础设施寿命延长行动计划》。另外,各自治市还制定了直到2016年的行动计划。

我们需要确保进行战略维护,这样通过实施计划,既能保证现有社会基础设施的安全,又能减少和调整总建设成本,从而实现二者的平衡。

三、在实现生产率革命的过程中,基础设施与生产率的关系

日本国土交通省将全力实现生产率革命,并将2016年确定为"生产率革命的开局之年"。我们将阐释国土交通管理,特别是基础设施对生产率提高和经济增长的影响。

基础设施发展的影响包括流动效应和存量效应。流动效应是指随着公共投资项目促进经济活动(包括生产、就业和消费),整体经济扩大产生的短期影响。存量效应是指随着基础设施的累积,并成为社会间接资本,持续存在的中长期影响,它包括各种影响,如生产率提高。到目前为止,一谈到公共投资的影响,人们通常只关注短期流动效应,但分析基础设施的内在存量效应同样重要。我们将在第二章详细阐释存量效应。

第一部分/第一章 日本经济与土地、基础设施、交通和旅游管理之间的关系

区域	指标	日本 当前水平	日本 21世纪初的目标	英国	德国	法国	美国
排污系统	污水处理人口普及率①	77.6%② (2014年年底)	—	97% ('10)	96% ('07)	82% ('04)	74% ('07)
	人口100万或以上的城市	99.1%②					
	人口不足5万的城市	49.6%②					
城市公园	城市规划覆盖的人均面积	日本 10.2 m² 东京 4.4 m² (2014年年底)	约20 m²	26.9m² 伦敦('97)	27.9m² 柏林('07)	11.6m² 巴黎('09)	52.3m² 华盛顿特区('07)
住宅	人均建筑面积③	39m² ('13)	—	46m² ('13)	46m² ('10)	44m² ('06)	61 m² ④ ('13)
	每户建筑面积③	94m² ('13)	—	96m² ('13)	101m² ('11)	100m² ('06)	131m² ('13)
	自用住房	122m²		103m²	130m²	120m²	157m²
	租赁住房	46m²		68m²	78m²	74m²	114m²
公路	干线高标准公路扩建⑤	11050 km	几乎建成14000 km 的路网	3641km ('13)	12917km('13)	11552km('13)	103029km('13)
	国家高等级干线公路扩建 (每10000个单位)	1.40 km (2013年年底)	—	1.08km ('12)	2.69km('12)	3.01km('12)	4.15km('12)
	道路总长 (宽度5.5 m或以上)⑥	341509 km (2012年年底)		420346km ('12)	643517km ('12)	1062683km ('12)	6539718km ('12)
	道路密度⑥	0.90 km/km² (2012年年底)		1.73km/km² ('12)	1.80km/km² ('12)	1.94km/km² ('12)	0.67km/km² ('12)
防洪	防洪安全目标⑦	1/200		1/1000	—	1/100	约1/500
	防洪堤覆盖率⑧	荒川约69% (自2016年 3月底开始)		泰晤士河(风暴潮) 完工('83)	—	塞纳河完工('88)	密西西比河下游 防洪堤覆盖率 约93%('11)
铁路	拥挤率	165% 东京地区(2014年)	到2020年 150%	149% 伦敦('91)	—	152% 巴黎('91)	71% 纽约('91)
航空	全球主要大都市区的机场发展现状（跑道数量）⑨	东京 [成田机场2 羽田机场4 总计6] 大阪 [关西机场2 伊丹机场2 神户机场1 总计5]	东京 [成田机场3⑩ 羽田机场4 总计7] 大阪 [关西机场2 伊丹机场2 神户机场1 总计5]	伦敦 [希思罗机场2 盖特威克机场2 斯坦斯特德机场1 卢顿机场1 城市机场1 总计7] ('13)	柏林 [特赫尔机场2 舍内费尔德机场1 总计3] ('13)	巴黎 [戴高乐机场4 奥利机场3 总计7] ('13)	纽约 [肯尼迪机场4 纽瓦克机场3 拉瓜迪亚机场2 总计9] ('13)
港口	使用水深16m的码头(泊位数量)⑪	使用水深16m的码头(泊位数量)⑪		3 ('15)	23⑫ ('15)	6⑫ ('15)	20⑬ ('15)

注：①外国的发展现状引自《经合组织环境数据汇编》。
②不包括2012年年底，因为受东日本大地震的影响，福岛县有许多自治市无法调查。日本2012年年底污水处理人口普及率是除福岛外的46个县府的数字。
③根据能进行调整的墙壁中心的计算值调整建筑面积（德国和法国× 1.10，美国× 0.94）。
④美国的房屋面积是中间值，包括独立住宅和活动房屋。
⑤日本：国家高等级干线公路；英国：高速公路（motorways）；德国：高速公路（autobahn）；法国：高速公路（autoroutes）；美国：州际公路、其他快速路和高速公路。
⑥道路总长（宽度5.5m以上）和道路密度数据引自《2012年世界道路统计（IRF）》。
⑦防洪设施每年的洪水泛滥概率，但数据是泰晤士河每年潮波泛滥的概率。
⑧根据河道整治计划修建的防洪堤比例。
⑨根据最新的《航空资料汇编（AIP）》确定。
⑩就侧风跑道而言，根据圆桌会谈的结论，将在平行跑道完工和环境影响等因素调查后，向地区政府提出建议。在此之前，将按照地面道路进行开发建设。
⑪国土交通省根据网站、《集装箱运输国际年鉴》和其他材料整理数据。
⑫部分数据包括水深不足16m和临时使用的泊位数量。
⑬由于数据限制，有些数据包括水深不足16m的泊位数量。

图 I-1-2-36 主要国家的基础设施发展现状
资料来源：国土交通省。

财　　年	估　计　结　果
2013 年	约 3.6 万亿日元
2023 年（在 10 年时间）	4.3 万亿~5.1 万亿日元
2033 年	4.6 万亿~5.5 万亿日元

图Ⅰ-1-2-37　社会基础设施的维护更新费用

注:1. 在估测时,按初建年份检查了国土交通省有管辖权并由中央和地方公共机构、区域道路公共企业或日本水资源厅(独立行政法人)管理的 10 类(道路、防洪、排污系统、港口、公共住房、公园、海岸、机场、助航设施、政府设施)社会基础设施的数量,同时考虑了它们的维护/管理、更新记录。
2. 未考虑新建和拆除的设施,因为它们难以估测。
3. 在设施更新时的功能改进方面,假设采用类似的功能进行更新(但包括符合抗震标准和相关要求的改进)。
4. 不包括土地成本和补偿费用、自然灾害救济支出。
5. 社会基础设施的维护及更新的单位成本和更新时间有所差异,原因是基础设施的区位条件不同,导致受损程度不同,所以显示的估计值只是大概范围。

资料来源:国土交通省。

专栏　乘数效应减弱了吗?

乘数效应是公共投资的一种流动效应。乘数效应意味着公共投资不仅会成为最终需求并扩大经济,而且公共投资的增加还会影响消费支出等,并最终促进 GDP 增长(图Ⅰ-1-2-38)。

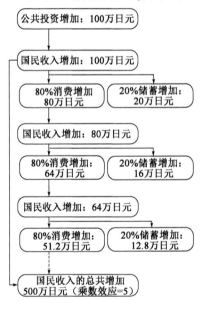

图Ⅰ-1-2-38　乘数效应原理图

资料来源:日本国土交通省根据 Tsutomu Miyagawa 与 Miho Takizawa(著)《图解宏观经济学》(第 2 版)(2011 年)编制。

人们有时会说乘数效应是公共投资经济影响的代表,但乘数效应原本只指经济过程的产物,在此过程中,公共投资额会增加员工收入,并最终促进消费增长。也就是说,乘数效应与公共投资导致的生产诱导效应❶不同,而且不包括基础设施的综合利用产生的经济影响。我们需要重视这几点。

就这种乘数效应而言,有观点认为近年来它的数值一直在下降,但有迹象表明,在20世纪70年代早期和更早前的宏观经济计量模型中,人们并未认识到供给区块和金融区块的重要性,所以在建立模型时,并未考虑物价上涨或财务因素的乘数影响,20世纪80年代和90年代的相同结构模型的乘数对比显示乘数几乎没有变化(由原经济企划厅的模型开发人员提供❷)。

1. 生产率是经济增长的关键

促进经济增长的因素有三个:劳动力、资本和全要素生产率(TFP)❸。

从增长核算❹的角度分析日本的经济增长表明,资本投入和全要素生产率的贡献大于劳动力的贡献(图Ⅰ-1-2-39)。

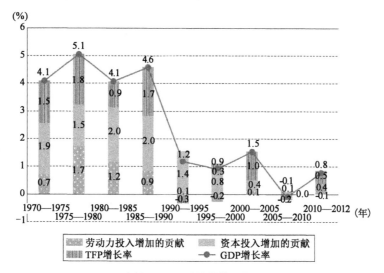

图Ⅰ-1-2-39 增长核算的变化

资料来源:国土交通省根据经济贸易产业研究所的《JIP数据库2015》编制。

---

❶这种效应是指在部分行业领域投资不仅会带动相关行业的生产增长,还会通过采购原料和设备,直接或间接影响其他行业领域,并促使其生产增长。

❷Masahiro Hori、Susumu Suzuki 和 Osamu Kayasono(1998)《日本经济短期宏观经济计量模型的结构和宏观经济政策的影响》。经济研究所,经济企划厅,《经济分析》第157页。

❸其定义是"从总产量增长中扣除劳动力投入和资本投入贡献后的剩余部分",具体包括技术创新、资源分配,以及劳动力或资本的质变(例如,通过培训、投资尖端信息技术,提高劳动力的工作能力)。

❹增长核算法是将经济增长来源细分为资本存量增加、劳动人口增加和全要素生产率提高,以定量测定对经济增长贡献最大的增长来源。根据 Y:GDP,A:技术水平,K:资本存量,L:劳动力数量,α:资本份额,$1-\alpha$:劳动力份额,假设一个柯布-道格拉斯(Cobb-Douglas)生产函数,可采用等式 $Y=AK^{\alpha}L^{(1-\alpha)}$ 表示GDP。两边取对数,并对时间求导后,可采用等式 $Y'/Y=A'/A+\alpha K'/K+(1-\alpha)L'/L$($Y$、$A$、$K$、$L$分别对时间求微分)表示GDP,而GDP增长率可分解为三个要素:技术进步、资本存量增加和劳动力增长。

另外,1956—1970年经济高速增长期内的GDP增长率和劳动力增长率之间的对比显示,劳动力的年均增长率只有约1.4%,而实际GDP的年均增长率约为9.6%,这说明经济的快速增长并非只依赖劳动力增加❶。虽然在2030年前的20年间,构成劳动力的劳动年龄人口可能每年减少近1%,但以上数据表明,如果能通过资本积累和提高生产率弥补劳动力减少,我们完全能在人口减少的情况下实现未来的经济增长❷。因此,必须在确保可靠和安全的前提下重视生产率,以促进未来的经济增长。

2. 生产率革命项目

日本国土交通省致力于通过单独项目提高生产率(采用三种方法),即提高社会基准生产率的项目,提高各行业生产率的项目以及通过未来投资/新技术提高生产率的项目(图Ⅰ-1-2-40)。

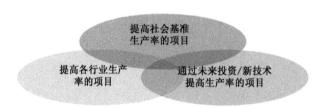

图Ⅰ-1-2-40　生产率革命项目(三种方法)
资料来源:国土交通省。

例如,提高社会基准生产率的项目表明,日本的经济社会存在许多低效和浪费的情况。交通堵塞导致道路运输时间损失近40%,相当于每年约280万人的劳动力,如图Ⅰ-1-2-41所示。

不管在县府还是城区,交通堵塞都会造成巨大损失,因此,根据各县府因交通堵塞造成的人均时间损失,人们认为减少交通拥堵造成的损失不仅能在城区,还能在全日本提高生产率(图Ⅰ-1-2-42)。所以当务之急是大力提高社会的基准生产率,进一步挖掘区域潜力,进而提高全社会的生产率。

专栏　生产率革命项目

为大力和集中推行生产率革命措施,国土交通省(MLIT)专门成立了革命本部,同时正采取相应的措施。

国土交通省公布了能对生产率提高产生一定影响并且足够成熟的项目。自2016年4月起,它已公布了13个项目。

(1)"社会基础"

①确定措施;

②智能收费制度以解决交通拥堵;

---

❶根据内阁府的《2014—2016年日本经济》和经济产业省的《2005年贸易白皮书》计算。
❷根据日本未来委员会的估计,即使人口减少,生产率提高场景和生产率稳定场景之间的实际GDP增长率也存在1%左右的差异。

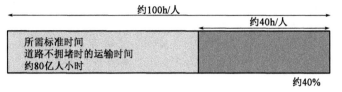

图Ⅰ-1-2-41　交通堵塞导致的损失规模

资料来源:国土交通省。

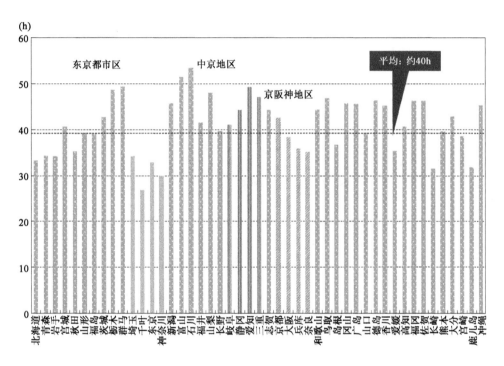

图Ⅰ-1-2-42　日本各县府因交通堵塞导致的人均时间损失

资料来源:国土交通省。

③新巡航时代的港口与码头;
④"紧凑化"与"网络化";
⑤土地与房地产的优化利用。
(2)"各行业"
①建筑业,智能施工(i-Construction);
②住房与生活方式行业;
③造船业,智能航运(i-Shipping);
④流通行业;
⑤货车运输业;

⑥旅游业。

(3)"面向未来"

①科学的道路交通安全措施;

②考虑增长周期的海外优质基础设施的发展。

虽然在项目层面提高生产率非常重要,但我们还从宏观经济角度对公共投资累积的社会资本存量的生产率提升作用(生产率影响)进行了各种研究。自20世纪70年代起,我们就利用日本各县府的数据开展研究。1989年,Aschauer博士的论文《公共支出是否富有成效?》发表后,此类研究在全球范围内取得进展❶。当时的美国还不清楚20世纪70年代以后全要素生产率增长放缓(所谓的生产率难题)❷的原因,而这些研究有助于寻找答案。

Aschauer论文中的堆叠柱状图显示了美国在1950年后的全要素生产率和社会资本净资产(资产少于资本消耗)的变化(图Ⅰ-1-2-43)。虽然我们无法根据研究结果立即得出"社会资本存量增长使全要素生产率提高"的结论,但仍要重视社会资本的生产率影响。

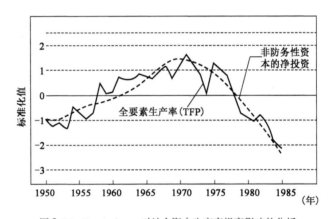

图Ⅰ-1-2-43 Aschauer对社会资本生产率提高影响的分析

资料来源:国土交通省根据Aschauer博士(1989)《公共支出是否富有成效?》编制。

---

❶Aschauer, D. A(1989)《公共支出是否富有成效?》,摘自《经济学杂志》,第23卷,177-200。

❷关于美国自20世纪70年代起全要素生产率增长放缓的原因,存在多种说法:能源价格飞涨,缺乏专业技能的婴儿潮一代大量进入劳动力市场,以及其他多种因素,但这些都不是最终定论。

第二章 引发生产率革命的战略基础设施管理

本章"引发生产率革命的战略基础设施管理"通过阐释为提高生产率,并使存量效应最大化而做出的努力以及调查私营企业对基础设施的认识,详细探讨了基础设施发展与私营企业活动之间的关系。

首先,在第一节"以存量效应最大化为目标"中,我们将重点阐述存量效应明显的案例。我们将主要介绍影响私营企业经济活动,并使生产率提高的案例,为理解基础设施产生的各种存量效应而采取的可视化方法,以及最近国土交通省为使存量效应最大化而采取的管理措施。

其次,在第二节"通过公私合作关系实现基础设施的有效发展和运营"中,阐述了利用PPP/PFI在私营部门创造新需求,基础设施有效发展和运营的案例,社区发展的成功案例,以及国土交通省最近采取的管理措施。

最后,在第三节"私营企业民意测验与分析的结果"中,为了从私营企业的角度分析基础设施发展的方向,我们对作为基础设施用户的私营企业进行了认识调查(问卷调查)。其目的是查实与政策问题和基础设施有关的企业活动(例如,提高第三产业的生产率、防灾备灾、应对人口老龄化和创新活动)的参与情况,同时确定基础设施发展和用户的需求,以最大限度增强存量效应(如提高生产率)。

第一节 以存量效应最大化为目标

一、实现存量效应的实例

正如第一章第二节所述,基础设施投资会产生两种影响:流动效应和存量效应。流动效应是公共工程本身使总体经济扩大的短期影响,它会衍生地创造生产、就业、消费和其他经济活动。另一方面,存量效应是基础设施累积并成为社会资本时产生的中长期影响。存量效应包括:"安全保障作用",如防止未来地震产生破坏、减少洪灾风险;"提高生活质量的作用",如改善生活条件、提高舒适便利性;"提高生产率的作用",如减少出行时间,进而加强社会基础(图Ⅰ-2-1-1)。

基础设施投资不仅促进了区域经济发展,还改善了生活环境。此外,完善基础设施的有效利用还能产生更显著的影响。《基础设施优先发展计划》(内阁府于2015年9月制定)根据基础设施的主要用途和功能将其分成三类:增长型基础设施、安全保障基础设施和民生基础设施。

本节介绍了基础设施影响企业经济活动并促使其生产率提高的实例。

1. 增长型基础设施

(1) Kita-Kanto 高速公路

Kita-Kanto 高速公路由群马县高崎市、南栃木通往茨城县日立中市。这条国家高等级干线公路全长150km,于2011年3月建成通车。除了构成通向东京的南北轴线外,这条公路还形成连接群马、栃木和茨城的东西轴线。从竣工前的2008年到竣工后的2013年,栃木到茨城之间的物流交易量增加48.3%(图Ⅰ-2-1-2),这极大促进了东西部之间的互动交流。

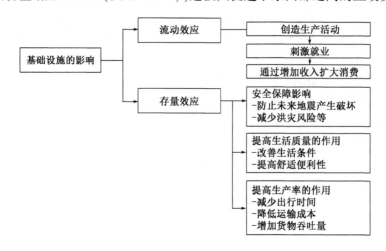

图Ⅰ-2-1-1 基础设施的存量效应
资料来源:国土交通省。

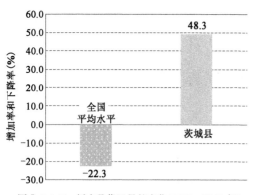

图Ⅰ-2-1-2 栃木县货运量的变化(2008—2013年)
资料来源:国土交通省根据《货运区流量统计数据》编制。

此外,高速公路出入口附近的工业园、企业和物流仓库发展迅速。2014年,茨城县的商业设施新建数量位居日本首位,其次是群马县和栃木县。就新建设施的累积总价值而言,其增长率几乎是全国平均水平的2倍(图Ⅰ-2-1-3)。就设施面积而言,栃木县排名第一,其次是茨城县,群马县排名第七,说明这三县位居榜单前列。

关东北部地区如火如荼的经济活动对建设中的大都市城际高速公路(Ken-O高速公路)产生了重要影响。连接栃木县宇都宫和成田国际机场的高速公路汽车改道通过Ken-O和Kita-Kanto高速公路,不仅使行程时间缩短近30min,还降低了车票价格(约200日元)。此外,在栃木县的旅游胜地日高,Ken-O高速公路的竣工产生了立竿见影的效果,在2015年的赏枫季节,来自日本各地(包括湘南和静冈)的游客数量激增。

在Kita-Kanto高速公路位于栃木县的壬生出口附近,拥有全球数控机床市场50%份额的发那科集团投资近1000亿日元修建新厂(于2016年投产)。随着Kita-Kanto和Ken-O高速公路的完工,投资原因之一是提高位于山梨县富士山脚下的集团总部与位于茨城县筑波市的工厂之间的可达性。栃木县也在大力修建连接壬生高速出入口的四车道公路,以扩大投资影响。多家企业都在栃木县修建经营设施,它们将Kita-Kanto和Ken-O高速公路的开通作为扩大业务的契机,同时展示两条高速公路和两座基础设施开发建设的协同效应。

此外,将Kita-Kanto高速公路的开通视为区域经济发展契机的不仅有当地政府,群马银行

(群马县)、足利银行(枥木县)和常阳银行(茨城县)在内的三家银行联手合作,举行了食品商务洽谈会以及主题为"2015年宇都宫农业食品节"的食品农业博览会,以促进东部和西部企业之间的合作交流。足利银行开展的调查表明,许多企业都体会到高速公路完工带来的经济影响,例如,本地企业运输时间的缩短和商圈的扩大(图Ⅰ-2-1-4和图Ⅰ-2-1-5)。

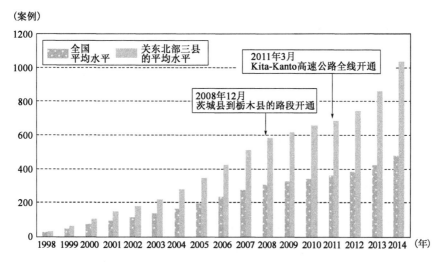

图Ⅰ-2-1-3 关东北部三县和全国的经营场所数量的变化
注:场所数量是关东北部三县(包括群马县、枥木县、茨城县)的平均值,以及1998年后全国平均水平的累计总数。
资料来源:国土交通省根据经济产业省的《工厂位置趋势调查(2014)》编制。

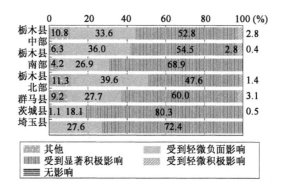

图Ⅰ-2-1-4 Kita-Kanto高速公路的完工对企业管理的影响($N=1116$)
注:在2013年1月中旬到2013年2月初期间,以处于足利银行(枥木、群马、茨城、埼玉等)服务范围的1888家企业为目标进行了调查。(提供有效回应的企业数量:1121家,收集率59.4%)
资料来源:足利银行在高速公路完工两年后对其进行的调查。

如上所述,Kita-Kanto高速公路的优化影响涉及范围广泛的话题。随着地方政府和金融机构致力振兴区域经济以及充分利用基础设施,这种优化影响今后将进一步扩大。

(2)北海道新干线

2016年3月26日,从新青森到新函馆北斗的北海道新干线正式开通,使东京到函馆的旅途时间缩短为4h。根据日本开发银行的统计数据,新干线开通产生的经济效益约为每年136亿日元(2014年10月发布),同时,它还在旅游和商务领域产生了直接影响和涟漪效应。此外,连接北海道和青森的青函隧道(1988年3月正式启用)采用了新设计标准,确保未来的新干线列车能穿越隧道。随着北海道新干线的完工,这种优化影响全面深化。

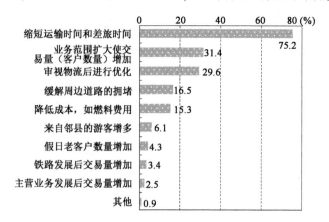

图Ⅰ-2-1-5　Kita-Kanto高速公路完工产生的具体积极影响(多个答案,$N=443$)

资料来源:足利银行在高速公路完工两年后对其进行的调查。

为支持新干线的开通,日本在函馆和札幌大力发展了辅助运输系统。为方便从新函馆北斗站(新站)前往旅游中心函馆站(本地线路),铁路公司提供了连接两站的接送班车(即"函馆短驳线"),以服务经停函馆北斗站前往札幌的所有特快列车。此外,服务旅游列车的南道Isaribi铁路线(五稜郭到木古内)也将开通。

在建设连接函馆及周边区域和札幌的通行道路时,为了让游客能在舒适的环境中轻松完成旅行,还对铁路沿线进行了景观改造,并修建了道之站(中间站)。北海道新干线开通战略促进委员会(由北海道政府和金融界人士组成)在北海道新干线开通后进行的二次流动人口调查显示,有超过50%的外地游客选择租车和公共汽车旅行,因而推动了用户交通线的发展。

另外,铁路公司还在青森修建了奥津轻—今别站,作为新干线在日本大陆最北端的车站。另外,还扩建并翻修了邻近的道之站(中间站),作为旅客的转乘站,于2015年重新开放。在翻修后的半年时间,旅客人数已由翻修前的每年2万人激增至8万人。

除了结构改造外,各方还为促进北海道和东北地区的交流而积极努力。各旅行社充分利用铁路允许旅客中途下车的优势,借助北海道新干线规划北海道和东北地区周边的新旅游线路。此外,通过地方工商总会和金融机构的合作,各企业在旅游业和食品业的互动交流取得了巨大进步。2014年5月,北太平洋银行(北海道)与青森银行(青森县)共同建立了"青函活化基金",作为公私合作基金,为青函地区的企业提供成长资本和管理支持,以利用北海道和青森县的食品原料开发新产品。

北海道新干线的开通不仅能在旅游业产生经济效益,还能通过公私合作实体提高区域吸引力,进而促进日本内外的信息交流。此外,在北海道和东北地区形成大范围的互动交流圈后,必须进一步刺激经济活动,提高区域吸引力。札幌站的延伸项目将于2030年年底完工并开通❶。新干线开通的影响有望最大化,并在整个北海道产生涟漪效应。

---

❶根据《新干线新线路的规划》(2015年1月14日,政府与当事方之间的协议),新函馆北斗与札幌之间的新干线的完工和开通时间将从原定的2035年提前到2030年年底(提前5年)。

专栏 政府与区域金融机构为体现存量效应进行的合作

2014年11月,北海道开发局与北太平洋银行签订了合作协议。其目的是借助政府和区域金融机构的力量,促进旅游业的振兴和地区发展。合作包括采取措施扩大基础设施的存量效应,深化对基础设施的区域理解,可以说,为体现新的存量效应,区域金融机构已成为政府的合作伙伴。本书介绍了其中最重要的合作方式。

(1) 增添道之站(中间站)吸引力的研讨会

为解决区域振兴问题,该研讨会帮助地方政府出谋划策,后者正试图通过与国家研究和发展机构、公共工程研究所和寒区土木工程研究所合作使沿线车站恢复生机。在2015年8月召开的首次研讨会上,私营企业、地方政府和北太平洋银行邀请的相关机构共同讨论了与沿线车站有关的问题。同时,还为地方政府引荐了参与沿线车站振兴的私营企业。

(2) 在旭川市召开的PPP/PFI研讨会

2015年3月,在北海道开发局旭川发展建设科、北太平洋银行和旭川工商总会的主持下,各方举行了PPP/PFI研讨会,根据私营企业的建议推行PPP/PFI项目。在研讨会上,已实行PFI项目的代表企业介绍了自己的业务和亲身体会,随后各方讨论了PPP/PFI项目、私营部门的提案制度(从私营企业角度)以及管辖范围内的相关项目的可行性。

(3) 基础设施存量效应的面板展览

为让更多的本地居民了解基础设施优化的影响,政府正在利用北太平洋银行的总部和分行举办面板展览。

(3) 东九州道、中津港和细岛港

①东九州道

东九州道是一条全长436km的干线高等级高速公路,它始于福冈县的北九州,穿过福冈县、大分县、宫崎县,直达鹿儿岛县的鹿儿岛市。除某些路段外,其主要功能是连接公路沿线的海域、空运基地和工商业城市,如北九州市和大分市,与九州Jukan道和九州横断道一起形成九州整体网络。

②大分县的中津港

在九州岛北部,汽车制造正成为当地的龙头产业。在推动港口、码头和通行道路的建设方面,位于大分县的中津港发挥了重要作用。

1999年,随着中津港被指定为主要港口,当地通过改建码头逐步发展成物流基地,并于2004年投入运营。与此同时,还修建了连接中津港和东村—九州高速公路的中津—日田公路。

随着港口中心交通基础设施的改善,大发汽车九州公司在中津港投资建厂。2004年,该公司将总部迁至这里,并开始生产。同时,它还吸引了汽车相关产业汇集于此,从2003年到2014年,中津港的货运量增加近8倍,原中津市的居民户数增加约1.2倍,因而对地方经济产生巨大影响。此外,大分和中津港周边的城市也大力改善生活环境,如支持人力资源开发和幼托服务,以便为企业发展和员工定居提供人力资源。

2015年3月,东村—九州高速公路(丰前高速公路出入口至宇佐高速公路出入口)与中津—日田公路(中津港至东村—九州高速公路)直接连通,这让人们对九州未来成为汽车制造业基地充满期待。

③宫崎县细岛港和主要港口

九州拥有丰富的森林资源。由于最近东亚木材需求增长,加上日元升值的趋势显著,木材价格一路上涨,当地掀起兴办木材出口企业的热潮。在此情况下,细岛港和九州的其他港口向东亚国家的木材出口急剧增加(图I-2-1-6),这不仅使林业产业恢复元气,还促进了当地的就业。

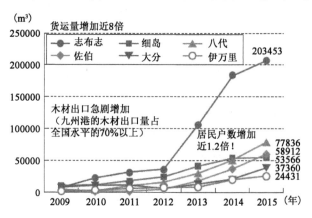

图 I-2-1-6　九州主要港口的木材出口变化
资料来源:国土交通省根据财务省的《贸易统计数据》编制。

在宫崎县细岛港,知名的日本木材企业——中国木材株式会社于2014年12月尝试扩大业务,并开始在全日本运输木材。在此背景下,它在邻近木材供应区的细岛港建厂不仅降低了物流成本,还在港口内建立了生产基地。另一个原因是,港口便于未来的木材出口,高速公路(如东村—九州高速公路)的建设还为企业扩大业务创造了有利环境。

中国木材株式会社利用从宫崎运来的木材开展全方位的生产和经营,包括木材加工和生物质发电。其投资总额预计达400亿日元,新员工人数达300人。通过将林业业务融入相关产业,该公司为当地的就业作出巨大贡献。

④九州和四国的跨区域合作

在旅游方面,东村—九州高速公路的发展促进了九州和四国之间的交流。旅行社增加了宫崎和鹿儿岛与爱媛县之间的旅游线路。西日本高速道路株式会社打算为大分县和宫崎县的高速公路增加免费通行计划,以服务轮渡用户(图I-2-1-7)。

经过这些努力,2015年黄金周期间,爱媛县和大分县之间使用轮渡的车辆数量比2014年增加近20%(图I-2-1-8)。在爱媛县的八幡滨港,即通往四国的入口处,位于港区内的道之站(中间站)于2013年4月开通,吸引了大批游客。此外,通过发展八幡滨港和四国之间的小津—八幡滨高速公路,强化通往京都、大阪和神户的四国Jukan高速公路的功能,还将形成连接九州、四国、京都、大阪和神户的长途路线,以促进未来旅游业和物流业的发展。

如上所述,东村—九州高速公路的发展提高了九州的区位优势,有利于九州地区的经济振兴,还增强了国内企业的国际竞争力。此外,从九州到四国、从关西到关东的遍及全国的交通网的发展,有望促进各地区旅游业和物流业的交流。

(4)仙台—盐釜港和大平高速公路出入口

穿越宫城县大平市的东北高速公路提供了通往仙台—盐釜港的30km的主场优势,而后者是东北地区最大的海港。另外,宫城县设置大平高速公路出入口不仅提高了交通便利性,还吸引了企业(主要是汽车制造商)在当地投资。

图Ⅰ-2-1-7 西日本高速道路株式会社的行车路线

资料来源：西日本高速道路株式会社。

中央汽车株式会社（现在的丰田汽车东日本公司）决定在此建立小型汽车的国内生产基地❶。随后，在仙台—盐釜港（水深7.5~9m）修建了允许大型运输船靠泊的码头，以提高整车的吞吐量，促进高效物流的发展。

在此类基础设施发展的影响下，当地的汽车产量直线上升。在2011年3月发生的东日本大地震期间，仙台—盐釜港的快速复原确保了当地企业提前恢复生产。2012年，仙台—盐釜港整车运输的吞吐量显著增加（图Ⅰ-2-1-9）。

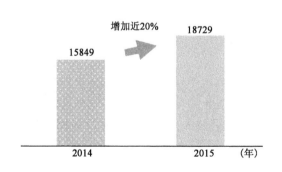

图Ⅰ-2-1-8 重要节日期间，从爱媛县到大分县的三条渡运航线上的车辆数量

注：调查期是2014年和2015年的4月29日—5月6日8天时间。

资料来源：国土交通省对各航线运营商的访谈调查结果。

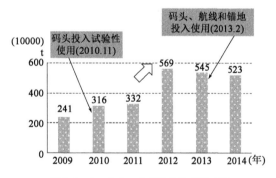

图Ⅰ-2-1-9 仙台—盐釜港的整车吞吐量

资料来源：国土交通省。

---

❶ 高速公路出入口位于工厂的中心，新建的工厂位于东北高速公路的东部和西部。另外，为调整装配时间，还在高速公路出入口附近增加了载货汽车等候区。

目前,丰田汽车东日本公司的总部已迁至大平市,同时引来了相关企业。这促进了就业增长,而修建的内部培训设施还成为区域振兴的主要驱动力。

(5) 日本海—恩甘—东北高速公路和京滨港

日本海—恩甘—东北高速公路是连接新潟、山形、秋田和青森的全长322km的国家高等级干线公路。修路计划于1987年公布,2002年后,穿越新潟县的路段陆续开通。随着道路建设的发展,1990年,世界知名的飞机内饰制造商JAMCO集团在新潟县村上市建立的新厂(新潟JAMCO公司)开始运营。它从山形和秋田采购部件进行组装,然后运往京滨港,在那里向国外飞机制造商发货。该公司利用陆续开通的日本海—恩甘—东北高速公路扩大业务。JAMCO集团生产的厨房设备占全球市场份额的30%,其中70%的产品都由新潟JAMCO公司制造。另外,新潟JAMCO公司生产的卫浴设备占全球市场份额的50%。

为应对销量攀升和预期需求,2013年和2014年,公司决定在当地雇佣250位新员工,从而使当地雇员的总数达到550人。村上市的职位求供比率约为新潟县平均水平的2倍,这说明该公司为促进当地就业作出了巨大贡献(图I-2-1-10)。此外,JAMCO公司在村上市的第二家工厂于2016年2月开始运营。

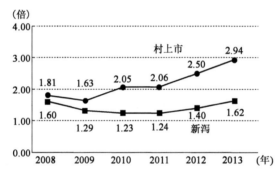

图I-2-1-10 村上市和新潟县的职位供求比率变化
源:国土交通省根据村上市公共职介所提供的就业统计信息编制。

目前,从朝日登别高速公路出入口(新潟县)到温海昂森高速公路出入口(山形县)(朝日—温海道)的缺失环节正在建设中。随着这些路线的完工,交通便利性有望显著提高,这将最终实现当地的经济振兴。

此外,日本海—恩甘—东北高速公路的开通有望提高备灾能力。作为新潟县和山形县主要干道的7号国道是暴雨导致的泥石流、风暴潮和交通事故的多发地。2006年7月发生的泥石流导致道路全线封闭42h。日本海—恩甘—东北高速公路的改造能提供替代路网(安全冗余),以防备路网中断,进而保障居民的生活安全和物流运输安全。

(6) 德山下松港

德山下松港(下松市第二公用码头)位于日立公司加佐登工厂附近。在德山下松港建设前,受港口设施的限制,大型船舶无法靠泊码头。所以,工厂无法通过码头将生产的铁路车辆运往英国。当时的运输方式是在工厂旁的码头停靠驳船,然后将车辆转运到大型船舶上,最后运往英国。

为让大型船舶靠泊德山下松港,建设方在码头加装了系泊柱和护栏(2015年7月完工)(图I-2-1-11)。这样就能将工厂制造的铁路车辆运往4km外的德山下松港(下松市第二公用码头),然后将车辆装到大型船舶(与其他出口车辆混装)上,再通过名古屋港和横滨港运往英国。

此外,为在装运前临时存放铁路车辆,码头还铺筑了沥青路面(图Ⅰ-2-1-12),以提高便利性。

图Ⅰ-2-1-11　改造的系泊柱(右侧)(左侧是原有的系泊柱)
资料来源:国土交通省。

图Ⅰ-2-1-12　铺筑路面的码头现场
资料来源:国土交通省。

这些改进措施使日本和英国之间的航运时间缩短8d(从53d减至45d),运输成本预计降低近20%。

可以说,这是通过反映民企意见,利用相对较少的改进成本实现存量效应的最佳实例。

(7)东名高速公路海老名交叉口

通往东名高速公路(Ken-O高速公路以北)的车道(外车道)合流点在工作日早晚的高峰时刻和节假日的傍晚常常出现拥堵。中日本高速道路株式会社计划自2015年10月30日减小路面上现有车道的宽度和路肩宽度,采用双车道来缓解交通拥堵(图Ⅰ-2-1-13)。

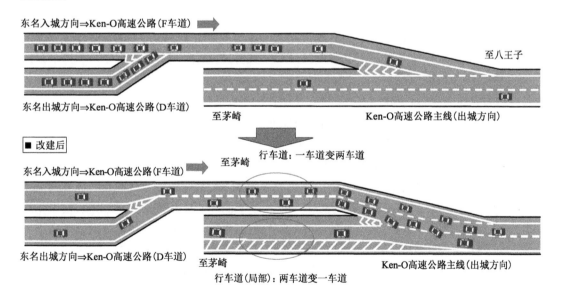

图Ⅰ-2-1-13　东名高速公路海老名交叉口的改建轮廓图
资料来源:中日本高速道路株式会社。

在采取此措施的外部车道,拥堵明显减少(图Ⅰ-2-1-14)。通过降低成本进行维护和改进,最大限度提高了建设交通网的影响,这不仅稳定了车流密度,还能确保行车安全。

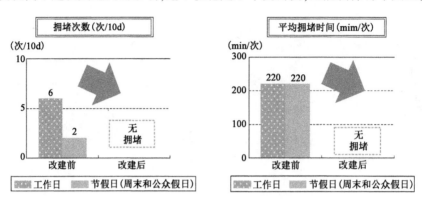

图Ⅰ-2-1-14 改建前后交通拥堵的变化

注:1.运营前:2015年10月16日周五至10月25日周日;运营后:2015年10月31日周六至11月9日周一。
2.道路运营前,出城车道每天的车流量约为2.3万辆;道路运营后,每天的车流量约为2.6万辆。
3.拥堵:车辆行驶时速低于40km,或在行驶途中反复停车超过1km或15min。
资料来源:中日本高速道路株式会社。

2. 安全保障基础设施

(1) 都市区城外地下排水渠

位于埼玉县东部的春日部市被中川、利根川、江户川和荒川等多条河流环绕。由于地势低,容易积水,所以在台风和暴雨过后,这里很容易出现大范围的洪灾破坏。

为解决这些问题,在16号国道(自东向西穿越春日部)下方修建了都市区城外地下排水渠。整个工程于2006年完工。

排水渠从暴涨的河流中抽水,然后通过地下水渠排放到江户川。在2002年经过局部泄流后,到2014年,排水渠总共运行了100次,每年平均运行7次以上(图Ⅰ-2-1-15)。排水渠运行后,中川和绫濑川流域(包括春日部)泛洪次数显著减少。1990—2000年,遭受洪灾破坏的房屋数量约为3.5万幢,自2000年以来的10年间,这一数字已降至5745幢。

此外,在2015年9月的关东和东北暴雨期间,排水渠的水流量达到自运行以来的最高纪录。与1986年8月的洪灾相比,尽管降雨量是那时的1.1倍(图Ⅰ-2-1-16),但遭受中川和绫濑川泛洪破坏的房屋数量已从16874幢减至1849幢,减少近90%(图Ⅰ-2-1-17)。

随着洪灾风险的降低,2003年,春日部市将昭和高速公路出入口附近指定为工业区(16号和4号国道穿过这里),以吸引更多企业。由于春日部的交通极其便利,有29家企业在此开设配送仓库和购物中心,它们准备创造3000多个就业岗位(图Ⅰ-2-1-18)。

此外,调压井(图Ⅰ-2-1-19)的外观还赢得了"地下帕特农神庙"的美誉,它吸引了大批游客。这里还是广受欢迎的旅游胜地和电影及电视节目的拍摄地。政府、市政厅和公民团体还组织了丰富多彩的活动,以促进地区振兴。

在重视工程建设的同时,春日部还致力采取非工程方面的措施。为应对在江户川右岸和江户川周边区域出现的洪灾和其他灾害,这里每年都制定防洪计划,并进行防洪施工。另外,2015年12月,当地还编制了灾害风险图(包括地震、洪灾和其他灾害的备灾规定),以提升当地居民的防灾意识。

图Ⅰ-2-1-15 都市区城外地下排水渠的运行状况
资料来源：国土交通省。

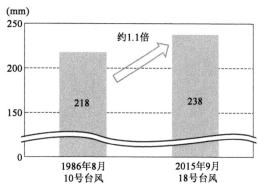

图Ⅰ-2-1-16 24h降雨量对比（越谷天文台）
资料来源：国土交通省。

如上所述，都市区城外地下排水渠不仅在降低洪灾风险方面发挥了巨大作用，还对区域经济发展作出了重要贡献。

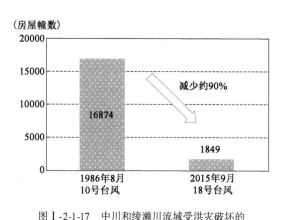

图Ⅰ-2-1-17 中川和绫濑川流域受洪灾破坏的
房屋数量的对比
资料来源：国土交通省根据埼玉县公布的
洪灾统计数据和资料编制。

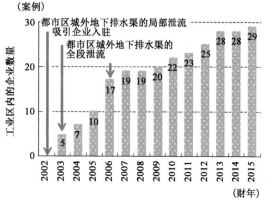

图Ⅰ-2-1-18 春日部市工业区内的企业现状
资料来源：国土交通省。

(2)富士山泥沙治理设施项目

富士山脚下的富士宫市和富士市经常受到大泽峡谷❶崩塌引发的泥沙流等地质灾害的破坏，所以它们的土地利用面临困难。从1969年起，这里开始建设泥沙治理设施项目，修建了包括大泽河泥沙拦截带在内的77座设施（图Ⅰ-2-1-20）。这样就能提前预防暴雨导致的泥石流等地质灾害。2000年，当有记录以来数量最大的泥石流（约28万m^3）倾泻而下时，泥沙治理设施将它们成功阻截。这些设施还阻截了2015年4月发生的泥石流，并防止周边区域受到破坏。

---

❶大泽峡谷是位于富士山大泽河正西方的一座大型侵蚀峡谷。该峡谷最宽500m，深150m。从山顶火山口底部算起，其海拔高度接近2200m。

图Ⅰ-2-1-19 都市区城外地下排水渠的调压井
资料来源:国土交通省。

图Ⅰ-2-1-20 大泽河扇形区的周边地图
资料来源:国土交通省。

随着泥石流等地质灾害的减少,当地重建了工业园,吸引了更多的企业入驻。自1986年成立两家企业以来,目前在富士宫市和富士市西部成立的企业已达40家。

此外,在旅游方面,游客人数已从1989年约50万人持续增长至2013年的200多万人,增加3倍以上(图Ⅰ-2-1-21)。这里不仅能欣赏富士山的美景,而且有丰富的自然资源,所以基础设施的建设将促使当地利用旅游资源实现区域振兴。

此外,中部地区开发局富士泥沙治理设施办还与静冈市政府联手举行关于大泽峡谷崩塌的观察会议,并共同参与民间活动,以提升当地居民的备灾意识,加深他们对泥石流等地质灾害的认识。

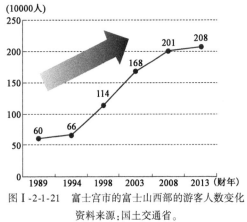

图Ⅰ-2-1-21 富士宫市的富士山西部的游客人数变化
资料来源:国土交通省。

3. 民生基础设施

(1)品川季节露台

品川季节露台是一座兼具办公和购物功能的商业建筑,它于2015年5月在品川对外开放。品川地区有许多公共设施,包括东海道新干线品川站(原来是中央新干线的直线电动机车站)以及将在品川和田町之间修建的JR线新站,所以未来这里将蓬勃发展。

作为一座大型环保的商业建筑,品川季节露台不仅具备增强的防灾功能(抗震机制、应急发电、收留灾后无家可归的人),还有许多值得一提的特征,尤其是利用排污设施改造对顶部空间进行综合开发。

总体来说,按照《城市规划法》对城市基础设施(如道路、河流、公园和排污设施)的要求,设施建造受到限制,所以无法建造内部有商铺和餐馆的大楼。虽然最初计划是建造蓄水池,在下雨时收集污水,但按照《城市规划法》的规定,应用垂直城市规划系统,就能建造下部有排污设施的商业写字楼(品川季节露台),实现土地空间的有效利用(图Ⅰ-2-1-22)。

至于开发成本,品川季节露台地上部分的全部建设费用由私营企业承担,负责排污设施运营的东京都政府不承担任何费用。此外,私营企业向东京都政府支付的租地费用还有助于污水处理厂的稳定管理。

a) 建设前

b) 建设后

图 I-2-1-22　品川季节露台建设前后对比
资料来源：NTT 城市发展公司。

另外,就能源利用的独创性而言,它将排污设施的功能发挥到了极致,设施能收集污水处理设施处理污水产生的热量,同时可使用回收的废水冲厕所(图 I-2-1-23)。

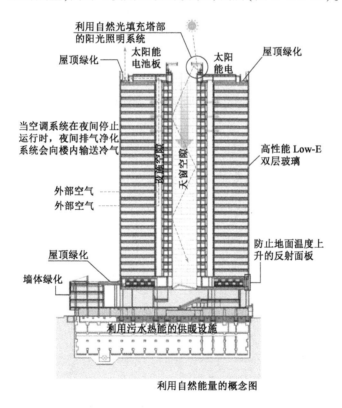

图 I-2-1-23　下雨时建筑物顶部与蓄水池的关系
资料来源：国土交通省。

(2) 京都丹后铁路

京都丹后铁路公司是在丹波(京都北部)、丹后地区和田岛(兵库县东北部)运营的铁路公司。多年来,它一直被亲切地称为北近畿丹后铁路公司,它在连接区域的公共交通方面发挥了重要作用。

然而，随着人口出生率下降、人口老龄化加剧、机动化程度提高、休闲多元化和产业空心化发展，铁路用户数量和运输收入都显著减少。与1993年的高峰期相比，2013年的用户数量减少约2/3，管理环境因此严重恶化。为实现周边区域的一体化，通过铁路促进区域振兴，铁路沿线的两县、五市和两镇❶的地方政府发挥了重要作用，其最终目的是重建铁路业务。

2015年4月，公司更名为京都丹后铁路公司。其产权归北近畿丹后铁路公司（第三部门）所有，铁路设施采用了Willer Trains公司的上下线路分离的制度。Willer Trains公司是Willer Alliance集团的子公司，它从事公路客运和旅行社经营。它们有望充分应用集团运营方面的管理优势。

Willer Trains公司的经营理念是实现交通网发展和城镇发展的结合。为发展高度便捷的交通网，他们与客车公司和游轮运营商合作，制订便于转乘的行程计划，提供免费通行服务，同时与地方政府合作，通过在城区地图中附赠本地餐厅优惠券，向居民发放运行时间表，鼓励公众乘坐。

为增进地区间的交流，2015年5月，在日本三大旅游胜地之一的天桥立举行了落成典礼（Daitantetsu节）。许多游客乘坐火车来到活动现场，乘客人数达7128人，是2014年同期的2倍。周边购物区的游客人数也显著增长，这进一步体现了经济涟漪效应。

近年来，许多外国游客来到号称日本海入口的舞鹤港。当地非常重视发展入境旅游，力图在京都地区打造海边的观光胜地。京都丹后铁路公司也致力扩大入境旅游业务，它发放了单日车票，在站牌上使用多语种标识，在车内进行多语种广播，以方便国际旅客出行。今后，他们还将根据旅游交通线路审定列车运行时间表，并通过增加新的运行计划和信息传播促进本地区内部的交流。

这是私营企业参与管理以恢复现有铁路业务的实例。在社区携手同心的情况下，区域合作有望实现本地交通的稳定运行和地区经济的振兴。

二、存量效应"可视化"

在上一部分，我们阐释了存量效应推动企业生产活动和区域经济的实例，私营部门必须认识并充分利用这种效应。在本部分，为明确说明基础设施对用户（如私营企业和民众）产生的各种存量效应，我们介绍了采用大数据和用户调查结果对这种效应进行客观分析的实例。

京都Jukan高速公路的实例——使用大数据：2015年7月京都Jukan高速公路开通后，近畿区域开发局使用通过手机获取的位置信息大数据，分析京都北部各旅游胜地的游客数量。这样就能详细分析游客的位置和人数，以显示各旅游胜地的游客增长数量。

专栏 改进基础设施的涟漪效应，理解国外的"广泛经济影响"研究

截至目前，我们已经阐释了改进基础设施产生的各种存量效应。例如，在这些存量效应中，改进交通基础设施能在交通运输市场外部产生涟漪效应，如生产扩大和增建工厂，以

---

❶兵库县、京都、兵库县丰冈市、京都府福知山市、舞鹤市、宫津市、京丹后市、伊根町和谢野町。

及直接影响(交通运输市场内部的影响),如缩短运输时间。

在日本目前进行的成本效益分析中,只有当市场处于完全竞争,这种涟漪效应被完全抵消时,才会评估直接影响,所以可利用直接影响来评估交通运输市场。

同时,众所周知,集聚效应是指在特定地区集中进行经济活动比在不同地域分散进行更有效。可以说,改进交通基础设施连接了地理位置分散的地区,因而促进了企业之间的沟通和交流,并产生了集聚经济。

所以,在实际经济中,特定距离使市场在地理位置上分散,因此完全竞争不一定能发挥作用。例如,人们有时发现,在竞争激烈的城市,社区加油站都试图降价,而在无竞争且人口减少的地区,加油站的价格都居高不下。

这些外部集聚经济和地理性不完全竞争引起了多方关注。所以,在过去10年中,每当对基础设施优化的影响进行经济分析时,英国、新西兰、瑞典和其他国家的政府除了进行传统的成本效益分析以外,还会研究更广泛的经济影响。

英国会专门分析集聚效应、不完全竞争市场的生产活动变化和劳动力市场影响产生的税收效应增加的收益(图Ⅰ-2-1-24)。

对更广泛经济影响的这种评估,无法涵盖基础设施的所有存量效应,例如,提高安全性和可靠性,扩大消费者的多样性。通过了解外国政府的相关举措,可以看出,我们不能总是依赖传统的成本效益分析提供的数据,而必须分析基础设施改进前后的交通变化产生的影响。

政府净成本	89.6
总成本	139.02
铁路净收入	-61.49
间接税收入下降	12.07
传统用户收益	160.93
休闲/通勤交通	112.29
商业运输	48.64
更广泛的影响	71.61
累积收益(与增加的收益有关的积累知识和技术)	30.94
不完全竞争(在不完全竞争市场,旅游成本下降产生显著影响)	4.86
员工旅行(与旅行成本下降有关的税收增加)	32.32
劳动力参与率提高(劳动力增加的影响)	3.49

图Ⅰ-2-1-24 英国横贯铁路的收益和成本(单位:亿英镑)

资料来源:国土交通省根据横贯铁路公司的《2005年横贯铁路经济评价(2005)》编制。

三、国土交通省使存量效应最大化的方法

2015年9月18日,内阁府制定了《第四个基础设施优先发展计划》,它将存量效应最大化

列为首要原则。根据此计划以及严格的财务限制,国土交通省实施了"明智投资,精明使用"的基础设施管理策略,即重点选择和全面聚焦能产生巨大存量效应的项目,同时通过采取明智和独创性的举措,充分利用现有的设施。另外,为评估计划,交通系统小组委员会规划科、基础设施发展小组和交通运输政策委员会还成立了特别工作组,以探讨如何"呈现"存量效应并使之最大化。工作报告将于2016年秋编制完毕。在此过程中,国土交通省和日本商业联合会成立了工作组,以鼓励就公私合作关系展开对话。

此外,为宣传扩大各领域的存量效应的工作成果,国土交通省编制了与各省的基础设施存量效应有关的案例研究集,以及阐释日本各地致力于现有设施的"精明使用"、整合和重组的高级案例研究集。国土交通省和区域开发局还举办了介绍这些举措的看板展览。关东区域开发局还将事后评估记录整理成"关东基础设施项目档案"❶(图Ⅰ-2-1-25),以便未来的基础设施项目能分享信息,同时向公众明确展示他们在整个基础设施项目中付出的努力。

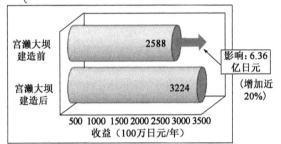

图Ⅰ-2-1-25 关东基础设施项目档案

资料来源:国土交通省。

此外,在地方发展过程中,为唤起人们对基础设施的亲近感,国土交通省还大力推广基础设施旅游❷。这种旅游将桥梁和大坝作为旅游资源,以鼓励用户和游客亲自体验基础设施

---

❶http://www.ktr.mlit.go.jp/shihon/index00000018.html。
❷国土交通省于2016年1月开通了介绍全国基础设施旅游的门户网站(http://www.mlit.go.jp/sogoseisaku/region/infratourism/index.html)。

(图Ⅰ-2-1-26),同时形象地描述存量效应,帮助他们深入理解这种效应的原理。

a)在汤西川大坝的坝体内(栃木)

b)川治大坝的步道(栃木)

图Ⅰ-2-1-26 大坝后台游览(汤西川大坝和川治大坝)

资料来源:国土交通省。

总之,全面提供和分享信息("可视化")能使用户轻松理解存量效应。

第二节 通过公私合作关系实现基础设施的有效发展和运营

正如第一节所述,基础设施的合理发展能激活私人投资,促进地区振兴。为有效发展基础设施,还可通过公私合作伙伴关系吸收私人资金和私人企业的创造力。利用PPP/PFI,还能将以前掌管公共实体的企业向私营部门开放,以激发新的私人需求。同时,通过利用私人资金、管理知识和技术能力,服务的改进和服务水平的提高指日可待。稍后我们将阐释PPP/PFI的应用方法。

一、国内的PPP/PFI市场

1. PPP/PFI的利用现状

公私合作伙伴关系(PPP)是指在提供公共服务时,在某种程度上广泛采用私人参与的方法,根据私营部门的参与程度,可以有不同的合作类别。一些代表性实例包括私人主动融资(PFI)和私营部门的综合业务委托(图Ⅰ-2-2-1)。

方法	摘 要	基本法	设施所有者	融资	应用领域实例
PFI方法	通过利用私人融资、管理知识和技术能力建造、维护、管理和运行公共设施的方法	《PFI法案》(1999)	政府/私人	私人	公有住宅和政府建筑等
特许经营法	特许经营是指向私人企业授权,允许其在运营公共设施时收费,而公共实体仍是设施的所有者	《PFI法案修正案》(2011)	政府	私人	机场、道路、排污系统等(计划)

图Ⅰ-2-2-1

方　法	摘　　要	基 本 法	设施所有者	融　资	应用领域实例
指定管理人制度	由指定管理人（地方政府指定的企业）负责管理和运营公共设施的制度。司法改革后，私人企业、非营利组织等机构都能参与公共设施的管理	《地方自治法修正案》(2003)	政府	政府	公园、港口和码头等
私营部门的综合业务委托	就公共设施的管理和运行而言，不必规定企业经营的细节，并采用效率—排序法，将经营外包给私人企业团体，可利用私营部门的创造力提供高效服务	—	政府	政府	排污系统等

图 I -2-2-1　主要的 PPP 方法

资料来源：日本国土交通省。

在监测调查中，我们调查了民众如何看待地方政府在管理基础设施时（因人力资源不足和财政紧缩）面临的困难，有 77.3% 的受访者说他们听说过此类问题（图 I -2-2-2）。此外，有近 79.5% 的受访者认为，使用私人资金发展基础设施很重要或比较重要，这说明公私合作的必要性已得到公认（图 I -2-2-3）。

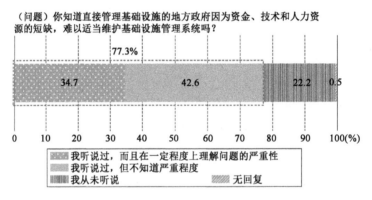

图 I -2-2-2　理解基础设施管理系统难以维护的现状

资料来源：国土交通省的监测调查。

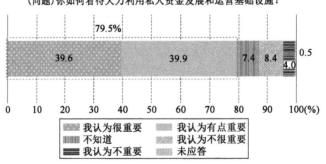

图 I -2-2-3　对利用私人资金发展基础设施的认识

资料来源：国土交通省的监测调查。

负责企业融资的私营部门可采用公私合作的代表性方法 PFI。1999 年 7 月通过《私人主动融资促进法案》(《PFI 法案》)后,PFI 项目数量和项目成本逐年增加。2014 年,项目总数为 489 个,项目成本达 45015 亿日元。截至 2016 年 1 月 1 日,日本国土交通省实施的项目总数是 151 个,地方政府实施的项目数量显示商业实体显著增长(图Ⅰ-2-2-4)。

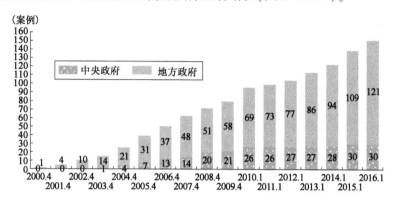

图Ⅰ-2-2-4 项目数量变化(累计总和)

注:根据 2009 年前的财年和 2010 年后的历年计算总和。

资料来源:国土交通省。

过去,国土交通省的相关项目(利用日本的 PFI)主要是政府建筑和公共住房,也有一些道路工程和污水处理厂项目。此外,还有 114 个服务采购型项目(图Ⅰ-2-2-5)。这类项目的投资回收形式是:私营部门承担公共设施的建造成本,公共实体支付维护、管理和运营费用作为补偿(服务采购价格),这部分费用占投资总额的 75%。

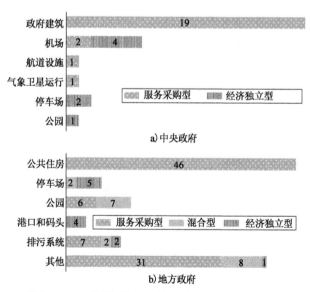

图Ⅰ-2-2-5 不同类别的项目数量(截至 2016 年 1 月 1 日)

资料来源:国土交通省。

除了上述的服务采购型外,PFI 的业务类型还包括经济独立型(通过设施使用收入回收资金)和混合型(通过服务采购成本和设施使用费回收资金)。在经济独立型项目中,运营风险由私营部门承担,它们能规定使用费和服务内容。与服务采购型相比,它为发挥创造力提供了空间。

2. 实行PPP/PFI的方法

基础设施和服务的需求多样化是采用PPP方法(符合项目意图和地区实际条件)的关键。稍后我们将阐释有效PFI方法的代表性实例,即特许经营法(经营权制度,如公共设施的运营),以及通过向农村地区的私营部门委托综合业务实行PPP的方法。

(1)特许经营法(公共设施的经营权制度)

特许经营法是2011年修订《PFI法案》后采取的方法。它是私营部门运营设施,公共实体仍是征收使用费的公共设施的所有者的项目(图Ⅰ-2-2-6)。这种经济独立型项目通过设施用户贡献的收费收入回笼资金。由于公共实体是设施的所有者,所以能保留一定程度的公共性,这样就能以高度的稳定性和自由度运营设施,提供体现用户需求的优质服务。它主要应用于机场、排污设施和收费公路等项目。

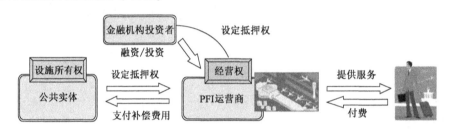

图Ⅰ-2-2-6 日本特许经营法示意图
资料来源:内阁府。

①仙台机场

2006年的高峰期过后,政府管理的仙台机场面临旅客人数和货物吞吐量增长缓慢的困境(图Ⅰ-2-2-7和图Ⅰ-2-2-8)。在2011年3月的东日本大地震的废墟上重建后,人们对仙台机场的发展寄予了厚望。为此,当地利用私营部门的专业知识运营机场,全面管理周边设施,并最大限度发挥东北地区的潜力,通过实现地区和机场的一体化运作,他们正为东北地区的全面振兴而努力。

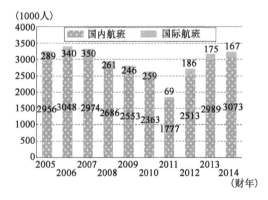

图Ⅰ-2-2-7 仙台机场旅客人数的变化
资料来源:国土交通省的《机场管理现状调查报告》。

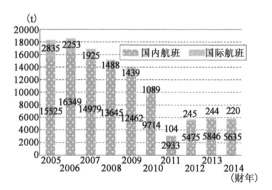

图Ⅰ-2-2-8 仙台机场货物吞吐量的变化
资料来源:国土交通省的《机场管理现状调查报告》。

在此项目中,开展公私合作的想法始于2012年宫城县的命名工作。2013年3月,它规划了仙台机场及其周边区域未来发展的蓝图,这也是公私合作关系的普遍原则。它还规定了委托私营部门经营仙台机场30年后要实现的目标,即每年旅客人数达到600万,每年的货物吞吐量达到50万t。此外,2013年6月,日本制定了利用私营部门的能力经营国有机场的相关法律,这不仅为特许经营法在机场项目中的应用提供了清晰框架,同时还推动了相关议题的全面探讨。通过这种公私合作,既能规划机场运营的光明前景,又有利于制定相关法律。2014年6月,特许经营法的公开招标工作开始。

2015年12月1日,政府将仙台国际机场最长65年的经营权(头30年)授予东急前田丰田通商集团成立的仙台国际机场株式会社(图Ⅰ-2-2-9)。该公司的项目建议是通过引入激励航空公司提供服务的价格机制,增加国际航班,延长飞行路线,通过积极宣传东北地区的品牌,扩大空运需求。此外,还想通过建设源自仙台机场的交通网,提高前往东北各地的可达性,同时增强经济涟漪效应(图Ⅰ-2-2-10)。这是首个在机场中引入特许经营法的案例。未来,公私合作与区域一体化的机场运营有望使东北地区恢复活力。

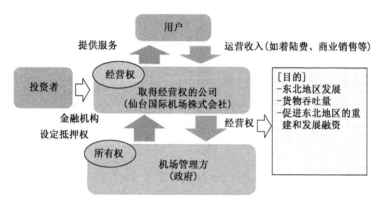

图Ⅰ-2-2-9 仙台机场特许经营法示意图
资料来源:国土交通省。

航空业务
- 通过减少航空公司的付费,鼓励它们提供服务
- 通过在4h国际航班的飞行范围内增加直飞航班,扩大日本国内外的航空网络
- 扩大枢纽机场的设备规模,加强日常服务运营,建立运输航线
非航空业务
- 改进商业实施,如加强商品销售,促进餐厅经营,以宣传东北地区的品牌
- 为当地居民建设休闲广场,为接机的市民和旅客建造到港咖啡厅
其他
- 通过提高铁路网的可达性,改进停车设施(提高到达机场的便利性),缓解交通拥堵
- 加强仙台机场国际化促进委员会与东北旅游促进组织的合作(宣传东北地区的品牌)
- 成立负责机场及辅助设施全面和安全运行的仙台运营中心(安全维护机构)

图Ⅰ-2-2-10 仙台国际机场株式会社的经营实施政策(主要)
资料来源:国土交通省根据东急前田丰田通商集团的项目建议书纲要编制。

②关西国际机场和大阪国际机场

关西国际机场(KIX)和大阪国际机场(伊丹),根据促进关西国际机场和大阪国际机场高效建设和管理的相关法律(2011年《第54号法案》),将利用特许经营,充分发挥私营企业的专业优势,以尽快和稳妥地偿付与关西国际机场建设有关的债务。此外,还要恢复并加强其作为枢纽机场的地位,同时,通过正确和有效利用这两座机场,整个关西地区的空运需求将显著增长(图Ⅰ-2-2-11)。

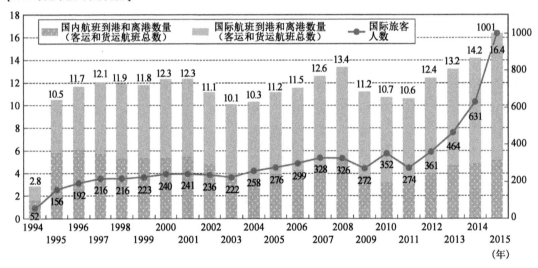

图Ⅰ-2-2-11　关西国际机场航班到港/离港次数变化和国际旅客人数变化
注:2015年的旅客人数是初步统计结果。
资料来源:新关西国际机场公司。

首先,2012年4月成立了新关西国际机场株式会社(100%政府投资),同年7月,关西和大阪国际机场实现统一管理。为开展特许经营,新关西国际机场株式会社制定了管理策略和行动计划,即中期管理计划,以大力提升两个机场的商业价值。2014年7月制定并公布了《关西和大阪国际机场特殊运营实施政策》,同时启动了私人企业的公开募股程序。2015年11月,日本欧力士公司(Orix)和法国万喜机场公司(VINCI)成为拥有优先购买权的主要财团成员。2015年12月,将经营权授予财团成立的关西机场公司,与关西国际机场公司达成执行协议。

特许经营期是44年(2016年4月—2060年3月)。关西机场公司每年从着陆费和机场运营收入(如商业销售)中拿出一部分,作为经营权的补偿费用(图Ⅰ-2-2-12)。此外,关西机场公司根据执行合同和新关西国际机场公司显示的需求水平开展经营,避免机场运营受阻。另一方面,新关西国际机场公司必须监测并保证机场运营顺利。

根据关西机场公司的经营实施政策,在加强市场作用的同时,通过设定战略价格和推广廉价航空业务规划航线,计划在非航空企业类别利用商业设施的布局变化实现收入增长,同时大力发展航空业务,并利用公司自身的管理优势促进收入增长(图Ⅰ-2-2-13)。

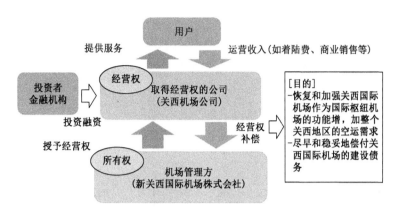

图 I-2-2-12　关西和大阪国际机场的特许经营法示意图
资料来源:国土交通省。

航空业务
- 通过加强市场功能进一步增加航线
- 创建廉价航空服务中心和物流基地
非航空业务
- 利用方便客户购物的设施布局变化增加商业收入
- 飞机维修保养以及航空公司提供的其他全面有效的服务
其他
- 鼓励新建简单的住宿设施,为凌晨到港(由于廉价航班增加)的旅客提供服务(提高旅客满意度)
- 人力资源发展
- 新关西国际机场株式会社以前的经营方略,维护管理的安全标准,以及新投资的稳妥实施(安全措施和资本投资)
- 促进加周边地区和机场密切联系的活动(环境措施,与社区共存)

图 I-2-2-13　关西机场的经营实施政策(主要)
资料来源:国土交通省根据新关西国际机场公司提供的资料编制。

除了运输旅客和货物(原始功能)外,机场运营还包括其他各种功能,如商业设施和酒店设施。在此项目案例中,拥有机场运营经验的国外公司与欧力士公司和其他日本企业(本地代表性企业)携手合作,利用私人企业的灵活创造力促进机场运营。因此,两座机场将以更强劲的势头发展,确保在增加关西机场客运需求的同时,提高日本的国际竞争力(如工业和旅游业),同时促进关西地区的经济振兴。

③滨松市公共污水处理厂(Seien 处理区)

在 2005 年合并市政机构后,政府决定将静冈市管理的 Seien 流域污水处理厂迁往滨松市。虽然在 2016 年 4 月搬迁,但滨松市面临诸多问题,例如员工人数减少导致的维护和管理技能转移的问题。此外,尽管老化的设施需要适当的维护更新,但仍面临人口减少导致使用费收入减少的困境。所以,考虑通过公私合作实施一个优化项目。

由于初衷是利用长期合同和私人部门的创造力实现有效管理和运营,所以考虑实行特许经营法,并最终决定采用部分特许经营,将经营权授予一家净水中心泵站。至于工作范围,除了维护管理设施和整修外,还实施了经济独立型项目,如引进新处理工艺和太阳能发电(图I-2-2-14)。

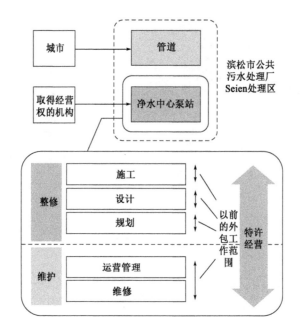

图Ⅰ-2-2-14 取得经营权的机构的工作范围
资料来源:滨松市。

此外,为根据私营部门提供的合格设施名录进行整修,该市还将制定翻修计划。翻修费用主要由该市通过企业贷款❶和国家财政获取,同时私营部门还承担一部分费用,以鼓励抑制项目成本。

日趋老化导致日本的排污设施需要全面整修。许多地方政府都面临与滨松市类似的问题。另一方面,污水处理厂突破变革的前景渺茫,管理和风险分担困难。通过灵活采取特许经营法,可以充分发挥私营部门的创造力,以减少地方政府的经济负担。

④爱知县道路公营公司。

为在地方道路经营企业的收费道路经营中实行特许经营,日本国会例会在2015年通过并实施了《特殊区域结构改革法》部分修正案,以鼓励私营企业参与公共管理的收费道路的经营。

2015年8月,爱知县被指定为国家战略特区,同年9月,《国家战略特区计划》❷通过审核。此后,爱知县道路公营公司在10月和11月先后公布了《实施政策》和需求清单。爱知县收费公路项目的经营范围是保留和管理8条公路的经营权,实行运营管理、整修改造以及停车场的商店销售业务。目前,他们正在遴选运营商。

(2)社区发展中的公私合作

在偏远城市,为解决财政限制,实现地区经济振兴,边远城市们积极开展公私合作。另外,合作形式多种多样,这些城市采用了符合区域特点和商业目标的方法。在发展过程中,私营企业和居民的沟通非常重要。下文将阐释在各领域采取的方法。

---

❶为了给管道/设施的修建和项目改进提供资金,向政府借来的长期贷款。
❷通过在国家战略特区实施,并经首相认可后,可采取《特殊区域结构改革法》中的特别管理措施。

①函南町区域振兴、交流和防灾基地改进项目(混合型 BTO❶ 方法)

静冈县函南町位于旅游资源丰富的伊豆半岛北部,2013 年,东村—沼津—Kanjo 公路延长至函南—冢本高速公路出入口后,东名高速公路与新东名高速公路之间的交通便利性大大提高。在发展环路的过程中,函南町即将成为伊豆半岛的入口和伊豆的旅游基地。通过在静冈东部和整个伊豆半岛增加信息传播基地,人们为创建活跃城市积极推动城市发展。另外,该地区可能发生 8 级东海地震和南海海槽强震,所以穿过该市的 136 号国道可作为应急运输通道。

在此背景下,该市研究了在公私合作的条件下,通过协调工作维护和运营集交通安全功能、旅游复兴、区域振兴和防灾功能于一身的设施。2012 年,为实现商业化,人们利用政府的开拓性的公私合作扶持项目开展委托调查。这样就能使公私合作关系实施风险分担,以符合防灾要求,同时制定有利于地区振兴的经营计划。

另外,市长还领导召开了专家委员座谈会,讨论如何促进中间站和河畔车站的发展,以在项目中采用私人主动融资(PFI)的方法。

2014 年 8 月公布了实施政策,在项目中采用 BTO 方法。该项目的运营期是 16 年 5 个月(2015 年 11 月—2032 年 4 月),设施开发期是 2 年 5 个月,开发、管理和运营期是 15 年。函南町向运营方支付维护费、开发、管理和运营费用。为确保私营部门能进行自主利用,商店和餐厅的经营采用了经济独立型模式,允许运营方直接收取用户支付的使用费(图 I-2-2-15)。这既能保证政府进行有效的运营管理,又能通过私营部门利用本地旅游资源,创建宜居环境,实现产业振兴。

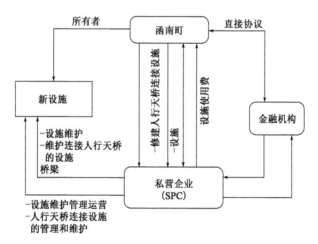

图 I-2-2-15　函南町 PFI 经营计划

资料来源:国土交通省根据函南町的资料编制。

在招聘方面,为鼓励私营企业踊跃参与,在公布实施政策前,征求了私营部门的意见和建议。在实际筛选时,对私营企业的访谈重点是能否提出有价值的经营建议。此外,虽然采取多种经营形式,但它允许投资者之间发行股票,以确保最适合的企业能在设计、建设、维护、管理和运营的每一阶段脱颖而出,以吸引独立投资组合公司(SPC)对项目投资。这些努力吸引了两家 SPC,运

---

❶BTO 即"建设—移交—运营"的缩写。这种经营方法是指私人企业负责修建设施等,在工程竣工后,立即将所有权移交给公共设施的管理方,然后由私人企业维护、管理和运营。

营方于 2015 年 7 月选定。选定的 SPC 包括掌握 PPP/PFI 专业知识的本地企业和都市区企业,其目的是确保设施的有效运营,让本地企业积累管理知识,最终实现本地区的振兴。

此案例通过在项目规划阶段开展的公私合作对话增加了私人企业和本地居民的兴趣。同时,这些努力还有望创建使区域团结一致,并实现地区振兴的交流基地。目前,该市处于商业化的过程中。

②宫崎县西出口整修项目(有效利用公共房地产)

宫崎县和宫崎市考虑利用宫崎站前未开发的公共土地建造商业设施、居民服务设施和交通中心,让它们成为中心城区的节点,以促进城市的发展。为开发和运营商业设施,采用了公私合作方法,成立了经营实体宫崎 Green Sphere Purpose 公司(TMK),该公司由十几或二十几家本地企业资助。

项目周期是 20 年(2010 年 3 月—2030 年 2 月),其目的是通过分担私营企业的职责,开发和运营公共设施(如公共汽车终点站和公共空间),包括酒店、商业设施和写字楼的综合体,以及私人设施(如多层停车场)(图Ⅰ-2-2-16)。

设施种类		政 府	私 人
公共设施	设计	○(公共汽车终点站、城市自行车停车场)	○(Ichibankan 内部,公共空间注释)
	施工	○(公共汽车终点站、城市自行车停车场)	○(Ichibankan 内部,公共空间)
	维护管理	○(公共汽车终点站、城市自行车停车场)	○(Ichibankan 内部,公共空间)
	经营	○(公共汽车终点站、城市自行车停车场)	○(Ichibankan 内部,公共空间)
私人设施	规划		
	设计		
	施工		
	维护管理		
	经营		

图Ⅰ-2-2-16 私人合作公司的职责划分

此外,为确保 TMK 开发和运营设施,对归政府所有的公共用地(作为低地)采取固定期限的土地租赁经营,设施的所有权归 TMK 公司所有(图Ⅰ-2-2-17)。

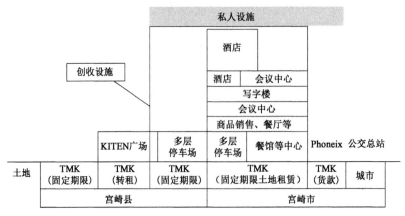

图Ⅰ-2-2-17 公共房地产和私人设施的定位

资料来源:国土交通省。

利用这些私人资金和专业知识,就能开发考虑本地居民需求的宽敞空间和相关设施,同时有效吸引写字楼的租户,提供新就业岗位和商业用地。这些设施在 2011 年 9 月开放后,宫崎市为振兴中心城区投入更多精力,居民对宫崎市商业环境和城市魅力的满意度显著提高(图Ⅰ-2-2-18)。

项　　目	2007 年	2011 年	增加和减少
谁都想去工作的魅力城镇	38.3	30.1	8.2
提供创业机会的城镇	46.9	35.7	11.2
有许多引人注目的商店的城镇	59.2	52.8	6.4
产品选择范围广	36.9	37.7	0.8
实惠产品的选择范围广	17.8	12.6	5.2
优质产品	4.8	2.6	2.2
不必担心营业时间	33.1	31.0	2.1
提供普通停车罚单、自行车租赁服务和临时幼托服务的城镇	41.0	26.9	14.1
人们能度过欢乐时光的城镇	21.0	17.8	3.2
人们能随意驻足的友好城镇	5.8	4.2	1.6
商店和企业主共同致力经济振兴的城镇	6.0	4.8	1.2

注:1.满意度(DI 值)分为 5 个等级,包括"满意""稍微满意""两者皆非""不太满意"和"不满意"。根据消极和积极程度计算回复率。
　　("满意"回复率×2 ＋ "稍微满意"回复率) －("不太满意"回复率＋"不满意"回复率×2)
　　2.2011 年的调查始于 2012 年 2 月。
　　资料来源:宫崎市《宫崎市民的满意度调查》。

图Ⅰ-2-2-18　对贸易和工业的满意度(DI 值)

在此案例中,当地政府还能收取私营部门支付的土地租金(根据固定期限土地租赁)。通过有效开发闲置的公共房地产,它减少了公共机构的财政负担,创造了私营部门的投资需求,并实现了本地区的振兴。

③4 号国道和福岛县级公路的维护管理(私营部门的综合业务委托)

在基础设施的维护管理方面,随着未来基础设施老化和人口减少导致成本增加,为使需求多样化,福岛县认为有必要提高维护管理运营的生产率。另外,2016 年 4 月,当中央政府将 4 号国道移交给县政府后,他们考虑采用扩大公私合作关系的方法,应对人手不足问题,高效运营,同时实行私营部门的综合业务委托。

制定经营计划的基本政策是:负责维护管理的私营部门通过改善项目本身的复杂性,获得适当的利润,并发展有吸引力的业务。基本政策的另一个要素是建立和引进一种能使私人合作公司的每个要素都获益的机制,如减少社会工作者的任务,降低维护管理成本。为此,当地考虑实行私营部门的综合业务委托。在 2016 年也就是第一年,合同期设定为一年,对于穿过 4 号国道的县级公路部分,决定以综合方式将道路运营(如维护、巡查、除雪和其他道路相关运营)外包。将来需要监测运营流程和成本,以继续下一财年后的委托。

此外,在 2015 年 11 月与私营企业交换意见时,私营部门表示想扩大经营面积和规模,并延长合同期。福岛县计划将委托经营扩大到道路维护以外的领域,如河流整治、空间扩展,同时采用多年期的合同。

其他意见包括:让熟悉本地情况的企业参与合作,成立监督这些企业的监督部门。根据这些意见,福岛县计划在2016年试行私营部门的综合业务委托,以考虑实施可能性及其影响(图Ⅰ-2-2-19)。

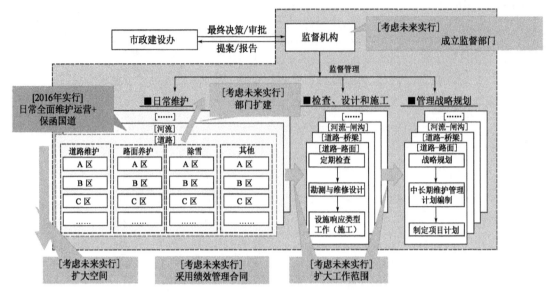

图Ⅰ-2-2-19 福岛县计划的未来维护管理的整体愿景
资料来源:福岛县。

目前,日本在维护管理项目中实行私营部门的综合业务委托的案例数量并不多。所以,缺乏运营管理知识和地方政府之间的信息共享。国土交通省与地方政府合作,共同参与三条市和宇部市(福岛县)的维护管理,其目标是实行私营部门的综合业务委托,以应对各种挑战,并具体审查改进措施。

如上所述,为继续进行有效的公私合作,必须加强公私合作对话,并制定实现双赢关系的经营计划。所以,增加私人需求能开发和运营利用各种公私合作优势的基础设施。

二、国土交通大臣推广PPP/PFI项目的举措

1. 形成区域平台

在《2015年经济与财政管理和改革的基本政策》中,政府计划通过产业组织—学术机构—政府—金融机构合作,在全国范围内实行PPP/PFI,利用区域平台发展和宣传PPP/PFI方法。

为在区域公共合作时,分享PPP/PFI的相关信息和管理知识,国土交通省建立了区域平台(图Ⅰ-2-2-20),作为探讨产业组织—学术机构—政府—金融机构合作的场所。2015年,北海道、东北、关东、中部、近畿、中国、四国和九州等地举行了核心成员会议(32个产业组织、153个政府组织、20个学术机构和61个金融机构),同时召开研讨会介绍6个地方的经典案例(仙台市、广岛市、东京市、福冈市、大阪市和名古屋市),与会者约1100人。此外,中央政府还支持各地政府建立区域平台,确定和实施具体的PPP/PFI项目,以解决面临的挑战。

2. 开创性的PPP支持项目

在实行PPP/PFI时,需要就经营方法和公私合作的职能划分进行各种研究和信息维护。为

此,国土交通省专门拨款,以研究考虑采用先进PPP/PFI方法的地方政府成功应用的可能性,以支持项目的制定。支持内容分为两种支持类型:第一种是经营方法考虑支持型,它根据设施类型、项目规模、模式和方法为制定和实施高级PPP项目提供研究资金;第二种是信息改善型,它为必要的信息维护提供研究资金,以确定能否制定PPP项目。在研究仙台机场项目(采用特许经营法)和滨松市的Seien流域污水处理厂项目(正在采用特许经营的方法)时,都使用了这些支持手段。将来,随着这些地区的PPP/PFI项目的进一步推广,它们将成为支持项目的一部分。

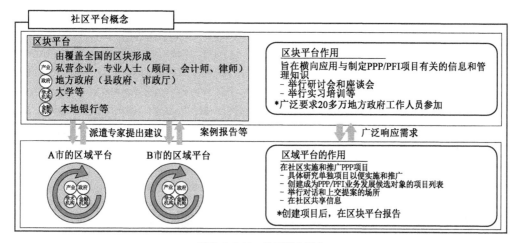

图Ⅰ-2-2-20　社区平台概念

资料来源:国土交通省。

第三节　私营企业民意测验与分析的结果

正如本章第一节所述,对具有高存量效应的业务优先投资是众望所归,同时必须树立"明智投资,精明使用"的观点,即利用少量投资发展基础设施以获得收益,同时灵活地利用现有的基础设施。

根据这些观点,我们认为有必要把握利用基础设施开展经营活动的私营企业的需求,以确定基础设施发展的方向和未来应用,为此,我们对全国的私营企业进行了调查。

在本节中,为研究私营企业对基础设施的认知,我们分析了各行业的私营企业对基础设施发展的认知和需求,同时以国土交通省在2016年2月进行的商业调查[1]的结果为重点,其目的是提高对私营企业周围的商业环境的认知。

一、一般理论:私营企业认知的多样化

根据企业类别、设施功能、经营规模和地点的差异,私营企业对基础设施有着多种不同的需求和认知,如经营活动的流程、保持和发展业务和经营活动的策略。

---

[1] 2016年2月进行。以邮件形式向1万家私营企业发放调查问卷。(回复的企业数量:2276家)
调查的企业类别:农业、林业和渔业、采矿业、建筑业、制造业、批发零售业、餐饮住宿业、医疗业、公共福利业、交通运输和通信业。调查的基础设施:高速公路、一般公路、高速铁路(新干线、特快列车)、机场(包括空运)、港口和码头(包括海运)、河堤、大坝、本地公共交通(公交车、有轨电车、本地线路、地铁等)和其他设施(污水处理厂、公园等)。

为对具有高存量效应的业务优先投资,并激发私人需求,必须加强与私营企业的合作。虽然我们无法考虑和反映本节分析和介绍的私营企业的所有多元化需求,但可以在重视存量效应最大化时,调整投资优先级和时间轴,让供应商就此理解消费者的不同需求。

1. 基础设施对不同类别的企业和机构的重要性

我们调查了每个企业类别和机构的基础设施需求的差异。下文简单介绍了有显著区别的调查结果(图Ⅰ-2-3-1)。

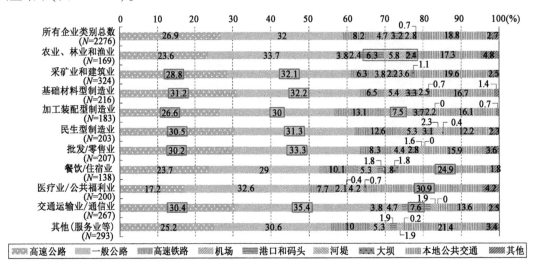

图Ⅰ-2-3-1　基础设施对不同类别的企业的重要性

注:1. 在分析时不包括"无回复"。
　　2. 对各行业的经营活动至关重要的基础设施(前三位)的总量进行比较。
　　3. 企业类别总数包括无法分类的76家企业。
资料来源:国土交通省的《商业调查》。

(1)公路

结果显示,公路在所有行业中的重要性最高。尤其是在需要大范围运输产品和原料的企业类别中,采矿业、建筑业、制造业、批发零售业、交通运输业和通信业对公路的需求更高。

(2)本地公共交通

结果显示,第三产业,即服务业(餐饮住宿业、医疗业和公共福利业)的需求更高。

(3)河堤/大坝

结果显示,在农业、林业、渔业的重要性是其他行业的近2倍。

(4)港口和码头

结果显示,在运输业、通信业、农业、林业和渔业的重要性更高。对港口、码头和公路的需求最高的行业是交通运输业和通信业。

(5)机场

在加工和装配业/制造业的重要性超过其他行业。按重量计算的产品单价和低通用性可能影响调查结果。

此外,虽然机构差异(办公设施、工厂、研发中心、商店和仓库)未显示主要区别,但办公设施、销售机构对本地公共交通有更高的需求(图Ⅰ-2-3-2)。

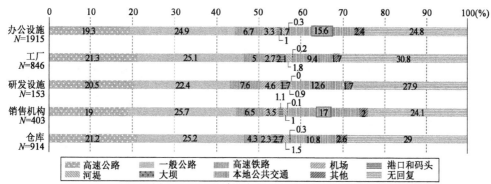

图 I-2-3-2 基础设施对不同机构的重要性

注：对每个机构至关重要的基础设施(前三位)的总量进行比较。

资料来源：国土交通省的《商业调查》。

2. 其他显著不同的认知

国土交通省开展的商业调查对承包商进行了单独访谈(2015 年进行)，询问他们是否愿意根据经营计划对基础设施进行投资(通过部分承担开发成本，促进早期开发)，以及是否愿意在发生灾害时提供企业自有的设施，为区域防灾作贡献(在发生洪灾时，将屋顶设施作为疏散场地)，结果显示了多样化的认知。

3. 满意度调查

我们对每种基础设施进行了满意度调查。尽管调查结果因企业的主观看法、经营地点和业务特点不同而存在显著区别，但我们还是要介绍一些区别明显的调查结果，仅供读者参考。

(1) 高速公路

高速公路是唯一一种在所有企业类别中"满意"和"基本满意"的评价占比都超过50%的基础设施，我们确认，高速公路享有较高的满意度。

在大多数企业类别中，不同行业的"满意"和"基本满意"评价占比都超过50%。制造业的满意度更是超过70%。然而，农业、林业和渔业、餐饮住宿业的满意度都低于50%。

在监测调查❶中，我们发现了相对较高的满意度。

(2) 高速铁路

"满意"和"基本满意"评价占比低于40%，我们确认，高速铁路享有仅次于高速公路的满意度。在不同企业类别，采矿业、建筑业、制造业、批发零售业都显示了相对较高的满意度。另一方面，农业、林业和渔业、餐饮住宿业、交通运输业和通信业的满意度较低(图 I-2-3-3)。

虽然不一定准确，但结果表明，企业经营活动区域的大小能产生影响。这给人的印象是，在不同经营活动中，使用频率相对较高的企业类别有较高的满意度，说明使用频率和满意度之间可能存在关联。

另一方面，监测调查中的满意度达到近70%，而且企业使用和个人使用之间的满意度有显著区别。此外，监测调查的结果还显示了突出的区域性差异，截至调查结束，在北海道、四国和九州部分未开通新干线的地区，满意度较低(图 I-2-3-4)。2016年3月，北海道新干线开通

---

❶ 在2016年2月8日周一至2月22日周一，对全国范围内年龄20岁及以上的1098位男性和女性受访者进行了调查，题为《关于基础设施及基础设施发展认知的调查》。回复人数是914人(男性：484人，女性：430人)。

后,北海道地区的满意度可能提高。

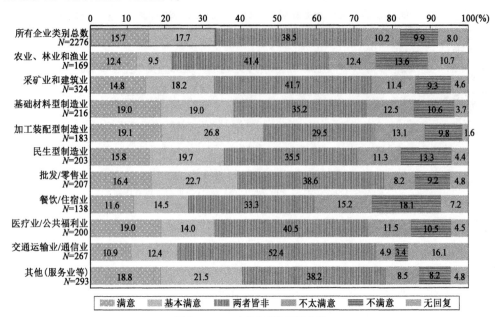

图Ⅰ-2-3-3 对高速铁路的满意度

注:企业类别总数包括无法分类的76家企业。

资料来源:国土交通省的《商业调查》。

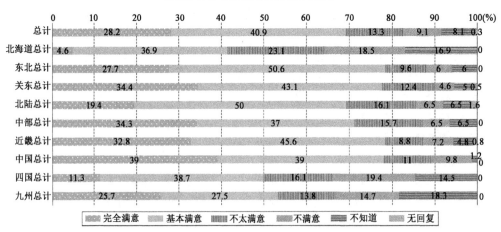

图Ⅰ-2-3-4 对高速铁路的满意度(监测调查)

资料来源:国土交通省的《商业调查》。

(3)本地公共交通

与其他基础设施相比,结果显示,本地公共交通基础设施的不满意度最高(图Ⅰ-2-3-5)。

我们可以假设,这是因为与其他基础设施相比,本地公共交通与人们日常生活的关系更为密切,人们对本地公共交通有着更切实的感受,对它的要求也更高。虽然人们也经常使用一般道路,但一般道路与本地公共交通存在着差距,因为一般道路不包含服务。所以,人们对本地公共交通的满意度高于对一般道路的满意度。

监测调查结果也显示不满意程度较高(图Ⅰ-2-3-6)。

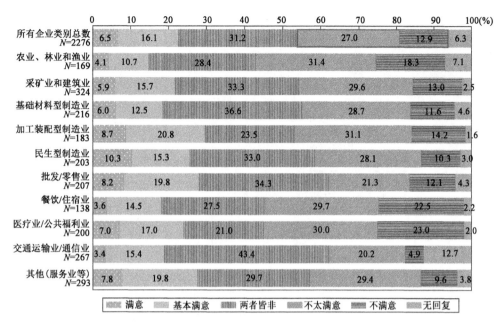

图 Ⅰ-2-3-5　对本地公共交通的满意度

注：企业类别总数包括无法分类的76家企业。

资料来源：国土交通省的《商业调查》。

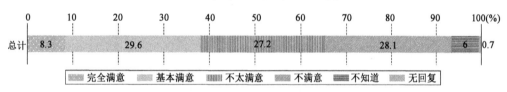

图 Ⅰ-2-3-6　对本地公共交通的满意度（监测调查）

资料来源：国土交通省的《商业调查》。

二、各种理论：私营企业在各种政策问题上对基础设施的认知

1. 第三产业的生产率

正如第一章第一节所述，从第二次世界大战后到目前，产业结构的变化正使日本第三产业的占比逐年增加。

近年来，虽然第三产业在所有产业中的占比超过70%，但日本第三产业的生产率较低。要实现日本的经济增长，必须先解决如何提高第三产业生产率这一首要问题。

在本节中，我们以零售业、餐饮业、医疗业和公共福利业为例，对第三产业进行分析。

首先，我们确定了所有企业类别中，希望通过基础设施提高生产率的企业（图 Ⅰ-2-3-7）。其次，通过比较它们在第三产业和其他企业类别中的预期，我们确认了两者之间存在的差距。

在所有企业类别中，人们对出行（运输）时间和成本的减少有较高的预期，其次是通勤便利性（为留住员工）。另外，第三产业往往存在B2C（企业对消费者）关系，它对能吸引顾客的项目有浓厚的兴趣。鉴于B2C企业的特点，这种结果显而易见。我们还分析了"市场聚合（紧凑化）"项目。

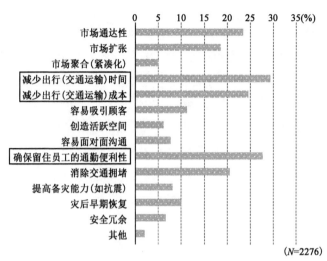

图Ⅰ-2-3-7 为提高生产率对基础设施的预期（所有企业类别的总和）

注：对企业发展过程中的基础设施预期的总量进行对比（市场扩张、提高企业经营活动的生产率、创新以及它们的预期）。

资料来源：国土交通省的《商业调查》。

在比较第三产业和其他企业类别时，虽然无法确认在直接吸引顾客方面的差异性，比如"容易吸引顾客"和"创造活跃空间"，但结果显示对"通过市场提高生产率"的预期较高（第三产业约为6.0%，其他产业约为4.9%，所有企业类别的平均预期约为5.0%），如图Ⅰ-2-3-8所示。

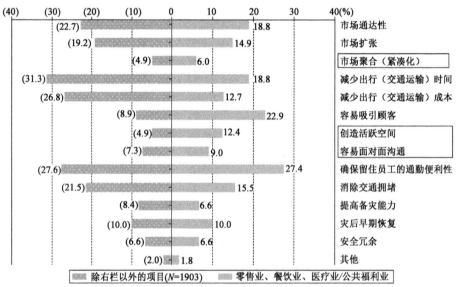

图Ⅰ-2-3-8 为提高生产率对基础设施的预期（第三产业：零售业、餐饮业、医疗业/公共福利业）

资料来源：国土交通省的《商业调查》。

这种趋势可能最终会导致"紧凑化和网络化"。我们认为，日本未来的社区发展面临人口减少的问题，而提高私营企业的生产率符合这种趋势。

目前，虽然差距较小，但如果与基础设施预期有关的"市场聚合促使生产率提高"的意识能在第三产业内部普及，那么，未来与其他产业的差距将更为显著。

在这里，我们还要介绍关于"紧凑化和网络化"的监测调查的认知调查结果。

虽然认知水平较低,但在阐明细节后,询问对重要性的看法时,大部分受访者都认为重要(图Ⅰ-2-3-9和图Ⅰ-2-3-10)。

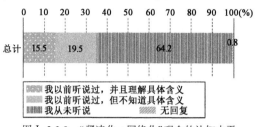

图Ⅰ-2-3-9 "紧凑化+网络化"观念的认知水平
资料来源:国土交通省的监测调查。

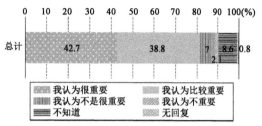

图Ⅰ-2-3-10 "紧凑化+网络化"观念(在阐释细节后提问)
资料来源:国土交通省的监测调查。

这些结果表明,有必要通过普及"紧凑化和网络化"的观念,推广符合时代要求且认识社区发展重要性的活动。

2. 就"参与精明使用"表达看法的意愿

我们认为使用基础设施的私营企业(基础设施用户)可能对设施的独创性运营(精明使用)有不同的观点和看法,所以对他们就"参与精明使用"表达看法的意愿进行调查。

回答想参与的企业总数不到5%,但结果表明,餐饮业和住宿业的占比较高(约15%),基础材料型制造业的占比极低(约2%)(图Ⅰ-2-3-11)。对细分的企业类别的调查表明,住宿业的占比超过20%,我们可以看出,他们愿意通过高效经营活动大展拳脚,并通过利用现有设施改善服务。

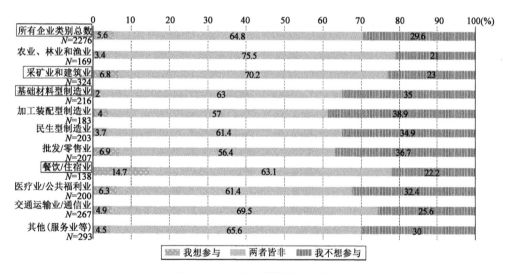

图Ⅰ-2-3-11 "参与精明使用"的意愿

注:1. 我们先解释了收费设置与道路无关,并将设施的灵活运作作为基础设施精明使用的例子,然后提出问题。
2. 在分析趋势时,不包括"其他"和"无回复"。
3. 所有企业类别的总数中包括76家无法分类的企业。

资料来源:国土交通省的《商业调查》。

除了分析每个企业类别外,还要注意整个行业的参与意愿。其中一个原因(意愿低)是他们不熟悉问题中涉及的努力,有些人可能认为基础设施只是一种赠品。占比近65%的回复

"两者皆非",此时如果能变成"想参与"是最好不过了。为此,需要以易于理解的方式告诉人们如何合理地使用存量基础设施,让人们认识到基础设施与企业活动密切相关,合理使用基础设施能提高企业的生产率。

3. 物流业(交通运输业和通信业)运输商的认知

(1)劳动力短缺的现状

为调查私营企业劳动力短缺的现状,我们参考了日本银行的《日本企业短期经济调查》(短观调查)的 DI 值[1],结果表明,劳动力缺口大于设施缺口(图Ⅰ-2-3-12)。此外,根据其他调查结果,我们可以确认,尤其是非制造业的中型企业(资本总额低于10亿日元)面临严重的劳动力短缺(图Ⅰ-2-3-13、图Ⅰ-2-3-14)。

国土交通省的《商业调查》表明,当被问及"是否重视提高物流效率的对策"时,许多受访者都表示"重视解决劳动力短缺的对策"。通常,上述结果是在所有行业调查时获取的,尽管略有差别,但获取人力资源一直是私营企业面临的问题。特别是,对交通运输业和通信业的调查还显示了更显著的结果。其次,有观点认为改善工作条件存在困难,这进一步凸显了对寻找运输商的担忧(图Ⅰ-2-3-15)。

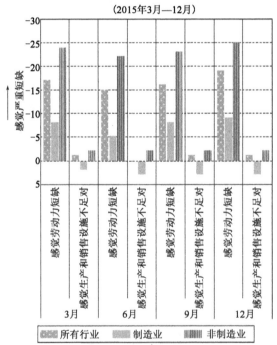

图Ⅰ-2-3-12 劳动力短缺和生产销售设施不足的感觉
资料来源:国土交通省根据日本银行的网站资料编制。

(2)未来发展

为提高物流效率,当我们调查民众对基础设施的预期时,区域路网的发展(约69%)和高速公路的维护(约47%)位居榜单前列,说明他们希望加强路网的建设(图Ⅰ-2-3-16)。

---

[1] DI 是"景气动向指数"的缩写,它是企业经营的各种决定要素的指数化表现,比如企业的经营状况,以及设施和员工的冗余和不足。

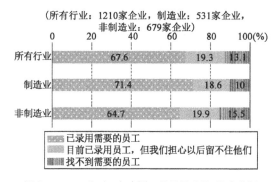

图Ⅰ-2-3-13 临时工与合同工的录用现状(资本总额超过10亿日元的大公司)

资料来源：国土交通省根据日本开发银行的网站资料编制。

图Ⅰ-2-3-14 临时工与合同工的录用状态(资本总额不足10亿日元的中型企业)

资料来源：国土交通省根据日本开发银行的网站资料编制。

在交通运输业和通信业,运输商短缺的问题(特别是物流业)引起许多亟待解决的挑战,比如卡车装载率下降、等候时间延长、不必要的货物重发以及改善工作条件。为此,只要从货主到物流企业的所有相关方通力合作,就能解决这些问题,从而使物流变得更高效、更先进。它还能促进现有交通和物流设施的有效使用。此外,采用目前正在研发和测试的新技术(如自动驾驶、车队自动行驶、低底盘的铁路货运平板车以及使用无人机送快递)也是有效的措施。

另外,就监测调查的结果而言,有超过60%的受访者说他们想使用自动驾驶,有超过30%的受访者说他们想用无人机投送快递(包括"可能会用")(图Ⅰ-2-3-17和图Ⅰ-2-3-18)。

4. 创造新的业务和服务(创新)

(1) 创新的必要性

虽然创新的定义很多,但这些定义并不仅限于能对经济和社会产生影响的简单技术创新和方法创新。

根据这些定义,创新不仅对制造业至关重要,同时也是所有行业所必需的。日本正呈现人口减少的趋势,人口减少导致的需求减少是一个主要问题。要增加需求,必须通过创新创造新的服务和价值。

企业为创新做出了哪些努力？下文将介绍相关的调查结果。

(2) 对获得高级人力资源的认识

国土交通省的《商业调查》的结果表明,在创新过程中,企业最重视的是获得人力资源(寻找专业人才、改善工作条件)。这说明他们强烈地认识到,高级人力资源是创新的源泉(图Ⅰ-2-3-19)。

此外,虽然创新不等于研发,但在以研发(作为创新的一部分)为重点进行调查时,我们发现,获得人力资源是考虑研发中心位置的一个首要原因。这也体现了私营企业对获得高级人力资源的认识(图Ⅰ-2-3-20)。

另外,在所有企业类别中,"接触其他行业或学术界"的占比为14.7%,说明认识水平不高。然而,通过细分制造业分析同样的项目显示,占比超过20%。在制造业,"与其他企业沟通的重要性"受到格外重视,尽管与其他行业相比,其占比不大(图Ⅰ-2-3-21)。

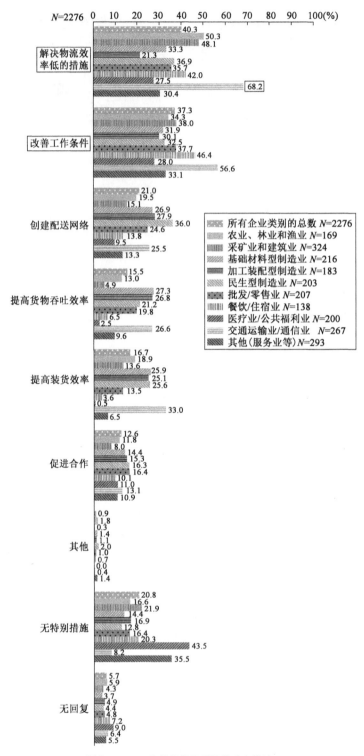

图 I-2-3-15 为优化物流采取的重点措施
资料来源：国土交通省的《商业调查》。

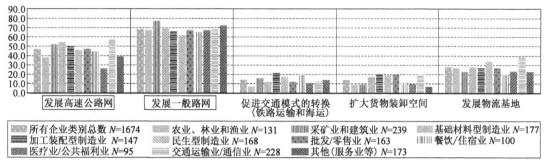

图Ⅰ-2-3-16 为提高物流效率对基础设施的预期

注:企业类别总数包括无法分类的57家企业。

资料来源:国土交通省的《商业调查》。

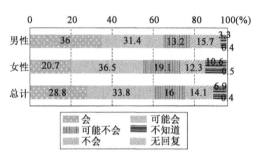

图Ⅰ-2-3-17 对自动驾驶的看法

资料来源:国土交通省的监测调查。

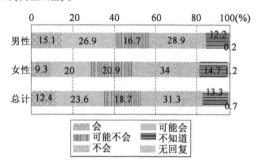

图Ⅰ-2-3-18 对使用无人机投送快递的看法

资料来源:国土交通省的监测调查。

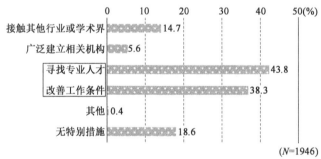

图Ⅰ-2-3-19 通过创新提高生产效率时重视的内容

资料来源:国土交通省的《商业调查》。

(3)通过创新提高生产率时对基础设施的预期

就创新而言,对基础设施预期的分析结果显示,"留住员工的通勤便利性"占比超过"减少出行时间"和"减少出行成本"。这说明他们非常清楚,要创造新产品和新服务,必须获得人力资源(图Ⅰ-2-3-22)。

(4)大企业的做法实例

国内基地是母工厂和创新基地

经济产业省的《2015年制造业白皮书》还指出,它们考虑将国内工厂作为区别于海外基地的生产基地(母工厂和创新基地)(图Ⅰ-2-3-23)。

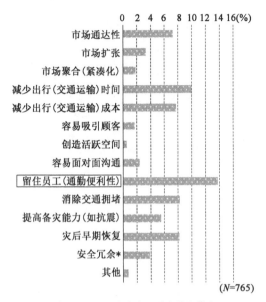

图Ⅰ-2-3-20 研发中心重点关注什么
资料来源：国土交通省的《商业调查》。

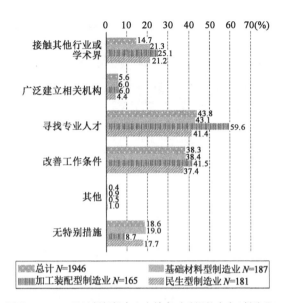

图Ⅰ-2-3-21 通过创新提高生产效率时重视的内容（制造业）
资料来源：国土交通省的《商业调查》。

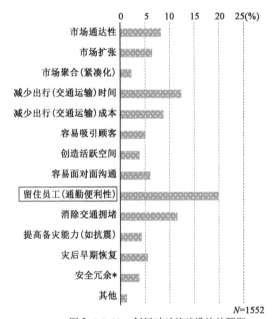

图Ⅰ-2-3-22 创新时对基础设施的预期
注：对企业关于创新时的基础设施预期的回复总数（前5位）进行比较。
资料来源：国土交通省的《商业调查》。

对决定在国内投资（建立研发中心和工厂）的知名化妆品制造商的访谈结果显示了下列认识以及对创新基地和母工厂的不同看法：

①重视具有活跃空间的地理位置的通达性以及周边环境（研发中心）；
②考虑到去国外出差，还要重视机场的通达性（研发中心）；
③除了母工厂的功能外，将工厂与物流设施设在同一个地方，可以显著减少向店铺发货的

天数(工厂)。

5. 应对老龄化社会

当调查企业对应对老龄化社会的看法时,总体结果表明,他们重视老年人的社会参与(将老年人视作参与者)。另外,与重视社会参与的回复相比,有约60%的回复是应活化为老年人提供的服务(将老年人视作市场)。

按企业类别进行的分析表明,与其他行业相比,民生型制造业、批发零售业、餐饮住宿业、医疗业和福利业等行业(服务业)更倾向于将老年人视作市场(图Ⅰ-2-3-24)。

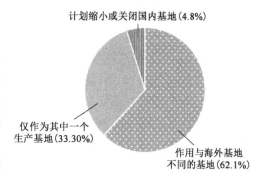

图Ⅰ-2-3-23 国内生产基地在未来的作用
资料来源:经济产业省。

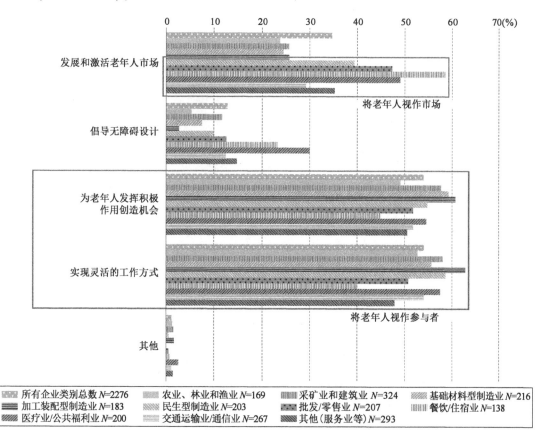

图Ⅰ-2-3-24 应对老龄化社会时重视的内容
注:企业类别总数包括无法分类的76家企业。
资料来源:国土交通省的《商业调查》。

其次,调查对基础设施的预期(为应对老龄化社会)时,结果表明他们非常重视无障碍化和提高通达性(30%~50%),他们对通过"紧凑化和网络化"提高服务效率的预期相对较低(近20%),如图Ⅰ-2-3-25所示。即便如此,正如前文"第三产业的生产率"部分所述,对"紧凑化和网络化"(利用市场聚合提高效率)的认识占比约为11%,考虑到他们在某种程度上开始将"紧凑化和网络化"作为应对老龄化社会的手段,这一比例已经很高了。

6. 基础设施发展的信息提供

为使存量效应最大化,必须使私营企业理解基础设施发展信息,以制定经营战略。

为此,我们调查了私营企业对基础设施发展的信息提供感到不满意的地方,结果,最常见的回复是"没什么特别不满意的",它占总回复的近一半(图Ⅰ-2-3-26)。

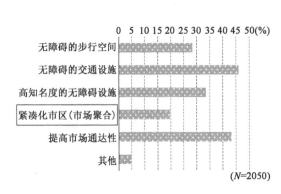

图Ⅰ-2-3-25 应对老龄化社会时对基础设施的预期
资料来源:国土交通省的《商业调查》。

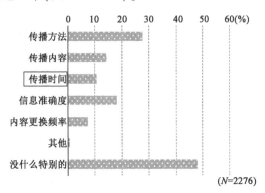

图Ⅰ-2-3-26 对基础设施发展的信息提供的不满意度
资料来源:国土交通省的《商业调查》。

他们最不满意"传播方法"(最常见的回复),其次是"信息准确度"和"传播内容"。对"传播时间"的不满意度占比约为10%,说明他们对此在某种程度上感觉合适。

当被问及对信息提供的看法时,他们的回复包括:
①网站上的信息难以理解(农业);
②我不知道怎样获取信息(制造业);
③我更愿意使用社交网络服务(SNS)和电子邮件传播信息(制造业);
④在火车站等场所播放的宣传广告较多(制造业)。

7. 社会责任意识

企业社会责任意识的调查结果显示,他们特别重视环境措施和公正的业务执行。另外,按企业类别进行的分析表明,制造业和交通运输业/通信业格外重视"环境措施",采矿业和建筑业格外重视"区域防灾减灾活动",医疗业和公共福利业特别重视"区域防灾减灾活动"和"区域社会福利活动",这说明不同类别的企业有各自独到的认识(图Ⅰ-2-3-27)。

(1)消除交通拥堵,促进运输方式的转换

根据国土交通省对承包商的调查,他们在采取措施履行社会责任时,对基础设施的预期包括:消除交通拥堵(约50%)、促进运输方式转换(约18%)(图Ⅰ-2-3-28)。虽然提到"促进运输方式转换"的受访者数量相对较少(相比于其他项目),但物流业非常重视大力促进物流优化(如联运和运输方式转换),以通过货主和物流企业的合作,进一步消除交通拥堵,在采取环境措施的同时,应对运输商短缺的情况。

此外,有些企业积极致力于物流优化,比如支持更先进的运输方式转换。通过他们介绍的实践案例,我们认为有必要就此进行广泛宣传,以鼓励更多的企业学习他们的经验。

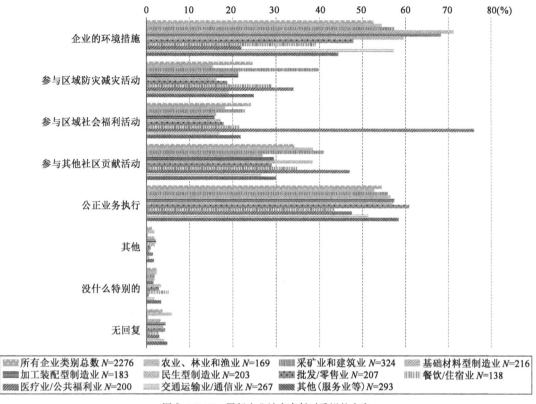

图Ⅰ-2-3-27　履行企业社会责任时重视的内容

注：企业类别总数包括无法分类的76家企业。

资料来源：国土交通省的《商业调查》。

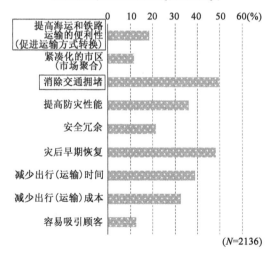

图Ⅰ-2-3-28　履行企业社会责任时对基础设施的预期

资料来源：国土交通省的《商业调查》。

(2) 运输方式转换的案例

①雀巢日本公司、Zenkoku 通运公司和日本货运铁路公司等

企业的运输方式正在向铁路运输和海运转换,他们积极致力于托盘运输的标准化(货物装卸的标准化,即将产品装到托盘上),并鼓励利用多样化的人力资源(比如,通过设立幼托机构等外部激励因素聘用女性),同时全面采取环境措施以及解决长途驾驶员短缺的措施。

②SHIMAMURA 公司、Nohhi 物流公司、日本速运物流公司等

在进口货物开箱和卸载后,他们用腾空的海运集装箱运输国内的货物,将运输服装和寝具的卡车转换成火车。此外,他们还利用空集装箱装运准备出口的机械设备,再通过铁路运往东京,以出口到国外。

8. 对防灾措施的意识

东日本大地震过去 5 年后,我们调查了企业目前的防灾措施意识。结果显示,在所有企业类别中,有近 70% 的受访者表示,与地震刚发生后的意识相比,他们仍非常重视或提高了这方面的意识(图 I-2-3-29)。地震虽然已过去 5 年,但他们仍记忆犹新。另外,东日本大地震过后,其他重大灾害(如泥沙地质灾害和暴雨/洪水)的影响接踵而至。

其次,对企业防灾措施意识的调查显示,他们重视提高企业自有设施的防灾性能,其次是系统地制定非结构性措施,以及制定业务连续性计划(BCP),如图 I-2-3-30 所示。

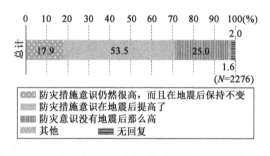

图 I-2-3-29　东日本大地震过去 5 年后,企业对防灾措施的认识
资料来源:国土交通省的《商业调查》。

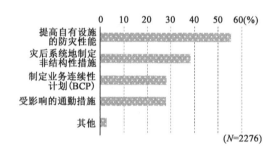

图 I-2-3-30　防灾措施重点
资料来源:国土交通省的《商业调查》。

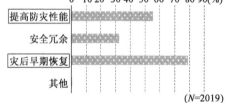

图 I-2-3-31　制定防灾措施时对基础设施的预期
资料来源:国土交通省的《商业调查》。

最后,在调查他们对基础设施的预期(为应对上述问题)时,"灾后早期恢复"的回复占比超过了"提高防灾性能"(图 I-2-3-31)。

由此可见,这体现了经历过重大灾害(如东日本大地震)的私营企业的意识,他们为不可避免的灾难做好准备,并寻求在灾后尽早恢复生产。

9. 对入境旅游的预期

每年到日本观光的外国游客数量不断增加,人们对经济发展的期望值正在提高。为此,我们调查了在发展入境旅游时企业开展的重点活动。

最具主动意识的企业类别是餐饮住宿业。本以为会出现所谓的购物热潮,所以我们认为批发零售业会有更高的预期,但调查结果与所有企业类别的总期望值并无太大区别(图 I-2-3-32)。

分析企业对基础设施的预期显示,他们寻求建设四通八达的游览路线,增强交通设施的功能(提高换乘便利性),并优化面向外国人的信息服务(图 I-2-3-33)。

与提高运能和减少旅行成本相比,他们对经济增长的期望值更高。除提高运能外,结果还

显示他们意识到自己不具备带领外国游客周游全国的能力。

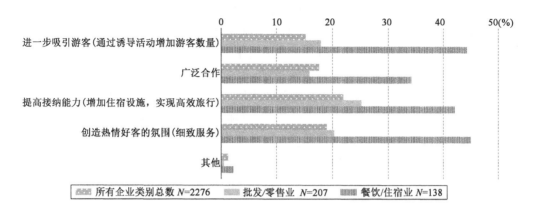

图Ⅰ-2-3-32　在发展入境旅游时重视的内容
资料来源:国土交通省的《商业调查》。

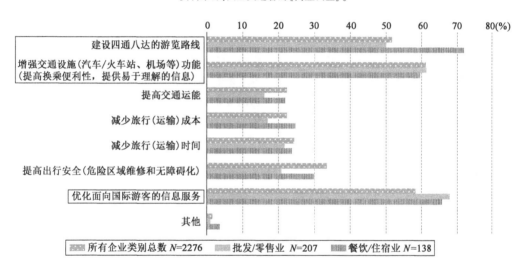

图Ⅰ-2-3-33　在发展入境旅游时对基础设施的预期
资料来源:国土交通省的《商业调查》。

小　　结

根据对私营企业(基础设施用户)的问卷调查,我们确认,这些企业对基础设施的期望值很高[如减少出行(运输)成本和时间❶],这表明他们的生产率与基础设施水平有着密切的关系。然而,在提到基础设施的精明使用时,采取积极姿态并表示愿意参与的私营企业并不多❷,许多企业的回复是"两者皆非"。

此外,根据对普通民众(个人)的监测调查,当提到"通过居民参与加强基础设施的维护管

---

❶ 通过细分第三产业,结果表明,与其他行业相比,他们对"容易吸引顾客、创造活跃空间和市场聚合"有更高的预期。
❷ 对不同行业的分析表明,餐饮住宿业的得分特别高,基础材料型制造业的得分极低。

理"时,有60%以上的民众表示愿意参与,说明他们有强烈的参与意愿❶。

从历史角度看,在江户时代,民众往往自掏腰包修建桥梁,并通过利用基础设施促进经济活动。例如,大阪90%的桥梁都是居民修建的,他们被称为"城镇桥"。浪速808座桥促进了居民的经济活动,同时在日常生活和城市发展中发挥了重要作用❷。在有许多水道环绕的大阪市,桥梁是必不可少的基础设施。我们认为,当时的商人不仅深知桥梁的重要性,而且能充分利用桥梁,从而促进了经济活动以及商业城市大阪的发展。

现在也有许多和江户时代类似的例子,比如,发那科集团在栃木县兴建新厂,大发汽车九州公司在大分县中津港兴建新厂,并将总部迁至这里,以及JAMCO集团在新潟县村上市投资建厂。通过重视和期待交通基础设施(如公路、港口和码头)的发展,他们积极利用基础设施带来的便利性❸。

虽然历史背景不断变化,但以上案例有共同之处,即私营企业认识到基础设施的功能,并加以充分利用,最终促进了经济增长和企业发展。

这样,如果企业重视通过基础设施发展带来的存量效应,同时最大限度地利用这种效应,就能提高企业的生产率。对政府而言,最重要的是让人们看到这种存量效应。

正如第二章第一节所述,利用大数据、调查问卷和其他各种方法,可以尽可能地让公众客观地理解存量效应,同时加强对外宣传("可视化"),通过更有效地展示存量效应,并与基础设施的用户分享(即"可视化"),可以使后者进一步了解存量效应。

基于上述观点,未来需要通过推动战略基础设施发展(如"明智投资,精明使用"和存量效应"可视化"),提高社会生产率,进而实现可持续的强劲增长。

---

❶参阅第一章第二节第一部分。
❷来源:大阪市网站。
❸参阅第一章第一节第一部分。

第三章 培育和拓展新市场、寻找领导者和采用新技术

在本章第一节"培育和拓展新市场"中,我们将介绍与基础设施系统的海外发展有关的举措,以及考虑到将海外增长领域融入日本(人口数量正在减少的国家)发展过程的重要性,在利用基础设施的基础上,重视并发展入境旅游市场的实例。

在第二节"为发展基础设施寻找领导者、提高现场生产率和采用新技术"中,我们将阐释各种相关举措,包括成立日本基础设施管理委员会(暂定名),争取在培育和发展维护机构方面走在世界前列;为促进地方工业化的发展,采取相应措施寻找和培养建筑业的领导者,让他们成为基础设施发展(如改善工作条件、稳中求胜、持续审核,以及给年轻人和女性提供更多机会)的领军人物,并采取措施应对基础设施超期服役的紧迫问题。在"提高现场生产率"部分,我们将介绍,通过将信息通信技术(ICT)融入基础设施发展的不同过程,以提高生产率的"智能施工"(i-Construction)举措,最新发展趋势,以及采用下一代机器人维护社会基础设施(检查基础设施)。

第一节 培育和拓展新市场

一、基础设施系统的海外发展

正如第一章所述,随着少子化和老龄化导致人口不断减少,日本的国内市场将进一步萎缩。与此同时,全球巨大的基础设施需求还会持续增长。在此背景下,要满足全球对基础设施的巨大需求,必须继续推动基础设施系统的海外发展,以促进日本的经济增长。下文将分析和阐述基础设施系统海外发展的现状。

1. 基础设施的全球需求和国际竞争

(1)全球对基础设施的旺盛需求

正如第一章所述,根据经合组织(OECD)的统计,2030年的全球基础设施需求每年将超过2.326万亿美元。

就铁路、机场、港口和码头的发展需求相比,2015—2030年的年平均需求量(4300亿美元)约为2009—2015年(2330亿美元)的1.8倍(图Ⅰ-3-1-1)。

就亚洲的基础设施需求而言,预计在2010—2020年的11年间,需求缺口将达到8.2万亿美元(年平均需求量约为7500亿美元)❶。

---

❶ 亚洲开发银行(ADB)的《连通亚洲的基础设施》(2012)。

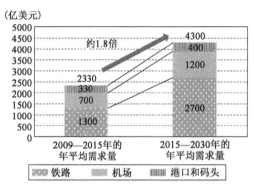

图Ⅰ-3-1-1　全球对发展铁路、机场和港口码头的需求不断增长
资料来源：国土交通省根据《2030年战略交通基础设施需求》（OECD 2012）编制。

该数据显示了全球巨大和不断增长的基础设施需求。

（2）基础设施投资的资金短缺

同时，缺少必要的资金来满足日益飙升的需求（即基础设施资金缺口）是公认的全球性问题❶。据估计，新兴国家和发展中国家每年的基础设施资金缺口达4520亿美元❷。仅利用国家资金承担费用会导致财政紧缩，这会进一步加剧资金短缺，因此利用私人资金的做法得到广泛认可。

（3）基础设施系统海外发展的重要性

上文介绍了全球基础设施需求的现状，而日本基础设施系统的海外发展对卖方（日本）和买方（其他国家）都有利。

①实现日本的经济增长。

正如第一章所述，基础设施系统的海外发展不仅能增加GDP和GNI，还能促日本的经济增长。通过展示本地区发达基础设施的存量效应，我们认为基础设施系统的海外发展还有助于日本企业的海外扩张。

通过利用物联网和其他新技术培育市场，同时积极满足不断飙升的海外基础设施需求，不仅能强化日本企业的结构，还能提高价格竞争力和生产率。

就不同行业的生产溢出效应的程度来看❸，运输机械行业（2.77）仅次于钢铁行业（2.79）（图Ⅰ-3-1-2）❹。除制造业外，建筑业（1.95）的影响程度也相对较高。

虽然这些数字与国内需求增长相对应，但应该注意的是，这种显著的溢出效应还可能波及其他国内工业部门，因为这些部门的市场规模通过海外基础设施的发展不断扩大。

②为伙伴国家和国际社会做贡献。

上一节阐释了基础设施发展对卖方（即日本）的重要性。可是，通过发达的基础设施实现存量效率，让伙伴国家的人民过上富足的生活同样非常重要。

人类发展指数（HDI）和GDP与基础设施的存量成正比，如图Ⅰ-3-1-3所示。

从根本上说，基础设施归属于其所在的地区。所以要根据反映伙伴国家气候和文化的需求，制定优化基础设施系统的计划。

除了取得让日本和伙伴国家共同发展的双赢结果外，我们相信，通过优质基础设施的海外发展，制定解决全球性问题（包括城市问题、环境和防灾）的方案，还有助于提升日本在国际舞台上的形象。

---

❶《养老金的基础设施投资：政策行动》，经合组织（2011）；《创建有效的PPP商业模式：缩小基础设施资金差距的八个要点》，世界银行。
❷《新兴市场和发展中经济体的基础设施投资需求》，世界银行（2015）。
❸参阅行业间关系表中的逆矩阵系数表的垂直和。逆矩阵系数是表示特定类别中的生产量的系数，其前提是根据特定类别（创造一种新的最终需求单位）的生产需要，满足资金或服务需求（按照中间输入）。
❹钢铁行业对自身的类别有很大的影响（在2.79的影响强度中，钢铁行业对自身类别的影响占比为2.19）。

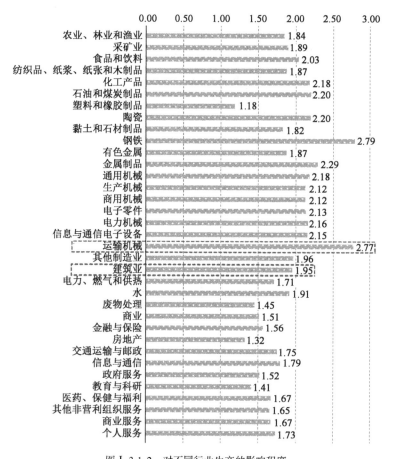

图Ⅰ-3-1-2 对不同行业生产的影响程度

资料来源:国土交通省根据总务省提供的《2011年行业间关系表》编制。

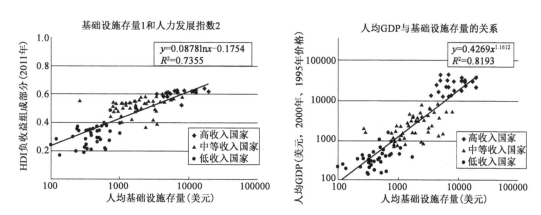

图Ⅰ-3-1-3 基础设施与社会发展/经济发展之间的相关性

注:1. 用每个国家的电力、公路、铁路、供水和排污系统、固定电话和移动电话基础设施总存量乘以平均价格再除以人口总数。

2. HDI负收益组成部分:三项指标的总和,即平均预期寿命(年数)、成人识字率(15岁及以上)(%),以及第一、第二和第三产业员工的总入学率(%)。最大的参考值是0.67,数值越大越好。与HDI负收益组成要素相同。

(4)海外基础设施项目的风险

如上所述,虽然海外基础设施项目意义非凡,但它们也存在一定的风险。

首先,正如图Ⅰ-3-1-4的左栏所述,无论是国内还是海外的基础设施项目都需要巨额投资,与此对应的投资回报期会非常漫长。此外,如图Ⅰ-3-1-4的右栏所述,项目风险可分为:政治风险、商业风险和自然灾害风险。例如,在许多基础设施项目中,伙伴国家的政府都需要发挥重要作用。在新兴国家,当项目开工建设后,政府违约和单方面修改规则的情况经常出现[违约风险和系统(修改)风险]。还有不确定未来用户数量是否会增加的需求风险。

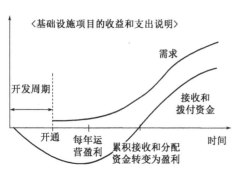

图Ⅰ-3-1-4 海外基础设施项目的主要风险
资料来源:国土交通省。

(5)基础设施市场中激烈的国际竞争

为满足日益飙升的全球基础设施需求,各国之间开展的竞争已进入白热化。以全球铁路机车制造商公布的销售数据为例,可以看出,由于国内需求猛增、成本竞争优势明显,加上外交政策有效,中国企业目前已完全碾压长期主导市场的欧洲企业("三巨头"),如图Ⅰ-3-1-5所示。

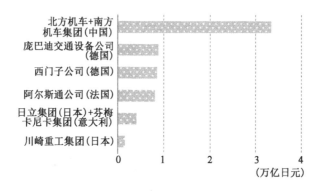

图Ⅰ-3-1-5 铁路机车制造商公布的全球销售数据
资料来源:国土交通省。

2. 优质基础设施的海外发展

日本基础设施的最大优势是质量过硬。正如传统的日本谚语(类似于"别捡了芝麻丢了西瓜")所述,日本人宁愿选择经久耐用、操作简单、质量优异的产品,哪怕花再多的钱也在所不惜。

2015年5月,首相安倍晋三公布了在日本实施"优质基础设施建设伙伴关系"的细则。同年11月,日本宣布扩大官方发展援助(ODA)贷款计划,以通过快速放款,促进优质基础设施投资。政府正在以多种方式率先推广优质基础设施的投资。

在基础设施的海外发展中,日本人的"质量"观念体现在基础设施操作简单、经久耐用、生命周期成本低,严格遵守截止期限、重视环保和防灾功能,以及其他价值方面。此外,结构要素方面的卓越技术优势与非结构要素方面的努力(如确立促进人力资源发展的制度和规定)相结合,也有助于提高质量。在进一步加快向伙伴国家发放ODA贷款的同时,通过扩大与上述优质基础设施建设伙伴关系有关的体制,可以提高竞争力。

当日本企业从海外客户那里收到基础设施系统的新订单时,利用日本的自身优势促进优质基础设施投资,不仅能促进日本经济增长,还能进一步推动伙伴国家的基础设施(操作简单、经久耐用)发展。为此,日本在这方面还要继续加大努力。

(1)结构方面的技术卓越性和非结构要素的优势:新干线(子弹列车)——日本引以为傲的高铁系统

随着东海道新干线于1964年开通,日本的新干线高铁系统正式启用。此后,新干线创造了许多卓越纪录,所以它自然成为日本最引以为傲的优质基础设施之一。新干线的主要优势包括(图Ⅰ-3-1-6):

①安全:在51年的运行期内,未发生一起致乘客死亡的事故。同时还采用了地震监测系统。

②可靠:东海道新干线的高峰运行频率是每小时15趟车;尽管如此,平均延误时间不到1min。

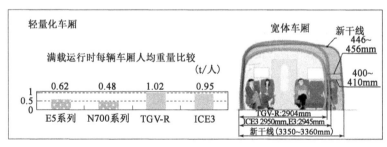

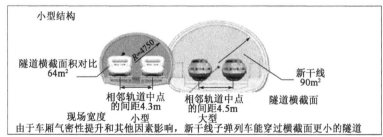

图Ⅰ-3-1-6 新干线子弹列车的比较优势

资料来源:国土交通省。

③高效:特别采用了轻量化车厢。同时,隧道和其他土木工程结构较小,从而显著降低了

施工成本。

新干线的优势归功于列车的技术卓越性、信号系统和其他结构要素。非结构要素方面的技术专长(如运营和维护)对新干线赢得的美名也产生了重要影响。

此外,新干线车厢的内部清洁工作在近年来也引起了广泛关注。新干线列车在东京站掉头需要约 12min。除去乘客上下车所需的时间,在列车掉头前,只有 7min 的清扫时间。在此期间,每位清洁员负责打扫包含至少 100 个座位的车厢,还要调转座椅、清洁车窗、靠桌和走廊,更换座椅套,并查找遗失物品。此外,在列车进站前,清洁员还须在站台旁列成一队。他们要向每辆进站的列车鞠躬,而且还要向上下车的旅客鞠躬❶。CNN 的一档名为《东京七分钟奇迹》的栏目,对这种工作的精度、速度和礼节进行了报道并大加赞赏。

日本的新干线系统首次出口到中国台湾,在当地作为区域运营的高铁系统。自 2007 年开通以来,它一直保持极高的安全性和可靠性。将新干线系统作为区域性高铁项目,体现了外界对日本基础设施的信任。考虑到 1999 年台湾地区曾发生强震以及其他因素,在提交高铁系统的订单时,非常重视日本高铁系统的安全性和可靠性。在高铁项目开工时,日方向工人提供了技术指导,同时在非结构要素方面采取后续行动。以日积月累的形式赢得国际信任后,日本与印度于 2015 年 12 月签署了合作协议,计划在孟买和阿默达巴德之间修建新干线高铁❷。除了高铁领域外,日本企业还在其他许多领域(包括城铁、桥梁和其他土木工程项目)赢得了客户的信任,并顺利地收到了订单。

(2)能继承日本技术专长的人力资源发展:马塔迪大桥——连接日本和刚果的友谊之桥

利用日本贷款修建的马塔迪大桥是 30 年来首座穿过刚果河的桥梁,自建设完工后,它一直是刚果民主共和国的重要经济基础。虽然有段时间,刚果国内的政治冲突导致日本官员被遣返,但在此期间,OEBK 组织的工作人员一直精心保护马塔迪大桥。依靠日方留下的维护手册,这些工作人员通过自力更生和接受建议(通过与回国的日本官员建立的通信渠道),想方设法地维护大桥。工作人员认为,与自己朝夕相处并提供技术指导的日本官员回国后,他们有责任自行维护桥梁,并保持正确维护的心态,在这种想法的影响下,他们积极采取行动。

2013 年 6 月,刚果举行了纪念马塔迪大桥完工 30 周年的庆典活动。当时,曾经参与大桥建设的日本官员自费回到当地,在大桥上与 OEBK 的工作人员重聚并喜极而泣。让他们惊叹的是,大桥的维护状态完好,就像刚刚建成一样。

日本基础设施发展的竞争优势能通过组合方式体现,它既能以人力资源发展的形式采取非结构要素方面的举措,同时又能为系统的建立提供支持。除了重视日本企业商业环境的发展外,提供各种售后服务(例如,在设施完工或技术转让后,运营建立的系统,维护相关的基础设施)能使相关基础设施的效用最大化,同时促进伙伴国家的长期经济增长,这样能确保伙伴国家独立维护和运营基础设施。马塔迪大桥的故事告诉我们,日本基础设施的海外发展不仅涉及基础设施本身,而且具有长远意义,它不仅有助于培养人际关系和出色工作带来的自豪感,还能使日本的基础设施植根于全球各国的本地环境。

---

❶《新干线的清洁天使:世界一流的现场清洁能力是如何出现的?》,Isao Endo (2012)。
❷ 参阅专栏部分了解详情。

3. 政府与国土交通省的战略和计划

为应对日趋激烈的国际竞争,在参与海外基础设施发展时,不仅需要私营部门自觉主动地配合,还要通过公私合作(包括高级销售人员的参与)以战略方式占领市场。

(1)《基础设施系统出口战略》:国家战略

2013年5月,日本制定了《基础设施系统出口战略》,希望通过增加基础设施系统的订单,将订单总额从10万亿日元(2010年)增至30万亿日元(2020年)。2014年的订单总额已增至19万亿日元(图Ⅰ-3-1-7)。

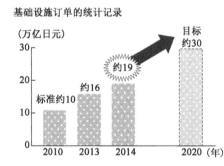

图Ⅰ-3-1-7 基本基础设施的订单记录及不同行业的订单明细

注:根据统计值和工业部门对调查问题的回复进行全面汇总,包括业务投资收入的总额。

资料来源:在基础设施战略委员会第24届经济合作会议上编制的资料。

(2)国土交通省推动基础设施系统海外发展的行动计划

国土交通省在基础设施的海外发展过程中发挥了重要作用,因此它在2016年3月制定了推动基础设施海外发展的行动计划。

该计划根据总体国家战略(《基础设施系统出口战略》)规定了土地、基础设施、交通运输和旅游等领域的行动计划,同时阐明以下要点,它们对加强基础设施的海外发展至关重要。

第1点 制定在不同国家和地区的行动方针

集中管理国土交通省在不同国家和地区的重点基础设施发展项目,采取让高级销售人员发挥作用的战略方法。将主要精力放在东盟地区,随着东盟经济共同体(AEC)的建立和《跨太平洋伙伴关系协定》(TPP)的签署,未来这里的经济将显著增长,东盟地区是我们无论如何不能失去的市场和主战场。根据在不同国家和地区采取的行动制定相应的方针,确定未来3~4年需要审查的重点项目,特别要从获取国外新订单的角度进行甄别。

第2点 加强非结构要素方面的行动

日本的竞争优势不仅包括结构要素(生命周期成本低、操作简单、使用寿命长),还包括通过非结构要素提供支持,在发展达到国际标准的结构要素的同时,我们还要支持在伙伴国家建立系统,促进能操作此类系统的人力资源的发展,并采取一系列非结构要素方面的举措。

第3点 鼓励参与PPP项目

仅靠公共投资将难以满足全球日益飙升的基础设施需求。利用私人资金发展基础设施项目的例子越来越多,它们代表了巨大的商机。为此,国土交通省在2014年10月成立了日本海外交通、城市开发事业支援机构(JOIN),作为一种PPP基金,它将大力扶持私营企业的海外发展。

第 4 点　促进建筑业的海外发展

作为日本基础设施海外发展的主力军,日本建筑企业在 2014 年的海外订单总额达1.8153万亿日元,创历史新高(图Ⅰ-3-1-8)。鉴于建筑业仍将发挥重要作用,日本政府实施了旨在发展商业环境和解决问题的举措。

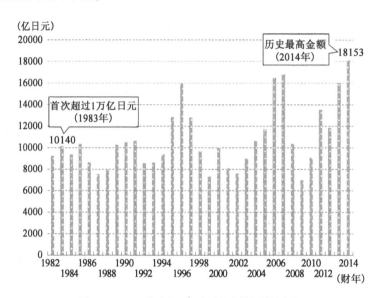

图Ⅰ-3-1-8　日本建筑企业收到的海外订单的变化
资料来源:国土交通省根据日本海外建筑协会提供的资料编制。

第 5 点　大力支持与国土交通省关系密切的中小企业及其海外技术发展

最重要的是释放潜在需求,同时积极提供支持,例如,大力支持中小企业的海外发展,并创造机会进入海外市场。采取商业配套措施,在建设大规模基础设施项目时,提供机会促进中小企业专有技术的高层销售。

第 6 点　提高价格竞争力,快速满足客户的需求

必须全面考虑伙伴国家的观点,充分采取系统扩展措施(关于优质基础设施合作伙伴关系的部署)以及提高价格竞争力和服务速度的举措。

第 7 点　加强能有效提升优质基础设施形象的推广活动

在参与基础设施海外发展时,必须积极提升优质基础设施的形象,让伙伴国家的政府高层领导者、高级官员和普通民众看到日本的竞争优势,同时相应开展有效的战略公关活动。

第 8 点　通过采用信息通信技术和其他新技术促进新的海外发展项目的举措

日本必须积极重视独创和优质的基础设施系统的发展,例如,通过推广物联网、人工智能、传感器和其他信息通信技术,利用大数据,采用新技术,采用新的运输系统,参与高级形式的城市发展。

第 9 点　促使日本企业向跨国企业转型的举措

为满足巨大的海外基础设施需求,日本企业必须强化企业结构以及与全球化有关的业务推广系统,同时制定更有效的海外发展战略。国土交通省必须采取行动计划,并发展适当的环境,让更多的私营企业开启海外发展的历程。

专栏　印度的高铁

2015年12月12日,日本和印度政府在新德里举行的日印峰会上签署了在孟买和阿默达巴德之间修建新干线高铁的《合作备忘录》。

自从印度政府在2009年宣布高铁计划后,日本政府积极致力于将新干线系统引入印度,同时加强与相关政府部门的合作,通过与私营企业建立合作伙伴关系,以工作交流的形式开展高层销售。日本政府还专门开展了"孟阿高铁走廊联合可行性研究",2013年12月—2015年6月,日印两国政府以合作项目的形式对该计划的商业方面进行研究,自2012年起,双方已在印度举行了四次高铁专题研讨会,日本还邀请印度政府高官访日,以加深他们对日本高铁技术(包括新干线系统)的认识。在2015年10月举办的国际铁路设备展览会(IREE2015)上,日本以伙伴国的身份参展,向世界推广质量卓越的铁路系统,包括更安全和更精确的新干线系统。

由于过去长期不懈的努力,加上日本的高铁技术在相关地区赢得了很好的口碑,我们与印度签署了在孟买和阿默达巴德之间修建新干线高铁的协议。之后,我们将与相关部门合作,与私营部门建立合作伙伴关系,为首条高铁在印度建成通车而努力。

二、入境旅游和基础设施的共同发展

1. 分析入境外国游客的趋势

(1) 入境旅游趋势与各国游客的消费现状

根据联合国世界旅游组织(UNWTO)的统计,2015年国际游客人数增加至11.84亿人次,同比增长4.4%(约5000万)。自2010年以来,这一数字迅速增长。就日本经济而言,人口减少将导致国内市场萎缩。所以必须整合外国游客的入境旅游需求,将旅游业作为区域振兴的王牌和经济增长战略的重要支柱,以确保GDP达到600万亿日元。

正如第一章所述,2015年赴日旅游的外国游客人数达1974万(同比增长47%),创历史新高,同年,赴日外国游客的消费总额也达创纪录的3.4771万亿日元(同比增长71%)。

亚洲国家的赴日旅游需求显著增长,2015年亚洲赴日旅游人数及其消费总额分别占全部旅游人数和消费总额的80%(图Ⅰ-3-1-9、图Ⅰ-3-1-10)。

(2) 游客入境和离境的现状

我们分析了主要国家的赴日游客对机场(按不同的入境机场)、港口和码头(作为入境口岸)的利用率,结果显示,成田机场迎来的入境外国游客(不分国籍)人数最多,但韩国游客除外(图Ⅰ-3-1-11)。英国、美国和澳大利亚的游客主要选择位于东京都市区的机场,即羽田机场和成田机场。而许多亚洲游客还选择在关西国际机场入境。由于韩国和中国台湾游客经常选乘定期航班前往支线机场,所以入境机场的选择趋于多样化。许多韩国游客还选择通过港口和码头入境,所以入境方式也各不相同。同样,邻近亚洲国家的游客会选择不同的日本支线机场。例如,选择在新千岁机场入境的泰国游客人数超过其他国家的游客人数。

专栏　开创"迎来100万乘游轮的外国游客"的时代

在致力将日本打造成旅游国家的《行动计划》的指引下,为通过赴日游轮旅游实现区域振兴,国土交通省加速改善游轮的停靠环境,同时希望到2020年开创"迎来100万乘游轮的外国游客"的时代。

为此,日本政府在港务局设立了一站式服务柜台,统一解答游轮公司的问询,通过与全国游轮振兴大会合作,与私营部门建立合作伙伴关系,进一步采取措施,例如,游轮公司和港口管理方通过召开商业谈判会议进行推广,对整合港口设施数据和停靠港游客信息的网站进行优化,改造大型游轮靠泊的码头,在游轮码头上建立关于临时免税店的通知系统。

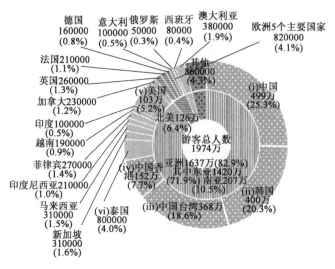

图 I-3-1-9 赴日外国游客人数及其百分比分布(按国家/地区)(2015年的初步数据)
注:1. 括号内的数值表示占赴日游客总人数的百分比。
2. "其他"是指图中未显示的亚洲国家、欧洲国家或其他国家/地区。
3. 数值可能无法相加求和,因为其小数部分已四舍五入。
4. "中国499万",数据统计未包含港澳台地区。

资料来源:日本观光厅根据日本国际观光振兴机构(JNTO)提供的资料编制。

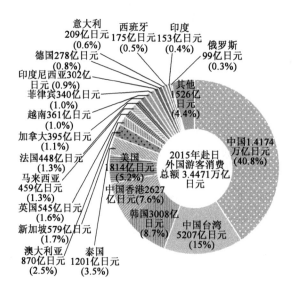

图 I-3-1-10 赴日外国游客的消费总额及其百分比分布(按国家/地区)(2015年的确认数据)
注:"中国1.4174万亿日元",数据统计未包含港澳台地区。
资料来源:日本观光厅。

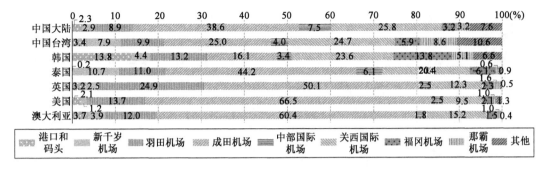

图Ⅰ-3-1-11 主要国家和地区赴日游客(按入境口岸)的分类对比(2014)
注:对英国而言,只计算其国籍与居住地相符的入境和离境游客。

通过这些努力,2015年的游轮靠港次数达到1452次(初步数据),创历史新高(图Ⅰ-3-1-12)。此外,同年12月,乘游轮赴日旅游的外国游客人数突破100万,因而比原计划提前5年实现目标(图Ⅰ-3-1-13和图Ⅰ-3-1-4)。

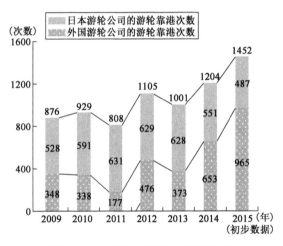

图Ⅰ-3-1-12 游轮在日本港口的停靠次数
注:2015年的数据是港口管理方提供的今后有待修改的初步数据。
资料来源:国土交通省。

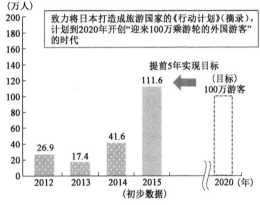

图Ⅰ-3-1-13 乘游轮赴日旅游的外国游客数量(数据取整数)
注:1.截至2014年,游客人数根据法务省移民局提供的总数计算(不包括船员)。
2.如果游轮在单次航行时靠泊多个港口,计算外国游客人数时,假设每位游客只入境一次(不能认为游轮每次在不同的港口停靠时,游客都要入境)。

游轮在日本全国各地的港口停靠,这不仅为当地带来高额的旅游消费和商业繁荣,还有利于实现本地区的经济振兴。此外,当游轮停靠港口后,当地的高中生还引导外国游客去各处景点游玩,所以游轮靠港还为日本的年轻人提供了重新发现本地魅力的机会,同时增进了居民与外国游客之间的文化交流。

2016年3月30日,日本召开了讨论未来发展的"旅游愿景规划会议",同时制定了到2020年使"乘游轮的外国游客"达到500万的新目标。从现在起,国土交通省将积极采取非结构要素和结构要素方面的举措,以通过发展游轮旅游实现本地区的经济振兴。

图Ⅰ-3-1-14 乘游轮赴日旅游的外国游客突破100万的庆祝仪式(2015年12月8日在博多港的中心码头游轮中心举行)

资料来源:国土交通省。

(3)赴日亚洲游客选择的旅游方式

下面,我们将以赴日游客人数最多的前8个亚洲国家(地区)为例,就旅行目的和游览地点,对亚洲游客(人数有望继续增长)的特征进行分析。

根据《2015年赴日外国游客的消费趋势调查》的统计,许多国家的游客都表示当时是初次到日本旅游。有超过70%的中国游客(赴日旅游人数最多)表示自己是初次到日本旅游。另一方面,有近半数香港游客表示来日本已至少4次,由此可见,许多香港地区游客不止一次到日本旅游(图Ⅰ-3-1-15)。

通过分析旅行方式可以看出,中国大陆游客(56.2%)更愿意参团旅游,其次是中国台湾地区游客(44.7%)。在所有其他国家中,选择自行安排行程的游客人数超过了选择以其他方式安排行程的游客人数(图Ⅰ-3-1-16)。通过比较这些数字和赴日旅游次数,我们认为,在表示初次到日本旅游的中国游客的高比例和参团旅游的中国游客的高比例之间存在有意义的关联。

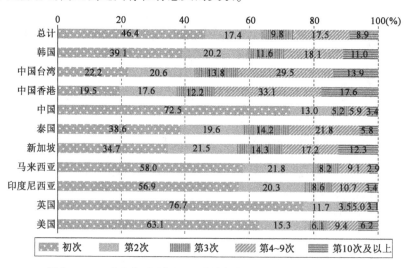

图Ⅰ-3-1-15 来自主要国家和地区的游客赴日旅游的次数(旅游和娱乐)

注:图中"中国"的数据统计未包含港澳台地区。

资料来源:国土交通省根据《2015年赴日外国游客的消费趋势调查》(日本观光厅)编制。

2015年7月,日本开发银行和日本旅游局对来自8个亚洲国家和地区的外国游客的旅游意向进行了联合调查❶,当被问及对出国旅行的一般态度时,许多游客表示很想自由旅行

---

❶对来自8个亚洲国家和地区曾经出国旅游的年龄在20~49岁之间的男性和女性进行的网上调查。每个国家有约500位受访者提供了有效回复,共有4111位受访者提供了有效回复。(在中国进行的调查仅针对北京和上海的居民,其中一半受访者住在北京,另一半受访者住在上海)

(图Ⅰ-3-1-17)。赴日个人游客数量有望增加(图Ⅰ-3-1-18)。

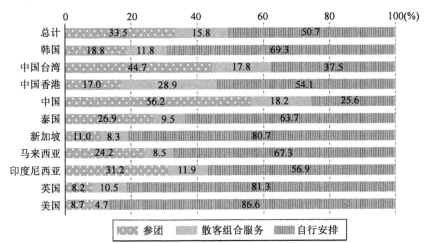

图Ⅰ-3-1-16 来自主要国家和地区的游客赴日旅游方式(旅游和娱乐)

注:图中"中国"的数据统计未包含港澳台地区。

资料来源:国土交通省根据《2015年赴日外国游客的消费趋势调查》(日本观光厅)编制。

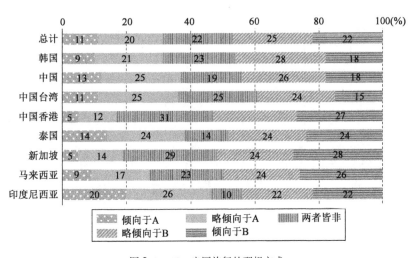

图Ⅰ-3-1-17 出国旅行的理想方式

注:1. A表示参团旅游,B表示自由旅行。
2. 图中"中国"的数据统计未包含港澳台地区。

资料来源:国土交通省根据《2015年赴日外国游客的消费趋势调查》(日本观光厅)编制。

受 访 者		总计	韩国	中国	中国台湾	中国香港	泰国	新加坡	马来西亚	印度尼西亚
样本量		2153	329	335	366	388	242	228	127	138
以前来过	我以前来过,而且还会再来	35%	21%	44%	33%	39%	40%	35%	29%	42%
	我以前来过,有机会的话还会再来	32%	37%	31%	37%	28%	33%	26%	28%	32%

受访者		总计	韩国	中国	中国台湾	中国香港	泰国	新加坡	马来西亚	印度尼西亚
以前来过	我以前来过,但不想再来	4%	6%	2%	2%	5%	3%	4%	6%	2%
	我以前来过,但不会再来	2%	4%	1%	1%	1%	2%	3%	2%	4%
	(小计)以前来过	73%	67%	78%	74%	73%	77%	68%	66%	80%
以前没来过	我以前没来过,但以后一定会来	16%	18%	16%	16%	12%	13%	21%	21%	14%
	我以前没来过,但以后有机会的话想来	10%	14%	6%	9%	13%	8%	8%	11%	6%
	我以前没来过,以后也不想来	1%	0%	0%	0%	1%	1%	2%	1%	0%
	我以前没来过,以后也不能来	1%	1%	0%	1%	2%	0%	2%	1%	0%
	(小计)以前没来过	27%	33%	22%	26%	27%	23%	32%	34%	20%
样本量		2,153	329	335	366	388	242	228	127	138
(小计)一定会来		51%	39%	60%	49%	51%	53%	55%	50%	57%
(小计)一定会来+有机会则会来		93%	89%	97%	96%	92%	94%	89%	90%	94%

图 I-3-1-18 关于"是否游览过日本当地的旅游胜地"和"未来的旅游意向"调查(以曾经到日本旅游的人为访问对象)

注：1. 问题中涉及的本地旅游胜地是指与东京都市区和其他都市区有一定距离的地区。
   2. 对曾经到日本旅游的人们提出问题："在最近一次到日本旅游时,是否游览过当地的旅游胜地?",以及"今后去当地旅游胜地游玩的意向"。
   3. 图中"中国"的数据统计未包含港澳台地区。

以前来过日本的游客还表示很想去有地方特色的旅游景点游玩。特别是游览当地景点并被那里的景色吸引后,很多游客表示以后还想到这样的地方旅游。对"游客想在地方旅游胜地做什么"的调查表明,他们很想体验有当地特色的旅游项目,比如购买当地出产的食品、洗温泉以及体验自然风光。

所以,必须通过发展能接待游客的基础设施系统,创建旅游胜地(体现当地独特吸引力)促进经济增长,以适应外国游客多样化的行动和需求。

专栏 全球城市实力指数

根据最近发布的"2015年全球城市实力指数",东京的实力位列第四。自2008年起,日本森纪念财团的城市战略研究所就一直发布该指数,它从经济、文化和环境角度对全球40个主要城市进行评估,其理念是,在全球竞争的背景下,一座城市吸引全球各地的优秀人才和创新企业的"魅力"即这座城市的综合实力。

位列榜首的是伦敦,其次是纽约,第三是巴黎,第四是东京(连续8年)。虽然东京在亚洲排名第一,但我们要认清东京的优势和劣势。

通过分析每个类别可以看出,东京的一个优势是经济,因为东京的经济排名始终位列全球首位。东京排名第二的优势是研发能力。在文化交流方面,东京的排名升至第五,原因是2012年日元贬值导致赴日外国游客和留学生的人数增加。随着2020年东京奥运会即将召开,东京在此类别中的排名将进一步提高。

东京的一个劣势是环境项目(二氧化碳减排、回收利用和可再生能源)的评分相对较低。其他劣势是交通运能不足,缺少使日本和海外密切联系的基础设施,例如,与东京之间有直飞国际航班的城市数量少,国际航班乘客数量少,住房平均租金和房价高昂,影响生活条件,所有这些因素都导致评分降低。

在"人们最想去旅行的亚洲国家"评选中,日本已连续4年名列榜首[1],东京是亚洲地区特别受欢迎的城市。要增强东京的综合实力,不仅要提高它的城市魅力,还要理解以上优劣势。

2. 促进日本旅游业全面发展的举措和基础设施要素

(1) 发展接待游客的基础设施系统

为接待日益增加的外国游客,必须发展作为入境口岸的机场和港口。下面我们将介绍一些为满足入境旅游需求,将旅游业的振兴和基础设施发展有机结合的地区。

① 那霸港和那霸机场(冲绳县)

冲绳是日本偏远岛屿最多的县,它一共有39座偏远岛屿分布在面积广阔的海域。每座岛屿都有丰富和诱人的旅游资源,包括海岛文化和历史、翠绿的大海和洁白的沙滩。这里吸引了大量的国内外游客。2014年到此旅游的外国游客达89万人,创历史新高。由于靠近亚洲,所以这些岛屿是许多中国台湾和韩国游客的首选目的地(图Ⅰ-3-1-19和图Ⅰ-3-1-20)。

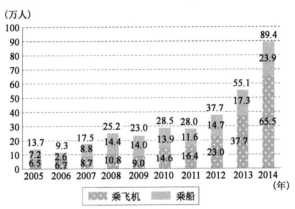

图Ⅰ-3-1-19　赴冲绳旅游的外国游客人数的变化

注:不包括通过国内线路抵达的外国游客。

资料来源:国土交通省根据冲绳县《2014年旅游目录》编制。

旅游业是推动冲绳经济发展的支柱产业。在制定迎接1000万游客(其中200万是外国游客)的目标后,冲绳县积极发展基础设施系统,以接待数量急剧增加的外国游客,同时为这些游客发展旅游设施。

---

[1] 日本开发银行和日本旅游局基金会的《关于8个亚洲国家和地区赴日游客的旅游意向的调查(2015)》。

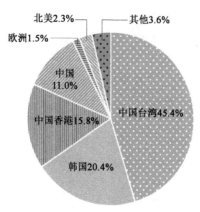

图 I-3-1-20 不同国家和地区的外国游客的分类对比(2014)
注:图中"中国"的数据统计未包含港澳台地区。
资料来源:国土交通省根据冲绳县《2014年旅游目录》编制。

为满足外国游轮与日俱增的停靠需求,同时容纳大型船舶,政府在那霸港修建了海上入境口岸和游轮码头;这些设施于2014年4月开始运营。除了在这些设施中建立安检口和海关检验站外,运营商还提供了让游客体验当地文化的环境,例如,设置展示当地传统工艺品的空间。每次游轮停靠时,当地都会举行欢迎仪式,并提供热情周到的服务,所以2015年,外国游轮停靠次数达到创纪录的105次,远远超过上一年的68次(根据初步数据统计)。

作为机场入境口岸,那霸机场是冲绳县的枢纽机场,它为23条国内航线(仅在本县境内飞行的航班)、10条国际航线和6条连接那霸和偏远岛屿的航线(自2016年3月起)提供服务。由于外国游客人数不断增加,自2010年左右起,抵达这里的国际航班数量显著增加。2014年新增了3条新航线,3条原有航线的航班数量也随之增加。为此,2014年1月开工建设第2条跑道,以扩建能容纳外国游客的基础设施系统(预计于2020年3月开始运营)。

旅游业的振兴与四面环海的冲绳县的基础设施发展有密切关系。

②境港(鸟取县)

境港位于山阴区,除了自然美景外,这里还有日本历史和文化的古代遗产。长期以来,它一直是与内陆从事贸易往来的商业中心港口。这里有出云大社,有许多历史遗迹、温泉和各类旅游资源,还有大量深入人心的动漫和漫画作品(如《鬼太郎》),所以境港是本地商业的重要节点。

2009年境港开通国际渡轮业务后,大型游轮到此停靠的次数与日俱增(图I-3-1-21),外国游客数量也随之迅速增加。为满足大型游轮日益增加的停靠需求,这里开始建设能接待外国游客的基础设施。境港管理协会还召集行政官员、旅游官员和商业企业举行座谈会,并通过公私合作采取相关举措,研究如何让港口充分发挥运输(人员和货物)功能以及利用枢纽港口积极促进发展的措施。

图 I-3-1-21 游轮在境港停靠的次数
资料来源:国土交通省。

山阴高速公路的开通使游轮效应在境港境内广泛传播。在乘游轮旅行时,游客大都能在短时间内游览许多景点,全程最多不超过90min,在游览结束后,他们会返回港口。

山阴高速公路的开通使能在90min内到达的旅游景点数量增加。2014年又规划了4条2011年还没有的去境港中东部旅游的线路。

所以,将在境港内部和周围兴建可接待外国游客的基础设施系统,同时发展能在整个境港传播溢出效应的基础设施系统。

(2)利用各地的基础设施发展吸引人的旅游项目

①濑户内岛波海道(爱媛县和广岛县)

濑户内岛波海道通过濑户内海中的9座大小岛屿连接了广岛县的尾岛市和爱媛县的今治市。悬索桥将这些岛屿连接在一起,同时还有供电动自行车和普通自行车使用的骑行道,所以这里也是国内外骑行运动爱好者的旅游胜地。

爱媛县和广岛县都积极通过骑行活动大力发展旅游业,并修建了许多骑行基础设施。主要骑行道路喷有蓝色线条(即"蓝线"),并设置了路线牌,这样骑行者不必自带地图就能前往目的地了。当地还安排了专线火车和公共汽车,以方便乘客携带自行车,而且对携带自行车坐轮渡在岛屿间往来的乘客收费极低。这样,骑行者就能随意骑车旅行,还能选择不同的路线组合。

两地还发展了周边设施,例如供游客租用自行车的设施,以及当发生事故或故障时,随处都能找到的自行车维修点。骑行道路(被称为"骑行绿洲")沿线的便利店和商业设施都设有自行车固定架,利用这些设施,骑行者既能与当地民众交流互动,又能保养自行车和补充饮用水。爱媛县和广岛县已修改法律,允许在岛波海道和普通道路上骑双人自行车。

通过与当地私营企业合作,本州—四国连络高速道路公司在2014年7月废除了针对濑户内岛波海道收取的自行车通行费,并在同年10月举办了岛波海道国际骑行大赛,希望在当地进一步推广骑行活动(图Ⅰ-3-1-22)。来自国内外的7281位选手参加了此次活动,因为他们知道,这是日本唯一一条骑行高速道路,而且有10条不同类型的线路可供选择。还有来自31个不同国家和地区的525位骑行爱好者参与了活动。此次活动产生的经济影响为爱媛县和广岛县带来了近15亿日元的收入❶。通过这些举措,2014年,濑户内岛波海道的自行车租用量比上一年增加42%(图Ⅰ-3-1-23)。

即使在岛波海道周边的区域,旅游需求和住宿设施数量也不断增加,它们的经济影响正在逐渐传播。

爱知县还积极致力于在四国岛内推广骑行活动,因此,通过长期利用地方景点和基础设施,可以实现旅游业的振兴。

专栏 将大坝作为区域振兴的旅游资源——大坝旅游

近年来,将大坝作为旅游资源的有效性受到广泛关注。国土交通省通过与私人旅行社合作积极推广大坝旅游,并将坝址游览加入游客的行程。在部分坝址还增加了一些有趣的活动,例如参观正在施工的大坝和巨型工程机械,进入平时禁止入内的大坝内部,亲自体验开闸放水

---

❶爱媛县提供的资料中描述。

时的震撼或大坝的规模(图Ⅰ-3-1-24)。

图Ⅰ-3-1-22 濑户内岛波海道
资料来源:爱媛县地方促进协会(左)。

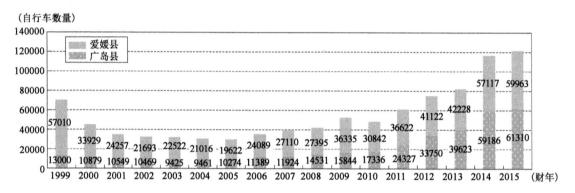

图Ⅰ-3-1-23 岛波海道的自行车租用量
注:2015年的数据是截至2016年2月的11个月的数据。
资料来源:爱媛县。

a) 大分川坝:大坝观赏园　　　　　　b) Naramata坝:为观光开闸放水

图Ⅰ-3-1-24 已将大坝旅游概念变为现实的坝址
资料来源:国土交通省。

除了在全国各地的460个坝址制作和发放大坝纪念卡,国土交通省每个季度还会制作《一起去看大坝吧》宣传手册,而且现在已在网站上发布。同时,在水资源丰富的地区,还积极设计和制作与大坝有关的纪念品,比如大坝咖喱饭等(参考网站 http://www.mlit.go.jp/river/dam/dam_tourism.html)。

②隅田川上的汽船旅游项目(东京)

随着2020年东京奥运会的临近,利用河流振兴旅游业(汽船旅游)的做法在近年来引起广泛关注。在这方面,流经东京的隅田川有巨大的潜力,因为它的周围有许多深受外国游客欢迎的旅游热点,像东京站、银座、筑地、秋叶原和浅草。但出于防灾需求,隅田川的两岸建有高堤,所以过去这里不能算是吸引人的观光景点,因为坐船游览时,只能领略一部分城市风光。

为此,隅田川上的汽船运营商东京都观光汽船公司研究了将汽船变为娱乐源泉的想法,并随后引进了由动漫大师松本零士(代表作《银河铁道999》)亲自设计的一对观光船 HIMICO 号和 HOTALUNA 号(图Ⅰ-3-1-25)。它们的独特外形吸引了国内外游客的眼球。当乘船从大桥下面经过时,游客们通过宽大的窗户和玻璃船顶就能将跨越隅田川的大桥美景尽收眼底。经过欧洲媒体的报道后,许多欧洲的动漫迷和其他国家的游客也纷纷赶来乘坐。

图Ⅰ-3-1-25 HOTALUNA 号观光汽船
资料来源:东京都观光汽船公司。

东京都积极致力于扩大航道的利用。为增加居民和旅游公司的收益,2015年11—12月,它与墨田区和大田区、游船公司和其他相关方合作,举办了多次免费水路游览活动。在举行国际会议和其他 MICE❶ 活动时,相关方还邀请活动主办方沿东京湾乘船游览两岸的会展中心和商业设施,让他们从河道的有利位置出发,考虑在此举办活动。目前正在研究修建新的防灾码头,并准备向私人公司开放。通过河流利用有望进一步促进旅游业的发展。

如上所述,在促进入境旅游的同时,还要发展能接待外国游客的基础设施系统,并采取措施引导游客去有地方特色的旅游胜地观光。另外,还要利用构成区域资源的各类基础设施要素引起外国游客的广泛兴趣。

专栏 在乘船往返羽田机场和市中心时欣赏海滨美景

为了将东京的海滨美景推向世界,国土交通省在2015年9月开展了用客船在羽田机场和秋叶原之间运送乘客的社会实验。

这是机场和市中心之间的首条海运航线。这条航线浓缩了江户时代和东京的美景:江户时代的氛围,如船屋和水手旅馆,历经90年风雨的古桥,以及焕然一新的东京海滨。

在9月的社会实验中,虽然从羽田机场到秋叶原2.5h的单程票价约为3000日元,并不便宜,但船票第一天就几乎售罄,共有1500位乘客(上座率93%)在7d实验期内体验了海上航行。

这次实验表明,人们对航运有很高的需求,而且它能带来丰厚的利润。因此,2016年又开

---

❶ MICE 是"会展"的英文缩写,它分别指代企业会议、国际会议、奖励和培训旅游,以及活动展览和节事活动。

展了另一次社会实验,希望参与者能达到数万人❶。在实验中,私人航运公司建造了一艘新船("Jetsailor号"),许多当地私营企业(如Tokyo Dome公司和Mansei公司)也积极贡献力量,以推动海上航运的发展。目前已开通横滨、羽田和东京市中心之间的航运服务,希望以此推广东京海滨的美景。实验有望取得成功,海上航运也将成为常规服务。

第二节 为发展基础设施寻找领导者、提高现场生产率和采用新技术

一、为发展和维护基础设施寻找领导者

1. 建筑业劳动力的现状

(1)建筑业的现状

随着日本劳动年龄人口迅速减少,要使基础设施保持优异的质量和正常的功能,我们必须为此顺利找到领导者。

然而,在分别经过1992年和1997年的高峰期后,建设投资额和雇员数量在2010年开始减少(图Ⅰ-3-2-1)。

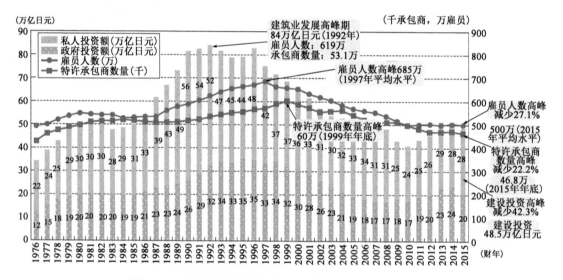

图Ⅰ-3-2-1 建筑业的建设投资、特许承包商数量和雇员数量的变化

注:1. 投资额是截至2012年的实际数据,2013年/2014年的估测数据和2015年的预测数据。
2. 每年年底统计的特许承包商数量(截至次年3月底)。
3. 雇员人数是平均值。根据《2010年全国人口普查》结果对人口预计数量进行回溯性修正后,计算2011年受地震袭击的三个县(岩手、宫城和福岛)的追加概算。

资料来源:国土交通省的《建设投资预测》、《特许承包商数量调查》以及总务省的《劳动力调查》。

(2)年轻的就业工人减少和人口老龄化

报价过低导致订单锐减,使地方建筑企业面临艰难的管理环境和许多问题,包括技术工人的薪资下滑、年轻就业工人减少。按年龄区分建筑业的工人时可以看出,55岁或以上的工人

---

❶参考网站:http://www.mlit.go.jp/sogoseisaku/region/sogoseisaku_region_tk_000022.html 。

约占工人总数的30%,而29岁或以下的工人约占工人总数的10%。与所有行业的总体情况不同的是,工人老龄化的速度更快,所以建筑业中年轻工人在劳动力总量中的占比会以更快的速度下降有所(图Ⅰ-3-2-2)。

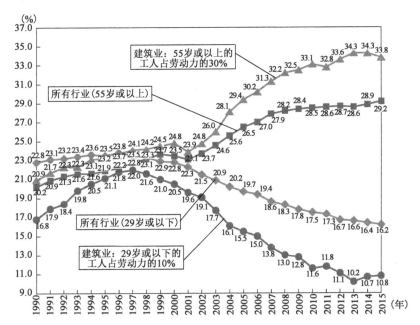

图Ⅰ-3-2-2 年轻人在劳动力中的占比减少和老龄化的发展
注:2011年的数据包括受东日本大地震影响的估计值。
资料来源:国土交通根据《劳动力调查》(总务省)编制。

(3)公私合作举措

为就建筑业的领导者现状、未来发展和其他重要问题达成共识,继而研究应该采取的短期和中长期措施,国土交通省在2014年1月主持召开了建筑业振兴委员会会议。该委员会积极采取各类综合措施,通过公私合作寻找和培养人力资源。例如,采取措施,仅限在社会保险计划中参保的企业担任政府建设项目的总承包商和主要分包商,同年8月制定了建筑业的行动计划,以确保女性能发挥更大的作用,同年10月成立寻找和培养建筑业领导者的联盟(秘书处:建筑业促进基金会),如图Ⅰ-3-2-3所示。

通过多措并举,建筑业集团已根据各自的显著特征稳步采取各项措施。实例包括,国家建筑业协会制定《寻找和培养本地建筑业未来领导者的行动方针》(2015年2月),日本建筑承包商联合会制定《着眼于振兴和发展的建筑业长期远景》(同年3月)。

通过这类公私合作,加上公共投资平稳,技术工人的数量近年来保持稳定❶(图Ⅰ-3-2-4)。

但是,受人口老龄化和其他因素的影响,建筑业的技术工人将大批流失。要使基础设施保持优异的质量和正常的功能,最重要的问题是努力吸引和留住年轻人,让他们撑起建筑业的未来,同时获取人力资源。从这一角度出发,在2015年5月举行的建筑业振兴委员会第十次会议上,公共部门和私人实体之间达成协议,希望通过积极采取措施寻找和培养领导者,特别是

---

❶2010—2014年的政府建设投资一直保持平稳,如图Ⅰ-3-2-1所示。

改善工作条件和提高生产率,通过公私合作在建筑施工体系的框架内,坚定不移地完成寻找未来领导者的任务。

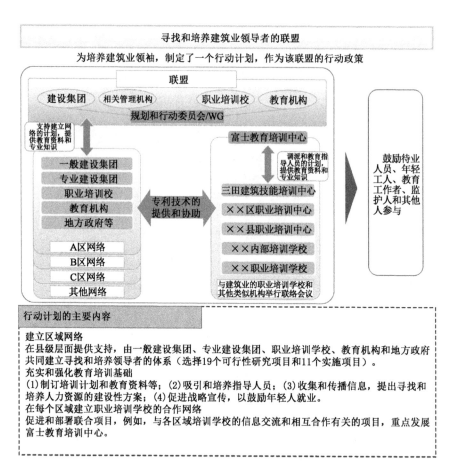

图Ⅰ-3-2-3　寻找和培养建筑业领导者的联盟
资料来源:国土交通省。

2. 全面改善工作条件

薪酬下滑(低收入)是导致建筑业劳动力减少的一个重要原因。对建筑业经常性利润率趋势的分析表明,在20世纪90年代的前5年,建筑业的利润率高于其他所有行业平均利润率的总和。但随着经济泡沫的破裂,其利润率持续下滑,自21世纪初以来,建筑业的利润率一直保持在1%左右的低位。自2011年起,受重建需求的影响,其利润率开始增长,但仍低于制造业和其他行业的利润率(图Ⅰ-3-2-5)。

就技术工人的薪酬而言,对建筑业男性生产工人年薪总额的分析表明,在20世纪90年代的前5年,他们的年薪总额持续大幅度增长,而且他们的薪酬与制造业男性生产工人的薪酬之间存在明显差距。但随后建筑业工人的薪酬开始下滑,薪酬差距再次扩大(图Ⅰ-3-2-6)。

社保环境和其他福利计划尚不完善,加上工作条件的改善落后于其他行业,导致高水平的技术工人流失,年轻人在建筑业难以找到和保住工作。所以,如果要寻找建筑业的领导者,必

须采取措施彻底改善工作条件。为此,国土交通省采取了以下措施:

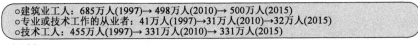

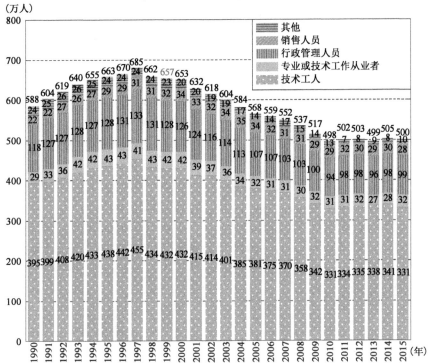

图Ⅰ-3-2-4 建筑业工人数量的变化
注:2011年的数据包括受东日本大地震影响的估计值。
资料来源:国土交通根据《劳动力调查》(总务省)编制。

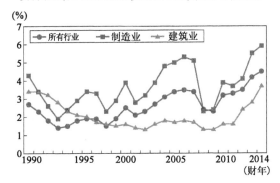

图Ⅰ-3-2-5 建筑业经常性利润率的变化
资料来源:国土交通省根据财务省的《企业统计年报》编制。

(1)促进合理付薪和社保参保

为确保现场工人的薪酬达到合理的水平,2016年2月根据实际情况第四轮上调了公共工程和设计工作的人工单价。其目的是努力将设计工作的人工单价上调与现场技术工人的薪酬水平提高联系起来,以实现良性循环。

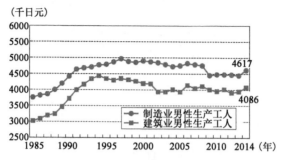

图Ⅰ-3-2-6 年度工资总额变化

注：1. 年薪＝定额现金薪酬×12＋年度奖金和其他特殊薪酬定额现金薪酬＝6月份支付的现金薪酬额（未扣所得税、社保费等），包括基本工资、职务津贴、全勤津贴、差旅津贴、家庭津贴和加班费等。年度奖金和其他特殊薪酬＝在调查年上一年的1月和12月之间支付的奖金，特殊薪酬（如年终津贴等）。
2. 生产工人是指在工作现场（工地）从事产品生产的工人。
3. 对聘用10名以上正式工人的私营企业进行调查。

资料来源：厚生劳动省的《工资结构的基本概况》。

目前已采取措施，要求特许承包商在企业层面的社保参保率到2017年达到100%。该举措已取得稳定的结果，例如，在2011—2015年的4年间，工人在三类社保计划[1]中的参保率提高15%（图Ⅰ-3-2-7）。

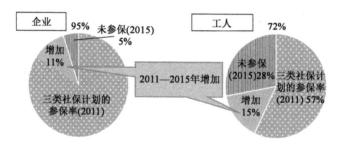

图Ⅰ-3-2-7 社会保险参保率

注：只在三类社保计划中的一类或两类中参保的情况仍属于"未参保"。
资料来源：国土交通省根据《公共工程人工成本调查》（2015年10月进行）编制。

为深入加强措施的执行，在全国10个地方分别召开说明会（"大篷车"会议），宣传解决未参保问题的措施，同时加快采取鼓励全员参加社保的行动[2]。此外，2015年8月成立了旨在建立建筑业职业晋升体系的公私合作联盟，希望根据标准规则，积累与技术工人的技能和经验有关的信息，根据技能和经验进行适当的评估并改善工作条件，提高施工质量水平和现场工作效率（图Ⅰ-3-2-8）。2016年4月，该公私合作联盟召开第二次会议，希望建立职业晋升体系，并拟定了基本计划。

（2）加强反倾销措施，杜绝非法削减目标价格的行为

根据修订的《公共工程质量保证促进法》（修订的《质量保证法》，2015年4月生效）、修订

---

[1] 就业保险、医疗保险和年金保险。
[2] 对执照在2016年1月或之后到期的特许经营者，在执照更新的截止日期前，将尽快提供关于执照更新时间的指导意见。

的《建筑施工法》,以及修订的《公共工程正确投标与承包促进法》(修订的《投标和承包法》)实施反倾销措施,并杜绝非法削减目标价格的行为❶。在杜绝非法削减目标价格的行为方面,通过与总务省合作,目前已就出现此类行为的实际情况和原因,对地方政府进行了 4 次调查。通过提供各种机会,要求有此类行为的地方政府尽快重新审视自己的立场。因此,作为惯例或为促进地方政府的健全财政管理,之前有此类行为(截至 2015 年 1 月)的所有(459 个)地方政府同意在 2016 年 4 月前废除这种做法。

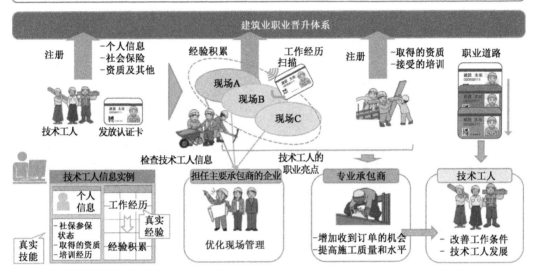

图 Ⅰ-3-2-8　建筑业职业晋升体系
注:建筑业相关方根据使用目的获得累积数据。
资料来源:国土交通省。

(3)增加建筑业的休假天数(实现每周双休)

年轻人不愿在建筑业谋职和留职的原因之一是休假少。根据日本建筑业雇员工会委员会对缩短工作时间的调查,在近 60% 的建筑工地的施工计划中,每 4 周最多休假 4 天(图 Ⅰ-3-2-9)。因此,必须通过考虑相关建筑项目的特征、地方条件、自然条件、工人休假耽误的工程量以及其他因素,积极改善现场工作条件,在制定合理的施工计划后,使工人每周休息能两天。

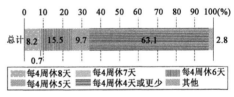

图 Ⅰ-3-2-9　建筑业假期
资料来源:《2014 年简短问卷概况》(日本建筑业雇员工会委员会)。

---

❶它是指通过扣除已按正确的估计拟定并在书面设计规范中标明的金额部分,设置预定价格的行为。它们违反了经修订的《质量保证法》的第 7 条(1)(i)的规定,所以不应采取此类行为,必须根据《关于预算、审计和会计及财务条例和细则的内阁法令》,在考虑示例交易价格的情况下设置预定价格,但这可能无法保证公共工程的质量和施工安全,还会阻碍建筑业的健康发展。

自2014年起,国土交通省已开始实施能让工人每周双休的示范项目。2015年,通过公私合作采取措施,在56个建筑项目中实现了每周双休。

通过示范项目确定问题所在,并研究制定了解决方案,这样就能在寻找和培养领导者的过程中,按修订的《质量保证法》的规定实现每周双休。

3. 让建筑业有一个稳定和可持续的未来

过去公共投资额迅速增加和减少带来各种不利影响,包括违规操作、频繁倾销和人才流失。随着公共投资减少,日本建筑企业的管理环境日益恶化,年轻工人数量减少,劳动力老龄化加剧,其他结构性问题层出不穷。近年来,随着公共投资额的增加,薪酬水平开始提高,技术工人的总量在某种程度上保持稳定。但是,为寻找能促进基础设施未来发展的领导者,必须积极发展健康的管理环境,让建筑企业相信建筑业的未来(例如公共工程资金的可持续和可靠流动)一片光明。

4. 给年轻人和女性更多的参与机会

(1)鼓励年轻人尽早入行,加强对年轻人的教育和培训

随着劳动力老龄化加剧,为年轻人发展良好的就业环境(特别是在建筑业谋职),鼓励他们长期从事此类职业,已成为日益紧迫的问题。为此,不仅要显著加强技术资质考试的要求,还要根据说明会("大篷车"会议)的精神,扩大支持机构的范围(从中小学、职业高中到普通高中),继续支持通过本地合作网络制定教育和培训计划,提供教育培训所需的资料。

根据对儿童未来理想职业的问卷调查(Kuraray公司进行),表示以后想当"木匠或工匠"的小学一年级男生的占比基本保持不变,所以在所有职业类别中,这类职业的排名一直位于前十位(图Ⅰ-3-2-10)。

年份	2011	2012	2013	2014	2015
1	运动员	运动员	运动员	运动员	运动员
2	消防员/救生员	警察	警察	警察	警察
3	警察	驾驶员	电视/动漫演员	驾驶员	驾驶员
4	驾驶员	消防员/救生员	驾驶员	电视/动漫演员	消防员/救生员
5	厨师	电视/动漫演员	消防员/救生员	消防员/救生员	电视/动漫演员
6	糕点师/烘焙师	木匠/工匠	木匠/工匠	糕点师/烘焙师	木匠/工匠
7	木匠/工匠	厨师	糕点师/烘焙师	飞行员	糕点师/烘焙师
8	研究员	糕点师/烘焙师	医生	医生	医生
9	艺人	研究员	厨师	木匠/工匠	飞行员
10	电视/动漫演员	自由职业者	研究员	研究员	研究员

图Ⅰ-3-2-10 未来理想职业调查(男生)

注:本问卷调查的对象是小学生。

资料来源:国土交通省根据Kuraray公司的《小学一年级新生理想职业调查》编制。

对小学男生来说,建筑业是一个有吸引力的行业(职业)。扩大这种吸引力,让他们对建筑职业始终保持浓厚的兴趣,能让更多的年轻人选择这一行当。为此,我们要继续努力,培养年轻人的职业选择动机,同时通过让技术工人为学生们做讲座,告诉他们盖大楼的乐趣,组织工地参观和现场培训,进行职业推广。

(2)让更多女性在建筑业谋职

为在5年内使女性工程师和技术工人的数量增加2倍(图Ⅰ-3-2-11),2014年8月,国土交通省与公共部门和私人实体合作,通过制定让更多女性在建筑业谋职的行动计划,积极采取相关措施,为女性求职者提供机会。这些举措的实例包括:支持通过社区活动鼓励女性就业的计划,稳步实施示范建筑项目,提高女性工程师的招聘比例,实施试验性的建筑项目,在工地修建质量合格的盥洗设施,编制在工地提供临时盥洗设施的案例集,开通门户网站("从事建筑工作的女人很酷"),为女性求职提供全方位支持(图Ⅰ-3-2-12)。特别是,我们目前处于积极改变工作环境的阶段,所以要借此机会鼓励更多的女性在建筑业谋职。

图Ⅰ-3-2-11 在5年内使女性工程师和技术工人的数量增加2倍
资料来源:国土交通省。

2015年收集了支持女性就业的代表案例,并根据相关主题制作了支持女性在建筑业谋职的案例汇编(图Ⅰ-3-2-13),同时就女性就业的现状和看法进行了首次问卷调查,以展示为鼓励更多女性在建筑业谋职而采取的新举措的效果。

专栏 利用儿童主题乐园培养肩负未来责任的人才

"趣志家"(KidZania)是起源于墨西哥的儿童主题乐园,在那里孩子们能体验现实社会中的各种工作,这种活动现在很受欢迎。

日本目前有两个这样的主题乐园,即2006年10月开放的"东京趣志家"(东京江东区)和2009年3月开放的"甲子园趣志家"(兵库县西宫市),它们都是以寓教于乐为目的,吸引3～15岁儿童的娱乐设施。

虽然设施是供儿童体验社会工作的,但它们的内容非常逼真,儿童在这里可体验近100种职业和服务。每种职业或服务均由大企业赞助,后者负责监督体验活动(职业或服务体验),并提供制服、技术工具和设备。

图Ⅰ-3-2-12　为女性就业提供全面支持的门户网站　　图Ⅰ-3-2-13　支持女性在建筑业谋职的案例汇编
　　　　　　资料来源:国土交通省。　　　　　　　　　　　　　　资料来源:国土交通省。

在活动当中,儿童可以体验各种职业,例如地铁驾驶员、列车维护员或轨道工人,以及在施工现场盖房子的木匠,在体验过程中,孩子们既要满足顾客要求,还要互相合作(图Ⅰ-3-2-14、图Ⅰ-3-2-15)。

图Ⅰ-3-2-14　使用专用工具和设备更换铁轨的孩子们　　图Ⅰ-3-2-15　在外墙施工中当木匠的孩子
　　　　　　资料来源:KCJ集团。　　　　　　　　　　　　　　　资料来源:KCJ集团。

儿童主题乐园提供了一个宝贵空间,它让儿童们有机会理解工作的意义、如何赚钱以及金钱的价值,同时还能考虑自己的未来。

随着人口减少、劳动年龄人口下降和劳动力的日益紧缺,日本许多地区都实施了有地方特色的职业体验计划,以打造本地版的"趣志家"。

通过这种制造业和商业工作体验,儿童们对相关职业的兴趣和思考能进一步加深,并有望成为未来的建设栋梁。

5. 开创维护产业

正如第一章所述,日本的社会基础设施在经济高速增长期实现了飞跃式发展。但人们担心这些社会基础设施今后会迅速退化。社会基础设施的维护和更新成本是日本面临的严峻问题,在解决这些问题时,中央政府应担当重任,其次是管理目前大量社会基础设施的地方政府。

在未来 20 年,使用年限达 50 年或更久的基础设施的比例会迅速增加❶,所以我们要对集体退化的基础设施进行战略维护。为此,必须进行系统检查和维修,并根据延长基础设施使用寿命的计划,为地方政府提供技术和财政支持,以培育和发展维护产业。

2012 年 12 月发生的笹子隧道天棚板塌落事故成为变革的主要催化剂,随后日本在全国范围内采取了基础设施维护措施,许多行业都表示对基础设施的维护感兴趣,所以国内市场的规模会不断扩大。国土交通省将积极采取下列措施:

(1) 成立日本基础设施管理委员会(暂定名)

国土交通省决定在 2016 年成立日本基础设施管理委员会(暂定名),作为工业组织、学术机构和政府部门共同合作的平台,以宣传维护理念,并促进维护产业的发展(图Ⅰ-3-2-16)。

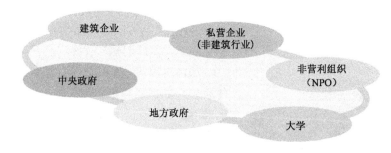

图Ⅰ-3-2-16 成立日本基础设施管理委员会(暂定名)
资料来源:国土交通省。

在 2015 年年底举行的会议上,有意参与基础设施维护的企业和组织交换了意见,与其他工业部门的官员分享了技术信息,各方研究了新的商业模式,还就设立奖励计划和其他此类措施进行了交流。因此,通过基础设施委员会建立的框架(为企业和组织采取的补充措施提供支持),不仅能使私营部门的技术推陈出新,还能让各行业部门的新参与者加入进来。

(2) 利用私人资质注册制寻找和培养维护工程师

通过评估目前的个人资质,实行符合维护技术标准的资质注册制,有利于培养和利用私营部门的工程师,并确保检查、诊断其他同类工作的质量。2015 年,注册工程师承担了近 70% 的检查和诊断(涉及订单早期投放)任务(图Ⅰ-3-2-17)。

(3) 促进良好实践的教育和普及

为促进基础设施维护理念的教育和普及,国土交通省号召各方提交有关构想与良好实践(支持基础设施维护和更新)的案例,并自 2015 年 12 月开始连续举办一个

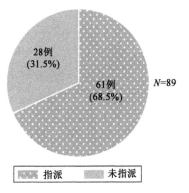

图Ⅰ-3-2-17 提前实行资质注册的现状
注:本调查的对象是 89 个案例,在这些案例中,已注册的工程师在 2015 年 4 月 1 日—25 日的委派期内,对属于工作范围内的桥梁和其他结构进行检查和诊断。
资料来源:国土交通省。

---

❶第一章阐述了基础设施退化的现状、维护成本和用于更新的社会资本。

图 I-3-2-18　基础设施维护信息的门户网站
资料来源：国土交通省。

月的关于基础设施维护良好实践的看板展览。此信息已在门户网站上发布❶（图 I-3-2-18）。访问这些信息的用户能查看不同地区基础设施(包括道路、河流和港口码头)的检查状态，还能了解与基础设施的战略维护和更新有关的措施。

（4）研究通过私营部门的综合业务委托，利用私营企业提供的技术和专业知识

为通过利用私营企业提供的技术、知识和规模经济，有效维护基础设施，与地方政府合作研究如何将多地维护任务或设施的多年维护外包给私营部门，同时利用本地的建筑企业。

通过这些举措，可以在维护和更新基础设施时，加强多年承包计划和私营部门综合业务委托的应用。

2016年2月，国土交通省在监测调查中，询问了普通公众如何看待新基础设施的发展和现有基础设施的维护与更新之间的平衡。有近45%的受访者表示维护和更新工作应成为当务之急，所以，公众对这些问题的看法还表明，维护产业的前景十分光明（图 I-3-2-19）。

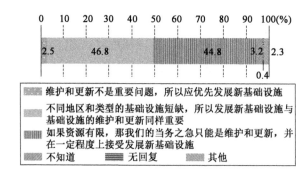

图 I-3-2-19　如何看待新基础设施的发展和现有基础设施的维护与更新之间的平衡
资料来源：《监测调查》(国土交通省)。

二、提高现场生产率

1. 智能施工(i-Construction)

正如第一节所述，建筑业的劳动力持续萎缩。随着建筑工地的劳动力日益减少，我们必须

---

❶国土交通省已建立名为"基础设施维护信息"的门户网站(http://www.mlit.go.jp/sogoseisaku/maintenance/)，以便用户轻松访问和确认关于中央和地方政府维护基础设施的各类信息。

面对的问题是如何提高现场生产率,以抵消这种趋势带来的影响。

与此同时,建筑业在保障安全和增长方面,还将发挥重要作用,例如,应对恶劣灾害的防灾减灾措施,老化基础设施的战略维护和更新,建设基础设施和提高生产率,增强促进经济发展的存量效应。

建筑业的整体能力正在恢复,管理环境日趋稳定,所以现在完全有机会充分提高生产率。我们现在应通过工业组织、学术机构和政府部门的密切配合,大力发展智能施工技术,让日本的建筑工地走在世界前列。为实现智能施工的目标,国土交通省成立了由重量级人物组成的智能施工委员会(三菱综合研究所理事长小宫山宏任主席),并于2016年4月起草了报告。

在智能施工措施方面,国土交通省决定将信息通信技术(ICT)(基于ICT的土方施工)的综合利用,总体优化方案(例如,混凝土施工规范的标准化措施)以及施工期标准化作为首要措施。通过这些举措,有望显著提高所有工地施工流程(从勘测、设计、施工到检查维护和更新)的生产率。

(1)ICT的全面应用

截至目前,国土交通省实施的验证和测试项目主要涉及两大核心技术:电子化施工❶和CIM❷。通过采用更加国际化和更全面的方法,已经确定包含上述智能施工措施的施工流程,涉及在施工现场全面应用ICT,所以与过去相比,我们进一步扩大了技术应用的范围,包括无人机(无人驾驶飞行器)、3D测量数据和无人自动化施工技术❸。

我们希望ICT在施工现场的综合应用(图Ⅰ-3-2-20)能促进或引发:①利用无人机进行3D测量;②利用3D测量数据制定设计和施工方案;③利用基于ICT的工程机械施工;④通过使用3D检查数据,节省所需的人力。

为在施工现场的所有流程(从勘察/测量、设计、施工到检查、维护和更新)中全面采用ICT技术,需要采用新标准,以促进3D数据的集成和利用。为此,国土交通省制定了15条新标准(图Ⅰ-3-2-21),并于2016年4月在其直接管理的项目中应用。通过全面应用符合这些标准的基于ICT的工程机械和机器人技术,生产率有望大幅度提高。

专栏 日本施工现场的改革

智能施工委员会访问了小松物联网中心,并观看了无人机测量和ICT工程设备施工示范(图Ⅰ-3-2-22)。自2015年起,小松公司一直提供施工现场测量服务:利用无人机拍照,建立3D模型,计算土壤体积,将结果用于施工管理。通过提供无人机测量服务和其他服务,它致力在劳动力长期短缺的国内建筑工地实行改革。小松公司积极应用完善和齐全的ICT工程设

---

❶一种通过在施工企业进行的所有施工生产过程(测量、设计、施工、监督、检查以及维护)中,重点关注施工部,以提高所有施工生产过程的生产率,并保证施工质量的系统,同时,通过利用其他生产流程提供的电子数据(通过应用ICT)以及其他施工过程产生的电子数据,实现高效和高精度的施工。

❷通过在规划、测量和设计阶段,以及后续扩建和维护阶段采用3D模型,将它们与3D模型相联系,并在特定情况下与相关方共享与总体项目有关的信息,对一系列施工生产系统进行优化和升级的系统。

❸我们想在所有施工流程(从勘察测量、设计、施工到检查、维护和更新)中,利用无人机和不断改进的3D测量技术,以及数据处理技术,将一度中断的技术,如3D测量数据用于MC/MG工程设备(如机械控制和引导的推土机),基于TS的工作进度控制[除目前在道路和河流类土木工程项目(测量、矫平、渡越等)中采用的工程进度控制方法外],包括采用全站仪(目前在各类测量现场广泛应用的测量设备;它集光电测距仪和角度测量仪于一体,所以能同时测量距离和角度,而这两项工作过去需要分开进行)的工程进度控制技术,重新用于电子化施工,通过使用3D数据提高生产率。

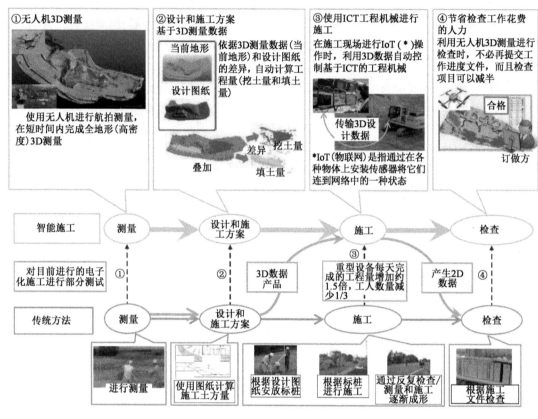

图 I -3-2-20 智能施工现场 ICT 的应用示意图
资料来源：国土交通省。

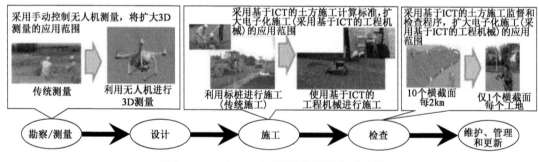

图 I -3-2-21 自 2016 年起采用的重要新标准示例
资料来源：国土交通省。

备,以大力提高施工效率。

无人机飞行十几分钟,就能测量几百万个方位点,施工现场完整和详尽的 3D 数据在一天之内即可获得。目前,日本有 1000 个建筑工地已采用 ICT 设备。

(2)采用总体优化方案(如实现混凝土施工规范的标准化)

因天气条件的不同,现浇混凝土会导致施工难以按计划进行。在需要高空作业的桥梁工程和其他大型结构施工中,施工技术人员的技能必须达到一定水平,因为工作环境充满危险,固定模具安装和钢筋装配的方法也因工地的不同而各异。另一方面,即使在使用预制产品的施工中,也无法大量使用同样规格的产品,因而难以有效地实现规模经济。施工环境也不利于成本减少,因为除了完成施工流程(从收到订单到生产)外别无选择。

a) 无人机测量

b) 利用基于ICT的工程机械施工

图 I-3-2-22　与智能施工有关的现场调查(小松物联网中心)
资料来源:国土交通省。

为此,我们将研究如何利用总体优化❶方案,并根据现浇混凝土和预制混凝土❷的特性,推广底层技术,并引入供应链管理(图 I-3-2-23),以提高混凝土施工的总体生产率。就现浇混凝土来说,我们还将研究通用技术,以改进钢筋的连接和固定方法,因为它们与现场施工(涉及钢筋装配和混凝土浇筑)的优化密切相关。

(3) 调整施工时间,保持合理的工期

公共工程项目通常是根据年度预算实施的,所以在4月到6月之间,这类项目的工程量很少,但是这类项目的旺季会从秋季延长到财年的年底(3月底),所以每年这段时间,这类项目的工程量会大增。对体现为每月产出的项目工程量的分析显示,2014年旺季时的项目工程量是淡季时的近1.8倍(图 I-3-2-24)。

为高效利用有效的人力资源,应通过施工期限的标准化,使全年的项目工程量保持稳定。由于改变订做方的工作方式就能采取此措施,而且无需新投资,所以订做方应积极采取这类措施。

标准化还有望恢复日本建筑企业的管理健康,改善工人的工作条件,还能随着开工率的提高,巩固日本建筑企业对设备和机械的所有权,标准化要求在工期标准化后以系统方式下订单,通过适当采用早期订单投放,能重视工期的结束时间,同时能在每个施工项目的工期结束

---

❶ 在建造混凝土结构时,通常要将混凝土浇入现场安装的固定模具中。而使用预制产品时,需要提前在工厂内将混凝土构件做好,然后运到工地,并现场组装。

❷ 根据智能施工委员会的报告"通过将总体优化的理念融入混凝土施工,我们能积极促进供应链的优化和生产率的提高,进而优化整个施工流程,包括结构设计、下订单、原料采购、建筑施工、装配工作,其他生产过程要素,以及维护工作。"特别是,通过构件规范(如尺寸)的标准化,在提高内部生产和设备材料转运时,可以显著降低成本,并提高生产率。所以,研究预制产品的重点是扩大它们的应用范围,以涵盖大型结构。

图Ⅰ-3-2-23 提高混凝土工程生产率的举措实例
资料来源：国土交通省。

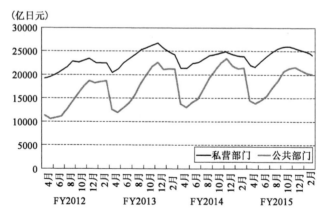

图Ⅰ-3-2-24 体现为每月产出的工程量变化（建设投资估算值）
注：项目产出数据库（全国）
资料来源：国土交通省。

后，确保承担债务。通过在财年结束前，阻止强迫性劳动，并在适当时利用推广国债的制度，还有助于消除年底项目扎堆进行的现象（图Ⅰ-3-2-25）。

还要重视的是,标准化举措应由所有订做方(包括管理所有公共工程近70%的地方政府)共同参与实施,而不能只由中央政府实施。为此,中央政府、地方政府和其他订做方必须通过地方采购委员会(成员包括中央政府、县政府和所有市政厅,并在各县成立),共同促进标准化。经研究决定,必要时由中央政府向地方政府提出请求,根据《公共工程正确投标与承包促进法》和其他相关法律的规定促进标准化。

2. 推广"日本的机器人战略"

政府根据《日本振兴战略》制定了《日本机器人战略》(日本经济振兴工作组于2015年2月10日敲定)。该战略的目的是,在应对少子化和老龄化的发达国家,引发一场机器人推动的新工业革命。在缺乏领导者、基础设施日益老化和自然灾害频发的背景下,日本制定了截至2020年的行动计划(规定了目标和优先发展领域)。建筑部门的目标包括在施工现场大力引进电子化施工技术(如机器人技术),根据所有流程(包括前端和后端流程)形成系统的概念,致力于提高生产率和节省人力。为实现这些目标,需要通过发展技术、在相关领域应用技术,以及发展市场环境,鼓励采取综合措施。

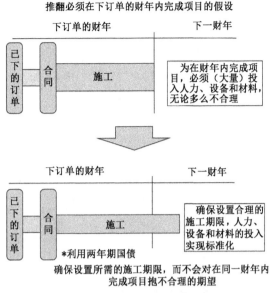

图Ⅰ-3-2-25 多年承包示意图
资料来源:国土交通省。

日本是世界上制造和应用机器人最多的国家;日本每年运送的工业机器人价值3400亿日元,国内目前有近30万家应用机构。据说日本制造的建筑施工用液压挖掘机至少占全球市场份额的80%,而电子化施工技术(包括采用基于3D设计数据的机控技术的ICT工程机械)、无人自动化施工流程和电子化施工流程更是日本的骄傲。

最新的机器人战略将3个领域(建筑施工、基础设施维护和灾害响应)列为优先发展机器人的领域(图Ⅰ-3-2-26)。

国土交通省将同领域的顶尖专家合作,在建筑生产领域开展技术创新,加快实现上述的智能施工,在基础设施维护和灾害响应领域,开发和引进用于社会基础设施维护的下一代机器人。

虽然与人类相比,机器人的认知能力还不健全,但机器人代替人类进行检查工作还是指日可待的。国土交通省支持发展和应用能维护社会基础设施的下一代机器人,以有效检查大量基础设施构件,快速和准确地测量人类难以到达和开展救援的灾难现场。在2014—2015年的两年时间,相关机构对实用型机器人进行现场测试和评估,以确认试验性引进的可能性(图Ⅰ-3-2-27)。我们已通过披露网站公布了相关信息,包括验证状态的视频剪辑(图Ⅰ-3-2-28)❶。自2016年起,根据现场测试结果,试验性引进机器人的工作已有序展开。根据相关计划,将通过现场实际操作和试运行,解决应用问题和其他问题。

---

❶http://www.c-robotech.info/http://www.c-robotech.info/。

建筑施工	基础设施（维护）	灾害响应
优先发展领域 缺少领导者，提高生产率，改善工作环境	优先发展领域 缺少负责检查、诊断、维修和其他工作的工程师	优先发展领域 加快灾后测量，实施应急措施
2020年目标 提高电子化施工技术的普及率，将生产率提高30%	2020年目标 将机器人用于20%的已老化的重要基础设施（使用机器人能满足飙升的维护需求）	2020年目标 在发生严重灾害时，同时开展无人自动化救援和人工救援（这样就能迅速准确地进入人类无法到达的灾难现场）
（机器人应用实例）现有技术或正在研发的技术	（机器人应用实例）	（机器人应用实例）

机器控制的推土机技术

机器控制的反铲挖掘机技术

机器人检查桥梁

水下巡检机器人

应急灾害恢复机器人（无人化施工）

图Ⅰ-3-2-26　机器人在不用领域的应用实例：建筑施工、基础设施（维护）和灾害响应
资料来源：国土交通省。

图Ⅰ-3-2-27　用于社会基础设施的下一代机器人测试实例（不全面）
资料来源：国土交通省。

图Ⅰ-3-2-28　公开披露用于社会基础设施的下一代机器人现场测试的门户网站

资料来源：国土交通省。

专栏　努力推动自动驾驶（自动巡航）的实际应用

为建设道路交通最安全的社会（在全世界），日本已采取各种措施推动自动驾驶技术的实际应用。如果得到全面应用，它将在社会上产生许多收益，包括减少交通事故、缓解交通拥堵、应对老龄化社会、缓解城市人口过剩以及减轻环境负荷。

为加快新一代汽车在日本的普及，内阁府与管理汽车业的政府部门制定了《跨部门战略创新促进计划》（SIP），它规定自2010年年末起，逐步推广和应用自动驾驶系统，国土交通省也参与了此计划。此外，通过与经济产业省合作，国土交通省在2015年2月召开了关于自动巡航业务的评审会，研究如何提高日本在自动驾驶技术领域的国际竞争力，如何取得有利于日本的国际标准，并于2016年3月编写了关于未来行动方针的报告。

为推销能在高速公路上自动巡航（2018—2020年）的汽车，日本的汽车制造商已开始在公共道路上进行自动驾驶测试。

在社会日趋老龄化的发达国家（包括日本），怎样让老年人和无法开车的残障人士在日常生活中获得适用的交通工具是一个亟待解决的问题。自动驾驶汽车有望使这一问题迎刃而解。所以需要创造一个能确保安全进出和行驶的环境。

在农村地区，提供符合当地需求的最后一英里交通工具能提高这些地区的生活质量（图Ⅰ-3-2-29）。

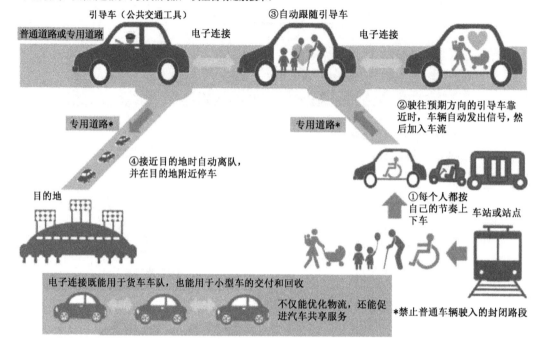

图Ⅰ-3-2-29　最后一英里自动巡航的示意图
资料来源:经济产业省。

第四章 补充部分——对 2016 年熊本地震的灾后响应

自 2016 年 4 月 14 日起,接二连三的地震袭击了熊本县和大分县。日本气象厅(JMA)将这些地震统称为"2016 年熊本地震"(以下简称"熊本地震")。在 4 月 14 日发生的 6.5 级地震和 4 月 16 日发生的 7.3 级地震中,分别观测到了最大烈度为 7 度的剧烈地面运动❶。这是日本气象厅有记录以来,继发生 6.5 级及以上的内陆地震后,首次在同一地区发生更强烈的地震。"熊本地震"的地震活动还扩大到邻近的大分县。此次地震对陆地、建筑和人们的生活造成严重破坏。

在本章中,我们将补充阐述国土交通省自 2016 年 5 月中旬开始采取的一系列灾后救援行动。

第一节 受灾状况

根据日本气象厅在 2016 年 5 月 16 日 9 点发布的报道,当地连续发生两次烈度为 7 度的地震、两次 6 度以上地震、3 次 6 度以下地震,以及 1464 次 1 度或以上地震❷。烈度更大的余震接连不断,所以灾区的恢复和救援工作严重受阻。

根据日本国土地理院的观测和估计,断层面是一个长约 35km 的右旋走滑断层。布田川断层带西北侧下沉近 2m。

熊本地震造成 49 人遇难❸,在危机最严重时,被疏散的民众超过 19 万。它还造成了极其严重的破坏。例如,大量房屋受损、地质灾害频发、九州新干线在运行时脱轨、道路堵塞、交通基础设施瘫痪,还出现许多影响电力和天然气输送等生命线的破坏点,如图Ⅰ-4-1-1 所示。

人员伤亡
49 人遇难,360 人重伤,1311 人轻伤
财产损失
住宅损坏:2848 幢完全损毁,5333 幢部分损毁,33726 幢部分损坏
非住宅类建筑损坏:247 幢公共建筑,517 幢其他建筑

图 Ⅰ-4-1-1

---

❶ 自 1996 年起使用地震烈度计测定烈度后,这是首次在同一地区两次测到 7 度烈度。
❷ 日本气象厅后来对熊本地震进行的详细调查表明,2016 年 4 月 14 日—5 月 16 日,先后发生了两次烈度为 7 度的地震、两次 6 度以上的地震、3 次 6 度以下的地震、3412 次 1 度或以上的地震。(http://www.jma.go.jp/jma/press/1610/11c/kumamoto_seisa1610.html)
❸ 不包括在地震发生后,因其他灾难受伤死亡或因患病医治无效死亡的人。

生命线

○输电线路(停电):476600 户家庭受到影响(日本经济产业省确定)
＊截至 4 月 20 日,高压配电线路的输电恢复工作已全部完成,因滑坡或道路破坏导致恢复工作难以进行的地区除外。
○居民用气(供气中断的民宅最大数量):约 10.5 万户(日本经济产业省确定)
＊截至 4 月 30 日,除了房屋倒塌或其他因素导致无法恢复供气外,所有用户的天然气供应已基本恢复。
○供水管网(受自来水供应中断影响的民宅数量):445857 户(日本厚生劳动省确定)
＊截至 5 月 16 日,除房屋倒塌区域外,99.9％ 的居民供水已恢复。
○通信(中断的通信线路和移动基站的最大数量)
固定线路:300 条线路;手机/PHS:628 座移动基站
＊截至 5 月 16 日的最新信息显示,除两座手机移动基站仍待修复外,所有固定电话线路和 PHS 发射基站已恢复运行。
○排污系统:13 座污水处理厂受灾害影响(处理功能已恢复)
在阿苏市和益城町,有 10 个地方的排污管道断裂(已用临时管道恢复排污功能)。

道路(受影响的线路)

○高速公路:7 条线路
九州高速公路、长崎高速公路、大分高速公路、东村—九州高速公路、宫崎高速公路、九州横断高速公路、美并—九州西行高速公路、福冈城区高速公路、松岛公路(熊本道路公营公司)
＊4 月 29 日:九州高速公路的所有路段重新对外开放;5 月 9 日:大分高速公路的所有路段重新对外开放,九州境内的所有高速公路完全对外开放。
○国土交通省直接管理的国道:7 个路段
3 号国道(2 个路段)、57 号国道(4 个路段)、210 号国道(1 个路段)
○辅助国道:31 个路段
212 号国道(5 个路段)、218 号国道(3 个路段)、251 号国道(1 个路段)、265 号国道(2 个路段)、266 号国道(1 个路段)、325 号国道(4 个路段)、387 号国道(5 个路段)、442 号国道(3 个路段)、443 号国道(3 个路段)、445 号国道(3 个路段)、498 号国道(1 个路段)
○县级和市政府管理的道路:160 个路段
＊另请参阅下文"四、重要基础设施的恢复状态",了解更多关于恢复状态的信息

河流

○中央政府管理的河流(受损状态)
在 6 条河流中共有 172 个受灾点(全面采取紧急救援措施,在 11 个河堤严重变形的受灾点开展了紧急恢复工作;此项工作在 5 月 9 日全部结束)
○县政府或市政府管理的河流(受损状态)
在 48 条河流中共有 322 个受灾点(熊本县共有 318 个受灾点,熊本市共有 3 个受灾点,大分县有 1 个受灾点)

地质灾害

地质灾害次数:125 次(54 次泥石流、9 次滑坡、62 次塌方)
因灾遇难人数:9 人
＊受灾点的紧急恢复工作正有条不紊地展开,包括放置沙袋防止受灾面积扩大,疏通泥沙阻塞的河道

图 Ⅰ-4-1-1

铁路
○九州新干线 所有线路暂停运行; 熊本站和熊本机务段之间的免费列车脱轨(无人受伤) ＊新水俣和鹿儿岛中央站之间于4月20日恢复运行;博多与熊本之间于4月23日恢复运行;所有线路于4月27日全部恢复运行 ○普通铁路 分属11家公司的36条线路暂停运行,以下是熊本县暂停运行的重要线路; JR九州(荒尾和八代之间的鹿儿岛线)、(Hohi线❶,所有区间) 熊本市(水前寺线,所有区间) 熊本电铁(菊地线,所有区间) 南阿苏铁道线(高森线❷,所有区间) 肥萨橙铁道线(八代和Higo-Koda之间的肥萨橙铁道线) ＊除JR九州线(Higo-Ozu and Bungo-Ogi之间的Hohi线)和南阿苏铁道线(高森线,所有区间)外,所有铁道线路已恢复运行
港口和码头
○熊本港(正常渡轮于4月22日恢复航行,正常远洋集装箱货轮于4月23日恢复航行) ○八代港(采取安全措施后恢复运营) ○三角港(采取安全措施后恢复运营) ○别府港(截至5月16日5点,仍无法从两侧进入)
机场
○熊本机场 4月16日发生的烈度为7度的地震损坏了航站楼 交通控制功能:继续运行,未受到影响 固定航班:4月16日发生地震后,这些航班停飞,自4月19日陆续恢复飞行(航站楼在4月19日部分恢复运营)
城市基础设施(受损状况)
○公园设施:152座公园受损(根据国土交通省截至5月17日提供的受损信息)

图Ⅰ-4-1-1 受灾状况❸

此外,汽车业供应商的工厂暂时停产,导致供应链中断,进而以各种不同的方式严重阻碍了企业正常的生产活动。

第二节 国土交通省在地震发生后立即采取的措施

地震发生后,政府立即成立了重大灾害应急指挥部,全面协调相关机构采取的救灾措施。

在2016年4月14日21:26发生地震的同时,国土交通省还建立了应急救灾系统。当日22:10,国土交通省领导成立了重大灾害应急指挥部,当日23:00,各方召开了首次救灾协调会。截至2016年5月19日,重大灾害应急指挥部已召开20次协调会。

---

❶例如,赤水和馆野之间的区段有泥沙涌入。
❷例如,馆野和超杨之间的隧道内壁断裂,桥梁变形。
❸除非另有说明,否则上述信息均摘自截至2016年5月16日的最新信息,其中"人员伤亡""财产损失""生命线(排污系统除外)"摘自内阁府总部提供的有关重大灾害应对措施的信息,其他所有项目摘自国土交通省提供的灾害信息。

地震发生后,国土交通省积极开展灾后恢复工作,并支持灾区的重建工作,例如,检查财产损失状态、派出紧急救灾特遣队、下调地质灾害报警阈值、加强疏散系统、提供日用品、加固临时住房。这些努力主要包括以下措施:

1. 调查国土交通省管理的基础设施的受损状态

迅速调查道路、河流、大坝、海港和港口、机场、排污系统、政府设施和其他设施的受损情况。在地震发生后,立即派出巡视船只和飞机,调查沿海地区和其他地区的受损情况,通过发布航行警告和其他手段向附近船只提供信息。

2. 紧急救灾特遣队向受地震影响的地方政府提供的救助

2016年4月14日夜间发生6.5级地震后,国土交通省在4月14日夜间向受地震影响的地方政府派出联络人员。4月15日,紧急救灾特遣队到达九州、近畿、中国,四国地方开发局和日本国土地理院抵达九州并开始行动。来自全国各地的地方开发局(从北海道到冲绳)的61位联络员(一共1617人天)和440名特遣队成员(一共8183人天)(截至2016年5月16日的初步数据)被派往17个地市,为受地震影响的地方政府提供支援。

(1)代表地方政府进行灾害调查(图Ⅰ-4-2-1)

尤其是代表地方政府立即进行灾害调查,以提供受灾信息以及联络员确定的援助需求,分析灾区的航拍照片,以缩短将此次灾害定为严重灾害所需的时间。

(2)在受地质灾害威胁的地方开展紧急排查(图Ⅰ-4-2-2)

图Ⅰ-4-2-1 代表地方政府调查归其管辖的基础设施的受损状况
资料来源:国土交通省。

图Ⅰ-4-2-2 对有地质灾害隐患的地点进行紧急排查
资料来源:国土交通省。

为防止余震或降雨导致的继发性破坏,在9d内检查了1155个有地质灾害隐患的地点。熊本县知事和13个地市的市长听取了调查结果,以及未来应采取的措施建议。

(3) 地质灾害应对顾问提供的支持(图Ⅰ-4-2-3)

地震后发生许多地质灾害，地方政府迫切需要应对此类灾害的建议。为此，政府组建了专门研究地质灾害应对措施的顾问组。根据地方政府和相关机构的要求，直属国土交通省的，具备地质灾害应对经验和知识的工程师提供了专业建议，由此确保了搜索活动的安全。

(4) 通过清除路障抢通运输路线(图Ⅰ-4-2-4和图Ⅰ-4-2-5)

图Ⅰ-4-2-3　地质灾害应对顾问提供支持

资料来源：国土交通省。

图Ⅰ-4-2-4　通过清除路障恢复运输路线

资料来源：国土交通省。

图Ⅰ-4-2-5　从大规模道路表面塌陷中恢复

(443号国道的受损状况)

资料来源：国土交通省。

在被落石和泥沙阻塞的县级和地市级公路上开展了紧急抢修，使熊本市通往南阿苏市的运输路线重新开通，同时抢通了货物和其他救灾物资的运输路线。

(5) 派遣救灾工程车辆(图Ⅰ-4-2-6)

九州、关东、北陆、中部、近畿、中国和四国的地方开发局派出了卫星通信车、照明车、洒水车和其他救灾用工程机械支持灾害恢复工作。为缺少电力、对外通信设施及政府办公楼损坏的地市提供了照明车、卫星通信车以及直属于重大灾害应急指挥部的车辆。尽全力满足救灾需求，以确保顺利实施重大灾害应急指挥部的救援行动。

为此，每次最多派遣83台救援车辆(一共2117台班，截至2016年5月16日)。

(6) 使用先进的救灾工程机械(图Ⅰ-4-2-7)

在可能发生继发性损坏以及从地面难以进入的区域，已通过部署先进的救灾设备，采取相应的救灾措施，例如使用无人机，快速安全地调查滑坡、泥石流造成的破坏以及断层状态，利用直属于地方开发局的无人驾驶挖掘机(液压挖掘机)清理土方。

(7) 使用直升机、飞机、卫星和船只(图Ⅰ-4-2-8)

动用三架防灾直升机(九州地方开发局提供Harukaze号、中国/四国地方开发局提供Airando号、北陆地方开发局提供Hokuriku号)进行空中勘测，以掌握此次地震造成的地质灾害和其他破坏的全貌。

a) 为夜间工作提供支援的照明车辆（益城町）

b) 向办公楼损坏的地方政府派遣直属于重大灾害应急指挥部的车辆，作为办公场所（宇土市）

c) 通过卫星通信车传送图像（阿苏大桥附近）

图 I-4-2-6　派遣救灾工程车辆
资料来源：国土交通省。

图 I-4-2-7　使用先进救灾设备
资料来源：国土交通省。

动用"Kunikaze Ⅲ号"（日本国土地理院提供的测量飞机）进行航拍和空中激光确定灾害状况，使用地球观测卫星"Daichi-2"确定地壳运动的变化。

同时部署了巡逻舰船和飞机（隶属日本海上保安厅）调查沿岸区域的受损情况，并动用直升机图像传输系统实时共享数据。通过发出航行警告，向附近船只提供信息。

（8）紧急医疗救助（图 I-4-2-9）

图Ⅰ-4-2-8 动员勘测飞机进行救灾航拍
资料来源:国土交通省。

图Ⅰ-4-2-9 动用海上保安厅的直升机转运伤员
资料来源:国土交通省。

2016年4月16日—22日,应熊本县和其他地区的请求,派出日本海上保安厅的直升机转运19人,包括两名伤员和11名医生。

第三节 为灾民提供的救助措施

1. 与物流企业合作运输救灾物资

应受灾地区地方政府的请求,中央政府迅速采购亟需的救灾物资,以救助被疏散到避难场所的民众,同时与私营部门合作,向灾区紧急运送救灾物资。

在熊本地震发生后,迅速提供物质支持和紧急援助,同时与熊本县政府、物流企业和自卫队合作运送救灾物资,包括263万份快餐。通过位于鸟栖市、佐贺和福冈县久山町的私人救灾物资接收点向避难中心提供救灾物资。

2. 动用船只提供饮用水和运输物资

2016年4月16日—5月2日,动用两艘测量船和清理船(Kaiki号和Kaiko号)在熊本港向3583人提供112340L饮用水。另有10艘巡逻船(隶属日本海上保安厅)于2016年4月16日—5月13日在熊本港、三角港和八代港提供了189766L饮用水。

为运送救灾物资(饮用水、生活用品、医疗用品、卫生用品等),派出隶属于各地方开发局的船只先后停靠别府港、大分港、博多港和九州境内的其他港口。私人渡轮运营商还在码头(熊本港的一座移动桥梁附近)提供8.7万L饮用水,并参与运送救灾物资。

3. 支持机场的搜救行动

为支持空中搜救行动,采取了昼夜空中交通管制❶措施,以确保救援飞机(隶属自卫队、美军和私人货运航空公司)运送救灾医疗服务队,开展救援行动,并运送救灾物资。

4. 建立二级避难场所,提供生命救援

国土交通省要求住宿机构提供旅馆和酒店以收纳灾民。截至2016年5月16日,熊本、福

---

❶ 2016年4月14日—28日,在熊本机场实行昼夜空中交通管制,2016年4月16日—19日,在大分机场实行昼夜空中交通管制;至此,截至4月22日,每天提前1h实行空中交通管制。

冈、佐贺、长崎、宫崎和鹿儿岛的旅馆和酒店已收纳 1768 人。

作为救灾项目之一，2016 年 4 月 23 日，防卫省派出私人船只"Hakuo 号"（通过私人主动融资征用）提供住宿、餐饮和洗浴服务，并停靠八代港作为休息设施，同时，防卫省和自卫队为此提供支持。截至 2016 年 5 月 17 日，共有 2092 人使用了此设施。通过引导民众、开展宣传、协助停靠，国土交通省提供了大力支持。除了在停靠熊本港、三角港和八代港的巡逻船（隶属日本海上保安厅）上为 6323 人提供洗浴服务外，还在停靠三角港的大型疏浚船和浮油回收船上提供洗浴服务。

国土交通省的官员还参观和检查了避难中心的卫生间。对发现有问题的卫生间立即采取整改措施，同时采取其他措施，改善避难场所卫生间的使用环境。

5. 对受损的建筑进行紧急安全检查，评估民宅的安全风险

为协助受灾地区的地方政府迅速排查震后建筑的损坏状况，并评估民宅的安全风险，国土交通省要求各地的地方政府派遣专家，同时派出自己的工作人员，对 18 个地市的建筑进行 54028 次检查❶（截至 2016 年 5 月 16 日），对 5 个地市的民宅进行了 15656 次评估❷（截至 2016 年 5 月 15 日）。

6. 提供临时住所

为确保灾民能尽早恢复正常生活，国土交通省要求日本预制建筑协会做好准备，以尽快满足县政府建立临时住所的请求。在 13 个地市（西原町、甲佐町、益城町、鹿岛町、宇土市、宇城市、三船町、南阿苏町、小津镇、大和镇、熊本市、阿苏市和冰川町）建造 1192 幢住宅的工作已开始（截至 2016 年 5 月 16 日），在收到地方政府的请求后，将立即开始建设。

在私人租房方面，国土交通省于 2016 年 4 月 17 日要求房地产业组织合作，向灾民提供私人租房信息。

2016 年 5 月 9 日，再次要求房地产业组织提供合作，以出借私人租赁房屋作为临时救灾住所。收到县政府的合作请求（提供闲置的私人租赁房屋）后，房地产业组织提供了相关信息，同时在熊本县境内，根据收到的灾民申请，按先后顺序为其安排了 2526 处住所（截至 2016 年 5 月 16 日）。

在公共住房方面，2016 年 4 月 18 日，要求全国所有县政府扩大合作，向灾民提供闲置的公共住房和其他住所作为临时住房。在全国范围内已提供 10905 处公共住房和其他住所（熊本县 998 处，九州岛包括熊本县 4822 处）；即将征用的住所有 1025 处（熊本县 442 处，九州岛包括熊本县 913 处，截至 2016 年 5 月 16 日）。

第四节　重要基础设施的恢复状况

熊本地震严重破坏了重要基础设施❸和交通网，例如，导致道路交通堵塞，还在地震发生时，致使运行中的九州新干线列车脱轨。

---

❶截至 2016 年 5 月 16 日，完成 6505 人天。

❷截至 2016 年 5 月 15 日，完成 2138 人天。

❸通常包括新干线、常规铁路线、高速公路、机场、海上航线；受地震影响的基础设施不限于这些实例。

虽然余震不断导致无法准确评估受灾情况，但有关方面还是迅速高效地对重要基础设施进行抢修。例如，在相关方的艰苦努力下，九州新干线在4月27日就全线恢复运行，此时距地震发生仅过13d。这是向灾区重建迈出的重要一步。

为说明基础设施的恢复情况，对2016年4月18日（第二次烈度7度的地震发生两天后）和2016年5月16日（地震发生近1个月后）的重要基础设施状况进行了比较。

第五节 受损严重的基础设施的恢复

熊本地震导致基础设施出现大面积破坏，包括阿苏大桥地区的严重滑坡、57号和325号国道的交通拥堵，以及JR Hohi铁路线暂停运行。在这些地区，决定通过国土交通省管理的项目采取护坡措施，建造由中央政府管理的泥沙控制设施。同时，在2016年5月13日决定，由国土交通省领导在325号国道修建阿苏大桥。

在采取这些措施时，需要加固塌方的边坡，同时恢复国道和铁路的通行，因此，我们希望通过充分发挥中央政府的技术实力，尽快恢复基础设施的运行。

根据《大规模灾后救援法》的规定，政府将熊本地震导致的破坏指定为特大灾害[1]，以确保中央政府接管修复桥梁、隧道和公路（由灾区地方政府管辖）的工作。这样就能在中央政府领导下，尽快修复熊本—高森路段（县级公路），包括抢修俵山隧道（应熊本县政府的要求）、櫔木—楢野路段（村级公路），包括抢修阿苏大桥（应南阿苏町政府的请求），同时全面采取抢修行动。

第六节 振兴旅游业的措施（包括恢复旅游资源）

在旅游业方面，除了设施和设备受到直接损坏外，旅馆和酒店还因订房取消和其他因素而蒙受间接损失。应各地区重振旅游业的请求，国土交通省与相关部门和机构合作，通过采取资助措施和加强宣传，积极促进旅游需求的复苏。

作为熊本县地标性的旅游资源，熊本城及其周边区域在地震中受损严重。

通过与文化厅、熊本市和熊本县政府召开联络会和协调会，负责管理城市公园的国土交通省推行了修复公园设施的重建项目[2]。

为重振九州的旅游业，中央政府制定了短期内恢复九州旅游业的综合扶持计划，同时与地方政府密切合作，为尽快重振旅游业而不懈努力。

第七节 追 加 概 算

为尽快恢复基础设施、修建临时住房，并帮助灾民们重建家园，中央政府于2016年5月17日通过了7780亿日元的追加概算。

---

[1] 根据内阁府特大灾害（与2016年的熊本地震有关）的命名法令（2016年5月10日的内阁决定）确定。
[2] 根据《应对严重灾害的特别财政援助法》（2016年4月25日的内阁决定）将2016年的熊本地震指定为特大灾害。这就减轻了地方政府抢修公园设施以及修建其他公共工程设施时的经济负担。

第八节 结 论

　　如上文所述,地震刚一发生,国土交通省就从全国各地向灾区调派了紧急救灾特遣队,同时开展紧急搜救行动、向灾区居民运送救灾物资、应对大规模地质灾害、评估建筑的安全隐患、协助灾民重建家园,并致力恢复基础设施。

　　我们还鼓励灵活利用酒店、旅馆和船只,为灾民提供服务,积极安排和提供临时住所,同时还为灾民提供公共住房。

　　安全和保障是所有经济活动与民众生活的基础,实现安全和保障是社会资本的一个基本功能。对日本这样一个国土和区域结构脆弱的国家来说,在采取非结构措施时,系统地强化结构措施,以确保在发生严重自然灾害和重大灾难时能快速疏散是至关重要的。

第二部分

国土交通省的政策趋势

第一章　东日本大地震后的恢复和重建措施

第一节　现状及恢复和重建措施

加快东日本大地震后的恢复和重建是国土交通省的首要任务。虽然灾民人数已从地震发生时的 47 万不断减少,但目前仍有约 17.1 万人❶住在 1138 个地市❷(分布于全国 47 个县)的避难所中。地震过去 5 年后,日本从 2016 年 4 月进入了"重建和振兴时期"的新阶段。国土交通省进一步加快恢复和重建流程,尽全力确保灾区的民众能亲身体验恢复工作的进展。

在重视灾区需求的同时,国土交通省还将作为联合机构,迅速响应地方开发局、地方陆运署、日本气象厅、海上保安厅的现场需求。为实现此目标,我们在 2013 年 1 月将议会秘书处分成三组,并为每个组指定一个县,由其担任国土交通省领导下的灾区救援小组,以满足各灾区的需求。

基本基础设施(如公路和港口)的紧急恢复工作大部分已经完成,全面的重建工作也已有序展开。我们将根据基础设施重建进度表,继续忠实地完成这些任务(图Ⅱ-1-1-1)。另外,住宅重建和城市恢复工作也按照《住宅重建计划》稳步推进,我们会一如既往地为灾区提供支持。还要尽快恢复灾区的公共交通,并振兴旅游业。

第二节　基础设施和交通的稳步恢复与重建

对于国土交通省直接管辖的公共基础设施,我们正根据项目计划和进度时间表,逐步将工作重心从紧急恢复阶段转移到重建阶段。现在和将来,我们要尽快努力实现东北部的全面恢复,同时继续重视灾区的需求。

1. 沿海恢复措施

就沿海堤坝的全面恢复和重建而言,在海岸需要重建和恢复的 677 个地区,截至 2016 年 3 月底,已有 550 个地区开始施工,152 个地区已完工。其中,在近 40km 的国家施工区(包括中央政府承担恢复任务的区间),有近 36km 的区间已完工,工程全部完工要到 2017 年 3 月底。另外,湾口防波堤的重建工作也将有条不紊地展开,这样能尽量避免城市建筑和工业活动的重建和恢复受阻,这些工程预计到 2019 年 3 月底完工。

---

❶根据复兴厅的调查,截至 2016 年 3 月 10 日是 170841 人。
❷根据复兴厅的调查,截至 2016 年 3 月 10 日。

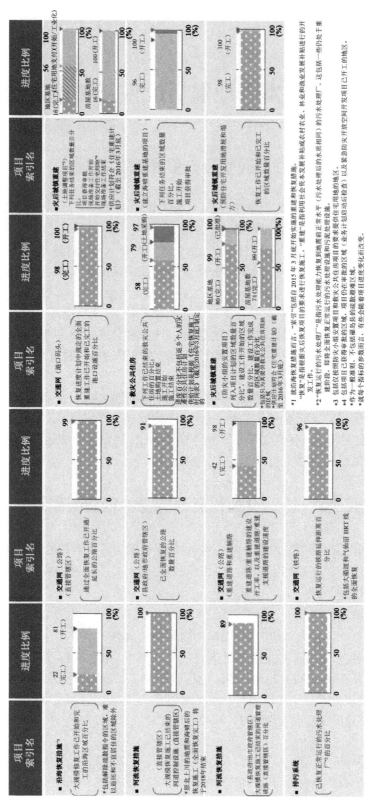

图Ⅱ-1-1-1 公共基础设施全面恢复和重建的进展状态(截至2016年3月)

资料来源：国土交通省。

在施工过程中,我们尽可能对堤坝结构进行加固和改良,使它们即使遭遇海啸袭击,也能长久保持出色的抗灾能力。在宫城县岩沼市,我们建立了绿色堤坝(栽种绿色植物)与海岸堤坝相结合的示范区。我们还积极利用灾害产生的废料修建堤坝,同时在重建工程中,特别重视保护周边的景观和自然环境。

2. 河流恢复措施

在中央政府管辖区域,受灾的河流管理设施的全面恢复工作(安全水平恢复到震前水平)已经完工。在此基础上,我们还将采取必要的地震和海啸预防措施。

3. 排污系统

共有122座污水处理厂(不包括位于福岛县疏散区的7座处理设施)受到影响。2015年底,仙台南净水中心已从严重的破坏中恢复。除两座无污水的处理厂外,所有120座处理厂在2015年年底恢复正常运行。在福岛县疏散命令解除区内的处理厂中,有两座的全面恢复工作已结束。在受灾害影响的680km的排污管道中,有669km在2016年3月底已完全恢复。我们将根据重建计划继续工作,以尽早完成恢复和重建工作,同时加入能抵御地震和海啸的安全结构。

4. 应对地质灾害的措施

在应对地质灾害的措施方面,为保护交通网[对灾区供水系统(如阿武隈川)的重建至关重要],重建工作已于2015年年底结束。我们将在这些地区(东日本大地震发生时出现地质灾害)继续采取应对地质灾害的措施。

5. 公路

(1)在高速公路方面,使用频繁的常磐高速公路于2015年3月1日全面开通,这条高速公路的许多路段每天的车流量达1万辆甚至更多。常磐高速公路还促使企业迁至公路沿线的浜通和福岛地区,从而促进了当地的就业。我们还计划在2015年6月12日新建大隈和双叶高速出入口。

(2)在国土交通省直接管辖的国道方面,全面重建工作到2012年年底已基本结束。此外,根据恢复计划重建了重灾区,包括45号国道上的桥梁和其他结构。

(3)在公路/辅路重建方面,主要结构(如桥梁)的重建工作已经展开。

所有区域的重建工作将同时完工,包括刚实行私有化的区域,通过应用项目推广流程(PPP),我们能利用私营部门的技术专长。在许多公路/辅路重建项目(东日本大地震之后规划的项目)中,有15个路段(总长110km)向重新开通迈近了一步。

6. 铁路

在被东日本大地震破坏的铁路中,三陆铁路线于2014年4月恢复运行,石卷铁路线于2015年3月恢复运行,仙石铁路线于2015年5月恢复运行。

对于大船渡线和气仙沼线(在当地将BRT❶作为恢复公共交通的临时工具),铁路沿线的地方政府的首脑们参加了国土交通省副大臣在2015年6月主持召开的专题会,就恢复政策展

---

❶ "快速公交系统"的缩写,它是指通过在公交道路上运行轨道车辆,创造的一种比常规公交系统更快、更准时的公交系统。

开高层磋商。在 2015 年 7 月举行的第二次会议上,东日本铁路公司建议利用 BRT 全面恢复铁路运营。在 2015 年 12 月举行的第三次会议上,各方同意利用 BRT 全面恢复大船渡线,以及气仙沼线的南三陆和登米市区间的铁路运行,同时继续讨论了在气仙沼市应用的可能性。随后,气仙沼市在 2016 年 3 月表示接受建议,并决定利用 BRT 全面恢复气仙沼线。因此,只有东日本铁道公司的两条铁路线仍暂停运行(JR 山田线和常磐线)。

东日本铁路公司和相关方(包括地方政府机构)同意于 2015 年 2 月将山田线的管理权移交三陆铁路公司。自 2015 年 3 月开始的恢复工作目前仍在进行,预计到 2018 年年底完工。

2015 年 3 月确定了未来使常磐线全面恢复运行的方针。2016 年 3 月,将尚未确定的线路(浪江町和富冈站之间)开通日期定在 2019 年年底。这让我们看到常磐线全线恢复运行的光明前景❶。

7. 港口/码头

对工业和物流至关重要的港口/码头的灾后恢复工作在 2014 年已大部分完成。湾口防波堤的恢复工作将按照计划继续展开,对经济恢复至关重要的港口/码头设施(如码头岸墙和防波堤)已修复完毕。日本海上保安厅计划修复在东日本大地震中损坏的 158 座助航设施中的 16 座缺损设施(截至 2016 年 3 月),同时修复港口/码头和防波堤。

同时,对仙台盐釜和石卷港区,以及茨城和日立中港区的海区填埋场进行维护,以加快处理东日本大地震产生的垃圾。仙台盐釜和石卷港区的垃圾填埋工作始于 2013 年 2 月,茨城和日立中港区的垃圾填埋工作始于 2012 年 7 月。

第三节 促进城镇的灾后重建,让灾民有稳定的住所

为了让灾民看到安居的希望,我们积极推进城镇的灾后重建,确保为他们提供稳定的住所,同时根据《住宅重建计划》,为修建民宅提供建设用地,并根据地方政府的报告,修建救灾公共住房。随着灾区重建项目的全面推进,我们要弥补灾区人力和技术的不足,以确保项目顺利实施。

为此,通过向灾区的地方政府提供人力支援推进项目实施,实行采购措施以减轻灾区地方政府的采购负担,同时与城市复兴机构合作,利用通告程序(关于重建项目的有效实施)提供技术支持,通过发布"重建城市发展指数"(收集支持举措的在线网站),加强信息宣传工作。

一、促进城镇的灾后重建

为促进城镇的灾后重建,实施了各种项目,例如,为流离失所的民众提供帮助的"防灾小

---

❶ 常磐线的开通计划:
   浜吉田与相马站之间的线路:预计到 2016 年 12 月底恢复运行(东日本铁路公司于 2015 年 11 月 26 日宣布);
   原之町和小高町之间的线路:预计到 2016 年春恢复运行(2015 年 3 月 10 日公布的《常磐线全线恢复运行展望》);
   小高町与浪江町站之间的线路:预计在两年内开通(2017 年春);
   富冈与立田站之间的线路:预计到 2017 年开通[东日本铁路公司在 2016 年 2 月 23 日召开的浜通线恢复促进会议(常磐线恢复会议)上宣布];
   浪江町与富冈站之间的线路:预计到 2019 年年底开通(2016 年 3 月 10 日公布的《常磐线全线恢复运行展望》)。

组安置项目",集中进行公共设施工程,支持城镇综合建设的灾区土地恢复和调整项目,例如,建筑项目和海啸灾区的道路重建工程,以及为向地势高的地方搬迁,准备施工现场。

截至2016年3月,所有331个地区的防灾小组安置项目已取得国土交通省大臣的批准(这是项目启动所需的法定程序),并根据《住宅重建计划》对项目进行了规划;328个地区开始了施工现场的准备工作,266个地区的建设完工。土地调整项目也已获得批准,所有50个地区的(按照《住宅重建计划》)施工已改善,其中8个地区的建设已完工。

二、让灾民有稳定的住所

对于能自行修建或找到住房的灾民,日本住房金融支援机构提供了利率更低的救灾住房贷款,同时也为仅房屋受损的灾民提供了救灾住房贷款。对于已发放的贷款,将原来的还款期限再延长5年,同时降低了贷款的还款利率。

地方政府为无法自行修建或寻找住房的灾民提供了公共住房(救灾公共住房,如图Ⅱ-1-3-1所示)。此外,还拨付专款,以补偿这些设施的维护费用以及降低租金产生的费用,我们还专门制定了有关住房申请者资格和住房分配的要求。

此外,为应对福岛第一核电站的事故,我们计划为住在疏散区域的难民(避难者或返回者)提供与灾民一样的住宿安排(如迁入救灾公共住房),确保他们能有稳定的住所。

县 名	土地购置	开始设计	开始施工	施工结束	总体计划
岩手	5636处住房 188个地区	5085处住房 169个地区	4631处住房 138个地区	3168处住房 102个地区	5771处住房
宫城	15290处住房 399个地区	14746处住房 379个地区	13394处住房 342个地区	9812处住房 262个地区	15919处住房
福岛	7716处住房 156个地区	7105处住房 148个地区	5163处住房 123个地区	3767处住房 97个地区	7885处住房

图Ⅱ-1-3-1 救灾公共住房的开发状态(2016年3月31日)

注:1. 计划数量摘自《住宅重建计划》(截至2016年3月底)。
 2. 就福岛的救灾公共住房而言,为返回者(因核泄漏灾难疏散)提供救灾公共住房的最终计划尚未确定。

资料来源:国土交通省。

第四节 恢复本地公共交通和振兴旅游业

一、恢复本地公共交通

为恢复在东日本大地震中严重受损的本地公共交通,我们采取了特别措施,例如,放宽地区公共交通恢复项目、支持项目和改进项目的补充要求,以支持地方公共交通工具(例如,灾区的公交车和网约车)的恢复和维护。这些措施还有利于恢复和维护地区之间的干线公交运输网,避难场所之间的每日通勤公交系统,临时住房、其他场所、新建住房、医院、商店和公共机构。

二、振兴旅游业

为缓解地震后前往东北地区旅游的外国游客数量急剧减少的局面,我们在重要的海外市场积极消除不利的谣言,并开展振兴该地区旅游业的公关工作。

具体来说,我们在日本国家旅游组织的网站上公布准确的辐射剂量信息,以保护海外消费者的利益,我们邀请国外媒体到东北地区,并通过 SNS 宣传东北地区,以提升这里作为旅游目的地的吸引力。此外,我们还要求外国旅行社到东北地区,并通过发展旅游产品,举办海外旅行博览会,宣传东北地区的旅游信息。

我们还采取各种举措恢复全国的旅游业。特别是在太平洋沿海地区,通过发展使旅游业复苏的公共关系,消除不利的谣言,防止人们忘记地震的影响,促进使旅游业复苏的区域系统,鼓励创造旅游产品,恢复有当地特色的旅行,我们积极地为来到和离开这里的人们提供便利。此外,为尽早恢复福岛县的旅游业,我们还大力扶持有助于防止声誉受损和灾后恢复的旅游相关行业。

根据日本观光厅的《住宿调查》,在东北地区的 6 个县❶中,2015 年的总过夜人数约为 3251 万人❷,与地震发生前的 2010 年相比增加 7.5%。但是,分析旅游住宿❸方面的总过夜人数可以看出,过夜人数与 2010 年相比减少 13%,这说明地震留下的巨大伤痕阻碍了这些地区迈向经济繁荣的步伐❹。

第五节　确保重建项目的顺利实施

灾区的恢复/重建项目正稳步推进,家园重建/城镇重建工作也按照《住宅重建计划》有序展开。

投标失败的情况大幅度减少,通过采取各种方法,例如,在重新订购时,修改预定价以体现目前的市场价,使订单数量更合理,让之前投标失败的大部分项目能签订合同。

国土交通省已采取必要措施,通过与"加快恢复会议"(自 2013 年 3 月起召开 6 次)和"重建项目的安全实施会"(自 2011 年 12 月起召开 8 次)上的相关机构和行业合作,协助顺利实施重建项目。为制定能体现目前市场价的预定价,三个受灾县的公共工程的设计工作单价自 2013 年 4 月起已上调 4 次,同时引入了基于工程完工的重建生产率和重建系数。另外,中央政府和县政府还开办了公共预拌混凝土厂。

此外,国土交通省还制定措施,确保处于全面实施阶段的公共建筑施工项目(如救灾公共住房、学校、政府办公楼和医院)顺利实施。这些措施包括按预定价体现施工现场的目前市场价和实际状况,例如,继续采取关于救灾公共住房标准建设费用的特别措施,鼓励采用国土交

---

❶东北地区 6 个县:青森、岩手、宫城、秋田、山形、福岛。

❷初步数据。

❸旅游住宿的过夜人数至少为 50%。

❹因为调查是针对 2010 年 3 月的数据进行的,此前调查对象是有至少 10 名员工的旅馆,所以 2015 年的数据中也包括这类旅馆的过夜人数。

通省为重建公共住房制定的建设和维修成本估算法,与复兴厅和其他相关方协调,从订做阶段开始就在公共建筑施工咨询台提供周到的个人咨询服务(图Ⅱ-1-5-1)。

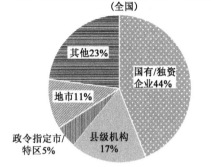

咨询服务的内容分类(2015年4月—2016年3月)

咨询内容	咨询总数(全国)	咨询总数(东北地区)
工程量计算、设计和投标过程	1053	38
环境保护	578	26
施工监理	294	2
规划	342	62
其他	221	4
总计	2488	132

注:在国土交通省网站上的咨询台(或eizen@milt.go.jp)进行咨询。

图Ⅱ-1-5-1　在公共建筑施工咨询台的咨询情况(全国总数)

资料来源:国土交通省。

第六节　福岛县的重建和振兴等

东京电力公司福岛第一核电站发生事故后,有近7万灾民❶被迫转入避难区,而福岛县的灾民总数,包括自愿撤离的民众,攀升至近9.7万❷(根据复兴厅的调查)。在田村市、川内町和樽叶町的疏散令相继解除后,其他地市的疏散令也即将解除。在此基础上,为加快家园重建和地区振兴,政府需深入采取扶持措施,确保民众早日重返家园、开始新生活,同时鼓励企业开展重建,民众自力更生。

为了让住在避难所的灾民尽快重返家园,国土交通省根据《早日返乡和安置计划》(2013年3月制定)、《疏散令解除地区的重建和振兴计划》(2014年6月修订)以及《加快受核电站事故影响的福岛县的恢复》(2015年6月修订),依据《福岛重建特别措施法》,积极致力于按施工计划重建基础设施,对灾民实施高速公路免费通行的措施,并消除不利的谣言。

第七节　根据东日本大地震的经验教训建设抗海啸的社区

根据从东日本大地震吸取的教训,日本在2011年12月制定和实施了《抗海啸社区建设法》。该法案的制定理念是,在发生最高等级的海啸时,必须将民众的生命安全放在第一位,同时依据结构性和非结构措施相结合的多重防御理念,积极建设能充分抵御海啸灾害的社区。

国土交通省提供了技术建议(关于实施上述法案),以支持地方政府建设抗海啸的社区,发布了指导文件(关于海啸洪水假设的设定),同时设置了咨询台(解答关于海啸洪水假设的问题)。另外,为配置日本海(缺乏相关科学知识的积累)最高等级的海啸断层模型,国土交通省通过公布日本海大规模地震研究委员会的报告提供技术支持。

---

❶截至2015年9月5日。
❷截至2016年3月28日。

最高等级海啸洪水假设已在27个县公布(截至2016年3月底)。另外,自2014年3月起,在德岛、山口和静冈(南伊豆町和河津町)指定了海啸灾害警示区,5个地市制定了全面建设抗海啸地区的计划(促进计划)。

在受海啸影响的地方,有24个地区按照《抗海啸社区建设法》开展恢复建设,例如,依据《通过建造住宅区建设抗海啸城区计划》(截至2015年3月底),做出城市规划的决策。

今后,我们必须考虑整个区域的特征,使用现有的公共设施,将"结构性"措施(如海堤)和"非结构措施"(如疏散演习)相结合,积极推进抗海啸社区的建设,以保护民众的生命安全。

第二章 实施适应时代需求的国土交通管理

第一节 加快实施一揽子国土政策

国土交通省根据《国家空间战略》(《国家计划》)(2008年的内阁决定)、《全国八个区域块的发展计划》(2009年的国土交通大臣决定)以及《第四个国土利用规划》(2008年的内阁决定),加快实施综合土地政策,并将它们作为国土建设的综合指南。为适应国土周边环境的巨大变化,包括人口迅速减少、出生率下降以及可能发生的大规模灾害,国土交通省在2014年7月发布了《2050年国家空间发展宏观规划》,以让公众产生危机感,并阐明中长期(通常在2050年前)国土和区域发展原则。在此基础上,根据内阁府的决定,修改了未来10年的《国家空间战略》(《国家计划》)和《国土利用计划》(《国家计划》)。

新修订的《国家空间战略》(《国家计划》)的基本愿景是,通过优化不同的区域地方性,建设促进流动的国土环境,使人员、商品、资金和信息能在区域之间积极活动(流动)。另外,根据创造对流环境的国家和区域结构的要求,提出了"紧凑化和网络化"(以紧凑方式将包括生活服务在内的各种功能集中到某个区域,并使这些区域形成网络)的构想。建设促进流动的国土,并为此推动紧凑化和网络化,有利于实现国土环境的发展平衡,这种环境既适应未来的时代需求,又能利用每个区域与众不同的自然、文化和行业特征。此外,《国家空间战略》还包括缓解东京人口过度集中的现状,因为农村地区的人口(主要是年轻人)不断涌入,导致东京一直存在拥堵问题,它还考虑了可能发生的大规模灾害(包括东京内陆地震)。

《第五个国土利用计划》(《国家计划》)旨在通过土地利用,提高日本的适应力,促进它的可持续发展和经济繁荣。

为管理两个《国家计划》的执行进度,同时检验促进措施的有效性,在2016年2月召开的国土发展会议上成立了计划促进工作组,并开始讨论如何建设促进流动的国土环境。2016年3月,根据《国家计划》修订了每个区块的《区域计划》。另外,关于修订《国土利用计划》(《县级计划》)的讨论仍在继续。

第二节 防止社会基础设施老化的措施

一、国土交通省《延长基础设施使用寿命的行动计划》

在未来20年间,随着使用年限达到50年或以上的基础设施的占比迅速增加,日本在经济高速增长期之后修建的基础设施(包括在1964年东京奥运会后修建的东京都1号高速公路)也将同时老化。例如,这类公路桥梁的比例将从2013年3月的近18%飙升至10年后的近

43%和20年后的近67%（图Ⅱ-2-2-1）。同时老化的基础设施需要进行战略维护/管理和更新。

在日本经济高速增长期后修建的所有基础设施（包括公路桥梁、隧道、河流、排污系统、港口和码头）中，在20年间使用年限将达到50年或以上的基础设施占比将迅速增加。

* 我们无法统一按照初始修建年代确定基础设施的老化现状，因为这取决于它们的具体位置、维护方式、管理方法等。为方便起见，我们将建造后使用50年作为衡量老化的标准。

建造时间超过50年或更久的社会基础设施占比			
社会基础设施	2013年3月	2023年3月	2033年3月
公路桥梁[（长2m或以上的70万座桥梁中）有约40万座桥梁①]	约18%	约43%	约67%
隧道（约1万条隧道②）	约20%	约34%	约50%
河道管理设施（如水闸）（约1万座设施③）	约25%	约43%	约64%
下水管道（总长：约45万km④）	约2%	约9%	约24%
港口和码头[约5000座设施⑤（4.5m深或更深）]	约8%	约32%	约58%

图Ⅱ-2-2-1 社会基础设施老化的现状

注：①计算比例时，不包括30万座初始建造年份未知的桥梁。
②计算比例时，不包括250条初始建造年份未知的隧道。
③仅限国家管理的设施，包括近1000座初始建造年份未知的设施（由于过去50年间修建的基础设施一般都有记录，所以建造年份未知的基础设施，按使用50年或更久分类）。
④包括近15km初始建造年份未知的下水管道（由于过去30年间修建的基础设施一般都有记录，所以建造年份未知的基础设施，按使用30年或更久分类。根据记录的逝去年数，按建造比例分配它们的长度）。
⑤计算比例时，不包括100座初始建造年份未知的码头设施。

资料来源：国土交通省。

2013年10月，相关部门和机构成立了应对基础设施老化的措施推广联络委员会。同年11月，它制定了《延长基础设施使用寿命的行动计划》，规定了中央政府和地方公共实体未来处理所有基础设施时采取的方法。国土交通省于2014年5月率先制定了《国土交通省延长基础设施使用寿命的行动计划》，确定和公布了以基本计划为依据的具体工作方法，并将它作为维护指南，以提供执行维护周期的路线图（图Ⅱ-2-2-2）。

该计划要求：

①定期检查基础设施，视需要进行维修或更新，以表格形式在数据库中保存信息，以创建维护周期。

○依据社会基础设施维护的第一年采取的方法,按照《延长基础设施使用寿命的基本计划》制定行动计划
○重点是建筑维护周期,依据行动计划削减和调整总成本,支持地方政府
[主要与方法指导(1)、(3)有关][主要与方法指导(5)、(6)有关][主要与方法指导(1)、(2)、(7)有关]

《国土交通省延长基础设施使用寿命的行动计划》摘要(在2014年5月31日召开的社会基础设施老化应对会议上决定)

1. 国土交通省的角色			
○主管机构的角色:制定与基础设施有关的计划和体系　○基础设施管理者的角色			
2. 规划范围		**3. 中长期成本预测**	
○目标:维护计划由国土交通省监督的所有基础设施 ○期限:2014—2020年		○需要通过调查基础设施的现状,实施单独的延长基础设施使用期限的计划,更准确地估算基础设施维护、管理和更新的中长期成本	
4. 方法指导与说明			
方法指导			
(1)检查/诊断/维修、更新等	(2)标准的发展	(3)发展和使用信息基础设施	(4)制定单独的设施计划
①所有设施的建筑维护周期 ②评审设施和措施的必要性 ③提供和加强支持(如补助)	①按顺序维护标准 ②利用新技术和知识更新标准	①通过检查和维修收集信息 ②积累信息和集中整合信息,包括地方政府提供的信息	促进规划,丰富内容
(5)开发和引进新技术	(6)预算管理	(7)建立系统	(8)法律发展
①工业组织—学术机构—政府合作,满足发展需求 ②阐明使用新技术的实地条件	①减少和调整总成本 ②评审收益和职责	①优化资质认证制度,起用高水平技术人员 ②制定管理者合作的计划	规定职责,适应社会结构的变化
关键方法			
○开始使用新标准和新文档 实例:每5年对公路桥梁进行一次全面检查 ○运行新数据库,强化未来功能 实例:向港口管理方提供港口码头数据库 ○按需要加固和拆除设施 实例:按社会结构的变化,建议加固和拆除桥梁		○优化资质认证制度 实例:规定所需的能力和技艺,评估和认证相关的个人资质 ○建立起用高水平技术人员的框架 实例:建立在道路和其他领域提供技术支持的系统,如派遣政府官员 ○建立管理者合作的框架 实例:通过支持机构(如国家和地方公共实体),向地市提供技术援助	
5. 其他	○跟进计划,以加强和深化努力　○通过网站或其他手段积极提供信息		

图Ⅱ-2-2-2　依据《国家行动计划》的《国土交通省延长基础设施使用寿命的行动计划》摘要
资料来源:国土交通省。

②根据预防性维护的理念,通过采用维护技术,以战略方式继续削减成本,并延长设施使用寿命,以调整维护支出的负担。

③通过财政补助为备灾和安全提供支持,为开展培训提供人力支持,促进管理大部分基础设施的地方政府采取相应措施。

此外,为推动这些措施的实行,2015年9月根据内阁决定通过了《第四个社会基础设施优先发展计划》,它将社会间接资本的战略维护和更新列为首要目标之一,同时重点采取防止基础设施老化的措施,例如,为单独基础设施设定包括"使用寿命延长计划比例"(单独设施计划)在内的目标指标(2020年达到100%)。

2015年12月,对《行动计划》进行了首次跟进调查,以根据《行动计划》确定措施(防止基础设施老化)的实施进展。国土交通省将以集中和系统的方式继续实施此类措施,以确保长期维护所需的基础设施。

二、发展和扩大维护产业

根据2013年12月编制的《社会基础设施维护、管理和更新建议报告》,基础设施发展委员会和交通政策委员会下属的社会基础设施维护战略委员会在2014年研究和审议了旨在制定具体措施的事项(需要长期讨论),并总结了与以下措施未来趋势有关的建议:

①建立执行检查和诊断任务的资质认证制度;
②建立顺利进行维护和管理的框架,制定支持地方政府的措施;
③共享和显示与维护、管理和更新有关的信息。

在"建立资质认证制度方面",2014年11月,颁布了《负责确保公共工程调查和设计质量的技术人员的资质登记条例》(简称《条例》),规定符合职位要求的必备知识和技能,以及自2015年订做活动开始后实行的检查和诊断工作的注册资质。此外,在2015年10月修改了《条例》,将需要进行补充维护的施工和改造领域的规划、调查和设计活动,纳入认证制度的范围。

在"建立顺利进行维护和管理的框架,制定支持地方政府的措施"方面,我们与地方政府合作,具体探讨了多领域维护与管理工作的外包方法,同时对私营部门提供全面支持,以利用私营企业的技术、知识和规模经济,促进基础设施的有效维护和管理。

在"共享和显示与维护、管理和更新有关的信息"方面,就维护和更新信息而言,将在前5年提供特别重要的信息,这样,根据2013年在各领域实行的新标准,完成首轮基础设施检查后,我们就能确定许多基础设施的牢固性(图Ⅱ-2-2-3)。

另外,为促进基础设施维护产业的发展和振兴,我们在2016年召开信息交流会,讨论成立日本基础设施管理委员会(暂定名),着手研究相关对策,它将成为政府、工业组织和学术机构共同努力的平台。

我们将用过以上措施促进维护产业的发展和振兴以及地方的工业化。

三、开发和引进监测技术

为开发和引进能有效确定社会基础设施实际状态的监测技术,2013年10月,在社会基础设施监测技术探索和推广会议上,国土交通省指导、研究了监测技术的现场验证,以满足现场需求,并评估了它们的有效性。自2014年9月起向公众征集监测技术,目前正在对这些技术进行现场验证。

四、开发和引进机器人

国土交通省积极推动实用性机器人的开发和引进,它们能有效地检查数量日益增长的基础设施,同时能勘查人类难以进入的灾难现场,并迅速准确地进行救援。

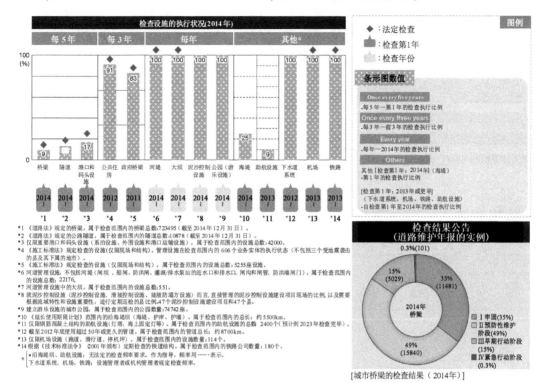

图Ⅱ-2-2-3　各领域的检查执行公告

资料来源:国土交通省。

第三节　推动社会基础设施的发展

国土交通省制定了《社会基础设施优先发展计划》,以根据《社会基础设施优先发展计划法》推动社会基础设施发展项目的有效和优先实施。2015年9月,根据内阁决定通过了《第四个社会基础设施优先发展计划(2015—2020)》。该计划的基本原则是使社会基础设施的存量效应最大化,以在财政紧缩的条件下,解决以下四个结构性问题:①可能发生的大地震和日益严重的气象灾害;②快速老化的基础设施;③人口减少导致乡村日益衰败;④日益激烈的国际竞争。根据基本原则,该计划旨在选择和重视存量效应大的项目,同时推动现有基础设施的有效利用(精明使用),以及它们的整合与重组。另外,计划还首次提及培养和发展现场人员和技术人员,以促进社会基础设施的发展,同时还规定必须根据社会基础设施发展的系统化实施,确保公共投资的稳定和可持续发展的前景,同时培养和发展从事此类工作的人才。此外,为从中长期角度发展社会基础设施,计划还规定了4个优先目标(执行社会基础设施的战略维护和更新;根据灾害特征和区域脆弱性,降低灾害风险;建设适应人口减少/老龄化的可持续的本地社区;引导私人投资,优化支持经济增长的基础设施)和13个政策组合,同时将典型指标列为关键绩效指标(KPI)。

为掌握计划的执行进度,探讨改进措施,基础设施发展专家组和交通政策委员会交通分委员会领导下的规划小组负责继续跟进。在此过程中,规划小组在2015年12月成立了专家委员会,开始研究怎样呈现存量效应,并使其最大化。此外,根据《第四个社会基础设施优先发展计划》(图Ⅱ-2-3-1),在2016年3月制定了《区域块社会基础设施优先发展计划》,将其作为根据各区域的特征,集中有效地发展社会基础设施的计划。

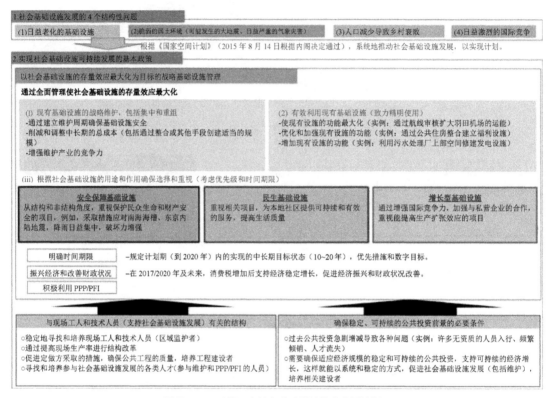

图Ⅱ-2-3-1 《第四个社会基础设施优先发展计划》
资料来源:国土交通省。

第四节 促进交通政策的执行

一、根据《交通政策基本法》制定政策

2013年12月颁布和实施了《交通政策基本法》。根据此方案,在国土交通部的交通政策委员会和基础设施委员会的会议上审议后,在2015年2月根据内阁决定通过了《交通政策基本计划》(图Ⅱ-2-4-1)。

《交通政策基本计划》将2014—2020年定为计划期,并规定了基本政策、措施目标以及中央政府计划全面采取的措施。具体而言,它规定了3个基本政策:①建设使国民生活更富足的便利交通;②创建国际和区域间客运交通网与物流网,以巩固经济增长和繁荣的基础;③发展可持续、安全和可靠的交通基础设施。针对这些基本政策,制定了4个措施目标以及实现它们的具体措施。同时还定义了数字指标,以在计划跟进时检验措施执行进度,以及根据上述3个基本政策执行措施时,明确应考虑的因素。

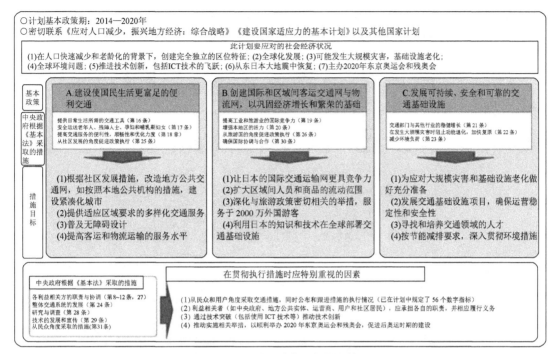

图Ⅱ-2-4-1 《交通政策基本计划》摘要
资料来源：国土交通省。

此外，2015年6月，根据内阁决定批准了首份《交通政策白皮书》（根据《交通政策基本法》）并提交日本国会。《交通政策白皮书》每年向国会报告交通趋势，交通部门已采取和将要采取的措施，它还跟进记录了《交通政策基本计划》规定的措施与数字目标的执行进度。今后，通过利用每年编制的《交通政策白皮书》，我们将继续跟进计划的执行情况，以确保稳步执行计划。

二、重建地方公共交通网

随着人口减少、老龄化加剧和出生率下降，公共交通网的规模日益缩小，公交服务的质量不断下降，在农村地区尤其如此，如图Ⅱ-2-4-2所示。

与此同时，对那些无法开车的人们（如学生和老人）来说，地方公交服务特别重要。为保持和提高地区活力，必须与发展紧凑化社区相协调，大力改善地方公交网。

在此情况下，日本于2014年修改了《地方公交系统振兴与恢复法案》（图Ⅱ-2-4-3），由此确立了在各地区建设最佳交通网和提供优质服务的框架，由负责区域管理的地方政府领导，并要求相关各方适当分工，同时考虑城镇发展和旅游业振兴。根据修正法案的规定，截至2015年底，各地区总共向国土交通省提交了92个地方公交网发展计划，关于重建公共汽车线路（将JR岐阜站作为岐阜市的枢纽站）的区域公交重建计划得到了政府的批准。这说明可持续公共交通网的建设方兴未艾。

此外，日本铁道建设运输设施整备支援机构在2015年制定了对参与地方公交网重建业务的新企业投资的计划，以加强和提供多样化的支持。国土交通省也将继续为地方政府的举措提供必要的支持。

2015 年日本国土交通旅游白皮书

运载的乘客数量急剧减少

	1990年	2000年	2010年	2014年
公交服务	65亿乘客	48亿乘客	42亿乘客	42亿乘客(与1990年相比减少35%)
地方铁路	5.1亿乘客	4.3亿乘客	3.8亿乘客	4亿乘客(与1990年相比减少20%)

对于公交车，在 2009—2014 年的 5 年内，已完全取消约 8053km 的路线
对于铁路运输，在 2000—2014 年的 15 年内，已取消 37 条运营线路/约 754km

空置区域的公交服务日益减少

	空置区域	空置区域人口
公交站相隔500m 铁路站点相隔1km	36477km² (约占日本宜居面积的30%)	7351000 (占日本总人口的5.8%)

70%以上的公交公司和 80%以上的地方铁路公司都在亏损

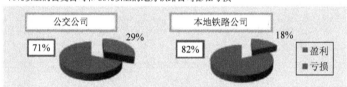

[拥有至少30辆车的公司(2014年)]　　　(2014年)

图Ⅱ-2-4-2　地方公共交通的现状和问题
资料来源：国土交通省。

○《地方公交系统振兴与恢复方案》的部分修正案(2014年5月颁布，2014年11月通过)

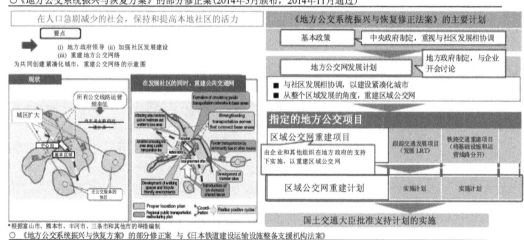

○《地方公交系统振兴与恢复方案》的部分修正案 与《日本铁道建设运输设施整备支援机构法案》
　(2015 年 5 月颁布，2015 年 8 月通过)

通过日本铁道建设运输设施整备支援机构，根据《地方公交系统振兴与恢复法案》的
规定，在国土交通大臣批准的区域公交网重建项目中，以工业投资的方式，
通过创建投资(通过日本铁道建设运输设施整备支
援机构)框架，加强和提供多样化的支持。

（IC卡）

图Ⅱ-2-4-3　《地方公交系统振兴与恢复修正法案》(2014 年 5 月通过)摘要
资料来源：国土交通省。

三、促进综合物流政策的实施

为迅速和正确地响应日本物流业面临的社会经济环境,如全球化供应链深化、应对全球变暖,以及确保安全和可靠的需求提高,2013年6月,根据内阁决定通过了《综合物流政策指南(2013—2017)》。根据该指南,相关部门以全面和统一的方式互相协调,共同推行物流政策,以及其他计划和政策,例如,《2050年国土建设宏伟计划》《国家空间战略》(《国家计划》)、《社会基础设施优先发展计划》和《交通政策基本计划》。

就准时、安全、稳定和可靠以及遵守运单要求而言,日本能提供周到和高标准的物流服务,这主要是通过有轨运输实现的,它是制造业准时生产制的基础,同时促进了分销业的发展,包括便利店,以及通过快递和其他服务,提高民众日常生活的便利性。另外,近年来,物流业面临的社会经济环境急剧变化,包括人口减少/老龄化、相关领域(如信息通信技术——ICT)的创新、灾害风险加剧、小宗商品的运输频率增加以及客户需求多样化。此外,随着货车驾驶员年龄的增大,中长期内招工越来越难,物流业还面临劳动力短缺的挑战,所以需要尽快采取行动。

在此背景下,为审议相关事项(如未来物流政策的基本方向),新成立了由基础设施发展委员会的小组委员会领导的物流工作组,它与基础设施发展委员会交通小组委员会的基本政策工作组进行联合审议,并在2015年12月向国土交通省提交了报告。为按报告的建议"实现生产率创新,发展未来引人瞩目的物流业",我们要积极节省人力、提高效率、拓展新市场(包括海外市场)以及提供新服务。我们还要努力改善工作环境,以招募必需的人才,同时积极解决社会问题,如加强环境措施、提高灾害应对能力。

此外,从通过审核将报告变为现实的角度,在2016年2月向国会提交了修改《分销业集成化和合理化的促进法案》的议案,以确立一个促进整个物流网(包括交通运输)节省人力和提高效率的框架,例如,通过推动各相关方(包括中央政府、地方政府、承运商和物流企业)的协调,进一步优化和提高物流系统的效率,因为它是支持社会经济活动的重要社会基础设施。

第五节 促进海洋政策的实施(海洋国家)

作为一个四面环海的国家,日本拥有辽阔的海疆,所以它迫切需要成为真正意义上的"海洋国家"。依据《海洋政策基本计划》(以《海洋政策基本法》为基础)的规定,通过与相关政府机构合作,国土交通省在与海洋有关的许多行政管理领域(归其管辖)积极推行海洋政策。

除其他工作外,我们还积极利用海洋可再生能源,开发和利用海洋资源,培养海洋开发人才,促进海洋能源运输,发展海洋产业,包括有利于保护海洋权益的海洋测量。此外,2015年6月,日本综合海洋政策本部修改了《促进海洋管理的岛屿保护与管理基本政策》(以《海洋政策基本计划》为基础)。根据这一修改的政策,我们积极促进战略海洋安全与保障系统的发展。另外,综合海洋政策本部于2015年10月制定了《日本的北极政策》。根据此政策,我们为北极航线的利用积极创造便利的环境。

此外,在2015年的国家海洋日,我们还举行了特殊活动,庆祝第20个全国性节日,加深公众对海洋的认识和兴趣。在开幕式演讲中,安倍首相公布了到 2030 年培养 1 万名海洋开发工程师的目标,同时宣布在全球率先设置海洋安全与保障政策的硕士课程。此外,我们还首次在日本与国际海事组织(IMO)及其他机构联合举办了 IMO 世界海洋日平行活动,并召开了以海事教育培训和横滨宣言为主题的国际研讨会。

1. 促进领海和专属经济区的海洋测量,整合海事信息

在日本的领海和专属经济区中,有些水域缺乏足够的测量数据,日本海上保安厅在这些区域进行密集的海洋测量,包括测量海底地形、地壳结构和领海基线,以在战略上不断收集和处理基本的海洋信息,进而提高船运交通安全,保护国家的海洋权益,促进海洋开发。

2015 年 5 月—6 月,日本海上保安厅利用自动潜航器(AUV)"Gondou"号进行了海底地形测量,记录显示在距离宝岛(鹿儿岛县吐噶喇群岛)东北 10km 的白滨水域,确认有热水/气体从海底涌出。与在中国东海发现的此类水域相比,这里的海水很浅(80~100m)。

此外,在 7 月—11 月,在冲绳宫古岛以北 120km 的白元—宫古圆丘礁发现海底火山地貌,如熔岩流喷发痕迹。这些发现和结果可用作分析未来火山活动的基本信息。

另外,在综合海洋政策本部秘书处和内阁秘书处的综合协调下,负责收集、管理和提供海事信息的海事信息交流中心投入运营。此外,还开发了"海洋地籍库",它是一种能重现地图信息的网络服务,普通用户可借助它使用各种自然信息(海底地形、洋流、水温)和社会信息(港口区域、捕鱼权区域等)。

2. 划定大陆架界限的举措

2012 年 4 月 20 日,联合国大陆架界限委员会采纳了日本于 2008 年 11 月依据《联合国海洋法公约》提交的关于"200 海里外大陆架界限划定"的建议。由于它主张延伸占日本陆地面积 80%的大陆架,所以根据 2014 年 10 月的内阁法令,四国海盆和冲大东海脊被新指定为日本的大陆架。同时,鉴于对某些海域的调查工作一再推迟,日本海上保安厅将在内阁秘书处和综合海洋政策本部秘书处的协调监督下,与相关部门和机构合作,继续推进大陆架界限划定的工作。

第六节　推动水循环的实施

一、制定《水循环基本计划》

2014 年 4 月颁布,同年 7 月实施的《水循环基本法》要求制定《水循环基本计划》,以推动全面和系统地执行水循环措施;在 2014 年 7 月 18 日举行的水循环政策本部的首次会议上,安倍首相要求在 2015 年夏季前尽快制定计划。此后,水循环政策本部秘书处审阅了《水循环基本计划》,听取了专家和公众的意见,并与政府机构协作,然后在 2015 年 7 月 10 日举行的水循环政策本部的第二次会议结束后,根据内阁决定通过了计划。《水循环基本计划》旨在全面系统地推动 9 项措施的实行,包括促进流域协作、保持和提高蓄水和地下水补充功能、加强水资源的正确和高效利用、推动关于健康水循环的教育以及私人机构的志愿活动、进行测量

和提高科学技术水平、加强国际协调、促进国际合作、开发水循环领域的人才,如图Ⅱ-2-6-1所示。

《水循环基本计划》概述	
概述 1. 我们与水循环的关系 2.《水循环基本计划》的定义、期限和结构	(4)高效的水资源利用 (5)水环境 (6)水环境和生态环境 (7)滨水空间 (8)水文化 (9)水环境与全球变暖 4. 健康水循环的教育 (1)推动水循环教育 (2)提高水循环意识 5. 私人机构的志愿活动 6. 研究制定和实施水循环措施 (1)流域水循环现状的研究 (2)气候变化对水循环和适应性影响的研究 7. 提高科学技术水平 8. 加强国际伙伴关系与合作 (1)国际伙伴关系 (2)国际合作 (3)水利企业的海外扩张 9. 水循环领域的人才开发 通过工业组织—学术机构—政府合作,促进人才开发和国际人才交流
第1部分 《水循环基本政策》措施 1. 流域综合管理 2. 保持/恢复健康水循环的方法 3. 水资源的充分利用和益处 4. 在用水时保持健康水循环 5. 通过国际合作采取的水循环行动	
第2部分 政府实施的全面系统的水循环措施 1. 流域合作 《流域综合管理框架》 (1)流域区 (2)流域综合管理概念 (3)流域水循环委员会和《流域水循环计划》 (4)《流域水循环计划》的内容 (5)《流域水循环计划》的编制流程和评估 (6)编制和推广《流域水循环计划》的措施 2. 保持和提高保水/补水功能 (1)森林 (2)河流 (3)农田 (4)城市 3. 充分和高效的水资源利用 (1)稳定的供水和排水 (2)地下水的可持续维护与利用 (3)水利基础设施的战略维护、管理和更新	
	第3部分 全面系统地推动水循环措施实行的要求 1. 推动水循环的有效措施 2. 利益相关方的职责、协调与合作 3. 水循环措施的公布

图Ⅱ-2-6-1 《水循环基本计划》摘要
资料来源:国土交通省。

特别是,通过采取水循环相关措施,使流域管理成为各相关方的协作活动,以确保维护和改善与流域内的人类活动、水量和水质、森林水资源、河流、农田、城市、湖泊、沿海区等密切相关的自然环境;为推动协作活动,我们将根据区域情况成立流域水政策委员会,制定《流域水政策计划》(规定流域管理的基本政策),通过与公共机构(包括相关行政机构、企业、社会组织和民众)协调实现正确的保护和管理。

二、《水循环政策》的未来举措

今后,在水循环政策本部的领导下,国土交通省将与相关政府机构配合,继续有效地推动《水循环基本计划》各项措施的实行,同时建立地区级协作结构。

第七节　措施的有效和优先部署

一、努力提高施工生产系统(包括"智能施工")生产率

随着日本整体劳动力继续萎缩,必须实现施工管理系统工作流程的自动化、优化和升级,以提高生产率,同时在社会基础设施发展的规划、工程设计、施工和管理的后续阶段,改进成本结构,以有效发展社会基础设施,实现社会基础设施存量效应的最大化,同时保证它们未来的质量。国土交通省从开发利用新技术和方法,调整施工期限,保持合理工期,加快交流,充分利用技术人员和工匠的角度,积极采取各种措施,帮助提高生产率。

2015年11月,它决定推动"智能施工"的应用,这一新举措旨在采取3项措施(充分利用ICT、施工规范标准化和调整工期)大幅度提高落后领域(包括土木工程和混凝土工程)的生产率,从而使整个施工现场技术工人的人均生产率显著提高。为考察基本政策,并促进相关措施的实行,日本成立了智能施工委员会(三菱综合研究所理事长小宫山宏任主席)。自2015年12月起,该委员会召开四次会议,并于2016年4月提交了汇集各方意见的报告。根据此报告,国土交通省将2016年定为生产率革命的"开局之年",所以它将全力提高生产率,提高施工现场工人的人均生产率,改善企业运营环境,提高施工人员的薪酬水平,同时保障施工人员的安全。

二、确保公共工程质量,寻找和培养领导者

为确保目前和未来的公共工程质量,以及在中长期内寻找和培养公共工程的领导者,日本于2014年修订了《公共工程质量保证促进法》(《质量保证法》)、《公共工程正确投标与承包促进法》(《投标和承包法》)以及《建筑企业法》(所谓的《三大公共工程法》),随后于2014年9月根据内阁决定通过了《基本政策》修正案(根据《质量保证法》第9条)与合理化指南(根据《承包法》第17条)。此外,在2015年1月(经负责提高公共工程质量的相关部门联络委员会同意)制定了《订单管理实施指南》(《以下简称指南》,见图Ⅱ-2-7-1)(根据《质量保证法》第22条)。2015年是全面实施《三大公共工程法》的第一年,首先实施的是基于《指南》的订单管理和《投标和承包法》,所有公共工程的订做方(包括各地市)都要根据《指南》制定具体措施。今后,国土交通省将依据《指南》定期检查订做方是否正确实施订单管理,同时将调查结果公之于众。

订单管理实施指南(《指南》)的要点	
中央政府根据《质量保证法》第22条,并听取地方政府、学术专家、私营企业和其他组织的意见后,制定了本《指南》。 —《指南》规定以系统方式汇总,形成订做方要遵守的通用准则,这样它们就能正确和有效地进行订单管理。 — 中央政府依据《指南》定期检查订做方是否正确实施订单管理,同时将调查结果公之于众	
强制行动项目	一般行动项目
正确设置预定价	根据工程的特点和其他因素选择和使用投标及承包方法
在设置预定价时,估价必须正确体现市场的人力、材料和其他要素的交易价格,以及施工现状,以确保获得合理的利润。在计算估价时,应按合理的工期假设,采用最新的估算标准	订做方根据工程特点和区域状况在各种方法中选择适当的投标和承包方法,也可同时采用几种方法
杜绝"虚报"行为	调整订单和工期
不得有"虚报"行为,因为它违反《公共工程质量保证促进法》第7条,第1款,第1项的规定	为正确调整订定做和施工期限,必须设计更好的预算执行方式,如积极利用多年预算制度,确保从首个财年开始执行预算,同时设计合理的承包方式,例如,在最后期限上留有余地,在设定工期时考虑因执行每周双休耽搁的停工日
确保制定和使用关于低投标价或最低价限制的调查标准	使用报价
为防止以极低的价格争得订单,必须确保合理使用低投标价调查系统或最低价限制系统。原则上,预定价会在投标后公布	在招标时,如果施工现场的标准估价和实际状况的差距,导致无人竞标或流标,应使用报价正确审核预定价
适当的设计变更	加快与承包商的信息共享和磋商
如果施工条件与施工现场的实际情况不符,或者存在其他类似情况,必须适当更改设计文件以及相关的合同价和工期	订做方应迅速和正确地答复承包商的问询。 按需要召开订做方和承包商的所有相关方参加的会议,以讨论和审议设计变更和施工暂停的适宜性,以加快执行设计变更程序
建立支持定做方的系统	在工程竣工后的特定时间之后确认和评估施工状态
除了通过区域定做方委员会了解订做方的订单管理状态外,订做方还能通过它进行必要的配合与调整,各地市及其他需要协助的订做方也能通过它向中央政府和县政府寻求支持	在工程竣工后的特定时间之后,按需要确认和评估施工状态

图Ⅱ-2-7-1 订单管理实施指南(《指南》)的要点
资料来源:国土交通省。

1. 履行订做方职责的方法

《指南》系统总结了订单管理的每个阶段(测量和设计、施工项目筹备、投标和承包、施工和竣工),以及各种投标和承包方法的选择和使用,这样订做方就能根据自己的职责正确有效地实施订单管理。国土交通省根据《指南》采取多种措施促进订单管理的正确实施。

在正确设置预定价方面,为杜绝所谓的"虚报"(根据合理估价扣除一部分施工规范工程量的做法)行为,国土交通省已就"虚报"的现状和原因,对地方政府进行了4次调查,并要求有虚报行为的地方政府,尽快利用一切机会进行整改。因此,在2015年1月前有虚报行为的所有地方政府(459个机构),通过仿照先例、地方财政改革和其他方式,决定在2016年4月前废除这种做法。另外,国土交通省积极制定和颁布最新的估价标准和手册。在合理的设计变更方面,我们的目标是在设计文件中正确说明施工条件,必要时进行合理的设计变更,同时修订《设计变更准则》。在调整工期方面,我们坚持推行系统化订单投放,设定合理工期,并利用相关系统,确保在截止期限上留出余地。

2. 审核各种投标和承包方案

《质量保证法》的新增内容包括,选择和利用各种投标和承包方案(第 14 条)、分阶段筛选制度(第 16 条)、技术方案综合协商制度(第 18 条)以及有利于维护和管理社会资本的制度(多年承包、大宗订单、联合订单验收)(第 20 条)。在"未来施工生产和管理系统如何履行买方职责的讨论会"上,国土交通省从订做方的角度研究了社会基础设施发展的建议流程(从规划、设计到施工和管理),同时着手解决自 2013 年 11 月以来出现的问题。根据会议讨论结果,国土交通省于 2015 年 5 月总结制定了《公共工程项目投标与承包方法应用指南》,以说明如何根据项目特点采用投标和承包方法。

3. 订做方之间的协作和支持

为确保《指南》的有效性,国土交通省通过区域订做方委员会和公共工程合同协调会,积极推动订做方之间的协作,同时大力解决订做方所面临的共同问题,并采取各种对策。特别是,通过建立县级工作组,在区域开发局设置各种咨询台,以及建立由开发局领导等机构领导的公共工程订做方支援本部,我们审核了订做方区域委员会的结构。

第八节 使中央和地方政府以及私营部门之间的关系进入新阶段

一、新阶段中央和地方政府之间的关系

根据中央和地方政府之间的正确分工,国土交通省通过下放管理权解决重要问题(包括建立经济活跃的社会和地区)推动分权。2014 年,它实行了方案征集计划,邀请地方政府提交自己的方案,并研究方案的实施办法,以鼓励采取基于地方政府的方案的新举措。为此,根据内阁决定通过了响应政策,并在《为促进改革以加强区域自治和独立制定相关法律的法案》(《第五个综合分权法案》)中加入了需要修正法律的事项,由此修改了义务和框架,包括取消"地市指派建设官员时必须取得县知事同意"的要求。根据内阁决定将 2015 年的考察结果作为响应政策,同时向国会提交了《第六个综合分权法案》,其中包括"让地市自行制定为老年人提供稳定住所的计划"的规定。

二、推动公私合作

为鼓励实施有利于扩大 PPP/PFI 市场的特定项目,国土交通省不仅资助地方政府,还协助建立工业组织—学术机构—金融机构—政府部门的磋商平台(区域平台),以分享和获取技术知识,加强相关方之间的协调合作。2015 年,为加快震后灾区重建,国土交通省批准实施了 20 个新创 PPP 项目和 12 个 PFI 项目。例如,国土交通省协助对新潟县三条市进行调查,以确定将管辖权不同的多个公共设施全部外包给私营部门的理想方式。另外,全日本 8 个地区还召开了由区域平台核心成员(管辖至少 20 万民众的地方政府、高校、企业、区域银行和其他组

织)出席的会议。

第九节　政策评估、项目评估与互动管理

一、推动政策评估

根据《政策评估基本计划》(根据《政府政策评估法案》),国土交通省采用三种基本政策评估法:通过定期衡量和评估每项措施的成果检验政策、通过深入分析特别关注的主题审核政策、通过分析新措施的必要性进行政策评估,并使这些方法相互关联,以执行政策管理循环。2015年,利用各自的系统❶评估了13个政策目标/44个措施目标/166个绩效指标、4个主题和24项新措施。此外,作为一种符合政策特点的政策评估方法,对单独公共工程项目、个别研发问题、管理条例和特殊税收措施进行了政策评估,并在预算申请和制定新措施时体现评估结果。另外,根据2014年6月修订的《独立行政法人总则法案》,对19个独立行政法人(主管机构)进行了首次绩效评估。

二、实施项目评估

我们制定了单独公共工程项目的综合评估计划,以提高项目实施的效率和透明度。根据此计划,新的公共工程项目应在初次采纳时接受评估,然后是再评估,最后是竣工后评估。需要编制项目评估图表,以显示公共工程项目评估的背景,包括与初次采纳评估、再评估和竣工后评估时的成本效益分析有关的支持数据,并在互联网和其他地方公布。此外,从2015年开始,政府直接管理的项目的评估报告要规定维护成本,以提高透明度❷。另外,作为对初次采纳的新项目进行初始评估的一种方法,国土交通省对其直接管理的公共工程项目开展了规划阶段评估。

三、推动向公众开放的行政管理和互动管理

1. 国土交通省的热线网站

要推动与民众生活密切相关的国土交通管理,必须广泛听取各方的意见、要求和建议,并采取直接关乎民众利益的行政行为。为此,国土交通省开通了热线网站,其月平均访问量达1100次左右。

2. 让消费者知情

国土交通省在其网站上开通了"负面信息搜索站点",专门提供建筑施工(如住房)和公共交通设施承包商,以及他们受到的行政处罚的记录汇总表,以确保通过消费者的正确选择、市场监督和一如既往的行政管理,提高施工的安全性。

---

❶国土交通省政策评估网站:http://www.mlit.go.jp/seisakutokatsu/hyouka/index.html。
❷项目评估网站:http://www.mlit.go.jp/tec/hyouka/public/index.html。
　项目评估图表:http://www.mlit.go.jp/tec/hyouka/public/jghks/chart.htm。

3. 让发展社会基础设施的规划过程更透明

在发展社会基础设施时,必须要确保规划过程的透明度和公平性,以赢得当地民众的理解与合作。为了让规划过程更透明,国土交通省通过采用规定关键概念法的指导原则,充分考虑社会经济、环境和所有其他相关因素,以有效地制定计划,同时鼓励不同的社会实体(包括地方民众)参与规划过程。

第十节 承办2020年东京奥运会和残奥会的途径

日本在2015年6月25日实施了《2020年东京奥运会与残奥会特别措施法》,政府成立了推广本部,以确保2020年东京奥运会与残奥会的筹备工作顺利完成。另外,2015年11月27日根据内阁决定通过了以该法案为基础的《基本政策》。2014年4月18日,国土交通省成立了由国土交通大臣领导的2020年东京奥运会与残奥会筹备本部,以提供全面协助。

它将采取一切必要措施,确保赛事顺利举行,包括确保人员安全、食宿和交通便利。还要采取必要方法,将《2050年国家空间发展宏伟计划》规定的东京和日本的未来愿景变成现实,而不是将2020年作为目标。此外,国土交通省还要努力将外国游客引到日本各地,以帮助恢复国家的活力,因为我们不仅是在东京,还在全国范围内举办奥运会。

国土交通省将与奥组委和东京协调采取相关措施,例如,发展道路交通基础设施(Ken-O高速公路上的桶川—北本出入口与白冈—菖蒲出入口之间的路段于2015年10月31日开通),增加作为日本"门户"的都市区机场的功能,加强无障碍措施(国土交通省在2015年8月总结了国土交通综合管理措施),发展接待外国游客的环境(包括多语种标识/地图和免费公共WiFi),改善滨水环境,加强应对台风和其他灾害的防灾措施,安全措施(如海上安全、发放特殊车牌)。

第三章　成为旅游国家，建设美丽国度

第一节　旅游业的趋势

一、旅游国的重要意义

旅游业对日本至关重要，它不仅能通过捕捉全球需求（如来自迅速发展的亚洲国家），使区域活力与社会发展保持同步，在人口减少、老龄化和少子化加剧的背景下，扩大来自国内外的非常住人口规模，而且能通过与其他国家的双向交流，加深国家间的相互理解，巩固日本在国际社会的地位。

二、旅游业的现状

1. 日本旅游业的趋势

2015年，以观光为目的的国内人均过夜旅行次数是2.45次（上一年是2.06次），人均旅游次数是1.45次（上一年是1.26次）。国内过夜旅行（包括归乡和出差）支出约16.5万亿日元（上一年是14.4万亿日元），过夜次数、旅行次数和消费总额均比上一年有所增加。

2015年，日本出国旅游者的数量降至约1622万人，同比减少4.1%（约70万人），出国旅游消费总额降至约3.9万亿日元（上一年约为4.3万亿日元）。

2. 赴日外国游客的趋势

2015年的外国游客人数增至1974万（同比增加47.1%），过去3年间游客增加超过1000万，见图Ⅱ-3-1-1。按国籍和地区分析，中国大陆游客约499万（同比增加107.3%），其次是韩国游客，约400万（同比增加45.3%），中国台湾游客约368万（同比增加29.9%）。按市场分析，以下19个市场的年均游客数量均创历史新高：韩国、中国（此处数据统计未包含港澳台地区）、中国台湾、中国香港、泰国、新加坡、马来西亚、印度尼西亚、菲律宾、越南、印度、澳大利亚、美国、加拿大、英国、法国、德国、意大利和西班牙。

随着外国游客数量增加，他们在2015年的消费总额也达3.4771万亿日元，同比增加71.5%（1.4493万亿日元），创历史新高。

3. 旅游业的趋势

（1）旅游贸易

2015年，日本50家主要旅行社的总交易额为6.636万亿日元（上一年的103.2%），其中出国旅行约占2.0186万亿日元（91.6%），入境外国游客约占4.4435万亿日元（108.3%）和1742亿日元（144%）。

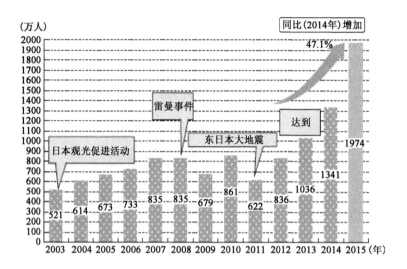

图Ⅱ-3-1-1 外国游客数量变化
注:2014年及之前是确定值,2015年是初步统计值。
资料来源:国家旅游局(JNTO)。

(2)住宿设施(酒店和旅馆)的客房入住率

2015年日本酒店和旅舍的客房入住率(初步数据)为:城市酒店79.9%(上一年77.3%)、度假酒店57.3%(上一年54.0%)、商务酒店75.1%(上一年72.1%)、日式旅舍37.8%(上一年35.2%)。

第二节 建设旅游国的途径

2015年6月,在首相主持的"致力将日本建设成旅游国"的部长会议上,通过了《将日本建设成旅游国的2015年行动计划》,自此,政府和私营部门通力合作,致力将日本建成旅游国。

一、开创入境旅游新时代的战略举措

从2015年开始,日本国家旅游局(JNTO)领导开展了"日本观光促进活动"(此前由日本观光厅负责),以有效推动赴日旅游活动,并充分利用地区网络。它有助于宣传乡村地区的美景,以吸引集中在东京、京都、大阪和其他城市(所谓的黄金路线)的外国游客。另外,创造一年四季的入境旅游需求,日本国家旅游局还极力宣传四季美景(如冬季赏雪、春季赏樱、秋季赏枫)。

国土交通省还与相关部门协作,放宽了签证要求。在2015年6月15日和8月10日先后向巴西和蒙古公民发放多次往返签证,2016年1月11日大幅度放宽了印度公民多次往返签证要求,2月15日延长了越南和印度公民多次往返签证的有效期(如商务签证、文化签证和专门人才),2016年,日本首次将多次往返签证的最长有效期设为10年。

此外,为满足外国富裕人士长期居留的需求,在2015年6月23日实行了《观光期延长计划》。

二、增加外国游客消费,满足旅游相关行业的需求,加强旅游业发展

1. 扩大面向外国游客的消费免税制

我们扩大了面向外国游客的消费免税制,例如,扩大免税商品的范围,在购物街等区域设置免税店。通过这些努力,免税店的数量从2014年4月的5777家增至2015年10月的29047家(图Ⅱ-3-2-1)。

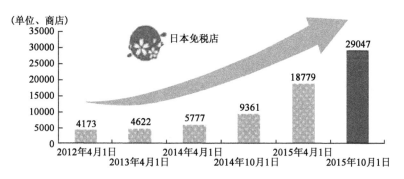

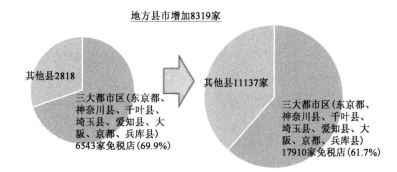

图Ⅱ-3-2-1 免税店数量变化

资料来源:日本旅游局。

在2016年的税制改革中,从增加在农村消费的角度进一步扩大了免税制度,包括下调一般商品购买量的限制。

2. 通过扩大城市保税店的规模,提高购物吸引力

2015年,两家保税店(类似机场免税店)在东京银座开业,它们提供的服务可确保到店购物的游客能在羽田机场和成田机场收到购买的商品。

3. 培养振兴人才,提高旅游业的生产率

与地方高校合作开办了管理人才培养课程,专门为日本酒店和旅馆培养高级管理人才,因为他们在区域经济中发挥了重要作用。此外,在旅游业相关机构和企业的帮助下,实施了面向大学生的实习项目,以帮助他们更好地理解旅游业,并培养相应的就业观念。

此外,为鼓励在日外国人参与旅游业的发展,对于想在住宿设施工作的外国人,在法务省的网站上公布了居住状况申请方法以及允许或禁止工作的具体案例。另外,随着热爱滑雪的外国游客日益增加,在调查了滑雪场工作人员的居住状况要求后,研究利用外国滑雪教练的居

住状况要求代替多年实际经验,随后同意将滑雪教练的特定资格作为替代要求。对于为外国游客提供旅行安排的旅行社,日本观光厅主张利用日本旅行业协会(JAATA)实行的认证制度指出旅行社的服务质量和可靠性水平,以及是否属于认证旅行社。

三、创建有利于区域振兴和国内旅游业发展的旅游景区

1. 发展极具国际竞争力和吸引力的旅游景区

为创建主题鲜明和引人入胜的旅游景区,以吸引国内外的游客,2015年有3个旅游景区(包括香川县濑户内艺术旅游区)通过认证并得到企业支持,这些景区能按照《通过发展旅游景区促进游客观光和停留法案》的规定,满足"停留—交流"型旅游需求。

另外,为促进地区旅游发展,还根据主题和故事在许多县创建最具吸引力的观光景点网络,并根据外国游客在日本的停留天数开发密集的观光路线(广泛的观光流动路线),同时考虑交通因素,积极开展海外宣传工作以将更多的游客吸引到日本,2015年,全日本有7条观光路线通过认证。

2. 发展能利用旅游资源的旅游区

必须建立能利用旅游资源(如历史名胜、自然美景、海洋资源、丰富多彩的农村地区和吸引人的饮食文化)的旅游景区,以满足游客的各种需求。

为此,2015年我们决定统一采取措施,发展能利用自身旅游资源的地区以振兴旅游业,例如,改善接待游客的环境、发展辅助交通。通过这些项目,我们促进了全国30个地区的旅游发展,包括以有田町的"有田烧瓷"为主题的工业旅游、以富冈缫丝厂(群马县富冈市区)为主题的民俗旅游。

日本近80%的道站都设有游客咨询中心,它不仅能为初来乍到的游客提供便利,而且还是接待自助游人员的基地。2015年,在日本观光厅的协调下,我们开始在道站和咨询中心安装公共WiFi(即路边站热点),以便外国游客能轻松访问道路交通信息,获取丰富的旅游信息。此外,为改造旅游景点标识,从2015年开始,我们在旅游景点附近的交叉路口标识上标明旅游景点名称,以便游客理解交通景点标志。

四、积极改善接待游客的环境

为做好充分准备以接待日益增加的外国游客,确保他们对旅途满意,并成为"回头客",必须建立便利舒适的出行和住宿环境。

1. 提供充足的住宿设施

随着外国游客数量剧增,城区住宿设施(以酒店为主)一直供应紧张,为缓解这种局面,尚未满负荷运营(就客房入住率而言)的日本乡村的旅舍和客栈通过改善入住环境(提供WiFi服务、将卫生间改造成西式卫生间)积极吸引外国游客。另外,除了在咨询台和住宿设施提供空房信息外,还通过JNTO网站向外国游客发布日本各地住宿设施的信息,以吸引游客入住。在民宿(私人房间出租)方面,国土交通省和厚生劳动省于2015年11月联合举行了关于民宿服务的审核会,于2016年6月得出结论,以制定相关的法律。

2. 强化多语种服务，丰富旅游信息

在多语种支持方面，通过与相关部门协作，我们根据2014年制定和颁布的《多语种服务通用准则》，采取多种措施确保在各类设施(如美术馆、博物馆、自然公园、旅游景点、道路和公共交通设施)上使用的文字标识的一致性和连续性。例如，我们根据各种机构的信息标志，对全国和其他地区的49个主要旅游景点的道路信息标志进行升级改造(加入英文名称)，以正确引导外国游客。此外，各县的路标管理委员会还与相关机构协作，确保路标信息与相关道路设施的英文标识和地点名称一致，例如信息标志中采用的"山峰"以及日本国土地理院编制的比例为1:1000000的英文地图。

此外，为进一步发展服务于外国游客并取得JNTO认证的旅游咨询台，2015年在日本所有的县建立了能提供丰富旅游信息的二类或以上的涉外旅游咨询中心。

3. 审核涉外导游制度

在涉外导游制度方面，2015年修订了《促进结构改革的特区法》以满足区域需求，同时在京都市、高山市和其他城市实行了新制定的地方涉外导游管理制度。

4. 改善游客的通信环境，例如推动免费公共WiFi的普及

在总务省的协调下，国土交通省成立了免费公共WiFi普及委员会，积极改善免费公共WiFi环境，通过使用常见标志、简化认证流程、促进和推广WiFi使用，以建立一个让外国游客能自己徒步旅行的环境，同时，为促进SIM卡和移动WiFi路由器的使用，从2015年11月开始了扩大可用区域和提高识别能力的专项活动。

5. 确保外国游客的安全

根据日本观光厅和厚生劳动省提出的要求，各县政府指定了能收治外国游客，并处理各种病例的医疗机构。2016年总结和公布了320家此类医疗机构的名录。此外，非寿险保险公司目前正在开发相关产品，以确保外国游客能在入境后购买旅游保险，这样他们在接受治疗时就不必担心医保了。

6. 改善接待邮轮的环境

为满足外国游轮公司的需求，我们与全国游轮振兴委员会合作，利用网站集中发布港口设施规范，以及港口周边的旅游信息。

游轮公司、港口管理方等机构还举行了商务谈判会议，并在游轮码头上建立关于临时免税店的通知系统。通过这些努力，"迎来100万乘游轮的外国游客"的目标比原计划提前5年实现。

7. 接待更多的穆斯林游客

为吸引伊斯兰国家的游客到日本旅游，2015年8月发布了接待穆斯林游客的旅行指南，同时支持各地区采取多种措施，以接待更多的穆斯林游客。

采取的其他措施包括：改进机场和港口的海关工作流程，确保旅客快速通关；增加辅助交通设施，改善支付环境，例如安装允许使用国外信用卡的ATM机，采用注明"行李寄存与托运"(Hands-Free Travel)服务的标识(图Ⅱ-3-2-2)，鼓励外国游客寄存和托运行李，扩大提供此服务的设施规模；在发生灾害事

图Ⅱ-3-2-2　行李寄存与托运标识
资料来源：国土交通省。

件时,加强对外国游客的信息提供。

另外,为实现接待2000万外国游客的目标(2015年3月制定),国土交通省的区域分部在各地召开的旅游战略会议上,研究解决具体的区域性问题,以进一步优化结构,确保顺利接待数量与日俱增的外国游客。

五、吸引外国商务客人,提高旅游交流质量

1. 吸引外国商务客人

为加快国际会议参会人员和重要商务旅行者的通关流程,2016年3月,首先在成田和关西国际机场分别设立了快速通道。此外,正在筹备和检验一种将在2016年内启用的甄别系统,它能自动识别经常赴日旅行,并且移民控制风险低的外国人,将他们列为"可信任的旅行者",让他们能使用自动安检口。另外,通过使羽田机场航空时刻表的月申请截止日期和终止日期提前(提前5天),增加成田机场公务机的机位数量,显著改善公务机的接待环境。

2. 提高会展方面(如国际会议)的国际竞争力

为积极承办国际会议和其他MICE活动❶,有以下几项措施:①新选定5座城市(能在与其他国际都市的激烈竞争中胜出)作为承办全球会展活动的城市;②将知名人士(对日本国内外的学术会议有影响力,并且积极参与承办国际会议的具体项目)任命为MICE形象大使;③利用具有特殊风貌和区域特色的独特场所,例如,在历史建筑和公共场所举办会议和招待会。另外,我们还积极利用日本的MICE品牌(图Ⅱ-3-2-3),在国际展会上(如MICE贸易展览会)提高主办城市的知名度。

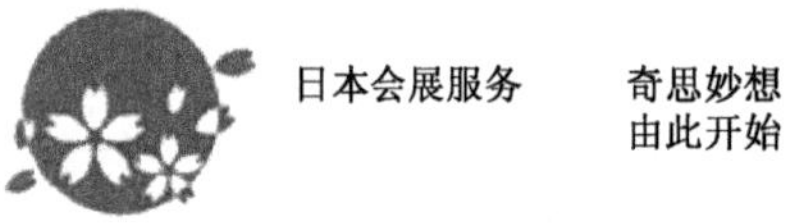

通过这些努力,日本承办的国际会议数量,已连续3年位居亚洲国家之首,它还将举办一系列大型会议,包括2016年国际影响评估协会年会(预计参会人数:1000),以及2019年的国际博物馆理事会第25次全体会议(预计参会人数:2500人)。

图Ⅱ-3-2-3　日本MICE标识
资料来源:日本观光厅。

六、乘里约奥运会后的东风,借举办2020年奥运会和残奥会之机,在2020年奥运会后促进旅游业快速发展

1. 借承办国际大型体育赛事之机推动赴日旅游

2015年10月24日—30日,借2015年橄榄球世界杯在英国举办之机,我们参加了由政府和私人部门联合举办的"推介日本"活动。播放宣传赴日旅游的视频,设立旅游服务台开展旅游推介,向球迷和云集于此的各国媒体宣传日本的旅游信息,加深他们对日本的了解。

2. 借举办奥运会和残奥会之机加快创建无障碍环境

我们积极采取措施以创建所有人(包括老人和残障人士)都能自在旅游的无障碍环境。这些措施包括,在各地提供多语种的旅游咨询服务。此外,我们还积极推广环球旅游,对带小

---

❶MICE是"会展"的英文缩写,它分别指代企业会议、国际会议、奖励和培训旅游,以及活动展览和节事活动。

孩的游客和孕妇进行调查和访问。

3. 为接待赴日观看奥运比赛的外国游客创建融洽的环境

在 2020 年东京奥运会和残奥会多语种服务委员会的协调下,我们进一步改进了多语种服务,并分享了应该效仿的案例。

另外,按照免费公共 WiFi 发展促进委员会的框架要求,都营地铁公司和其他运营商从 2015 年开始提供免费公共 WiFi 环境。从 2016 年开始,将在其他地方提供(包括东京地铁)。

为了解民众对信息标志的易辨识性和连续性的看法,在东京站进行了调查:召开了审核会,从行动不便者(如残障人士)的角度审视了改进措施,同时集中采取了改进信息标志的措施。

2016 年 1 月,为顺利举办 2020 年东京奥运会和残奥会,负责路标正确使用的东京分委会制定了《路标改造政策》,并于同年 2 月开始改造秋叶原和镰田(羽田机场周边)的路标。包括增加英文标注,使用道路编号,图例和反转字体,使用通用名称和更大的字体,在人行道上增加标识。同时讨论了在邻县(千叶、埼玉和神奈川)制定路标改造政策。

七、振兴日本经济的新旅游战略

在外国游客人数即将突破 2000 万之际,为促进日本未来的发展,2015 年 11 月 9 日召开了由安倍首相主持的旅游愿景委员会会议,2016 年 3 月 30 日总结制定了《振兴日本经济的新旅游战略》(简称《旅游战略》)。

《旅游战略》规定的新目标涉及:外国游客数量、赴日外国游客的消费总额、地方外国游客投宿总数、"回头客"人数以及日本人国内游的消费总额(例如,到 2020 年使游客数量达到 4000 万,到 2030 年达到 6000 万,到 2020 年使外国游客的消费总额达到 8 万亿日元,到 2030 年达到 15 万亿日元)。另外,意识到旅游业是日本增长战略和区域振兴的支柱,我们根据三大愿景着手实施了 35 个措施项目,其目的是将日本建成发达的旅游国家,其中的关键措施已总结为 10 项改革。

1. 愿景 1:使旅游资源的吸引力最大化,使旅游业成为区域振兴的基础

为优化日本引以为傲的丰富和多样化的旅游资源,并以易于理解的方式向外国游客宣传它们的价值,我们将采取以下措施:向广大公众和世界积极开放吸引人的公共设施(包括国宾馆,将它们作为旅游胜地);从利于游客理解的角度,将文化遗产的优先保护快速转化为合理利用;大力宣传浓缩丰富自然景观的国家公园,使其成为世界级的国家公园;制定主要旅游景点的景观规划,进行全面改造,以建设美丽城镇。

2. 愿景 2:促进旅游业创新,以提高其国际竞争力,并将它发展成核心产业

为以创造就业和增加人口的方式改革旅游业,并提高它的生产率和国际竞争力,我们将审核 60 多年前制定的涉外导游管理制度,从重视生产率的角度加快旅游业的改革;开发新旅游市场,例如面向欧洲、美国、澳大利亚和富人的市场,以提高旅游品质,从而实现长期停留,同时增加旅游消费;户外广告面向未来的管理(如成立 DMO❶)和人才开发,稳步振兴和激活低迷

---

❶DMO 是指"目的地管理/营销组织"。

的温泉度假区,以及区域城镇的旅游市场。

3. 愿景3:确保所有游客都能有满意、舒适和无压力的观光体验

为加快创建便利的游客接待环境(如海关通关、住宿设施、通信、交通和支付),建立所有人(包括老人和残障人士)都能自在旅游的社会,我们将大力改进各方面的软基础设施(包括海关通关、通信、交通、支付和无障碍),提供世界上最舒适的停留体验;利用高速交通网制定《区域经济发展走廊计划》,让在日本各地旅游变得更舒适;通过改变工作和休息方式创建动态社会。

专栏 为接待2000万外国游客在各区域板块举行旅游战略会议

为促进结构改革,以接待与日俱增的外国游客,并采取适当措施解决区域性问题,2015年3月,日本各地的10个区域板块分别召开了接待2000万外国游客的联络会,与会者包括国土交通省的区域分部、地方政府和相关企业。

同年12月,各区域板块总结了相关活动的结果和存在的问题,2016年2月,它们向国土交通大臣领导的国土交通部旅游国促建本部(第6届)提交了内容报告。以下介绍了2015年的一些问题解决案例。

北海道区块:	关东区块:
在新千岁机场提供足量出租车的措施: 随着到北海道的外国游客数量不断增加,新千岁机场的出租车需求量增大,为应对这种情况,北海道地区陆运署在2015年12月发布了官方通告,允许扩大新千岁机场的出租车运营区,以确保出租车供应稳定。 来源:日光观光厅	为解决包租公共汽车导致的道路拥堵采取的措施: 为解决包租公共汽车在银座、秋叶原和其他地区造成的道路拥堵问题,2015年12月成立了由关东地区陆运署、关东区域开发局、东京都政府、警视厅和企业机构组成的会议组织。2016年2月开展了整治旅行社和包租公共汽车运营方式的专项行动。 来源:日光观光厅

2016年还采取相关措施解决结构性问题,以确保接待外国游客。

专栏 日本地名英译规则和面向外国游客的地图符号已确定

简介

为给外国游客提供一个高效舒适的旅游环境,支持建设旅游国,确保顺利举办2020年东京奥运会和残奥会,日本国土地理院(GSI)认真研究了日本地名的英译规则,以及为外国游客设计的地图符号,并将它们作为制作外语地图的标准。

为此,在《操作规范和工作准则》中加入了征集到的公众意见,它规定了中央政府、地方政府和其他机构进行公众调查时采取的标准方法。

根据调查结果,在2016年3月底确定了翻译准则和15个地图符号,并在以下网站中公布:

http://www.gsi.go.jp/kihonjohochousa/kihonjohochousa60019.html

日本地名英译规则

《日本地名英译规则》规定了日本地名的翻译方法,例如将山脉和河流名称翻译成英语。目前主要采用两种翻译方法。以下阐释了每种方法的特点。

1. 替换格式

例如,用"Mt. Tsukuba"表示"Tsukuba-san"(筑波山)时,用"Mt"替换"san"(山)。"Tonegawa"可翻译成"Tone River"(利根川)。这种方法可避免名称过长,因此能在地图上简洁地显示名称。

2. 增加格式

例如,用"Mt. Gassan"代替"Gassan"(月山)时,在以罗马字母拼写的日语名称中增加了"Mt."(山)。如果用替代法,"Gassan"就变成"Mt. Gatsu",对此日本人将难以理解。同样,在翻译"Arakawa"(荒川)时,对日本人来说,"Arakawa River"比"Ara River"更好理解。当替代格式难以使用时,可使用增加格式,否则日本人无法识别原来的日语地名和采用替代格式翻译的英文地名。

《日语地名英译准则》总结了如何正确使用每种方法。

结论

日本国土地理院在制作外语地图时,将以上述规则和符号为标准,向地方政府和地图制作公司宣传这些标准,以推广它们的使用。

第三节 建设景观怡人的美丽国度

一、构建怡人景观

1. 利用《景观法》加快社区发展

日本景观管理机构❶依据《景观法》加快构建怡人景观,该机构包括673个团体(截至2015年9月底),其中492个团体在积极实行自己的景观计划。此外,截至2016年3月底,通过成为景观管理机构,根据《户外广告法》制定法令的地市数量增至68个,全面构建优美风景的活动正在进行。

2. 使景观讨论成为社会资本发展的一部分

为促进重视景观的社会资本发展,我们推行了进行项目后预测和景观评估的方案,并将它们分成多个项目计划,同时广泛听取各界(包括地方民众、学术专家及其他机构)意见。

3. 加快拆除电线杆

为构建怡人景观、发展旅游业、保持环境安全舒适以及提高道路防灾能力,我们在修建新路或加宽现有道路时,通过推动同步发展拆除电线杆,并实施示范工程,以采用成本最少的方法。日本城市与主要欧洲和亚洲城市地下电缆现状的对比见图Ⅱ-3-3-1。

4. 推动日本的景观步道建设

通过利用区域资源,并与各种社会实体合作,为美化路旁景观设计及扩大绿化面积,日本正积极开展景观步道建设,这既有助于建成旅游国,也有利于区域振兴。截至2016年3月底,共有138条路线被指定为景观步道。相关活动包括构建怡人景观、与道站(路边站)协作在路旁增添地域性魅力。

---

❶景观管理机构是指与县知事提前协商后处理景观管理事务(根据《景观法》的第2章、第4章和第5章的第1~4节规定)的县、政府法令指定的城市、核心城市或任何地市。

5.促进滨水空间的发展

在所有河流恢复项目中倡导自然丰富的施工理念,以保护和创建栖息地、河中微生物的生长繁殖环境,以及河流景观的多样性,同时使河流与当地的民生、历史和文化和谐共存,同时考虑它们的自然特征。另外,为恢复河流及两岸城镇(从河口到河源)的活力,我们积极推动发展社区的举措,包括与政府、私营企业、地方民众及河流管理方协调,通过构建河流与城镇一体化的融洽空间,合理地利用河流资源。我们还提供特别支持,例如通过河流环境项目保持/恢复和创建融洽的河流环境,制定河流专用(开放河流空间)权限规则的例外条款,确定水资源区域的发展愿景,以利用大坝和濒河体验(Mizubering)项目恢复水源区的活力,让公众有机会发现河流的价值。

从城市排水设施和污水处理厂的角度创建滨水环境的长期举措,包括利用雨水管和污水处理厂的排污设施,创建潺潺流水的景观。同时,通过进行适当的污水处理创建和保护优良的滨水环境。

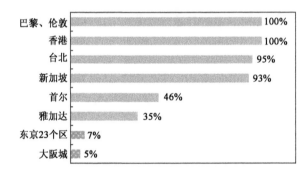

图Ⅱ-3-3-1 日本与主要欧洲和亚洲城市地下电缆现状的对比

注:1.伦敦和巴黎2004年的状况由海外电力勘测公司调查(就电缆总长)。
2.香港2004年的状况由基础设施发展研究所调查(就电缆总长)。
3.台北2013年的状况由国土交通省调查(就道路延伸)。
4.新加坡1998年的状况根据国外电力企业统计数据确定(就电缆总长)。
5.首尔2011年的状况由国土交通省调查(就电缆总长)。
6.雅加达2014年的状况由国土交通省调查(就道路延伸)。
7.日本截至2013年的状况由国土交通省调查(就道路延伸)。

资料来源:国土交通省。

二、利用自然和历史推动社区发展

1.建设国家公园,以保护和利用日本的本土文化

我们积极推动国家公园的建设,以保护和利用日本优秀的本土文件。目前共有17座国家公园已对外开放。2015年,对明日香国家历史公园内的龟虎古墓周边的区域进行了翻修(明日香区)。

2.保护古都的历史景观

根据《保护古都历史自然特征的特别措施法》(简称《古都保护法》),在日本古都(如京都、奈良和镰仓)修建新住房、扩建和改造原有住房、开发住宅用地等都受到严格限制。该法

案还倡导实施古都保护项目,例如土地购置、公众宣传、教育及其他活动,以帮助保护这些城市的历史景观。

3. 保护和利用具有历史价值的公共建筑

为推动区域城镇的发展,我们积极保护和利用当地历史悠久的公共建筑。通过将古代泥沙治理设施(截至2016年3月31日共有2项重要文化遗产和191项注册有形文化遗产)及其周边环境作为核心旅游资源,我们致力发展历史古迹环境,以积极构建促进人们交流和互动的新平台,如图Ⅱ-3-3-2所示。

图Ⅱ-3-3-2 拦沙坝土木工程艺术体验之旅(长野县小谷村)利用保护
社区的古代泥沙治理设施推动旅游和交流活动
资料来源:小谷村旅游协会。

4. 利用自然和历史推动社区发展

根据《社区历史景观维护和改造法》(简称《历史城镇发展法》),目前已有53个地市(截至2016年3月31日)制定和实施了历史景观维护和改造计划,以利用当地的历史和传统文化,以及符合计划规定的方法,推动社区发展。此外,我们协助翻修了作为景观和历史资源的建筑,并提供了其他支持,以推动构建怡人风景和历史景观,如图Ⅱ-3-3-3和图Ⅱ-3-3-4所示。

图Ⅱ-3-3-3 河床草图(岐阜县高山市宫川)　　图Ⅱ-3-3-4 河床建成(岐阜县高山市宫川)
资料来源:高山市国际青年商会。　　　　　　资料来源:高山市国际青年商会。

5.推广濒河体验项目

"濒河体验"（Mizubering）是让平时不关注身边河流（在日常生活中或参与经济活动时）的民众和私企有机会发现河流新价值的举措。

全国已有40多个地区开展了这项活动，其目的是从全国的滨水区开始，推动区域振兴，同时将河流作为新前沿，通过不同实体的相互合作，构建全新的社会化设计。

国土交通省将通过濒河体验为区域民众和私营企业提供支持，以充分利用河流价值，发挥其作为区域资源的功能。

第四章 促进区域振兴

第一节 区域振兴的途径

为在各地建设舒适的生活环境,以通过应对少子化和老龄化控制人口减少,同时缓解东京地区人口过度集中的现状,并确保日本社会未来能保持活力,2015 年制定了《2015 年克服日本人口减少和振兴区域经济的基本政策》,并根据 2014 年 11 月通过的《克服日本人口减少和振兴区域经济法》修订了《克服日本人口减少和振兴区域经济:综合战略》。另外,为深化区域振兴,推动政府机构搬迁,我们研究了建设日本版"持续护理退休社区"的构想,并为制定区域综合战略提供了信息、人力和财政支持。

2015 年 6 月修订了《区域振兴法》,加入了创建"紧凑化村庄和小车站"的举措,以通过提供丰富的民生服务,推动山区城镇的可持续发展,同时还加入扶持举措,以鼓励将总部功能转移到农村地区,确保建立稳定和优质的就业环境。

在国家战略特区方面,在 2015 年 7 月通过的《国家战略特区法修正案》中规定了相关领域(教育、医疗和就业)的监管改革,同年 8 月,在国家战略特区的二次命名中,将新增的三个地区(仙北市、仙台市、爱知县)指定为区域振兴特区。2016 年 1 月,在三次命名中又增加了三个地区(广岛和今治市、千叶市和北九州市)。通过在所有特区实施具体项目,并在变革受阻(遭到强烈反对)的地区实现监管改革,我们进一步推动了区域振兴。

国土交通省大力推行旅游区的建设,以建立日本版的"目的地营销/管理组织"(DMO)为核心举措,构建多样化的区域内容,建设接待游客的环境,以按照"区域"和"消费"的关键词建成高质量的旅游国。国土交通省还通过寻找和培养支撑区域经济的建筑、造船、运输和其他行业的人力资源,积极创造就业机会。

此外,为振兴地方社区,我们大力推动区域城市紧凑化,建立交通运输网,形成小站和核心都市区联盟,并与都市郊区综合护理系统协调,为多代居民开发建设住房和城镇。我们还通过推动现有住房的分配,大力提倡多种居住方式,建立方便迁居的环境,让更多人口流向农村地区。

国土交通省还在全国范围内积极推进城市复兴,例如,通过以公私合作的方式开发建设公共福利设施和公共设施,同时借助私营部门的活力,开展旨在提高都市国际竞争力的城市复兴建设。

第二节 推动区域振兴措施的实行

一、努力提高区域和个体的自主性与独立性

1. 扩大和改进对各种补助的管理

通过提供"区域改造基础设施加固补贴",确保以统一方式建设具有类似功能的基础设

施,以及为区域恢复战略提供补助,利用地区创造力和政策工具,提供有效支持,以解决各地区面临的问题,我们从重建的角度出发,大力开展区域振兴。

此外,通过为区域振兴提供预支型补助,我们积极支持地方政府顺利有效地制定区域综合战略,并实施相关的有效措施。另外,我们还讨论了创建新型资助方式,支持地方政府自主和积极深化区域振兴。

2. 支持区域振兴举措

除1.中的措施外,我们还开发和优化了《区域经济和社会分析系统》(RESAS),并对公众进行宣传,将其作为重要的扶持措施。

另外,还提供了巨大的人力支持,例如,区域振兴服务机构在各部门设置咨询台,通过区域振兴人力支援系统,向小型地方政府派遣中央政府、私营企业和其他机构的工作人员。2015年12月制定了《区域振兴人力资源计划》,它规定了寻找和培养在区域振兴中(与公共和私营部门合作)发挥重要作用的专业人才的政策。

国土交通大臣为致力发展社会间接资本的活动颁发了"亲手建设城镇奖",以推动个性化和引人瞩目的区域计划在日本的普及。2015年是奖项设立的第30年,我们以举行公开推介的形式进行遴选审核,来自日本各地的组织机构参加了活动,一共评出22个获奖项目,包括区域赏樱发展项目和日本狗根草绿化项目(由Ya社区的地方项目组实施),7个获得大奖,15个获得普通奖。此外,还以新闻通信的形式向公众宣传,以作为促进区域发展的范例❶。

3. 鼓励使用私营部门的技术专长和资金

出色的私人城市重建项目(如与城市复兴有关)、地方公共实体主导的开发项目以及国土交通大臣认可的开发项目(图Ⅱ-4-2-1)都能通过"城市发展促进基金机构"(以下简称MINTO)获得投资,开展联合实施,或获取其他形式的支持。同时还为民众参与的社区发展项目提供资金,以补助有地方民众参与的社区发展项目。

图Ⅱ-4-2-1 国土交通大臣认可的私人城市重建项目实例(金沢片町)

资料来源:国土交通省。

在推动社区发展活动时,国土交通省大力支持能传播和推广私营部门技术专长的项目,以及在此类活动中能长期产生利润的项目,以确保横向扩展到其他准备开展类似活动的机构,或与创造力、私人社区发展活动和投标有关的其他实验性方法,以通过保持和提高社区魅力与活

---

❶ 区域规划信息系统网站:http://www.mlit.go.jp/sogoseisaku/region/chiiki-joho/index.html。

力,使"通过社区参与促进可持续社区发展"的理念变为现实,并让其生根发芽。

此外,目前正在考虑采取措施,依据2014年修订的《道路法》(允许使用道路上的开放空间),在促进城市发展的同时,利用筑地川和首都高速公路的其他路段,应对高速公路日益老化的问题,并将其建成示范项目。此外,还积极推动利用道路空间的公私合作项目,以创建区域活动/交流平台,并保持/提高道路质量。

自2015年年底开始,共有1653位用户订阅了在线杂志(截至2016年3月)。

二、努力创建密集型城市结构

应从中长期的角度,持续建设紧凑化城市,并发展周边的交通网(如重建公共交通网),因为它们是实现特定管理目的的有效政策手段,例如,通过提高服务业的生产率,维持和改善居民生活的便利性,振兴区域经济,通过提高行政服务效率降低管理成本。

为协助各地市建设紧凑化城市,2014年修订了《城市重建特别措施法》,以建立适用的区位规划系统,鼓励通过经济刺激建立住宅和城市功能。截至2015年年底,共有276个地市着手制定区位计划,其中一座城市已编制和公布了区位计划。

此外,2015年3月成立了"紧凑化城市构建支援机构"(秘书处:国土交通省),为国家各部门提供支持,这样就能在推广各地市举措的同时,积极采取与医疗/福利、住房、公共设施重组,以及政府设施有效利用有关的各类措施。

支援机构通过举行简介会、区域协商会等活动,解答了各地市的问询,并了解它们的问题/需求,以此提供一站式服务,同时与其他相关部门分享了问题和其他信息,从配合相关措施的角度,审查了支持措施。

另外,为使紧凑化城市产生多方面影响,相关部门还将采取相关措施,统一支持各地市的发展举措,例如,总结集各种良好实践于一体的范例,作为其他地市建设时的有益参考,以可见的方式,分享与措施的具体影响和细节有关的信息。

三、利用区域特征的城市规划和基础设施发展

1. 加快发展影响私人投资的城市规划道路

城市规划道路的发展对促进城市重建至关重要,因为它能推动路旁建筑的重建工作。对那些施工受阻(因为土地购置尚未完成)的在建道路,地方政府(项目实施单位)公开承诺在规定期限内(宣布道路的完工时间;截至2015年4月,已有71个项目实施单位宣布建成139条道路)完成道路施工,以加快项目的开发建设。

2. 发展交通节点

作为城市重建的核心,交通节点(如火车站和公共汽车总站)具有极大的便利性和发展潜力,因为它们能吸引大量民众使用身边的各种公交设施。

国土交通省通过实施交通节点改建项目、城市和区域交通战略促进项目、火车站综合改建项目,以及其他交通节点项目(如新宿站南出口区域,见图Ⅱ-4-2-2)和周边区域项目,提高乘客换乘交通工具时的便利性,使铁路纵横交错的城市形成一个整体,以提高火车站的功能,疏导城市交通,增强这些交通节点的功能。

为提高区域生活的安全性和舒适性,国土交通省还在现有火车站内兴建儿童支持设施和

医疗设施,推动站内设施的升级改造。这种想法源于区域集中的观点,它主张拉近医疗、就业和生活的距离。

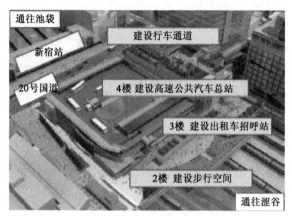

图Ⅱ-4-2-2　交通节点改建项目实例(新宿火车站南出口)
资料来源:国土交通省。

专栏　新宿高速公共汽车总站——对基础设施进行多样化改建,以提高新宿站南出口的交通便利性

新宿站南出口对面的甲州公路(20号国道)是德川家康在江户时代主持修建的5条主要公路之一,作为甲州公路(始于从日本桥)上的第一座驿镇(内藤新宿),这里曾经人流如织。

在如今的平成时代,新宿依旧热闹繁华。新宿站南出口周边区域是旅客最多的地方,频繁往来的车流和人流导致这里长期拥堵。因此,为缓解交通拥堵,提高出行便利性,对南出口周边区域进行改造已迫在眉睫。

(1)更换甲州公路新宿立交桥

连接甲州公路和铁路的新宿立交桥始建于1925年。

出于防老化和抗震的考虑,相关方对更换工作进行了长期讨论。为此,更换项目从1994年开始,一直到2012年年末结束,持续了近20年,终于将使用80年之久的结构老化的立交桥更换成钢混结构桥梁(图Ⅱ-4-2-3)。

1925年修建的老桥　　　　　　　　　　2012年更换的新桥
a)钢桁架结构　　　　　　　　　　　　b)钢框架混凝土结构

图Ⅱ-4-2-3　老化的立交桥改建前后的对比
资料来源:国土交通省。

(2) 发展交通节点

在新宿站南出口周边区域,每天有近6万辆车和14万行人经过,所以这里不仅缺少舒适空间,交通拥堵严重,而且与出租车乘客和私家车有关的交通事故时有发生。此外,这里虽然是东京都市区的重要交通节点,但高速公共汽车的候车站却在新宿地区纵横交错,因此不同交通工具(火车、高速公共汽车和出租车)之间的换乘十分不便。为改变这种局面,通过有效利用人造地面(过去用作新宿立交桥更换项目的运营场地)和改进交通节点的功能,不仅为行人创造了安全、可靠和舒适的步行空间,还显著提高了交通节点功能。

2015年10月,邀请公众为新宿站南出口候车站命名,2016年1月,正式将其命名为"新宿高速公共汽车总站"。同年4月,公共汽车总站正式开放。此后,这一改建项目的存量效应有望不断扩大,例如,减少交通拥堵和道路事故、提高候车站合并带来的便利性,以及附属商业设施的活力,同时利用IT技术,可确保更高效的运营控制。

3. 扩大基础设施的建设范围以鼓励企业选址

通过邀请和聚集各地区国际竞争力日益增强的企业,可以显著提高和加强东亚地区的竞争、合作与区域活力。意识到这一点,我们已采取措施,通过对区域性建设亟需的基础设施(如建设机场、港口和码头、铁路和四通八达的高速公路网)发展集中投资,扩大地区性就业,提高经济活力。

(1) 机场建设

连接相距遥远的国内外城市的航空网络对振兴本地社区、发展旅游业,以及提高企业经济活力至关重要。航空部门将借助全球经济增长(特别是日益繁荣的亚洲经济),在日本经济腾飞的过程中发挥关键作用。为提高日本的国际竞争力,以及机场腹地的地区竞争力,国土交通省已采取措施提高机场运能,同时调整或更改机场航站楼的内部布局,以为乘客提供更大的便利。

(2) 建设港口和码头

对四面环海的日本来说,大部分国际贸易都是以海运形式进行的,国内海运也在区域物流和互动方面发挥了重要作用。港口和码头是国际贸易的"门户",作为企业从事经营活动的重要场所,它推动了日本工业的发展。为通过提高物流效率,增强日本工业的国际竞争力,同时保持和增加就业岗位及收入水平,目前已在支撑区域重要产业的港口和码头建设国际物流基地。

专栏 建于1908年,至今仍在运营的三池港被列入《世界遗产名录》

2015年7月5日,"日本明治工业革命遗迹:钢铁、造船和采煤"被列入《世界遗产名录》。

日本明治工业革命遗迹由许多工业遗产组成,它们见证了从19世纪末到20世纪初,日本为建成工业国家打下基础,同时在重工业领域(如钢铁、造船和采煤)迅速实现工业化的历史,它们后来成为日本的支柱产业,并帮助其顺利完成"西方化"向"去西方化"的转变。其中一个工业遗产是始建于1908年的三池港(福冈县大牟田市),作为支持区域经济发展的港口,它至今仍在运营,如图Ⅱ-4-2-4所示。

位于大牟田海岸的三池港最早是用于停靠巨轮,以便高效运输三池煤矿(面向有明海)出产的焦炭。三池港内的设施采用了系统化的布局,包括修建蜂鸟形的大型拦沙坝,克服有明海过浅产生的泥沙影响;采用带水闸的码头,适应不同的潮位。

Takuma Dan是港口建设的领导者,在施工开始前,他走访了全球各地的煤炭运输港。为应对有明海恶劣的自然环境,他将明治时代最先进的土木工程技术和港口建设智慧融会贯通,以让日本工程师亲自修建三池港。

图Ⅱ-4-2-4　三池港的全景
资料来源:国土交通省。

对于港口建设,Takuma Dan 指出:"煤矿不会永久存在。如果它们枯竭了,这座城镇会变成田野。要是建设一座港口,就会推动这里的工业发展。如果有港口,它会成为城镇发展的基础,即使100年以后也是如此。"

正如此言,作为促进区域经济和工业活动的港口,三池港至今仍在运营,该实例表明,港口建设对区域经济产生长期的影响,例如建立企业和增加企业。

(3)铁路建设

全国的干线铁路网是铁路客运和货运的命脉,它促进了不同地区之间的交流和企业选址,提高了区域经济活力,从而改善了地区民生。尤其是铁路货运,在运输促进区域经济发展的工业大宗商品时发挥了重要作用。

(4)公路建设

大部分新建的工厂与高速路出入口的距离都不超过10km,其目的是提高产品和原料的运输效率及运输便利性。目前正在建设新的干线公路网(如高标准干线公路),以通过加快物流设施的建设,增强国际竞争力,进一步提高区域独立性,并促进工业发展。

4.加快交通基础设施的发展

在是否应将地面使用权[与按照《地下空间公共用途特别措施法》(简称《地下空间法》)的规定,允许使用地下空间的项目有关]确定为转移性收入方面,2015年进行了税制改革,以根据地面使用权的垂直范围(限制营利性使用,而非按地价1/4计算)确定实施方法。该措施以转移性收入的形式对一定数量的地面使用权(与按照《地下空间法》规定实施的项目形成整体的项目有关)征税,从而为征地交易提供了5000万日元的特别信贷。

5.推广以社区为中心的项目和计划

(1)道站(路边站)

位于路边的道站是集便利设施(包括停车位和卫生间)、信息资源(包括公路和区域信息)和区域合作平台于一体(增进区域和区域内的道路用户之间,以及和区域间的互动交流)的综合设施。截至 2016 年 3 月,登记在册的道站共有 1079 个。

近年来,通过利用有地域特色的景观和旅游资源吸引众多游客,我们在全国各地积极建立道站,将其作为区域振兴的枢纽,这样既增加了就业机会,搞活了经济,同时还改善了居民服务。为加强与相关机构的协作,作为政策框架,2014 年制定了重点道站建设计划。除 6 个国家示范道站和选定的 35 个重点道站外,2015 年又新选定 38 个重点道站。

(2) 促进水乡发展的体制

为振兴区域河流(从河口、河源到与其相连的社区),在各地市、私营企业、地方民众及河流管理方的配合下,我们通过制定和实施水乡发展计划(借助各种资源,如景观、历史、文化、旅游基础和地区智慧,充分利用河流),推动建设河流与城镇一体化的融洽空间。

(3) 根据区域特征要求和居民一起管理河流

将具备河流环境知识、热衷河流发展构想的民众任命为河流环保监督员,帮助创建和保护河流环境,从事各种细致的管理活动,确保和促进河流的有序利用。河流监督员还能收集与河流管理有关的信息,如及时发现向河中倾倒垃圾的违法行为、查找河流设施的缺陷、倡导河流保护的理念。

此外,通过制定《河流合作组织命名计划》,国土交通省将志愿从事河流环境开发、维护等活动的私人组织命名为"河流合作组织",并授予它们与河流管理方协作的法定权利,以鼓励它们继续开展有组织的志愿活动,进而推广适应区域特征的多样化的河流管理模式。

(4) 支持利用沿海区域特征

为促进沿海区域特征的利用,增强其作为旅游资源的吸引力,我们大力支持海岸环境开发项目,制定海岸利用计划,并根据该计划建设海岸保护设施。

随着《海岸合作组织命名计划》的制定,国土交通省将志愿从事各种公益活动(如为保护环境进行清洁和绿化,保护沿海区域的珍稀动植物物种,为应对自然灾害而未雨绸缪,举办环境教育座谈会,开展积极有效的海岸管理)的企业和机构命名为"海岸合作组织",以强化区域合作纽带,并根据区域特征要求加强海岸管理。

(5) 促进海港周围的设施兴建

区域开发局局长和其他部门将有利于区域长期发展的设施命名为"港区绿洲"(Minato Oases),以通过增进地方民众的交流,促进旅游业发展,推动港区核心周边的社区发展,进而实现区域振兴(截至 2016 年 3 月 31 日已登记 88 个港口)。

利用区域特征和创造力,在全国各地的"港区绿洲"举行了多种有居民参与的活动,吸引了众多当地民众和游客。

此外,全国港区绿洲委员会(促进全国港区绿洲管理方之间交流互动的机构)举办了"全日本海鲜美食大赛"(汇聚各种当地美食的活动),吸引了大量参与者。

为实现区域振兴,还将继续举办类似活动,通过提供相关服务,增加乘坐远洋游轮的游客数量。

(6) 建设海洋休闲中心

国土交通省不仅推动"海边旅游站"(作为海洋休闲中心,见图Ⅱ-4-2-5)的建设,以充分利用现有的港口设施、海洋资源、垂钓场所(钓鱼+表演)等资源(截至 2015 年 12 月底,共设置 154 个海边旅游站,见图Ⅱ-4-2-6),同时还提供大力支持,进一步增加海边旅游站的地方特色,

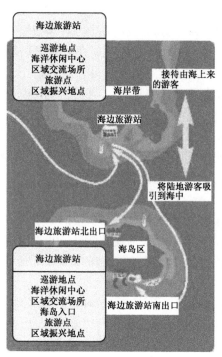

图Ⅱ-4-2-5 海边旅游站示意图
资料来源：国土交通厅。

例如乘租用的游艇出海巡游、海产品销售等，让游客亲自体验垂钓和组织的乐趣。

6. 积极促进地籍图的维护

为确定单独地块的边界，地方政府开展了地籍测量，以促进土地交易、私人开发、基础设施发展和灾害预防，加快灾后恢复/重建。国土交通省不仅为地籍测量提供财政支持、编制城区公私边界信息、保存山村（国家直接管辖）的边界信息，而且还积极利用非地籍测量结果。

国土交通省还在东日本大地震袭击的区域进行地籍测量，以推动恢复和重建项目，在相关地区（南海海槽地震发生时，可能被淹没的区域）更新政府直接管理的公私边界信息，在可能遭受严重自然灾害袭击的区域，促进土地登记簿的保管，从而推动区域安全和稳定地发展。

7. 深化地下空间利用

在地下空间利用方面，通过地下空间利用委员会就地下空间利用开展信息交流，同时就检查的顺利进行技术讨论的开展。

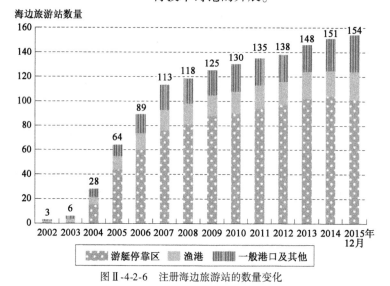

图Ⅱ-4-2-6 注册海边旅游站的数量变化
资料来源：国土交通省。

四、区域自立和振兴，以及国土的形成

1. 为形成促进流动的国土环境加快国土和区域发展

为实现区域振兴和可持续增长，必须集中采取措施，同时利用区域智慧和政策工具。因

此,为积极引导全国各地的人口和资源流动(按照《国家空间战略》和《区域计划》的规定),加快创建促进流动的国土环境以鼓励创新,已根据区域特征采取相应措施,同时致力形成多层国土和区域结构。国土交通省还通过公私合作,在政府的支持下进行基础发展(促进私营部门的活动和措施),制定区域振兴战略,以加强与各种社会实体合作,推动自主和可持续的区域发展。

(1)促进各地区的基础设施发展和区域振兴

为采取结构和非结构性措施相结合的发展行动,致力创建自立和广泛的区域板块,同时通过促进人员流动和交通发展,实现区域振兴,国土交通省根据各县制定的广泛区域振兴基础设施发展计划,为145个计划提供了财政补助。其中,有多个县已开始实施其中的70个计划,以合作扩大区域振兴的范围。

(2)通过公私合作促进区域振兴基础设施的发展

为快速和顺利地从规划阶段过渡到实施阶段,在私营部门决策时抓住一切基础设施发展项目(通过公私合作完成)的契机,以制定促进广域区域战略的实施,2011年建立了相应的机制。2015年,我们支持了18项调查,包括审核具体的项目方法,例如,实行PFI的可能性。

(3)通过多种实体互通促进区域规划

为通过本地多种实体互通促进自立和可持续的社区发展,国土交通省大力支持:①对社区发展活动的社会价值进行绝对评估;②利用多种实体互通建立支持系统,促进项目型社区发展活动(区域业务)。

(4)通过核心都市区联盟创建充满活力的经济区和生活区

在具有一定人口和经济规模的都市区,推动建立核心都市区联盟,以促进经济增长,合并和加强高级城市功能,并提高民生服务质量。

最早的都市区(61个区)主要是区域政令指定市与核心市(人口20万或以上),2015年,《克服日本人口减少和振兴区域经济:综合战略》(2015年修订,2015年12月24日根据内阁决定通过)根据特定条件又增加了以两座相邻城市(各有10万以上人口)为中心的都市区。

2.促进区域中心的形成

(1)发展自立式增长的区域板块中心

根据《多极格局国土形成促进法》的要求,通过迁移商业设施、将其他多种功能集中到核心城市,帮助疏导东京市中心过度集中的人口,大力推动核心市❶的发展,而且将继续深化。此外,国土交通省协助建立了筑波科学城,以根据《筑波科学城建设法》,通过利用科技积累实现城市振兴。另外,随着城市发展步伐的加快,还利用筑波科学城的特征,在筑波高铁沿线建立了一系列环保城。另一方面,在近畿都市区,正在建设关西科学城,以按照《关西科学城建设促进法》的规定,形成文化、学术和研究活动发展的新据点。通过相关部门、地方政府、经济界等实体的合作,根据《关西科学城建设基本政策》推动建设科学城的工作仍在继续。此外,国土交通省还根据《大阪湾区发展法》,积极实施开发计划,让这一地区拥有国际化都市应有的基础设施、优质的生活便利设施和其他设施。

---

❶核心市是指位于东京城区以外,应成为周边广泛区域的核心的城市(目前有14座核心市)。

(2) 推动农村地区的小站发展

在人口减少和老龄化加剧的山区和其他地区，民生服务功能（包括购物、医疗和通勤）的提供越来越难。因此，在下辖多个村庄（包括学区）的地区，我们提倡建立小站，在步行可达的范围内集中服务功能和区域活动基地，同时构建与邻村相连的交通网。

我们专门研究了促进小站发展的整体区域框架，利用现有公共设施，支持设施的重组与合并，与相关部门协作，积极提升民众的意识。

(3) 审核国会和其他机构的迁移

根据《国会与其他机构迁移法》，通过就国会迁移开展调查，进行相关的信息宣传，国土交通省协助国会审核国会及其他机构的迁移。

(4) 研究处理所有权人下落不明的土地

从2015年4月开始，在所有权人下落不明的土地的应对措施审核会上研究了这一问题，2016年3月公布了协助查找所有权人的指南、土地使用方法和其他措施，以及会议的总结报告。

五、促进区域合作与互动

1. 建成支持区域发展的干线网络

为确保能在具有城市功能（如医疗和教育）的中心区域安全舒适地旅行，国土交通省通过加快现有道路和路网建设大力消除交通发展瓶颈。此外，为促进地市的整合，通过与总务省合作实施城市一体化道路发展项目，我们积极建设将中心城区与各中心区域（如公共设施、桥梁等）相连的道路。

2. 增进城市、农村、山村和渔村之间的人际互动

通过建设干线网络，提供住房和住宅用地，帮助实现乡村生活，建设港口和码头，作为人际交互中心，国土交通省在广泛的区域内积极构建人际交互与合作纽带。它还与农林水产省合作，推动创建新的旅游项目（如绿色旅游和"振兴日本"活动），以增进城市、农村、山村和渔村之间的人际交互。

3. 促进区域定居

为加强各地市的信息宣传工作，通过面向农村年轻人的实践交流计划扩大人际交互，鼓励向农村迁移，在国土交通省的网站上集中公布了这些信息。同时还提供了与两地居住有关的信息❶。

国土交通省还按《一般社会基础设施发展补助》的规定，旨为闲置住房和建筑的利用提供资助，同时积极宣传地方政府采取的措施（关于住房更换与两地居住）以及全国银行有关闲置房的信息，以解决各种区域性问题。

4. 采用本地设计的车牌

《道路运输车辆法部分修正案》和《国家车辆检验机构法》（包括根据车主意愿设计车牌的交换系统）通过后，我们于2015年8月开始研究发放具有区域特色设计的车牌。

---

❶ 国土交通省区域振兴网站：http://www.mlit.go.jp/kokudoseisaku/chisei/kokudoseisaku_chisei_mn_000016.html。

六、提供区域交通工具

1. 提供、维护和改进区域交通工具

区域日常交通工具的维护对区域的振兴至关重要。意识到这一点,国土交通省通过与不同的利益相关者合作,为社区提供和维护交通工具,大力支持建设便利和安全的公共交通网(图Ⅱ-4-2-7),例如,发展区域公交线路和连接离岛的海运和空运航线,采用能提高地方铁路运行安全的设施。2015年,通过加强地方公交网的重组,利用《地方公交系统振兴与恢复法》,我们实现了本地公共交通的高效和可持续运营。

图Ⅱ-4-2-7 区域公共交通建设、管理和改进项目
资料来源:国土交通省。

2. 促进区域铁路发展,提高运行安全

作为沿线本地居民的日常交通工具,区域铁路不仅与他们的生活息息相关,而且还是促进旅游胜地之间区域性互动的重要公共交通工具。但它们的管理十分艰难。为此,国土交通省通过实施区域公共交通建设、维护和改进项目,提供税收优惠,积极维护设施安全,同时通过实施干线铁路发展项目,在铁路运行需求大的本地线路建设新站。

3. 为区域公交线路提供补贴

为当地居民,特别是行动不便者(如老人和学校儿童),提供和维护区域公共交通工具(如公交车)有十分重要的意义。为建设和维护与区域具体特征和条件相符的最佳区域交通网,根据地方政府责任共担原则,政府制定了为普及区域公交服务(如区域间公共汽车网络❶、公交车、网约车,以及与干线交通网密切相关的其他形式的区域交通服务)提供全面支持的政

---

❶ 在会议上规定维护要求且符合政府既定标准的范围广泛的干线公共汽车线路(跨越多个地市,每天至少往返三次)。

策。同时采取相关的财政措施支持其他线路的发展,以确保地方政府按要求正确维护。

4. 发展与离岛之间的往来交通

为保持与离岛之间的空运路线,政府为将航线延伸到离岛的航空公司提供财政资助(预算:飞机采购补助、运营成本补助,税捐及公益应付款:着陆费补助、航空燃油税补助等)。从2012年开始,在符合运营成本补助要求的航线,为离岛居民的打折机票提供补助,以鼓励往来离岛的交通发展。

离岛海运是支持岛上居民日常生活的重要工具,但目前从经济角度进行管理遇到困难。通过区域公共交通建设、管理和改进项目,为面临亏损且无替代航线的日常海运路线提供了补助。另外,还为岛上居民的打折船票提供了补助,同时支持建造运营效率更高的船舶。

此外,根据《交通运输政策基本计划》(2015年2月),从2015年4月开始,提供往来陆地和海岛的公交车服务,以确保老人和行动不便者在乘坐公交车的同时使用轮渡,截至2015年年底,已有10家公交车公司提供此类服务。

2015年,54条离岛空运线路开通,截至2014年年底,共有289条海运线路开通(其中119条是接受补助的海运线路)。

第三节　鼓励私营部门参与城市发展

一、鼓励私营部门参与城市发展

1. 鼓励私营部门根据《城市重建优先发展特区计划》参与城市发展

迅速发展的亚洲国家导致日本的国际竞争力不断下降,所以当务之急是加强政府与私营部门的合作,大力推动重要城市中心城区(经济增长的原动力)的发展,将它们变成吸引企业、人才和国外游客的城市中心区。为此,国土交通省建立了《城市重建优先发展特区》体系,以提高指定区域城市的国际竞争力,目前全国已有12个区域被指定为此类特区(截至2016年3月)。在其中9个区域(截至2016年3月底),由政府与私营部门合作成立的委员会制定了特区发展计划。根据发展计划,实施了《国际竞争基地城市发展项目》,为中心城区基础设施的发展提供优先和集中的支持。

2014年,为创建全球化宜商和宜居环境,对私人项目(发展相关功能,以增强涉外医疗设施的国际向心力)进一步加强了经"城市发展促进基金机构"(MINTO)扩展的财政支持("夹层融资服务"❶)。与此同时,实施了"估计商业环境改善支持项目"和"城市销售"项目,以通过结构和非结构性措施相结合的方式提供全面支持,以提高城市设施的便利性,进而建设更优良的国际商业环境,并促进城市销售。

截至2016年3月底,已在政令指定市和县府(包括东京和大阪)中指定63个城市重建优先发展区,私营部门稳步实施各类城市发展项目。城市发展促进基金机构继续为购买中等风

---

❶ "夹层融资支持"是指支持具有环保建筑结构及场所的公共设施发展,支持经国土交通省认可的项目以及有权购买中等风险基金(如选择保留本金利息的贷款)的所有融资服务,"城市发展促进基金机构"将它们统称为夹层融资支持。

险基金提供夹层融资服务。

2016年2月向国会提交了修改《城市重建特别措施法》的议案,加入的措施包括:延长国土交通大臣审批私营部门城市重建项目的最后期限,对有利于提高国际竞争力的国际会议和活动提供财政支持,建立一种能在平时和发生灾害时为区域内的建筑与医院连续供电的系统,将解除管制措施(允许在地上或地下进行建筑施工)的应用范围扩大到所有城市重建优先发展区。

2. 城市重建项目支持措施的实行现状

(1)城市重建特区的划分

"城市重建特区"是一种划分范围更广的新城区概念,它不受现有分区规定的限制。截至2016年3月底,已划分79个城市重建特区,其中56个是私营企业提议划分的。

(2)私营部门城市重建计划的认可

经国土交通省认可的私营部门城市重建项目计划(截至2016年3月底共有91个计划)将得到城市发展促进基金机构的财政支持,并能享受税收优惠政策。

3. 加快建立更大的区域板块

在战后重建土地调整项目实施的过程中,日本主要城市的许多中心区已形成区域板块,但这些区块的规模和当地街道的结构,不能充分满足迫在眉睫的土地利用、交通基础设施发展和防灾需求。为增强大城市的国际竞争力,振兴区域城市,提高土地利用效率,以满足目前的需求,国土交通省积极整合已分成多个板块的土地,提倡集中利用,并支持公共设施的重建。

二、建立国家战略特区

除了在2013年12月通过的《国家战略特区法》中,引入《施工标准法》《道路法》和《城市规划法》等法规的特殊豁免条款进行监管改革外,2015年7月还通过了《国家战略特区法》的修正案,并加入了特殊豁免条款(关于在城市公园建立幼儿园)。利用这些特殊豁免条款,在东京地区、关西地区、福冈市和冲绳实施了特殊项目,它们极大地推动了曾面临巨大阻力(因遭到强烈反对)的监管改革。

第四节 促进本地化发展措施的实行

一、在强降雪区域实行的措施

国土交通省不仅根据《强降雪区域专门应对措施法》推动交通运输的应用范围,积极发展民生环境和国土管理设施,而且还为安全舒适的社区规划开展调查。截至2015年4月,已有532个地市被指定为强降雪区域(其中201个城市属于强降雪特别区域)。

二、促进离岛的发展

为根据各县制定的离岛发展计划(按照《离岛发展法》)推动离岛的发展,国土交通省不仅为公共工程项目的实施一次性拨付预算,还增加了离岛复兴补助,以鼓励人们在离岛定居,例如,促进产业发展,增加就业机会,通过发展旅游业扩大交流范围,提高和巩固安全可靠的定居环境等。

三、促进奄美群岛和小笠原群岛的发展

除了根据《促进奄美群岛发展的特别措施法》和《促进小笠原群岛发展的特别措施法》,通过

促进和发展项目推动社会基础设施的发展外,国土交通省还利用财政补助等手段,通过地方性措施促进就业和鼓励定居,例如,大力发展旅游业、农业和其他适应区域特征的产业,以促进更自立和更具可持续性的发展。

四、促进半岛发展

根据2015年4月补充和修订的《半岛区域发展法》,各县准备修订半岛发展计划,在国土发展委员会特别会议上审议后,这些修订申请已得到批准。此外,除了支持自半岛修建环路和促进产业发展外,还实施了促进半岛开展广泛合作的项目,以利用半岛资源和特征推动交流,推动产业发展,以及有利于定居的非结构项目。

第五节 促进北海道的综合发展

一、《北海道综合发展促进计划》

1. 制定新版《北海道综合发展促进计划》

日本已经制定了发展北海道的积极政策,以解决日本面临的问题,确保通过利用北海道的丰富资源和特征实现飞跃性的区域经济增长。为适应北海道发展过程中出现的各种变化,在2015年1月经国土发展委员会北海道发展分委会(包括规划工作组)审议后,制定了新计划,2016年3月根据内阁决定通过新计划(图Ⅱ-4-5-1)。

第1章 制定计划的重要意义	第2章 计划目标
第一节 北海道发展的背景 - 按照《特殊发展政策》推动北海道的发展,以促进全日本的安全和发展 - 增长型出口行业形势良好,包括食品出口翻倍,外国游客人数突破100万。另一方面,经济和人口萎缩。需要关注尚未建立发展网络的地区,并加强区域社区的维护。 第二节 日本周边的时代潮流 (1)面临人口急剧减少的窘境 (2)深度全球化,国际环境变化 (3)严重灾害随时可能发生 第三节 新版《北海道综合发展计划》的重要意义 (1)北海道发展的重要意义:利用北海道的资源和特征,解决日本亟待解决的问题 (2)北海道保留生产空间可能面临挑战,在人口急剧减少和老龄化加剧的背景下,通过提高北海道的综合实力有助于促进日本的发展,例如粮食和国土环境 (3)未来十年对生产空间的恢复和区域振兴至关重要 (4)另外,北海道新干线的开通,高速公路网向东北海道延伸;2020年东京奥运会和残奥会的举办,让人们在此计划期内有机会实现北海道的飞跃性发展 (5)利用这些机会,创建地方社区的范例:即使人口急剧减少,人们依然能安居乐业,充满活力	流行语:世界的北海道 愿景:在2050年前,建成世界标准的价值创造空间 目标 (1)民众充满活力的地方社区 (2)促进面向世界的产业发展 (3)强大和可持续的国土环境

图 Ⅱ-4-5-1

第3章　计划实施的基本政策

第一节　计划期:2016—2025年的10年

第二节　基本战略方法

保持和形成北海道特有的区域结构

形成人们日常生活以三层结构(生产空间、城市区域和核心城市)开展的基本区域

－札幌区域:北海道发展的桥头堡,利用本地的集中优势。

提高北海道的价值创造能力

－在人口锐减的时代,人就是资源

－通过发展和利用人力资源,吸引各类人才提高区域价值创造能力

第三节　计划实施战略

(1)通过工业组织—学术机构—金融机构合作形成多层平台

－根据主题(如人力资源发展和区域发展),发展区域或北海道境内的工业组织—学术机构—金融机构合作平台,以可持续方式管理相关措施

(2)积极推动和适应创新——促进北海道发展措施的实行

－利用科技力量缓解人口减少的影响,以创新方式解决区域问题,避免受不利影响

(3)战略社会基础设施的发展

－最大限度展现社会基础设施的存量效应

确保基础设施的战略维护,借助技术发展加强精明使用

(4)计划管理

－"计划—实施—评估—改进"的周期管理,在5年时间内进行全面检查

第4章　计划的关键措施

第一节　建立充满活力的本地社区

(1)维护和改善区域定居和人际交互环境,以形成和保持北海道式区域结构

①形成基本区域

②偏远区域的生产空间

③偏远区域的城区

④基本区域内的核心城市

⑤札幌区域

⑥促进边界地区的发展

(2)促进人力资源的发展和流动,以提高北海道价值创造能力

①建立互帮互助的社会,保持人口稳定增长

②与日本北部和海外的人才流动

③为区域发展寻找和培养人力资源

(3)稳步促进北方领土毗邻区域的发展

(4)将阿伊努文化发扬光大

第二节　促进面向世界的产业发展

(1)促进农业、渔业、林业和粮食产业的发展

①通过创新推动农业、林业和渔业发展

②提高粮食增加值,促进综合基地发展

③粮食的海外发展

④利用区域资源振兴农村地区

(2)建成世界标准的旅游胜地

①创建引人入胜、世界一流的旅游景区,进一步增加外国游客的旅游消费

②改善接待外国游客的环境

③采取战略措施,开创增加入境游客数量的新时代

④推广MICE活动的举办,吸引外国商务客人

(3)发展利用区域实力的产业

①利用北部地区的优势

②促进产业集聚的发展

③振兴区域经济,包括区域消费产业

④促进区域内的投资

⑤发展促进行业发展的人才/物流网络

第三节　建设强大和可持续的国土环境

(1)建成与丰富自然环境共存的可持续的本地社区

①实现环境和经济/社会的可持续发展

－建设与自然共存的社会

－建设倡导循环利用的社会

－建设低碳型社会

②建设对环境影响最小的能源供需结构

－采取措施采用可再生能源

－根据北海道的区域特征采措施,如供暖来源和汽车燃料

(2)促进建设强大的国土环境,形成安全可靠的社会基础设施

①积极应对更严重和更多变的自然灾害

－开发保护生命安全的系统

－应对冬季发生的灾害

－应对大规模自然灾害,如地震/海啸和火山喷发

－应对气候变化引发的洪灾和滑坡灾害

②为日本建设更强大的国土环境

－在发生全国性灾害时,提供后备基地功能

－确保发生灾害时粮食的稳定供给

③安全可靠地利用社会基础设施

－采取措施应对老化的基础设施

－积极采取交通安全措施

－发展促进强大国土环境构建的人力资源

图Ⅱ-4-5-1　新版《北海道综合发展计划》

资料来源:国土交通省。

新计划(涵盖2016年到2025年前后)主张采取各种措施,建设世界的北海道,让当地社区充满活力,促进面向世界的产业发展,创建强大和可持续的国土环境。

2. 采取促进计划实施的措施

制定的新版计划进一步充实了《2050年国家空间发展宏伟计划》的细节,以针对性地解决日本面临的各种问题,包括人口在中长期内锐减。提倡采取的措施总结如下。

(1)创建充满活力的本地社区

除了创建能让人们在北海道(覆盖广阔的生产空间,形成在广阔区域内分散的社区,区域规模与其他地区和城市有显著区别)长期生活的区域社会结构外,还要将各种人才吸引到北海道(人口减少的速度超过日本其他地区)来,以促进社会流动。为此,我们要促进农业、林业、渔业、粮食产业和旅游业的发展,充分利用道站,创建人流熙攘、热闹繁华的休闲空间,发展适合育儿、居住舒适的社区,建立四通八达的交通网,包括国家高等级干线公路,开展"北海道价值创造合作活动"(促进人力资源参与区域发展的广域支持和合作系统)。

(2)促进面向世界的产业发展

在农业、林业和渔业、粮食与旅游产业以及其他产业(向国内其他地区和其他国家出口)方面,北海道有明显的竞争优势,发展这些产业具有十分重要的意义。因此,我们将通过扩大耕地面积和其他手段提高生产率,吸引北海道以外的粮食企业创建综合粮食基地,建设利用区域资源(包括自然、风景、食品、雪景、历史和文化)的引人入胜的旅游景区,通过《北海道风景道建设计划》(促进入境旅游和自驾游)吸引外国游客(图Ⅱ-4-5-2),在北海道举办国际会议(MICE),加强新千岁机场和国际战略散货港(包括钏路港)的功能。

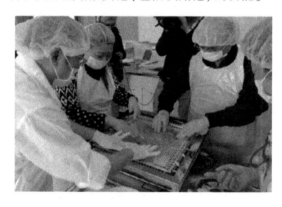

图Ⅱ-4-5-2 为发展北海道的旅游业针对外国游客设置的体验游项目
(2015年11月,Shibetsucho,亲手制作三文鱼鱼子酱)
资料来源:国土交通省。

(3)强大和可持续的国土环境

在建立可持续区域社会的过程中,具有美丽自然环境和丰富可再生能源的北海道将起主导作用,因此首要任务是发生灾害时最大限度减少损失,同时为建设强大的日本做出贡献。因此,我们要积极保护和复原湖泊和湿地,通过北海道"氢能社区发展平台"提高公众对建立氢能社会的认识,加强洪灾控制措施,加固抗震基础设施,通过派遣紧急救灾特遣队,在发生灾害时提供区域支持,建立旨在延长社会基础设施使用寿命的维护周期,大力提高冬季交通运输的安全性和可靠性。

二、发展独特的地域和文化

1. 促进北方领土毗邻区域的发展

针对区域社会的预期发展受阻(因领土争端问题尚未解决)的北方领土毗邻区域,我们将根据《第七个北方领土毗邻区域振兴计划》(2013—2017年)(依据《促进北方领土问题解决的特别措施法》),全面采取必要的推动措施。

具体来说,国土交通省将采取结构和非结构性措施相结合的手段,在这些毗邻区域建设吸引人的区域社区,包括促进农业和渔业发展,实施发展交通运输系统的公共工程项目,通过为项目实施费用提供补助(例如北方领土毗邻区域的振兴项目),大力采取非结构性措施。

2. 将阿伊努文化发扬光大

根据《为发扬阿伊努文化管理和发展民族和谐象征空间的基本政策》(2014年6月13日根据内阁决定通过),我们正在研究相应的计划,如关于阿伊努传统的体验交流计划(图Ⅱ-4-5-3)。此外,借助2020年东京奥运会和残奥会的影响,我们将积极采取措施,向公众开放象征空间,例如,对外国民众进行信息宣传,在机场和其他场所举办展览,制定"参观象征空间的游客人数突破100万"的目标。

图Ⅱ-4-5-3　Poroto湖和阿伊努传统房屋
资料来源:阿伊努博物馆。

根据《阿伊努传统知识传播与启蒙及阿伊努文化发扬法》,我们将积极举办提高公众意识的活动,例如,通过与工业组织—学术机构—政府部门合作,开展"i ran karapte"(阿伊努人的问候语"你好吗")推广活动。

第五章　打造舒适的生活空间

第一节　实现富裕的居住生活

一、确保居住生活的稳定和改善

根据2011年3月内阁会议批准的2011—2020财年《居住生活总体计划》，并考虑到老龄化社会(出生率下降、人口和家庭减少)的全面出现、社会经济环境的变化(比如难以就业和收入环境等)以及居住生活保障服务等方面的需求，国土交通省正在推进旨在确保居民生活稳定并逐步改善的措施，具体目标为：①打造能为安全、可靠和富裕的居住生活提供支持的生活环境；②住房的妥善管理和修建；③完善住房市场环境，满足不同的住房需求；④确保特殊住房的稳定供应。

1. 打造安全、可靠和富裕的居民生活

为打造安全、可靠的住房和居住环境，我们正在推进房屋和建筑物抗震建设，以更好地为大规模地震做好准备；同时推广"智能健康住宅和城市"，建造不同类型的住宅供老年人家庭、残疾人家庭或养育子女家庭使用，可以互动，打造安全、健康的生活场所。我们也鼓励使用本地木材等建设更加节能的房屋，向实现低碳社会的目标继续迈进。

国土交通省还热衷于保存和创建城市景观和美丽景致，以增加居民生活的舒适性和富足性；同时还根据普遍的设计概念，增强城市老年居民的居住便利性。

2. 住房的妥善管理和修建

公寓已成为公共住房的一种重要模式，库存房数量接近613万套(截至2014年年底)。在推进妥善管理和修建的同时，我们还需做好各种挑战的应对，比如因拖欠老年人口服务费及其他费用而造成的管理协会经营者不足和管理不善等。

因此，我们于2016年3月修订了《标准公寓管理章程》，制定出了包括使用外部专家等措施来防止拖欠服务费，并要求披露建筑管理状况。

为促进老旧公寓大楼的更新换代，2014年6月又制定了《推进公寓大楼重建部分修订法》，并于同年12月正式实施；其中涉及了建立公寓楼销售体系，制定了建筑面积比的放宽条款。

此外，内阁还于2016年2月决定通过了《城市重建特别措施法案部分修订法令》，并提交国会。

3. 完善住房市场环境，满足不同的住房需求

(1)建立能够促进现有房屋顺利交易的市场

根据《二手房/整修总体方案》(2012年3月)和《二手房促销/利用研究报告》(2013年6

月），通过①和②建立一个能够促进现有住房利用的市场。

除提高建筑评估技术之外，为推动现有住房市场和住房融资市场发展，2013年9月还举办了"二手房市场激活圆桌会议"，供现有住房分配方面的私营企业和金融机构交换意见。2015年3月，《二手房市场激活圆桌会议报告》发布，对相关讨论结果进行了总结。

此外，2014财年的税收改革将现有住房享受特殊税收待遇（住房按揭税收抵免等）的范围扩大到了收购后实施了抗震改造工程的房屋，而不再考虑建设年份。另外，2014财年调整税收制度时，还针对回购转售业务推出了住宅购买登记执照税优惠措施，从而进一步刺激现有的住房/装修市场；2016财年又将这些税改再次延长两年。另外，2015财年调整税收制度时还制定了新的措施，以减少回购转售业务中的房地产购置税。

①完善市场环境，帮助消费者无忧改造住房

打算改造住房的消费者担心改造成本过高，且不懂选择合适的承包商。解除消费者的忧虑，是振兴住房改造市场的关键所在。

目前在这方面采取的措施包括在住房改造和争端解决支持中心设立住房电话咨询台，免费提供改造报价核查服务，消费者可就特定报价进行咨询；地方律师协会免费提供专家咨询服务。2015财年共接听改造咨询电话9836个、改造报价核查电话820个、改造专家咨询电话899个。

2015财年，"改造缺陷责任保险计划"的申请量达到3421份，该保险计划包括对正在进行的改造工程进行检查，对工程可能存在的缺陷进行保修；955套大型公寓投保了大规模维修工作责任保险计划。

寻求投保的承包商如拥有建设营业执照、业绩证明等，便可在房屋瑕疵责任保险公司登记。根据该计划，消费者还可通过住房保证保险协会网站浏览和选择登记在册的承包商名单。

此外，根据《房屋改造商业组织登记制度》，我们正在改善环境，促进房屋改造业务健康发展，帮助消费者树立改造房屋的信心；我们还要求房屋改造经营者达到一定标准，以确保住房改造业务能够得到妥善管理，向消费者积极提供信息。

②完善市场环境，帮助消费者无忧购买现有住房

考虑购买现有住房的消费者可能担心住房的质量和性能。因此，要发展现有住房的销售市场，就必须建立一种可供消费者无忧购买现有住房的环境。

为此，我们正在按照《现有住房检查指南》（2013年6月制定）推广适度检查。该指南是检查住房现状的指导方针，能够帮助消费者了解现有住房的状况。

就现有住房销售保证保险制度（一种涵盖检查和缺陷保修的保险计划）而言，保险产品的差异性越来越大——比如2013财年开发出了一种相对便宜、保险期限更短的新保险产品，从而导致2015财年的保险认购数量逐渐增加到了9309份。

与改造缺陷责任保险计划一样，现有住房缺陷责任保险计划也允许消费者通过网站搜索和选择注册交易商。

(2)培育持久的优质库存房

①房屋质量保证

根据《住房质量保证促进法》，新建住房的基本结构部分必须保证10年不会出现缺陷。与此同时，为客观评估新房和现房的抗震、节能、抗腐等基本性能和特征，我们还实施了住房性

能评分计划。2015 财年为 200050 套住宅发布了《房屋设计性能评估报告》，进行了设计文件评估；为 168514 套房屋发布了《建成房屋性能评估报告（新建住房）》；为 388 套现有住房发布了《建成房屋性能评估报告（现有住房）》。

在住房改造和争端解决支持中心的支持下，建成房屋性能评估中间产生的纠纷均通过地方律师协会这种指定的房屋纠纷解决机构得到了迅速、合理解决。该中心还提供有关住房问题的咨询。2015 财年，指定房屋纠纷解决机构共处理了 31 起有关建成房屋性能评估的纠纷，提供了 900 次有关建成房屋性能评估的咨询。

②建造持久住房

国土交通省致力于分配达到或超过一定建造和装备性能的住房，比如《持久优质住房分配促进法》所规定的耐久性、易于维护和管理性（2015 财年认证房屋：104633 栋）。

我们也在为渐进改造提供支持，从而延长现有住房的使用寿命。

③推广木质住房

根据公众对木质住房的需求，比如 70% 以上的人都喜欢木质住房❶，国土交通省不仅建造了持久、优质的木质住房，对承包商的低碳住房和零能耗住房进行了完整的建造认证（从本地木材和其他材料的供应到房屋的设计和建造），而且还进行了木质住房建设方面的人力资源开发，目的是打造优质的木质住房库存。

另外，2016 财年初为了开发利用 CLT 进行建筑设计的一般方法，还展开了全尺寸测试等技术检查。

（3）满足不同的住房需求，缩小住房供求之间的差距

①住房融资

日本住房金融局（Japan Housing Finance Agency）通过提供证券化支持，促使私人金融机构提供长期、相对较低固定利率的抵押贷款。其业务包括整合私人金融机构住房贷款应收账款的"Flat 35"（购买计划）以及支持私人金融机构化身成为发起人❷、处理证券化业务的"Flat 35"（担保计划）。截至 2016 年 3 月底，"Flat 35"（购买计划）获得的成果是 1067575 份购买申请及 750537 宗成功购买个案，共有 331 家金融机构参与其中。截至 2016 年 3 月底，"Flat 35"（担保计划）获得的成果是 20148 份保险申请和 12416 份保险，共有 5 家金融机构参与其中。

对于"Flat 35"的房屋，财产检查是根据一套明确的技术要求（比如耐久性）进行的，以确保其质量达标。此外，还利用证券化支持服务框架推出了"Flat 35 S"，它可降低购买达到任何一种性能要求的房屋时，最初几年（持久优质住房为前十年）的贷款利率；抗震、节能、无障碍、耐久性/可变性。

该机构还在具有政治意义但私营金融机构无法轻易满足的领域提供服务，比如为灾后恢复住房提供资金，或为老年人出租住房提供配套服务。

②房屋税制

在 2016 财年的税制改革中，为防止废弃房屋对周围居住环境造成不利影响，便针对继承

---

❶农业省对森林资源周期性使用的认识和偏好调查（2015 财年）。

❷拥有待清算资产的企业。发起人通过发行资产证券，或将信贷、房地产等转让给一些具有特殊目的的公司来筹集资金。

空旧房屋(仅限于抗震房屋)或搬迁后转让土地的资本收益实行了 3000 万日元的特殊减税政策。另外,还从打造跨代养育子女环境的角度出发,针对利用贷款或买方自有资金改造三代同堂房屋设立了减税制度。另外,为减轻购买住房的初期负担、提高居民住房水平和打造优质住房库存,新住房减税政策的实施期限还被延长两年(2018 年 3 月 31 日结束)。

此外,还将采取措施应对 2017 年 4 月消费税计划增长 10% 将可能产生的影响减少,其中包括扩大住房现金利益(将最高金额从 30 万日元提高到 50 万日元)、赠予税减免(将最高金额从 1500 万日元提高到 3000 万日元)以及购房者税收减免的显著上浮。希望这些措施的实施将能促使年轻一代购置住房,提高购房考虑者的可预测性,这些因素将有助于确保房市稳定。

③打造住房租赁市场

为提高独立式住宅和公寓式住宅等自有住房的库存量,将它们推向住房租赁市场,国土交通省正在努力通过推行定期住房租赁制度、制定 DIY 型租赁❶指南来打造住房租赁市场。

④促进空置房屋利用

《空置房屋特别措施法》于 2015 年 5 月全面实施。各城市的政府正在根据当地实际以及空置房屋和建筑的使用和搬迁情况,推进"空置房屋对策计划"。

4. 确保特殊住房需求者的住房稳定

(1)供应公共出租房(图Ⅱ-5-1-1)

住房类别	目 的	所管房屋数量
公共住房	向急需住房的低收入者提供优质的低租金出租房	大约 216 万套(2014 财年)
修缮的住房	向不断退化的居民区急需住房的现有居民提供公共出租房	大约 15 万套(2014 财年)
UR 出租房	提供交通便利的优质出租房,主要是大都市区私营企业无法充足供应的以家庭为中心的出租房,以及建造住宅区(2002 财年起开始实施私人出租房供应支持计划,作为私营企业家庭主导型出租房的有益补充)	大约 75 万套(2014 财年)
城市复兴局出租房	提供优质出租房,以满足地区对租赁住房的需求	大约 13 万套(2014 财年)
区域优质出租房	为私人土地所有者提供修缮及其他费用、租金削减补贴,从而为老年人、儿童所在家庭提供优质出租房	大约 12.2 万套特定优质出租房(2014 财年) 大约 4.1 万套老年人特定优质出租房(2014 财年)

图Ⅱ-5-1-1 公共出租房的目的和结果

注:1. 城市复兴局管理的出租房数量包括老年人补贴型优质出租房。
2. 公共出租房的数量不包括特定优质出租房和老年人补贴型优质出租房。
3. 2007 财年,特定优质出租房局和老年人补贴型优质出租房局合并,成立了区域优质出租房局。

资料来源:国土交通省。

---

❶DIY 型租赁是指一种租赁合同或其租赁财产,无论谁承担 DIY 费用,出租人(租户)均可按自己的偏好进行改造和翻新。DIY 意为"自己动手做"通常是指在没有专业人士的帮助下自己进行修理、装配和完成木工,但这种情况也包括租户聘请专业人员来根据自己喜好进行设施改进或改造。

为将地方政府提供的公共住房提供给急需住房的低收入者,向需要特殊照顾的老年人供应更多的优质出租房、满足他们的住房需求,国土交通省制定了"区域优质出租房计划"作为公共住房的补充,并为公共出租房开发及减租提供资金支持。

另外,为确保因遭辞退等原因而被迫离家的人们的住房安全,我们还采取了措施,为失业工人提供稳定住房,其中包括简化程序,将这些原本不符合空置公屋及其他类似设施使用资格的工人纳入保障范围。

(2) 使用私人出租房

为确保老年人、残疾人、外国人和拥有子女的家庭顺利获得私人出租房,我们专门通过住房援助委员会[截至2015财年已设立60个委员会(46个县级,14个市级)]提供信息服务和咨询服务等住房援助;此类委员会的成员包括地方政府、房地产相关组织和住房援助机构。

二、良好房屋用地的供应和利用

1. 地价趋势

根据日本2016年的官方地价(截至2016年1月1日),平均住宅地价出现下降,但下降幅度较前一年有所减小,商业用地价格平均上涨0.9%,而去年为0.0%。这是2008年后的8年以来各类用地的平均价格首次出现上涨。在主要大都会地区,居住用地价格出现小幅度上涨,而商业用地的价格已经连续三年上涨。在地区性城市中,居住用地和商业用地价格继续下滑,但下降幅度收窄;而札幌、仙台、广岛和福冈四座城市的平均地价增幅则高于三大都会区,不论是居住用地还是商业用地。

2. 房屋用地供应的现状和问题

我们正在根据人口和家庭趋势,稳步实施房屋用地政策。城市复兴局(Urban Renaissance Agency)现只着眼于已经启动的新镇建设项目。国土交通省还大力建设与房屋用地开发相关的公共设施,通过税收优惠来促进房屋用地的提供,打造良好的居住环境。

3. 进行定期土地租赁

定期土地租赁的意思是,土地租赁合同期满时,土地租赁关系终止,不再续约。定期土地租赁是一种有效的低成本住宅购买制度。

为顺利推行这一制度,我们制定了明确的租金一次性预付税收措施。

4. 振兴不断老龄化的新镇

大型城市住宅区(新镇)主要是在经济繁荣时期从大都会郊区系统发展起来的,现在却因人口急速老龄化和持续减少而面临着社会活力下降的问题。人们越来越需要改造破旧的住房和公共设施、完善日常生活的支撑功能,继而将这些新镇改造成为宜居城市。

此外,为进一步振兴新镇,我们现正在借鉴居民、业主及土地所有者/承租人的计划,提供有关维护和改善地区环境、提升地区价值的方法和案例。

第二节 创造舒适的生活环境

一、建设城市公园,打造良好的城市环境

1. 城市公园发展现状及升级途径

由于城市公园是满足多样化公共需求的重要设施,因此国家政府公园、防灾公园、历史古迹城市和绿地均完成了规划建设和有效保护,主要侧重于:①建设安全、可靠的自治市,并配备可用作紧急疏散地的防灾公园;②建立安全、可靠的社区场所,以解决人口老龄化与出生率下降的问题;③保护和打造有利于建设循环型社会和解决全球环境问题的良好自然环境;④开发具有地区特色的旅游景点,促进区域间交流或协作。如图Ⅱ-5-2-1所示为常陆海滨公园的Miherashi山。

图Ⅱ-5-2-1 常陆海滨公园的Miharashi山(茨城县常陆那珂市),一个生机勃勃的旅游胜地
资料来源:国土交通省。

截至2014财年末,全国共有城市公园105744座,覆盖面积122839hm²,人均约合10.2m²。截至2015财年末,全国共约4029万人次参观了国家公园,17处景点正在开发和维护。

2. 打造绿色城市环境

国土交通省正在根据各市制定的"绿色总体规划"提供全面的金融和技术支持,以妥善应对全球变暖、生物多样性保护等全球环境问题,从而通过打造和保护良好自然环境来建设绿色城市。具体来说,国土交通省正在利用社会资本开发统筹补贴来建设绿色城市公园、促进绿色植物保护,其中包括通过限制建筑建设或土地购买以保护绿色植物种植的"特别绿地保护区计划",以及可将绿地按合同承包给公民的"公民绿地计划"。私人土地的绿化也正通过"绿地系统"和"地区绿化率计划条例系统"得到督促。此外,我们正在通过"生产绿地系统"进一步保护城市地区的多功能农业用地。

除举办全国"保护绿色植物"集会和"国家城市绿化博览会"等活动来提高公众绿化意识外,国土交通省还采取了多样化的鼓励措施,比如为绿色倡导者颁发证书以及评估/认证企业在绿化/绿地保护方面的贡献。

3. 努力实现城市与绿色植物和农业并存

鉴于人们对城市农业功能多样性的认识日益提高及其他原因，2015年4月制定了《城市农业推广基本法》，并正在与农业省合作制定"城市农业推广基本计划"。

另外，我们正在大力加强城市建设，实现城市与绿色植物和农业共存，比如调查有助于形成良好城市环境、与绿色植物和农业共存的举措，展现城市功能的多样性。

二、推进建设行人和骑车者优先的道路

1. 创造以人为本、安全和可靠的步行空间

为打造安全、可靠的社会，重要的是要建立以人为本的步行空间，确保行人安全。在这之前，我们根据2012财年紧急联合检查的结果，正在努力改善步行上学儿童所使用的学校路线。学校、教育委员会、道路管理者、警察及其他相关组织共同努力，采取了诸多交通安全措施，比如设立人行道、进行路边彩绘、安装护栏等；并根据"学校路线交通安全计划"实施了联合定期检查，通过多种措施确保儿童安全。

2. 打造安全、舒适的骑车环境

自行车作为一种便利的交通工具在日常生活中发挥着重要作用，但过去10年来自行车和行人事故数量居高不下，而交通事故总数却在同期下降了40%。这表明我们需要更安全、更舒适的自行车骑行环境。鉴于此，国土交通省已颁布《安全舒适的自行车环境创建指南》（2012年11月，国土交通省，日本警察厅），从而为骑自行车者创造安全、舒适的环境，鼓励市政府重新分配道路空间，进行自行车路网规划和开发。

3. 建造优质步行空间

国土交通省致力于为人行道和休息设施建设提供支持，创造优质的步行环境，与美丽景观和丰富的自然与历史遗迹串联在一起，从而打造美丽街区，通过步行促进健康。

4. 开发易于理解的道路标志

国土交通省正在安装易于理解的路标，以帮助指引陌生行人到达目的地。

5. 建立灵活的道路管理系统

为建立灵活的道路管理系统，按照当地居民需求提供多样化的道路功能——包括建立安全、和谐、便于交流的步行空间和场所，使机动车交通更加顺畅和安全——国土交通省正在：①采取优惠政策，比如除特定城市外，由城市在国家或地级公路上建造新的人行道；②建议城市翻新行人安全设施的制度；③道路占用等优惠政策，比如非营利组织及其他机构栽种林荫大道、设置路灯等；④路外便利设施管理实行优惠政策，以确保道路和路边设施的统一管理。

第三节 打造更加便利的交通网络

一、进一步实施城市/区域综合交通战略

能够确保交通安全、平稳的密集式城市规划需从使用者的角度出发，对自行车、铁路和公

共汽车等可用交通模式展开横断研究,而不是对交通方式或运营商进行单独评估。为此,各地方政府要设立由公共交通运营商和其他利益相关者组成的委员会,由委员会规划城市和地区的未来愿景,提供多样化的交通服务,以便制定包括相关交通措施和工作计划在内的"综合城市/区域交通战略"(截至 2016 年 3 月,已有 82 个城市已经制定或正在制定"综合城市/区域交通战略"),各利益相关方分别负责实施各种措施或项目。国家政府将会为实施交通项目综合战略一揽子计划提供支持,比如根据"综合城市/区域交通战略"和城市规划方案建造轻轨交通(LRT)❶。

二、改善公共交通使用环境

对于地方公共交通,国土交通省正在通过实施区域公共交通保障、维护和改善项目,为部署轻轨交通、快速公交系统、IC 卡及其他限制较少的系统提供支持,从而加快改善区域公共交通使用环境,完善无障碍社区规划。2015 财年,广岛电铁公司(Hiroshima Electric Railway Company)完成了轻轨车辆的部署。

三、升级城市铁路网络

目前,城市铁路网络已完成大幅度升级和翻新,其目的主要是提高交通运输能力、缓解堵塞状况。由此产生的结果是,主要大都会地区往返于办公室或学校的铁路交通拥堵状况正在减轻,这与人口持续老龄化、出生率下降的趋势一致(图Ⅱ-5-3-1)。然而,部分路线拥堵率仍高达 180% 以上,缓解拥堵需做出更大努力。正在实施的工程包括:小田急电铁(Odakyu Electric Railway)的小田原线四倍扩容,东京急行电铁(Tokyu)的东横线改造,这两项工程均由"指定城市铁路发展储备计划"资助。

神奈川东线(Sotetsu-JR/Tokyu Through 线)等是按照《城市铁路便利化促进法》打造而成,这部法规旨在提高现有城市铁路的运行速度和升级交通节点功能,从而进一步加强城市铁路网络建设、提高用户便利性。

此外,交通政策委员会正在研究 2014 年 4 月收到的东京大都会区城市铁路未来蓝图。

四、发展城市单轨、新型交通系统和轻轨交通

国土交通省致力于发展轻轨交通,鼓励使用者向公共交通设施迁移,从而减少城市交通流量、减轻环境负担、恢复中心城区活力,在这个人口老龄化和出生率下降的时代确保弱势道路使用者的通畅出行。2015 财年,多个城市都进一步改造了公共交通网络。比如,札幌市打通了连接现有电车线路的路段(图Ⅱ-5-3-2);富山市利用有轨电车将富山站南北连接在了一起;福井市正在推进轻轨线和铁路线之间的互访能力。

五、提升公共汽车的便利性

通过使用公共交通优先系统(PTPS)和公交车道,引入能够提供公共汽车位置信息的公共

---

❶轻轨交通:新一代轨道交通系统将能通过轻轨火车(LRV)提供更加出色的服务,改善轨道或停车状况,比如出入更方便、更准点、更快速和更高的乘客舒适度。

2015年日本国土交通旅游白皮书

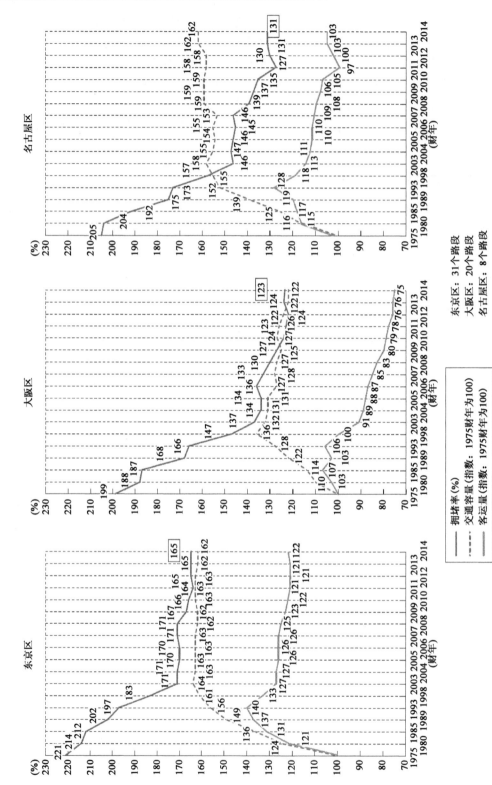

图Ⅱ-5-3-1 三大都会区的交通拥堵、交通容量和客运量平均指标的变化（指数：1975财年为100）及其他相关文献编写。

资料来源：国土交通省根据交通政策研究局的《城市交通年度报告》及其他相关文献编写。

— 198 —

汽车定位系统以及有助于顺利上下车的 IC 卡系统,改善公交服务的准时性和快速性,提升公共汽车的便利性。

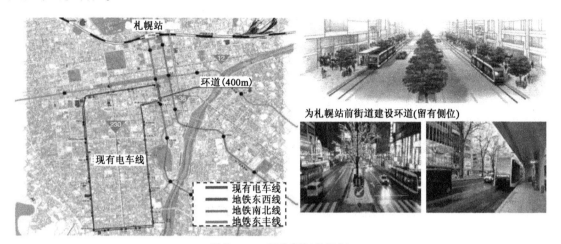

图Ⅱ-5-3-2　环道建设(札幌市)
资料来源:札幌市。

第六章 建设具有竞争力的经济与社会

第一节 建设交通网络

一、发展主干道路网络

1. 发展主干道路网络

自1954年制定"一五"道路建设规划以来,日本的高速公路建设便没有停止脚步。比如,通过建设包括高速公路在内的国家高速公路网络,工厂的选址更加靠近高速公路交汇处,区域经济由此获得了极大的复苏力。此外,通过提高各种医疗服务对广大农村地区的可及性,提供更多出行路线来克服自然灾害导致高速公路中断所带来的不便,国民生计的质量和安全也得到了提高。

比如,琦玉县大都会城际高速公路的所有路段已在2015财年通车。大都会城际高速公路(Ken-O高速公路)是东京大都会区正在建设的三条环道最外侧的高速公路;通过连接东名高速公路和东北高速公路,驾驶员将能避开东京市中心的交通拥堵而迅速到达目的地,从而推动旅游业发展,提高高速公路沿线企业的生产率。

与此同时,城市间交通速度作为城市间出行速度的一种指标,却常在不发达的主干道网络出现滞后。欧美高速公路平均至少拥有四条车道,而日本两个方向各只有一条车道的高速公路却占到了高速公路总量的30%以上。

高速公路发生人员伤亡事故的概率仅为普通公路的大约1/10,二氧化碳排放量仅是一般公路的三分之二,但每条车道的车辆行驶数量却高出七倍。高速公路不仅"安全、干净",而且也是灾害发生时的"生命通道"。国土交通省致力于建造更加密集的高速公路网络,并通过框架推动它们的智能化使用。

2. 促进道路的智能化使用

为提供顺畅、安全、舒适的道路交通服务,并为增强地区活力做出贡献,国土交通省正在努力建设必要网络、升级运营策略和进行小规模改进,从而进一步完善现有道路的功能。ETC 2.0(电子道路收费系统)便是其中的策略之一,已在2015年8月全面投入使用。

(1)支持智能化使用的ETC 2.0

ETC 2.0能够实现日本全国约1600个道路通信点与车辆之间的双向数据通信,相比于以前版本,ETC 2.0能够:发送和接收海量数据;除出入口车流数据之外还能捕获路线信息。

凭借这些更为先进的功能,ETC 2.0极大地促进了智能交通系统(ITS)的推广。

(2)智能收费系统

针对国土交通省公路干线基建开发专责小组委员会(Arterial Road Committee of the Panel on Infrastructure Development)中期报告提出的建议,2016年4月东京大都会区的高速公路引入新的收费系统(图Ⅱ-6-1-1),其中包括根据出发地和目的地重新组织和规范了所有高速公路

第二部分/第六章 建设具有竞争力的经济与社会

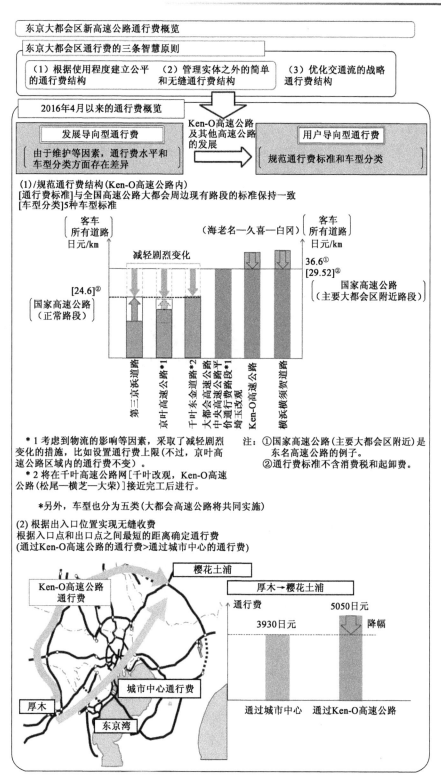

图Ⅱ-6-1-1　东京大都会区新高速公路通行费概览
资料来源：国土交通省。

的收费水平。该委员会目前正在审查近畿地区的收费系统。

日本的高速公路有 83 个路段没能达到每百公里一个加油站,服务水平需得到改善。于是,2015 年 4 月推出试点,取消了中国高速公路(Chugoku Expressway)上驾驶员在六日出入口和吉和出入口下道加油的终点费。这个试点便是通过 ETC 2.0 实现,因为它能提供包括一般道路在内的区域范围路线信息。

(3)智能收费站

随着 ETC 无压力智能收费站的引入,我们正在尝试彻底打开 Ken-O 高速公路(桶川—北本出入口,狭山—日高出入口)收费站的 ETC 挡车杆,在 Sangenjaya 和其他入口推广使用 ETC 通道,之后在大都会高速公路全面投入使用,如图Ⅱ-6-1-2 所示。

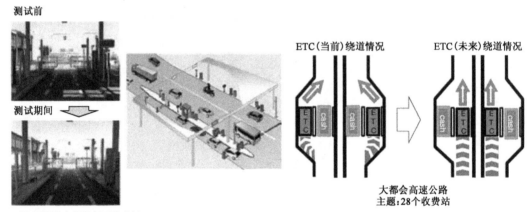

图Ⅱ-6-1-2　ETC 2.0 无压力智能收费站
资料来源:国土交通省。

(4)精明的投资

作为以最低成本通过现有网络实现最大成效的措施之一,我们正在实施一项计划,通过使用详细的减速、加速和其他通过 ETC 2.0 和有效手段收集的大数据,识别因结构因素(如上坡路段和隧道)所导致车辆缓行或拥堵的地点。在中央高速公路入口车道的调布附近,人们在调布出入口交叉点(金太寺公共汽车站附近和其他路段的缓坡/上升坡道)的现有道路内增设了一条车道,三条车道已从 2015 年 12 月投入使用。另外,在东名高速公路的海老名交叉口,2015 年 10 月开始在匝道连接处(现有道路宽度)启用两车道,因为单车道常会造成拥堵。

(5)增强智能功能

在日本,大约 30% 的高速公路只拥有两条车道,从而给双向交通安全和出行效率带来了问题,并会影响大灾难响应速度。因此,为提高驾驶员的安全度、舒适性和驾驶性能,内阁于 2015 年 11 月 13 日通过了《部分修订国家高速公路法案执行命令的内阁令》。该修正案旨在采取灵活行动,将临时两车道改为四车道而无需经过国土交通省公路干线发展委员会讨论,条件是应在第三方委员会进行讨论并满足其他要求后进行。

(6)其他举措

为促进地区之间加强合作,国土交通省正在改善道路可达性,其中包括高速公路和设施之间的直接连接。通过灵活设立更多的智能出入口,我们正在根据"紧凑化"和"网络化"道路概念,通过各种措施来增加从高速公路到配送中心和旅游枢纽的可达性,减轻现有出入口周围的交通阻塞(图Ⅱ-6-1-3)。国土交通省正在制定新规则,提高高速公路的使用率和可用性,比如使用智能出入口和其他成本低廉的方法,直接将高速公路与附近的大型配送中心、工业综合体和商业设施连接在一起。在本财年,国家政府在需要的地方对智能出入口展开了准备阶段调查,并在系统、高效地建设和测试智能出入口。

图Ⅱ-6-1-3 智能出入口影响示例

资料来源:国土交通省。

专栏 对高速公路组织和公司开展业务检查

2005年10月,适逢高速公路组织和公司私有化十周年之际,国土交通省对日本高速道路保有和债务返济机构(Japan Expressway Holding and Debt Repayment Agency)及其他高速公路公司的既往业绩和问题、未来发展举措进行了检查,形成了高速公路组织和公司的业务考察结果(图Ⅱ-6-1-4)。

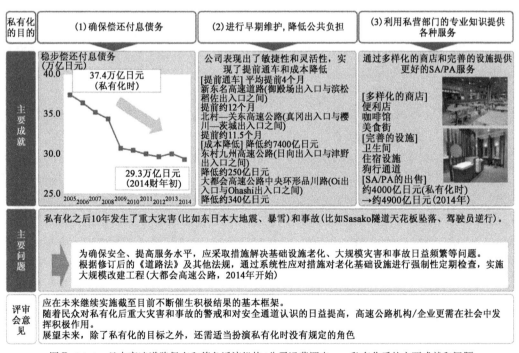

图Ⅱ-6-1-4 日本高速道路保有和债务返济机构/公司运营调查——私有化后的主要成就和问题

资料来源:国土交通省。

这份文件总结了过去 10 年来的主要业绩和问题,比如:①可靠的债务赎回;②提前投入运营,或通过灵活性和流动性降低成本;③利用私营部门的专门技术提供多样化服务。

报告指出,对于该机构和公司今后应该完成的任务,它们应在按照私有化目标稳步取得成果的同时努力解决防灾减灾等新问题,并采取措施防止问题恶化,从而提供安全、可靠的服务。

它们还应积极推进智慧高速公路的使用,从而最大限度地发挥高速公路的运输潜力,提高国际竞争力、振兴区域、发展日本经济。

二、建设干线铁路网络

1. 开发新干线铁路

作为一种对日本具有重要价值的快速交通系统,新干线(子弹列车)大大缩短了地区之间的通行时间,极大促进了地区活动,振兴了当地经济。新干线不仅安全(东海道新干线自 1964 年通车以来从未发生过乘客死亡事故),而且具有生态友好性[单位能源的二氧化碳排放量(g/人公里)是飞机的 1/5,汽车的 1/8]。新建新干线包括❶:2010 年 12 月通车的东北新干线(八户—新青森)、2011 年 3 月通车的九州新干线鹿儿岛路段(博多—新八代)、2015 年 3 月通车的北陆新干线(长野—金泽)、2016 年 3 月通车的北海道新干线(新青森—新函馆北斗)。

对于 2012 年 6 月开工建设的新干线路段(北海道新干线的新函馆北斗至札幌段、北陆新干线的金泽至敦贺段、九州新干线的武雄温泉至长崎段),它们将按照"新建新干线协议"(Handling of New Shinkansen Lines,政府与执政党于 2015 年 1 月 14 日达成协议)提前开通。具体而言,北海道新干线(新函馆北斗—札幌)计划将于 2030 财年末建成和通车,比最初计划的 2035 财年提前五年;北陆新干线(金泽—敦贺)将于 2022 财年末建成,比原定计划(2025 年)提前三年。与此同时,由于工程进展顺利,九州新干线(武雄温泉—长崎)的竣工和通车时间也将会提前(最初计划是 2022 财年)。

交通政策委员会从 2010 年 3 月就开始讨论中央新干线,并于 2011 年 5 月提出建议,将东海旅客铁道株式会社(Central Japan Railway Company)作为它和日本南阿尔卑斯山路线的运营和建造实体(运行超导磁悬浮列车)。根据《全国新干线铁路发展法》,国土交通省将东海旅客铁道株式会社指定为中央新干线的运营和建设实体,并制定出了《发展计划》,指导东海旅客铁道株式会社开工建设。东海旅客铁道株式会社预计将于 2027 年建成东京和名古屋之间的新干线,在 2045 年建成名古屋和大阪之间的新干线。2014 年 8 月,它根据《环境影响评估法》编写和发布了环境评估报告供公众审阅,并向国土交通大臣提交了《中央新干线品川至名古屋站建设计划(1 号)》,该申请已于同年 10 月获得批准。目前,品川站和南阿尔卑斯山隧道正在建设。

山梨试验线已从 1997 年开始了超导磁悬浮列车运行试验。超导磁悬浮技术实用性评估委员会于 2009 年 7 月举行会议,最终认为"将超导磁悬浮列车推向实用阶段的技术条件已经出现,包括将其打造成为超快速的公共运输系统"。自 2013 年 8 月以来,整个山梨磁悬浮试验

---

❶《发展计划》中的五条路线批准于 1973 年,遵照了《全国新干线铁路发展法》。

线不断进行运行测试,对车厢、推进线圈等部件的实际性能进行最终验证。

2.轨距可变列车

轨距可变列车的技术开发工作正在进行,它能实现从新干线铁路线到传统铁路线的直通行驶,反之亦然。按照计划,这项技术将被用于九州新干线和北陆新干线。我们将以2015财年付出的努力为基础,继续推进技术开发,为九州新干线(长崎线)打造出经久耐用的轨距可变列车。另外,我们还将实施更多技术开发活动,解决北陆新干线的雪灾问题(防寒抗冻)。

三、建设航空网络

自2012年10月起,运输政策委员会航空集团的基本政策委员会便多次讨论日本航空的未来发展方向,最终于2014年6月完成了一份报告。该报告阐述了航空三大领域的中长期发展方向:为打造航空网络打下坚实基础;建设强大的航空网络、刺激航空需求;提供优质的航空和机场服务。

1.扩大航空网络

(1)增强大都会机场功能

为提升日本在全球商务和旅游领域的竞争力,大都会机场的功能得到了进一步增强;2015年3月,东京国际机场和成田国际机场的年抵离港时间槽达到75万个。

东京国际机场(羽田)扩建国际客运航站楼后,国际航线自2014年3月以来的登机时间槽每年增加了3万~45万(图Ⅱ-6-1-5和图Ⅱ-6-1-6)。我们将继续开发连接国内和国际航班的地下通道和停车场,进一步提升机场功能。

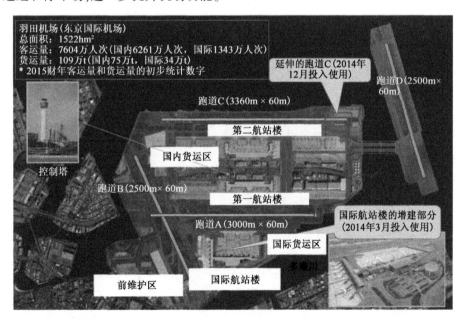

图Ⅱ-6-1-5　东京国际机场概述
资料来源:国土交通省。

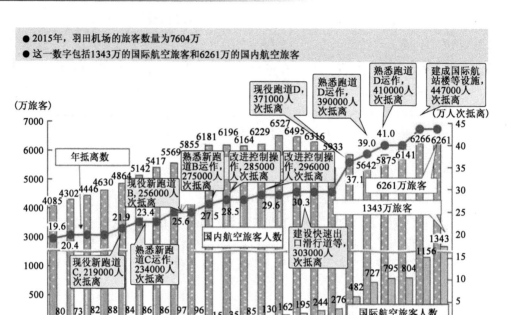

图Ⅱ-6-1-6 东京国际机场的旅客人数和抵离人数趋势
资料来源:国土交通省。

得益于廉价航空公司航站楼等方面的发展,成田国际机场在2015年3月实现了每年30万的抵离港时间槽(图Ⅱ-6-1-7和图Ⅱ-6-1-8)。通过进一步拓展包括廉价航空公司(LCC)在内的国际和国内航空网络,其作为亚洲枢纽机场的地位将会持续得到巩固。

虽已达到75万抵离港时间槽,但为顺利举办2020年东京奥运会和残奥会、满足未来需求,我们正在努力提升羽田机场和成田机场的吞吐能力,到2020年进一步增强大都会机场的功能,从而提高该地区的国际竞争力,接待越来越多的入境外国游客,振兴当地社区经济。

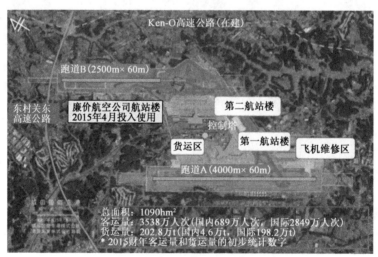

图Ⅱ-6-1-7 成田国际机场概述
资料来源:国土交通省。

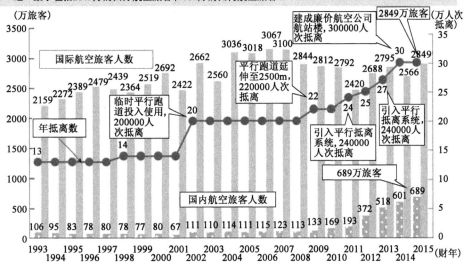

图Ⅱ-6-1-8　成田国际机场的旅客人数和抵离人数趋势
资料来源：国土交通省。

具体而言,同年8月成立了由地方公共实体和航空公司等代表组成的委员会,来制定增强功能的具体措施(比如调整羽田机场的航线),目前正在进行讨论。

为了让居民更多地了解相关情况,羽田机场还专门举行了简报会。展望未来,我们2016年夏季还将制定环境影响及其他方面的措施,这也会考虑收到的意见。

对于2020年以后的举措,我们正在与相关市镇一起研究增强功能的具体措施,其中包括大幅度提升成田机场的接待能力。

(2)战略性地开放领空

国土交通省正在战略性地开放领空(包括大都会机场)❶,以应对全球航空业自由化趋势带来的竞争压力,同时更好地满足亚洲及其他海外国家经济发展的需求。截至2016年3月,我们共对27个国家和地区开放了领空❷。此外,我们正在与东盟展开讨论,期望双边能够达成航空服务协议。

面对羽田机场往来旅客人数的第二次增加❸,2016年2月,日本和美国达成框架协议,两国的航空公司将每天双向运营五个昼班和一个夜班,该计划预计在2016年10月底开始执行。

(3)实现与关西国际机场和大阪国际机场相关的特许权

2012年7月,关西国际机场和大阪国际机场合并为新关西国际机场有限公司,以期通过两个机场的有效利用,巩固和发展关西国际机场作为国际核心机场的地位,更好地满足关西地区的航空运输需求。新关西国际机场有限公司目前已开始全面运行。

---

❶根据协议,双边将互相取消对国际航空运营商数量、航线数量和航班数量的限制,从而进一步提高服务质量,比如通过引入新航空公司来降低机票价格,增加航班数量和鼓励航空公司展开竞争。近年来,世界许多国家都采取了这一举措。
❷来往于这27个国家和地区的旅客人数约占日本旅客总数的94%。
❸自2014年3月起,白天的抵港及离港人次已从每年3万时间槽(每天40个航班)增加到了每年6万时间槽(每天80个航班)。

为提升两座机场的商业价值,该公司还采取了多种积极措施,比如拓展包括廉价航空公司在内的客运网络,以及转变成为货运枢纽机场。此外,自 2014 年 7 月 25 日制定和发布《私人融资计划法》实施方针以来,该公司在 2015 财年实施了针对转让业务的特许程序,2015 年 11 月 10 日选择 ORIX-VINCI 机场联盟作为优先谈判权利人,于 2015 年 12 月 15 日同该联盟(关西机场)设立的特殊目的公司签署了《项目协议》。

(4)机场发展现状

冲绳那霸机场是连接冲绳与日本内地及海外的旅游和物流桥梁,为进一步振兴经济,2015 财年对机场跑道进行了增建。福冈机场继续对新建跑道展开环境评估,以期从根本上解决机场高峰期拥堵的问题,新的跑道建设工程已经启动。此外,国土交通省正在根据战略维护政策对老旧机场进行改造,确保飞机安全飞行,同时推进机场抗震技术和结构研发,确保机场能在地震时正常运行。此外,为提高日本机场的国际竞争力和地区竞争力,它一直在改造和改进机场航站楼的内部布局。

(5)飞行员培训和保障等

从日本航空业来看,未来国际航线的航空需求将会大幅度增长,40 多岁的飞行员(他们是目前的主要劳动力)将大规模退役,但现在每年招募的新飞行员数量很难完全满足未来需求,如图Ⅱ-6-1-9 和图Ⅱ-6-1-10 所示。因此,我们正在寻求解决飞行员中长期短缺的问题。

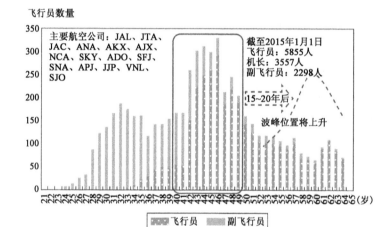

图Ⅱ-6-1-9　日本主要航空公司飞行员的年龄结构

资料来源:国土交通省。

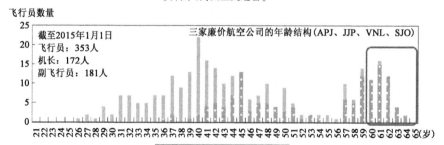

图Ⅱ-6-1-10　日本廉价航空公司飞行员的年龄结构

资料来源:国土交通省。

为此,运输政策委员会航空集团的基本政策专责小组和技术与安全专责小组于 2013 年 12 月成立了乘务员政策研究联合小组委员会,以探讨解决飞行员短缺问题的具体措施,并在 2014 年 7 月完成了一份报告。随后,我们根据报告采取了下列举措:

2014 年 8 月,为航空公司和培训机构等相关利益相关方举办了飞行员培训联络会议,讨论了飞行员培训和保障方面的各种挑战。

我们正在采取各种措施提供更多的飞行员,比如通过放宽居民身份要求使用自卫队飞行员或外籍飞行员,或加强健康管理、抬高航空公司飞行员的年龄限制,雇佣现役飞行员。

此外,2015 年 12 月还推出了专门网站 Skyworks(http://www.skyworks.info)来展示航空相关职位的魅力。同时又从各方面多管齐下:航空公司对飞行员进行高效培训,扩大私立大学等私营部门培训机构的供应能力以及更好地利用民航学院培养人才。

而且,随着救护、消防、防灾直升机及其他公共服务直升机飞行员的需求不断增加,直升机飞行员保障也成为一个重要问题。因此,2015 年 7 月专门召开了相关部委联络会议,讨论直升机飞行员培训和保障的理想方法。在此基础上,飞行员培训联络会议下设的直升机专责小组对具体措施展开了研究,其中包括通过公私合作、制订救护及其他直升机飞行员的培训计划。

2. 完善和优化机场运营

(1)推进机场管理改革

根据《利用私营部门能力运营国家机场法》(《私人利用机场运营法》),国土交通省正在在机场的支持下通过利用私营部门的能力和对航空公司和非航空公司业务进行综合管理,进一步推进国家机场管理改革、满足当地的特定需求,从而扩大参与国内和国际交往的人口数量,促进区域振兴。

作为政府管理的第一个机场项目,仙台机场已于 2015 年 12 月同公共设施经营权持有人达成实施协议,目前正在为 2016 年 7 月投入运营做准备。

(2)鼓励廉价航空公司进入市场

日本的首家廉价航空公司于 2012 年 3 月开始提供服务。截至 2016 年 3 月,乐桃航空经营的国内航线达到 14 条,国际航线达到 10 条;捷星日本航空拥有国内航线 16 条,国际航线 6 条;香草航空拥有 3 条国内航线和 3 条国际航线;春秋航空拥有 2 条国内航线和 2 条国际航线,如图 Ⅱ-6-1-11 所示。此外,亚航日本预计将于 2016 年开始运营低成本航班(亚航集团重返市场)。

通过吸引更多游客前往日本,扩大国内旅游市场等措施,廉价航空公司加速进入市场可创造出新的航空需求。政府制定的目标要求:"到 2020 年,国内廉价航空公司乘客要占到航空公司乘客总数的 14%,国际廉价航空公司乘客要达到 17%。"政府和各个机场采取了各种措施来鼓励廉价航空公司进入市场。

下面将概述正在实施或探索的两个主要政府措施。第一个措施是 2013 财年降低廉价航空公司相关设备(100t 及以下)的着陆费,其目的是通过经营当地航线和资助廉价航空公司来振兴当地社区经济,2015 财年也沿用了这一措施。第二个措施是推进机场管理改革。日本的许多机场都是由中央和地方政府管理,希望通过跑道和航站楼的统一管理以及与私营企业联合推出的机票战略计划和销售活动,吸引更多的廉价航空公司。

自2012年起,廉价航空公司开始在日本运营 2014财年,廉价航空公司占国内航班乘客运量的8.2%					2016年3月27日
公司名称	乐桃航空	香草航空	捷星日本航空	春秋航空日本	亚航日本
主要股东	- 全日空控股:38.7% - 第一东方航空控股有限公司:33.3% - 日本创新网络公司:28.0%	- 全日空控股:100%	- 澳航集团:33.3% - 日本航空公司:33.3% - 三菱商事:16.7% - 东京世纪租赁公司:16.7% *比率是基于投票权	- 春秋航空:33.0% 以及其他公司	- 亚航投资:33.0% - 乐天公司:18.0% - Noevir控股:18.0% - Alpen公司:18.0% - FinTech全球贸易公司:13.0% 以及其他公司 *比率是基于投票权
核心机场	关西国际机场 那霸机场,成田国际机场	成田国际机场	成田国际机场 关西国际机场	成田国际机场	中部国际机场
机型	空客A320(180座)	空客A320(180座)	空客A320(180座)	波音737(189座)	空客A320(180座)
投入运营时间航线	2012年3月1日 (国内航班) 关西—札幌,仙台,成田,松山,福冈,长崎,鹿儿岛,那霸,新石垣,宫崎 那霸—福冈,成田 成田—札幌,福冈 共14条线路 (国际航班) 羽田—桃园,仁川(2016年2月5日) 关西—仁川,釜山,桃园,高雄,香港 那霸—桃园,香港,仁川 共10条线路	2013年12月20日 (国内航班) 成田—札幌,奄美,那霸 共3条线路 (国际航班) 成田—桃园,香港,高雄 关西—桃园(2016年4月27日) 共有3条路线	2012年7月3日 (国内航班) 成田—札幌,关西,高松,松山,福冈,大分,熊本,鹿儿岛,那霸关西—福冈,那霸 中部—札幌,福冈,鹿儿岛,那霸 共16条线路 (国际航班) 成田—香港,桃园,马尼拉 关西—香港,桃园,马尼拉(2016年4月7日)中部—桃园,马尼拉(2016年4月1日) 共6条线路	2014年8月1日 (国内航班) 成田—广岛,佐贺 共2条线路 (国际航班) 成田—武汉,重庆 共2条线路	2016年夏(计划) (国内航班) 中部—札幌,仙台(计划) (国际航班) 中部—台北(计划)
公司结构特点	业务运营独立于全日空	全日空的合并子公司。业务运营需与全日空协调	业务运营独立于日本航空公司	利用春秋航空网络(中国)进行运营	亚洲航空的再次入市

图Ⅱ-6-1-11 日本廉价航空公司项目概述

除这些措施之外,每个机场还采取了两个关键步骤来打造廉价航空公司的友好环境。第一是建设廉价航空公司专用航站楼。2012财年,成田国际机场推出了临时的廉价航空公司接待设施,关西国际机场建成了日本首个廉价航空公司专用航站楼(T2),那霸机场也利用现有设施设立了临时的廉价航空公司航站楼。另外,成田国际机场的3号航站楼(廉价航空公司航站楼)已于2015年4月投入使用。此外,关西国际机场正在考虑建设廉价航空公司航站楼,2016财年末正式投入运行。中部国际机场也正在探索新建廉价航空公司航站楼的可行性。第二是降低包括着陆费在内的机场费用。2014财年启动并持续到2015财年的一项工作旨在降低或审查机场费用,其中包括成田国际机场和关西国际机场的着陆费。

(3)提升商务机的接待能力

商务机是一种小型飞机,运载量从几位到十几位乘客不等。商务机常供珍惜时间的商务人员使用,因为他们可根据自己的日程调整时间,或者将飞机用作召开商务会议的安全空间。

商务机已成为美国和欧洲全球企业活动的一种手段。随着日本经济迈向全球化,吸引海外投资已获得更广泛的认同,而不是像海外建厂那样进行单向投资。因此,从确保日本在亚洲地区的经济增长来看,日本商务机的重要性和潜力将会进一步增长。

我们已采取了结构性措施、调整了法规要求,为大都会机场接待商务机做好准备。比如,从2016年3月底的航班开始,东京国际机场已将每月的航行时刻表申请截止日期和最终确定日期提前五天;关西国际机场设立了国外游客商务机入境快速通道;成田国际机场增加了两处商务机接待口。

未来将会考虑采取更多措施来促进商务机的使用,其中包括积极发布信息和放宽商务机规章制度。

(4)促进地区机场的国际航班服务

尽管访问日本的外国人数稳步增加,但大约70%都是集中在连接东京大都会区和关西地区的"金色大道"观光路线。展望未来,接待更多旅客的关键挑战是吸引外国游客直接前往日本各地,提高农村地区的往来旅客流量,同时增强大都会机场的功能。

就国家管理的机场来说,国际航班的着陆费已减少30%,而包机航班降低了一半。此外,2016财年,地区机场将会进一步降低国际航班的着陆费,以期增加入境外国游客数量。对于新增或额外的国际客运航班,国家管理的机场(除东京国际机场、新千岁机场和福冈机场之外)将会把着陆费减少一半,以配合地方吸引更多航线。这将能鼓励地区机场通过改善环境和提供国际航班服务吸引外国旅客,比如打造范围更大的旅游线路。

3. 建设空中交通系统

(1)建立新的空中交通系统

2010财年,产业界、学术界和政府部门的空中交通专家共同制定了未来空中交通系统长期愿景《空中交通系统改造合作行动》(CARATS),以构建全球协作式空中交通系统,解决长期航空运力需求增加和需求多样化的问题。我们正在与国际民航组织的全球空中航行计划(GANP)共同展开研究,实现这一愿景。

2015财年,我们还启动了一项研究,旨在实现飞机从起飞到开始巡航这段时间内持续爬升(无需临时平飞),以便提高航班飞行效率,降低燃油开支和二氧化碳排放量。此外,为实现目前只有直线航道才能做到的精准着陆,我们正在研究引入陆基增强系统(GBAS),以提高弯线航道的安全性和便利性。此外,有关新建全球共享航空情报网络的讨论也正在进行。

(2)不断提升大都会机场的能力

东京国际机场(羽田)不断努力扩大大都会机场和空域的能力,2014年3月实现了44.7万人次的吞吐能力。2011年10月以来,成田国际机场也引入了同步并行离港程序,在不扩大噪声影响区域的情况下提高年运力。2015年3月,它依靠熟悉这种运作模式的两条现役跑道和能够高精度监视飞机的设备,实现了30万人次的吞吐能力。

我们将进一步展开研究,不断增强大都会机场的功能。

4. 国际航空措施的战略推广

不久,亚太地区将会发展成为全球最大的航空市场。在这种情况下,对日本具有战略意义的不仅是要努力加强本地区的航空网络,而且还要抓牢新兴国家正在大量建设航空项目的契机。

统一的公私做法对于赢得订单至关重要,因此国际航空基础设施部署委员会已开始努力收集信息,巩固双边关系。

2015财年的活动包括邀请蒙古的重要政府官员前来参观(2015年6月)以及在越南举办航空研讨会(2015年12月)。

四、改善机场周边交通

在改善大都会机场周边交通方面,交通政策委员会正在研究如何完善东京地区的未来城市铁路。有关建设市中心直达线路的研究也正在进行。

第二节　实施综合物流政策

根据《综合物流政策指南(2013—2017)》,公私部门正在展开配合,以综合、集成的方式实施物流政策。

一、实施物流政策,加强全球供应链

为跟上全球供应链的发展步伐,我们正在努力完善日本国际物流设施,其中包括推进国家物流体系的海外部署。

1. 推进日本物流体系的海外部署

随着供应链不断向全球化转变,抓住不断变化的亚洲市场对于维护和提高日本产业的国际竞争力至关重要。打造先进的国际物流体系应是实现这一目标的先决条件。占据亚洲市场已成为日本物流企业的一项紧迫任务,它们能够帮助日本产业在亚洲实现扩张。

然而,伙伴国家的制度性和习惯性制约因素正在对日本将高效物流体系推广至亚洲国家构成挑战。因此,国土交通省正在通过物流试点项目、举行政府对话、人力资源项目开发以及其他公私部门合作,为日本物流体系向海外扩张创造条件。

2. 加强国际海运网络功能

随着经济全球化的不断发展,国际海运量正在逐年增加。从通过大宗运输优化海运的角度来看,集装箱船和散货船的规模将会继续增加。与此同时,亚洲主要港口已成功提高货物吞吐量,导致停靠港更加集中,国际主干航线在日本的停靠不断减少。此外,对大型船舶运输散货的反应迟缓❶引发人们担忧国内产业竞争力下降,它们已被迫陷入相互不利的商业环境。

鉴于这种情况,日本继续努力简化日本经济活动和公民生活所依赖的物流模式,提高本地航运实体的能力,继而提高日本的产业竞争力,通过保持和增加国际主干航线在日本港口的停靠次数、简化和稳定资源和能源等生命线物资的进口来促进经济发展。

与此同时,我们将努力打造高效的国际、国内运输服务一体化海运网络,进一步完善和实施相关措施。

---

❶散装运输货物的通用术语,比如谷物、铁矿石、煤炭、石油和木材。

(1) 加强战略性国际集装箱港口设施建设

为增强日本经济的国际竞争力,保持并为民众创造更多就业机会,还需维持甚至扩展连接日本与北美、欧洲及其他地方的海运集装箱运输国际主干航线。

为应对这一需求,2010年8月分别选择了阪神港和京滨港作为国际集装箱枢纽,实施一整套结构性和非结构性措施,其中包括建设深水码头和进行有效的港口管理。由于船舶体积越来越大和航运公司的深度合作,国际主干航线的停靠次数不断减少。面对这一情况,国际集装箱枢纽政策推进委员会于2014年1月发布最终结论,提出了"收集货物"(比如从更广地区的国际集装箱枢纽揽货)、"创造货物"(比如整合内陆战略港口的产业)和"提升国际竞争力"(比如增强深水集装箱码头的功能或建立港口管理公司政府投资体系)三个关键原则。

在阪神港,国家政府已为神户—大阪国际港务公司开展货物承揽业务提供了投资和扶持。2015财年,西日本港口的国内支线航线服务量已从每周68次停靠量增加至95次,增幅约40%,阪神港收集的货物接近14万标准箱。这些努力已开始结出硕果,自1995年阪神大地震以来,神户港处理的集装箱货物数量已在2015年刷新历史纪录。

日本最深(18m水深)的京滨港集装箱码头已于2015年4月开始在横滨港的南本牧港区提供服务。此外,横滨港和川崎港预先成立的横滨川崎国际港务股份有限公司于2016年3月被指定为港口运营公司,国家政府对该公司进行了投资,由此构架起了政府、港务局和私营部门的合作框架。

今后,我们将会继续实施国际集装箱枢纽政策,加快推进相关计划。

(2) 建设稳定、高效的资源和能源等物资海运网络

实现资源和能源等供需平衡,保障日本对这些物资的稳定和低成本进口,提高国家产业的竞争力,维持甚至创造更多就业机会和收入,是实际上完全依赖进口的日本所面临的重要任务之一。

国土交通省正在通过建造关键的大型港口和港湾设施,促进企业间合作等措施,建立稳定、高效的资源和能源等物资海运交通网络。2013年12月,修正后的《港口和海港法》及相关的内阁令和部长法令生效。该法令授权国土交通大臣指定专门的货物进口港,用来进口煤炭等散货,并制定了此类港口的扶持措施。目前,已被指定为战略性国际散货港口的小名浜港和钏路港正在阔步发展。小名浜港2013财年开始建设一座深达18m的国际物流码头,用作处理煤炭进口的基地,并于2013年12月被指定为特定货物进口枢纽港。港口管理方福岛制定并出台了特定用途促进计划,以促进煤炭联合运输。钏路港2014财年开始建设一座14m深的国际物流码头,用作处理粮食进口的基地,并于2016年2月被指定为特定货物进口枢纽港。

其目标是实现稳定、低成本的进口供应,从而增强日本的产业竞争力,创造更多的就业机会,防止收益向国外流失。

(3) 在日本海建立功能核心港

就地理位置而言,日本海沿岸的港口接近经济发展快速的海洋国家;2011年11月从中选定了一些作为核心港口,以期借力这些国家的经济繁荣促使日本发展,通过功能选择、措施集聚和港间联动建设东日本大地震后的抗灾物流网络。我们将继续跟踪港口管理机构制定的计划进展及其他情况。

(4) 建立综合物流信息平台

为提高系统管理的效率和用户便利性,我们正在建立一个综合物流信息平台,将日本自动货物整合系统(NACCS)和集装箱物流信息服务(Colins)融合在一起。

(5) 增强国际港口的功能

国土交通省不仅通过国际海运网络或区域枢纽港口建设国际物流配送终端,以提升本地重点行业的综合竞争力,同时也在推动这些港口向信息通信技术(ICT)迁移,进行功能升级。为满足东亚物流日益复杂和多样化的需求(它们与国内物流在时间和距离上的差别不大),建设低成本的物流体系,国土交通省正在加强单元装载终端的功能建设❶,打造货物平稳转运设施。

(6) 改善海洋运输环境

所有国际骨干航线中,因水浅而可能干扰海湾航行的航线得到了改善,航标辅助系统也完成设立,从而打造能够确保航行安全、提高海运效率的海洋运输环境。

另外,为能在海啸等灾害发生时及时、顺利地将船舶疏散到安全海域,并减轻平时的拥堵状况,实现船舶的安全、高效运行,日本海岸警卫队正在努力完善东京湾船舶交通服务中心和港口交通管理办公室,建立统一的业务实施系统。针对这些情况,我们正在进行必要的系统升级,以确保灾难发生时海上交通功能的正常发挥。

3. 建设先进的航空物流设施,增强国际竞争力

国土交通省不断巩固大都会机场的功能,推动日本关西国际机场、中部国际机场等枢纽机场的空运枢纽建设,简化运输流程,从而主动捕获亚洲日益增长的往返空运商机。

4. 完善物流系统,促进农产品、海洋产品和食品的出口

2015财年,农产品、海洋产品和食品的出口额达到7452亿日元,连续两年刷新历史纪录。确保农产品、海洋产品和食品的质量和提高成本竞争力,是扩大出口的关键。此外,我们正在努力提高物流的精密度和运转效率,比如推广防止运输过程产品腐烂的技术和设备,保持产品新鲜度,并通过不同货物的整合来扩大大宗运输业务量。

5. 开发和利用具有战略物流意义的道路网络

建立高效的物流网络对汽车运输至关重要,这种模式要占国内运输的80%左右。正因为如此,我们正在进行三大都会区的环道建设以及机场和港口的通道建设。2014年10月,这些道路又专设了"超重和超大车辆路网",以简化此类车辆使用这些路段道路的申请程序。这是为了通过打通物流基地的最后一英里和系统化消除不通路段,完成部分路段的功能提升。此外,我们正在利用信息技术稳步推进"智能物流管理",比如简化ETC 2.0车辆的专车通行证,开展ETC 2.0车辆运营管理支持服务的示范试验等。利用和升级现有道路网络的工作也正在进行,其中包括建设智能出入口。

6. 加强国际物流设施建设

为满足物流网络的发展需求,将国际货运与国内海陆空运输有效地结合起来,我们正在推进与韩国和中国实现货柜(无动力拖车)互操作。

---

❶单元装载终端是一种使用货柜或集装箱等单元化装载和卸载货物的运输方案,从而提高物流的速度和效率。

同时,我们还将推进日本标准物流体系的国际化,并借助国内物流企业目前已达到世界最高水平的服务和技术(包括冷链和交付服务),为改善亚洲物流网络的物流环境、增强日本物流企业的国际竞争力做出贡献。

国土交通省将努力推进国际港口周边物资调运场所和设施的开发与重建,它们都是大都会区国际物资调运的节点区域。这些工作也将在具有物资调运和工业优势的港口展开。作为改善城市环境的组成部分,这么做将有助于增强国际竞争力,建设有效的物流网络,同时做好备灾工作,更好地应对大灾大难。

二、建立高效、可持续的日本物流体系

我们目前正在采取多种方法,为国家建立高效、可持续的物流体系,从而增强日本的工业竞争力,提高物流效率,同时减轻环境负担。

1. 发展区域间物流

国土交通省已着手建设港口和货运站等物流节点,以推动多式联运模式。通过利用已建设施来提高铁路货物运输能力,可更有效地进行铁路货物运输。东洋港等地正在建设多式联运码头,以进一步协调海运和其他运输模式。此外,2015年6月,我们还编制了有关铁路运输中断替代运输各项事宜的报告。此外,从2015财年开始,为促进进口/出口集装箱货物国内运输中,40ft集装箱向铁路运输模式的转换,我们一直在努力开发符合隧道等现有结构高度限制的低地板式铁路车辆。我们还将建设重要的道路网络,以简化汽车运输流程。

2. 优化城市和人口稀少等地区的物流

根据《城市配送中心改善法》,我们已在20个城市和29个地点(其中27个已在2016年3月底投入使用)建立城市配送中心❶,从而通过密集的配送设施地提升城市物流功能,提高道路交通效率。

为防止路边停车进行货物装卸,国土交通省鼓励地方政府通过市政停车条例强制设立货物装卸停车位。截至2015年3月底,89个城市已通过市政条例,在一定规模的商业设施强制设立货物装卸停车位。

为优化交通流量而采取的措施包括:努力消除拥堵瓶颈点,建设分级交叉口,解决几乎总是关闭的铁路交叉口问题。与此同时,我们还深入实施了一些非结构性措施,比如根据《低碳城市促进法》鼓励联合运输和交付,以提高装载效率。

此外,在人口稀少等地区,遭遇日常购物困难的人数不断增多,物流效率也在下降。因此,根据2014财年"支持地方社区可持续物流网络评审会"汇编的报告,我们在日本5个地区进行了项目示范,研究运营问题和应对措施,积累和传播实践经验。

自2015年6月起,我们召集送货商、邮购商等举行了"促进交付接收方式多样化,减少重新配送评审会",以了解现状、分析原因,减少可避免的重新配送,并在同年9月编写了有关工作任务和对策方向的报告。

---

❶ 大型城市配送中心集中配备有众多配送设施,比如载货汽车货运站和仓库等,它们的位置非常便利,易于进入高速公路。

无人驾驶飞机或无人机方面的技术与业务正在迅速发展，它们可被用于物流领域，比如为人口稀缺地区、城市或在发生灾害等紧急情况时运输货物。因此，根据2015年12月《民用航空法部分修改法》所制定的基本飞行规则，在能确保飞行安全的前提下，我们计划通过调查和解决无人机商业化问题，早日实现无人机的物流应用。

3. 进一步提供更加精细、全面、高效的物流服务

为进一步加快第三方物流业务❶的发展，国土交通省不仅在努力打造更加友好的物流公司环境，开设人力资源开发和培训课程，为中小型企业制定进入欧共体市场的指导方针，帮助它们进入第三方物流业务领域，同时还根据《推动整合和简化配送业务法》推出了总效率计划认证制度❷，以推广和简化物流过程。

截至2016年3月底，已有289份总效率计划获得此类认证。此外，我们还于2015年3月编制了"物流公司关键绩效指标（KPI）"❸，以期通过物流公司与托运人的共同努力提升物流运作效率。

4. 解决物流业劳动力短缺问题

受人口老龄化和出生率下降的影响，货运和国内航运领域开始担心劳动力市场将会萎缩。在这种情况下，为确保物流领域拥有充足的人力资源，提高物流效率/节省劳动力，我们正在进一步推进模式转换和联运、减少重新配送，以提高物流效率/节省劳动力；同时根据2015年3月国土交通省制定的《物流业劳动力短缺措施行动计划》有效提升物流业的社会意义。

此外，基础设施发展委员会小组委员会还于2015年4月设立了物流专责小组，根据同年12月与基础设施发展委员会公路小组委员会基本政策专责小组联席会议所推出的报告，我们正在努力提高物流业务的生产率，同时打造一种不分性别和年龄、人人都可出力和发挥积极作用的工作环境，创建一个具有吸引力、能够调动工作积极性、增加自豪感的工作场所（比如通过减少工作时长并增加工资）。

专栏 减少送货上门服务中的重新配送

最近，电子商务大规模扩张导致送货上门服务的业务量急剧增加（过去五年上涨了15%，见图Ⅱ-6-2-1），而重新配送的包裹占比约为20%。根据国土交通省的初步计算，这种重新配送已造成重大社会损失，比如"每年会产生约42万t的二氧化碳排放量，相当于商运车年排放量的1%（或面积为内山手线2.5倍的雪松林的年吸收量）""每年会消耗大约1.8亿的劳动小时数（相当于每年9万人的劳动力）"等。

针对调查结果，国土交通省召集送货公司、邮购公司、便利店、寄存服务公司等相关企业举行了评审会，并对送货上门服务的重新配送情况进行了问卷调查❹。根据调查结果，造成重新配送的原因包括收货人"事先不知道"或"知道但不在家"，它们的原因占比均为约40%。

减少因重新配送造成的社会损失，将有助于抑制全球变暖，缓解因出生率下降和人口老龄

---

❶第三方物流：一种为货主货物提供完全一体化的物资调运的外包服务。
❷利用高速公路交汇处或港口等社会基础设施附近的物理设施，通过安装信息系统和防灾设施等集成和加快物资调运；同时寻求运输网络的集中利用，共享运输和配送业务。
❸KPI是关键绩效指标的缩写，指用于监督运营流程、实现企业目标的指标。
❹评审会进行的重新配送接收者问卷调查旨在探索多元化收货方法，以减少送货上门服务中的重新配送。

化而导致卡车驾驶员短缺的问题。此外,为维持和改善日本未来高度便利的配送服务,也有必要减少重新配送造成的浪费。

为减少重新配送数量,除有关企业应加强合作、寻找更好途径之外,每位公民也应了解重新配送可造成的社会损失,并积极进行合作。

国土交通省总结的减少重新配送的主要措施如下:
(1)通过网络和应用程序等,引入更简单的交付日期和时间确定方法。
(2)提高公众对重新配送所导致社会损失的了解,并根据他们在减少重新配送方面的贡献给予奖励。
(3)通过便利店提供更多的送货上门和邮购服务,制定更合理的接收程序,提高便利性。
(4)鼓励家庭安装收货柜,并提供一致化包裹。
(5)引入和推广包裹接收的新方法,比如在火车站和其他公共场所设置家庭收货柜。

为实现这些具体措施,各相关企业必须展开更多合作,共同努力。另外,日本物流业要想提高生产率、维护和改善服务水平,货主和物流公司就必须共同解决重新配送的问题,需要企业和公民(服务的使用者)了解物流业并加强合作。

a) B2C电子商务市场规模和电子商务比率的变化

注:EC:电子商务。
资料来源:《2014 财年日本信息与服务经济基础设施发展报告(2014 财年电子商务市场调查)》,经济产业省。

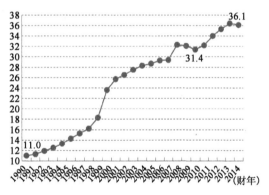

b) 送货服务包裹处理数量的变化

注:2007 财年起,日本邮政服务公司处理的包裹数量也计算在内。
资料来源:《2014 财年送货服务包裹处理数量调查》,国土交通省。

图 Ⅱ-6-2-1　电子商务扩张与送货服务包裹数量

第三节　重振各个行业

一、铁路行业的趋势和措施

1. 铁路业务

(1)铁路业务的趋势和措施

2014 财年,铁路旅客数量与上年相比出现增加。就日本铁路公司而言,新干线运输量不断增加,而常规铁路运输量减少,私人铁路运输量也有增加。

2014 财年,铁路年度货运量(t)和距离(km)与上个财年相比基本持平,而汽车货运略有下降。

铁路运营商正在研究多项措施,比如提供多语言指导信息、显示路线和车站名称及字母数字编号以及免费提供公共无线服务等,以期提高铁路竞争力、提高民生服务便利性,进一步做好接待入境游客的准备。

另外,自 2001 年东日本铁路公司开创性地推出西瓜卡(Suica)以来,交通 IC 卡在全国的知名度越来越高。2013 年 3 月以来,东日本铁路公司和主要私人铁路所使用的 10 种交通 IC 卡已实现互通。随着 IC 卡渗透到更多铁路运营商和地区,它们将能进一步提高乘客的便利性和振兴地区经济。

(2)实现日本铁路公司的全面私有化

1987 年 4 月,日本国铁解散进行私有化,之后成立了多家日本铁路公司。近 30 年来,它们都在探索自己的方法,以适应本地区的条件和管理环境。与此同时,东日本铁路公司、西日本铁路公司和中日本铁路公司已完全私有化,日本铁路建设、运输与技术局的股份转让完毕。

另一方面,北海道铁路公司、四国铁路公司、九州铁路公司、日本货运铁路公司都在努力增加收入、削减成本。鉴于这些公司所扮演角色的社会意义,比如确保当地交通工具安全、推行环境影响少的铁路货运服务,2011 财年便开始根据日本国铁结算公司的《债务处理法》等,利用 JRTT 特别服务账户的资金和已生效的固定财产税收减免向它们提供必要帮助,从而强化它们的管理结构、增强经济可行性。

随后,鉴于九州铁路公司的管理基础已经稳定,上市条件已经成熟,因此我们决定对其进行完全私有化,并于 2015 年 6 月通过了《客运铁路公司和日本货运铁路公司法部分修改法》(2016 年 4 月 1 日生效)。这样,九州铁路公司将不再承担《客运铁路公司和日本货运铁路公司法》的相关责任。对于北海道铁路公司和四国铁路公司,根据国土交通大臣同年 6 月发布的公告,我们决定采取额外的扶持措施,根据《债务等处置法》推进 2016 财年的安全和维护投资。

2. 铁路车辆制造业

铁路车辆生产(按产值计)在国内保持平稳,而海外变化较大,这取决于海外订单的数量。2014 财年的产值为 1684 亿日元(1645 辆)。按产值计算,国内占比为 93.1%(1568 亿日元),出口占 6.9%(116 亿日元),与 2013 财年相比前者增长 1.4%,后者减少 69.9%。

铁路车辆部件(比如发电机和转向架)产值为 2789 亿日元,信号保护装置(比如自动列车控制装置和电动联锁装置)为 1217 亿日元。通过与铁路运营商合作,铁路车辆制造商及其他部门正在努力开发能够满足各种社会需求(比如速度、安全、乘客舒适性、低噪声和无障碍)的铁路车辆,并以最近的海外项目订单为推动力,在美国和英国等地建立和拓展生产和服务基地。

二、汽车运输行业的趋势和措施

1. 客车运输业务

(1)公共汽车业务

公共汽车运输需求(按乘客人数和经营收入计)正随着城市结构的变化不断下降

（图Ⅱ-6-3-1），比如中心城区空心化、私人小汽车随着机动化发展的不断增加。经济活动不景气导致公共汽车业务环境依然严峻。

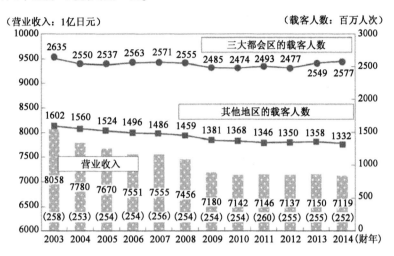

图Ⅱ-6-3-1 公共汽车载客人数和营业收入的变化

注：1. 上述数据来自至少拥有30辆公共汽车的公共汽车运营商。每财年括号内的数值是该财年至少拥有30辆公共汽车的公共汽车运营商总数。

2. 三大都会区的载客人数为埼玉、千叶、东京、神奈川、爱知、三重、岐阜、大阪、京都和兵库的总计数值。

(2) 包车业务

自2000年2月取消管制以来，包车业务一直致力于提供低成本和多元化的公交服务，提供更好的用户体验，但随着运营商数量的增加竞争也更激烈。此外，由于团体旅游继续收缩、旅游商品价格降低，运输收入一路下滑，见图Ⅱ-6-3-2。此外，油价上涨也影响到了包车业务的商业环境。

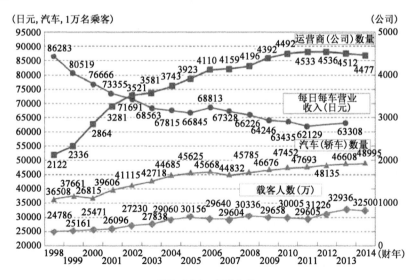

图Ⅱ-6-3-2 包车业务

资料来源：国土交通省。

2012年4月关越高速公路快速旅游公共汽车事故之后,未来公共汽车服务审查委员会召开了讨论会。在此基础上,我们又制定了"快速公共汽车和包车安全及信心恢复计划",利用两年时间(2013财年和2014财年)来提高快速公共汽车和包车的安全性。

2. 出租车业务

对于出租车业务,2013年,国会第185届特别会议通过了由议员发起的《指定地区一般客车运输业务合理化和振兴特别措施法》(2009年10月生效)修正案,以改善驾驶员的工作条件、提升出租车服务水平;该修正案于2014年1月正式实施。出租车每日每车运营情况及收入见图Ⅱ-6-3-3。

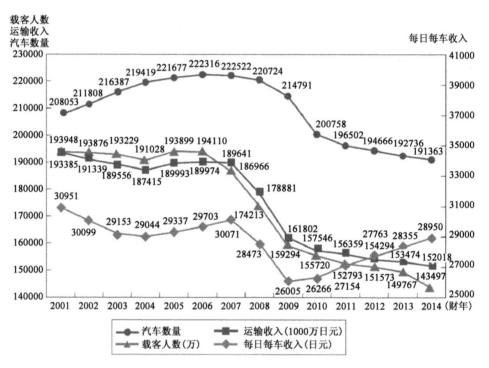

图Ⅱ-6-3-3 出租车每日每车运营情况及收入
注:每日每车收入:每辆车每天的运输收入。
资料来源:国土交通省。

国土交通省正在根据国会两院的法定条例和附属决议,努力解决出租车供过于求和提升服务与安全水平的问题。

3. 代驾服务

代驾服务是一种替代醉酒驾驶员驾驶交通工具的服务。截至2015年12月底,日本的代驾服务提供商已达8866家。为进一步提高代驾服务质量,国土交通省于2012年3月与国家警察厅共同制定了《代驾服务合理性和安全性提高措施》,在这方面继续做出努力。此外,国土交通省于2016年3月制定了《解决代驾服务问题,保护消费者的措施》,以进一步保护代驾服务的消费者,这些措施计划于2016年4月开始实施。

4. 货车运输业务

长期以来，载货汽车的数量都在增长，但 2008 年以来的数量却维持在 63000 辆左右。货车运营商数量见图 II-6-3-4。

由于约 99.9% 的货车运输经营者属于中小型企业，与托运人及其他商业伙伴相比处于弱势地位，因此面临着无法收取合理费用、被迫浪费时间等待托运人等问题。因此在 2015 年财年，我们成立了由托运人、运输公司、有关部委和其他中央和地方相关方参与的委员会，全面展开讨论，以期改善货车运输业务的交易环境、工作时间长和生产率等问题。2016 财年及以后，我们计划进行项目试点，推出具体的改善案例并进行推广。

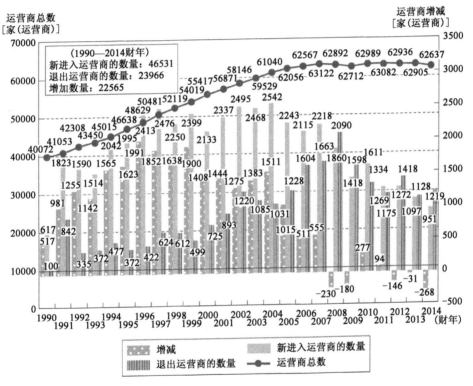

图 II-6-3-4　货车运营商数量趋势

注：退出运营商数量包括因合并或转让而退出的运营商数量。《货运业务法》于 1990 年 12 月 1 日开始实施。

另外，鉴于对中长期货车驾驶员短缺的担忧，除上述策略之外我们还将采取其他措施来提高货车运输业务的生产力，比如引入联运模式。

5. 保护和培养汽车运输从业者等

负责乘客和货物运输（货车、公交车和出租车企业，以及确保这些企业安全运转的汽车维修业务）的汽车运输行业是重要的社会基础设施，是维持日本经济和区域交通运转的重要手段。

然而，从汽车运输行业的就业结构来看，其中的劳动力主要是中老年人，女职工只占 2% 左右，见图 II-6-3-5。如果这种状况持续下去，此类行业的从业者将会在未来出现严重短缺。

	公共汽车	出租车	货车	汽车保养	所有行业平均数
驾驶员和维修技术员人数	130000人 （2014财年）	350000人 （2014财年）	800000人 （2015年）	400000人 （2015年）	—
女性占比	1.5% （2014财年）	2.5% （2014财年）	2.5% （2015年）	1.3% （2015年）	43.2% （2015年）
平均年龄	49.2岁 （2015年）	58.9岁 （2015年）	47.3岁 （2015年）	44.3岁 （2015年）	42.3岁 （2015年）
工作时间	209h （2015年）	194h （2015年）	218h （2015年）	188h （2015年）	177h （2015年）
年收入	426万日元 （2015年）	309万日元 （2015年）	437万日元 （2015年）	421万日元 （2015年）	489万日元 （2015年）

图Ⅱ-6-3-5　汽车运营商业务的就业结构

注：1. 汽车维修中的女性占比是二级汽车修理工的比例。
　　2. 工作时间数据由国土交通省公路运输局根据《工资结构基本调查》中的计划工作时间＋非计划工作时间估算而得。计划工作时间是指按照就业制度或商务办公室的其他文件的规定，每年6月计划工作日从开始时间到结束时间的实际工作小时数。非计划工作时间是指计划工作时间以外的实际工作小时数，加上规定休息日的实际工作小时数。
　　3. 年收入由国土交通省公路运输局根据《工资结构基本调查》中的固定薪金（现金）×12＋年度奖金及其他特殊工资估算而得。固定薪金（现金）是指以现金支付的六个月工资（扣除所得税、社会保险费等之前），其中包括基本工资、职级津贴、考勤津贴、通勤津贴、家庭津贴、加班津贴等。年度奖金及其他特殊工资是指在调查年度前一年，1—12月支付的奖金及财政年底特殊津贴等其他特殊工资。
资料来源：国土交通省公路运输局根据总务省的《劳动力调查》、厚生劳动省的《工资结构基本调查》、日本公共汽车协会的《日本公共汽车服务》、日本出租车协会联盟的《租用出租车年鉴》、日本汽车服务促进会的《汽车维修白皮书》编写。

鉴于这些情况，国土交通省将2015年定义为"保护和培养人力资源的第一年"，并制定方法来分析这些行业的现状、发现问题，以及鼓励年轻人和女性劳动力进入该行业等。

对于货运业务，除了由托运人和其他相关方组成的委员会展开全面讨论，以期改善交易环境和工作时间长等问题之外，我们还采取措施确保从业者的稳定，比如通过"货车女驾驶员推广项目站"加强信息传播、提高企业管理者的意识。

此外，在汽车维修领域，我们将努力通过访问高等院校、公私部门合作、海报宣传来提升机械师在年轻人（包括女性）心目中的形象。此外，我们正在通过专家评审会对实际情况进行调研，制定有关改善工作环境和工人待遇的措施。

三、海运行业的趋势和措施

1. 确保海运稳定

（1）确保日本船舶和海员稳定

日本四周环海，国家资源非常有限，占贸易量99.6%的国际航运对国家经济基础设施和国民生计起着重要作用。为确保经济安全，在和平时期维持一定规模由日本管辖的日本船舶和海员十分必要。由于日元升值等相关因素导致成本竞争力，日本船舶和海员的规模一直呈下降趋势，见图Ⅱ-6-3-6。

第二部分/第六章　建设具有竞争力的经济与社会

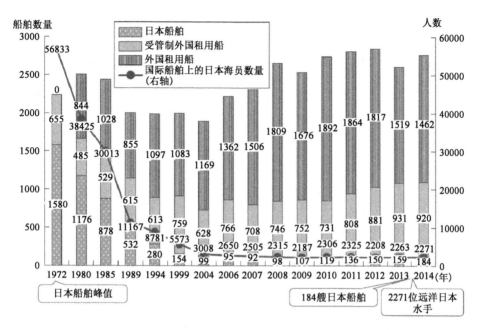

图 II-6-3-6　日本商船国际船舶上的日本海员数量趋势
资料来源：国土交通省。

为应对这些情况，国土交通省一直在努力采取系统化措施，确保日本船舶和海员的数量：自2008年起便根据《海洋运输法》的日本船舶和海员数量确保计划，对远洋船舶运营商实行吨位税政策❶。

另一方面，鉴于东日本大地震和核电站事故的严重影响，通过日本商船确保经济安全的意义比以前更为真切。在这种情况下，2012年9月对《海上运输法》进行了修订，建立了"视同日本船舶"系统。"视同日本船舶"是指由日本船务公司运营并由其海外子公司拥有的外国船舶，它们如果根据《海上运输法》发布"航行命令"则可立即更换为日本旗帜。日本将支持日本船舶的发展，将"视同日本船舶"作为日本船舶的一种补充。

日本将采取各种措施和方法，来确保紧急情况下以及平时的海上运输稳定。

(2) 招收和培养海员

为日本船舶招收和培养海员，即海运人力资源，对于促进日本经济发展、维持和提高国民生计水平至关重要。日本海员人数的变化见图 II-6-3-7。沿海运输船员正在老龄化，其中约50%都在50岁及以上，因此必须招收和培养足够数量的年轻船员，以防年老船员大量退休造成船员短缺。因此，我们正在努力来加强海员的供给体系，比如通过提高海员教育机构的配额，扩大这些机构之外的就业机会，通过系统性资助新海员雇佣运营商、为新毕业生举行面试来增加新海员的就业机会。

另一方面，从经济安全等角度出发，还需招收和培养一定数量的日本远洋船员。因此，我们正在努力确保日本海员的稳定，其中包括稳步实施日本船舶和海员保障计划。

---

❶ 该征税政策是根据船舶吨位计算企业所得税额，而不是按年利润。世界主要航海国家实行的均是类似税收制度。

— 223 —

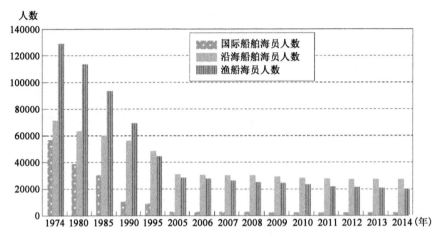

图Ⅱ-6-3-7　日本海员人数的变化
资料来源：国土交通省。

由于亚洲海员在日本商船中所占比例较高，我们因此推出了旨在提高发展中国家海员教官技能的培训，从而培养出能力更强的亚洲海员。

海技教育机构(I. A. I. Marine Technical Education Agency)和航海训练所(National Institute for Sea Training)是国土交通省管辖的海员培训机构。海事技术教育机构不仅为船舶操作人员提供基本知识和技能培训，而且还实施了继续教育，以技术创新武装航运业。国家海洋培训学院使用五艘训练船，为海事技术教育机构、商业海洋大学和技术学院的学生提供统一的船上实践培训。

2016年4月，这两个实体合并成为"日本海上教育和海员培训机构(I. A. I. Japan Agency of Maritime Education and Training for Seafarers)"，综合利用培训船提供课堂讲座和船上实践培训。

作为核心海员教育机构的新实体，它正在通过最新培训内容和充分利用资源稳步推进青年海员的培养和培养工作。

除了这些海员保障和培养措施之外，我们还将继续努力完善"船上职业健康和安全管理体系"以及旨在减少海员事故的"船上工作改进"(WIB)，从而提高船员职业的吸引力。

(3) 宣传海事知识❶

虽然实现稳定的海上运输对于日本经济和国民生计至关重要，但是公众对海洋的了解还不够。

为此，国土交通省开展了多项海事宣传活动，比如赞助海洋节活动(2015年在六市一镇举行，其中包括熊本市)，并表彰日本建设海洋国家的突出贡献者(首相嘉奖)。

2. 海运业

(1) 国际海运

2014年，世界海运货物运输量为105.29亿t(同比增长3.5%)，而日本同年的海运贸易量为9.5589亿t(同比下降1.5%)。

---

❶关于海洋的一般知识，其中包括海洋利用、海上运输和海洋环境以及海上安全。

2014财年,虽然新兴国家经济增长放缓,船舶供应过剩造成市场环境恶化,但国际海运业务环境仍出现小幅改善,主要原因包括欧美国家经济出现缓慢复苏和燃油价格下滑。

(2)国内海上客运业务

国内海上客运业务作为区域性运输手段发挥了重要作用(图Ⅱ-6-3-8),特别是渡船运输已成为全国物流网络模式转换的重点运输模式。与此同时,国内客运业务还需进一步提升竞争力或强化结构,比如通过进一步自动化来降低成本,突破所面临的各种挑战——比如交通需求下降、人口结构发生变化和燃料价格飞涨等。

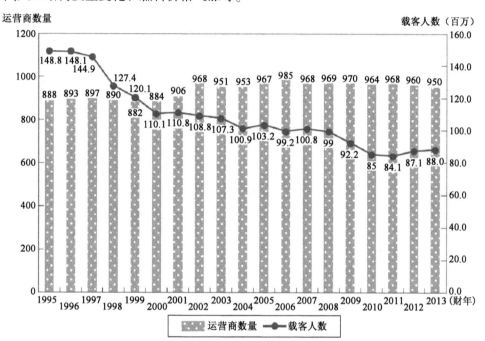

图Ⅱ-6-3-8　国内客船运营商数量和载客人数趋势
注:1.一般邮轮航线、特定邮轮航线及非定期游轮航线的总数。
　　2.截至每年4月1日的运营商数量(1965—1969年为8月1日)。
资料来源:国土交通省。

为此,我们携手地方政府或运营商共同推出了各种援助措施,其中包括利用日本铁路建设、运输与技术局的合伙造船机制提高船舶的节能性,提升海上航行魅力,以及与旅游行业共同提高游客的便利性。

(3)沿海运输

从环境保护的层面来看,沿海运输具有很高的经济效益和出色的航运特性。沿海运输是日本经济活动和国民生计的重要运输工具,已占到国内运输量的40%左右和工业基础物资运输的80%左右(图Ⅱ-6-3-9)。近年来,虽然经济正处于复苏状态,但整体货运量与2014财年相比有所下降,这既是对消费税上调前需求上升的一种反应,也是受到了中国经济的影响。与此同时,新船建造继续走强,但超龄船舶仍在船舶总量中占据着很大比例。推动造船业稳步发展同时简化航运流程,应是确保航运稳定、精确应对需求变化的关键所在。

面对这些情况,国土交通省通过利用独立行政机构——日本铁路建设、运输与技术局的共有权造船计划降低了船务代理费,并制定了特殊的税收制度来鼓励建造具有出色环保性能的船舶,从而更好地实施旨在提高竞争力的措施(比如通过节约船舶能源)。2012 年 7 月,国土交通省制定并公布了《沿海运输船舶管理活动指南》,利用船舶管理公司来振兴沿海航运;2013 年 4 月又引入了合规性评估技术,实现船舶管理公司的管理服务"可视化"。此外,沿海运输方面的一些临时措施❶也正在顺利实施。

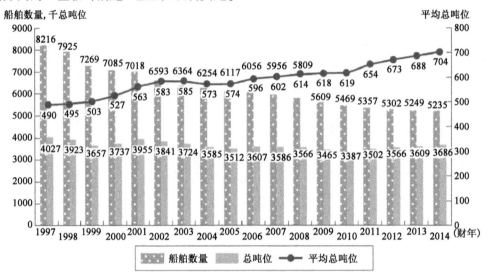

图 Ⅱ-6-3-9　沿海航运趋势
注:每财年结束时。
资料来源:国土交通省根据海事局沿海航运司文件编写。

(4) 港口和海港运输业务

作为海陆联运的互连节点,港口和海港运输业务对于支撑日本经济和国民生计发挥着重要作用。截至 2015 年 3 月底,在全国受《港口和海港运输业务法》管辖的 93 个港口,从事一般港口和海港运输业务的运输商已达 874 家(与上年相比减少 0.5%)。2014 财年的船舶装卸量约为 14.38 亿 t,比上年下降 0.4%。

3. 造船业

(1) 造船业的现状

日本的造船业非常重要,通过为船东量身打造和稳定提供优质船舶而对区域经济和就业做出了巨大贡献。日本拥有的是一种海运业集群,海运业务、造船业务和船舶机械业务紧密相连,见图 Ⅱ-6-3-10。

随着全球市场日益活跃,海运量也出现增加,中国和韩国迅速提高造船能力,推动 2015 年全球新船造船量达到 6873 万总吨(日本为 1302 万总吨,占全球市场的 18.9% 全球市场),见图 Ⅱ-6-3-11。自 2012 年底日元升值得到修正以来,日本的订货量开始攀升,但全球竞争仍在加剧,致使船价受到压制。

---

❶ 一种根据报废和建造原则进行自有吨位调整的制度,向拆除和移除船舶者给予一定补贴,并要求造船商支付费用。

第二部分/第六章 建设具有竞争力的经济与社会

```
                          货主
                           ↑
                        货物运输
   ┌──────────────────────────────────────────────┐
   │              航 运 业 务                      │
   │ 运营商数量：约200家远洋运营商，约2450家沿海航运运营商 │
   │ 员工人数：远洋航运约7000人，沿海航运约6.6万人      │
   │ 营业收入：远洋航行约4.7347万亿日元,沿海航运约1.3万亿日元│
   └──────────────────────────────────────────────┘
                     船舶可用性
                     (租船合同)
   ┌──────────────────────────────────────────────┐
   │              船  主                           │
   │ 运营商数量：约700家远洋运营商，约1600家沿海航运运营商 │
   │ 员工人数：远洋航运约1400人(估计值),沿海航运约21000人 │
   └──────────────────────────────────────────────┘
    71%为日本商船              86%的船队为国内
    (按价值计)                 采购(按船舶计)
   ┌──────────────────────────────────────────────┐
   │              造 船 业 务                      │
   │ 造船企业数量：约1000家                          │
   │ 员工人数：约8.3万人                             │
   │ 营业收入：约2.4万亿日元(14家主要企业的总计数)       │
   └──────────────────────────────────────────────┘
    58%为国内造船             91%的船舶物品
    企业(按价值计)            为国内采购(按价值计)
   ┌──────────────────────────────────────────────┐
   │            船舶机械设备行业                     │
   │ 企业数量：约1100家                              │
   │ 员工人数：约47000人                             │
   │ 产值：约9700亿日元                              │
   └──────────────────────────────────────────────┘
```

图Ⅱ-6-3-10 日本的海洋产业集群
资料来源：国土交通省。

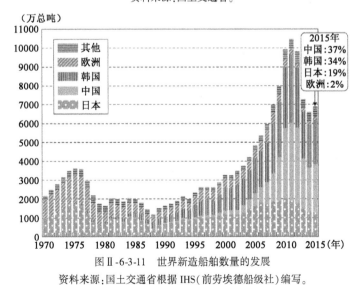

图Ⅱ-6-3-11 世界新造船舶数量的发展
资料来源：国土交通省根据IHS（前劳埃德船级社）编写。

2014年的船舶机械产品（舷外发动机除外）产值为8050亿日元（同比增长12.4%），出口额为2206亿日元（与上年相比下降约7.8%），见图Ⅱ-6-3-12。这是六年来因新造船订单增多而出现的首次增加；但由于国际竞争加剧和劳动力日益老龄化等因素，船舶机械和设备行业的气候依然严峻。

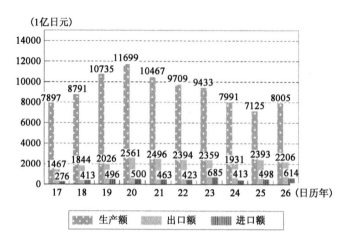

图Ⅱ-6-3-12　日本生产、出口和进口海洋工业产品的发展

注：进口额为造船商的进口情况，不包括船外发动机和火花点火发动机。

资料来源：国土交通省。

（2）巩固日本造船业的国际竞争力

为巩固日本造船业的国际竞争力，让日本继续保持世界一流造船国的地位，我们实施了一揽子政策来提高日本的接单能力，攻占新的市场和业务领域，加强人力资源的保障和培育。

我们从2013财年开始为造船商、航运经营商等提供资助，帮助他们开展下一代海洋环境技术研究，以提高船舶燃料效率以及日本的接单能力。国土交通省致力于通过公私部门合作建立理想的国际合作框架，探索和推动船舶节能技术的推广。

另外，有关北美页岩气等新能源运输的海运体系也正在加紧建设。为扩充造船业的人力资源，我们一方面坚持开发国内人力资源的重要原则，另一方面还采取了利用国外人力资源的紧急和临时应对措施（2020年到期）。对于国内人力资源，我们正在采取产学官合作的方法，其中包括加强高校师生实习，加深他们对造船需求的认识。

除上述努力之外，我们还将采取各种措施来全面推进生产改革、提高产品服务能力；利用迅速发展的信息技术推进海运业创新，提高新业务领域开发、造船及人才培养的能力，从而为促进经济和区域振兴做出贡献。

4. 海洋产业

从中长期看来，以海底石油和天然气生产为代表的海洋资源开发预计将会增长。由于这一领域使用的船舶种类繁多，我们希望日本航运业能够通过技术和经验积累向该领域拓展，以全球增长为契机促进日本经济发展。为此，除了促进海洋资源开发方面的技术扶持之外，我们还在通过产学官合作在该领域建立工程师培养联盟，提高日本海洋产业的国际竞争力。

四、航空运输行业的趋势和措施

从航空业的情况来看,由于国内外经济温和复苏、油价走低、入境游客人数上升及其他因素的存在,整体需求走强。从日本航空运输结果来看,国内航空旅客量于 2006 财年达到峰值后转为下降,2012 财年起又在东日本大地震灾后重建需求的推动下开始攀升,继而随着廉价航空公司的入市在 2014 财年达到 9519 万人次(比上年上涨 2.9%)。国际旅客量也从 2012 财年开始增长,达到 1645 万人次(同比增长 9.1%),与国内旅客量相同,见图Ⅱ-6-3-13。

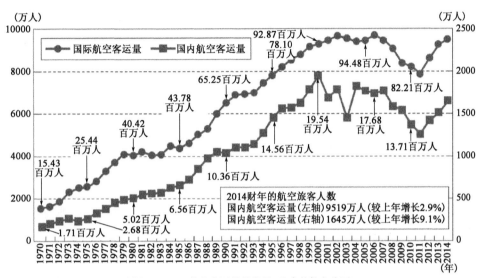

图Ⅱ-6-3-13 航空客运量的发展(日本的航空公司)
资料来源:国土交通省根据《航空运输统计年鉴》编写。

2012 年 3 月以来,廉价航空公司相继进入日本市场;截至 2016 年 3 月已有四家此类公司开始营运。廉价航空公司的业务活动始终呈增加态势:乐桃航空经营的国内航线达到 13 条,国际航线达到 9 条;捷星日本航空的国内航线达到 17 条,国际航线 5 条;香草航空的国内和国际航线各为 3 条;春秋航空的国内和国际航线各为 2 条。

与此同时,天马航空也在 2015 年 1 月 28 日按照《民事恢复法》提出了恢复经营诉讼。由法院主导的诉讼程序正在进行。

五、委托货运代理业务的趋势和措施

委托货运代理业务❶通过与多种运输方式相结合,针对不同的用户需求提供服务。近年来,从事国际飞机和船舶运输业务的公司越来越多,由此反映了货主的全球化运输需求。

此外,随着国际贸易的日益发展,全球货运比以往更加流畅,运输过程中的安全保障显得更为重要。国土交通省旨在通过审计等提供安全、可靠的物流服务,以确保运营商完全合规。

---

❶通过实际承运人(自己承担运输业务)所拥有的运输工具(货车、铁路、飞机、轮船)运输货物,实现从货物收集到运送完全一体化、复杂的门到门运输流程。

六、仓储业务的趋势和措施

作为物资调运的节点,商业仓库扮演的作用非常重要。截至 2014 财年末,日本的仓库经营者已达 6030 家(4849 家普通仓库经营者,1181 家冷藏仓库经营者)。近年来,国内外房地产实体或基金建设大型和智能化物资调运设施不断升温,从而催生出了出租这类设施的仓库经营者。

我们正在引入低碳化设备,并利用应急电源和电信设备来建造容灾仓库。

七、卡车货运站业务的趋势和措施

卡车货运站业务在减少交通流量、缓解交通拥堵等方面发挥着重要作用,是货运干线与终端之间的关键节点。近年来,我们正在建设具有配送中心功能(分拣、加工配送等)和装卸功能的设施,以满足复杂多样的物流需求。

我们正在通过引入低碳化设备、应急电源和电信设备,建设容灾卡车货运站。

八、房地产业务的趋势和措施

1. 房地产业务的趋势和措施

房地产业务是重点行业之一,占所有行业销售额的 2.6%、所有行业企业总数的 11.1%(2014 财年)。

根据 2016 年的官方地价(截至 2016 年 1 月 1 日),全国平均住宅地价出现下跌,但降幅较小,而去年保持平稳的商业地价出现上涨。三大都会区的平均住宅地价和商业地价均在持续上涨。另一方面,农村地价继续呈下降趋势,但降幅较小。继 2012 财年超过 89 万户之后,新房开工数又在 2013 财年超过 98 万户,但由于消费税上涨拉动了最后时刻的需求反弹,导致 2014 财年下滑到了 88 万户。

根据房地产信息网络系统(REINS),2015 财年现有住房销售市场的成功交易量为 17.3 万笔(比上一财年增长 9.5%)❶。

2. 房地产行业的现状

国土交通省不断推进《房地产经纪法》的深入实施,以保护消费者的住房用地和建筑交易利益,并加快住房分销。截至 2014 财年末,房地产经销商数量为 122685 家。

国土交通省正在与县市政府及相关机构携手合作,努力防止发生投诉和纠纷,并对违法实体进行严格的监管处罚。2014 财年共监管处罚了 249 家实体(其中包括吊销营业执照 141 家、暂停营业 74 家和责令整改 34 家)。

为解决独立产权公寓出售时的恶意招揽问题,国土交通省将继续通过网站或其他方式提醒消费者,并与相关机构合作进行监督和指导,以明确房地产经纪招揽时的禁止行为。

为加强对日益增多的独立产权公寓的管理,我们进一步实施了独立产权公寓管理服务实

---

❶房地产经纪人将房产信息上传至房地产信息网络系统进行交换。随着房产交易的顺利完成,包括交易价格在内的相关信息都会寄存与房地产信息网络系统。

体登记制度和服务条例,以按照《推进独立产权公寓管理法》进行妥善管理。截至2014财年末,从事公寓管理服务的实体数量为2214家。为促进独立产权公寓管理服务机构的法规遵从性,我们专门开展了现场检查。

自2011年12月起实施"出租房管理实体登记制度",对出租房管理服务设置了法规要求,以培育和发展优质的房屋租赁业务。截至2014财年末,登记的出租房管理实体数量为3538家。

3. 优化市场复苏环境

(1) 房地产市场的现状

截至2014财年末,日本的房地产资产总值约为2400万亿日元❶。2015财年,J-REIT(房地产投资公司)、房地产联合企业、特殊目的公司等作为证券化对象的房地产账面价值(信托受益人利益)约为5.4万亿日元。

房地产投资公司在房地产投资市场扮演着重要角色。2015财年,仅一年时间就有五个品牌上市。截至2016年3月底,共有53个品牌在东京证券交易所上市。房地产投资公司管理的资产账面总值已达14万亿日元,房地产投资证券的市场价值总计约12万亿日元。

本财年,反映整个房地产投资公司市场价格变动的东京证券交易所REIT指数在诸多利好因素刺激下增长1.7%,其他包括房地产市场条件改善、外国游客增多导致入境消费增加、日本银行引入负利率;部分被担忧连续公开招股和中国股市暴跌可能导致需求下降所抵消。

2015年,房地产投资公司每年的资产收购额约为1.6万亿日元。

(2) 优化房地产信息环境

为增加房地产市场的透明度和运作效率,重新激活交易,国土交通省对全国房地产交易价格等进行了调查。这些调查收集了房地产交易地点、面积和价格等信息,并上传至一个网站(土地一般信息系统❷),同时采取了适当措施来防止个人财产信息泄露(截至2016年3月,发布的交易次数为2650557次,网站的访问数量约为6.2亿人次)。为提高用户便利性,2016年4月又实现了多年房地产交易价格信息的批量下载,并开通了API❸信息提供服务。

鉴于次贷危机的教训,国土交通省按照国际机构的指导方针发布了房地产价格指数(住宅),为房地产泡沫提供预警信号,并于2016年3月启动了房地产价格指数(商业)的试点运行。

(3) 优化现有房屋流通市场

国土交通省正在努力优化现有房屋交易环境,以促进现有房屋的流通;与美国和欧洲相比,日本现有房屋在住房流通总量中的占比较低。2015财年,国土交通省进行了原型系统的试运行,以建立有效的房地产交易信息汇总系统,比如交易历史、周边地区交易实例、潜在灾害风险和法律限制等;并研究了房地产经纪人应如何与其他房地产交易经营者合作,提供相关信息。此外,国土交通省还修订了房地产经纪人使用的《价格评估手册》,以传播和推广2013财年《完善现有房屋相关建筑评估指导方针》提出的方法,汇总了房地产评估师进行现有独立式

---

❶根据国民账户计算的建筑物、构筑物和土地总价值。
❷http://www.land.土地交通省.go.jp/webland/。
❸API(应用程序接口):API可通过调用其他外部程序来使用某些计算机程序(软件)或托管数据的功能。

住宅评估时的注意事项。

4. 打造符合新时代需求的房地产市场

国土交通省正在努力宣传修订后的房地产评估标准等(2014年11月1日生效)。该标准反映了房地产评估的多元化需求,比如房地产市场的全球化、股票市场的发展和房地产证券化市场的形成。

我们进行了房地产评估师实地调查以及主要与证券化房地产评估相关的评估监测调查,以提高评估的可靠性。

此前,房地产投资公司收购的房产主要是写字楼和住宅。但近年来,它们所收购的物业类型已扩展到酒店、物流设施、医疗保健设施等。在房地产投资公司收购房产多样化的过程中,我们于2015年6月发布了针对医院房地产物业的房地产投资公司指南,并为从事医疗相关业务的经营者举办了研讨会。

此外,为促进私营部门对建筑抗震等城市功能升级进行投资,我们还按照《修订后的房地产指定合资企业法》(2013年12月20日实施)框架推出了示范项目,实施房地产重建项目;同时派遣专家参与区域城市的房地产证券化项目,在地方推广房地产证券化。

在抗震/绿色建筑推进方面,2015财年我们决定为两栋楼的环保改造项目提供资金。

国土交通省召开了"利用房地产证券化和其他技术的公共房地产(PRE)使用委员会"会议,为地方公共实体制定了指导方针,以促进地方公共实体所拥有的公共房地产的使用,进一步扩大房地产投资市场。国土交通省积极宣传地方公共实体指导方针,并推出了相关的示范项目。

国土交通省召开了房地产投资市场政策会议,就房地产投资市场增长策略提出建议,设立了到2020年左右房地产投资公司总资产翻番至30万亿日元左右的增长目标和具体举措(2016年3月)。

九、打造可持续的建筑业

1. 房地产业务环境

建筑业不仅要负责地方基础设施的开发、维护和管理等,而且也是支撑地方经济和就业、确保地方社区安全、发展国民生计和社会经济的基础。

另一方面,随着建设投资的大幅减少,建筑企业的商业环境持续恶化,出现了加入该行业的年轻人数量减少和劳动力老龄化等结构性问题。

为解决这些问题,并发挥建筑业在防灾减灾、老化基础设施修复、设施维护和抗震建设中的应有作用,必须从中长期角度确保该行业的可持续发展。

图Ⅱ-6-3-14显示了建设投资趋势以及持照承包商和工人的数量。

2. 保障和培养建筑业人力资源

建筑业需要大量的人力资源。近年来,尽管建筑业的雇员数量呈上升趋势,但国土交通省还应继续努力保障和培养包括青年工人在内的行业领导者,促使建筑业在人口老龄化和出生率下降的背景下继续发挥社区支持者的作用。

为此,国土交通省正在努力优化环境,增加建设者对未来前景的信心,其中包括继续稳定

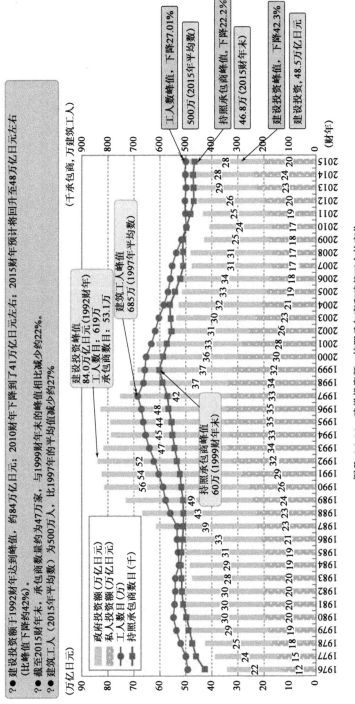

图Ⅱ-6-3-14 建设投资额、持照承包商和建筑工人的变化

提供公共工程资金,大幅改善劳动条件,比如确保合理的工资水平和鼓励建设者加入社会保险和其他保障计划。国土交通省修订了技术认证考试资格,以培养更多的青年工人;并正在加强行业教育和培训,促进技术世代传承。此外,国土交通省的目标是五年内将女性技术人员/技术工人的数量翻一番,以根据私营部门和公共部门共同制定的行动计划,进一步提高妇女对建筑业的参与度。

国土交通省还将努力提高建筑业的生产力,比如为建筑工地引入"i-Construction",并通过改善分包结构应对未来劳动人口下降的问题。进一步推进公私合作,鼓励更多的劳动力加入建筑业,使他们专心而自豪地工作。

此外,接收外国建筑工人的项目已于2015年4月1日开始实施,通过这种临时措施来应对2020年东京奥运会和残奥会等一次性活动所增加的建筑需求。在此框架下,已有401名外国建筑工人来到日本工作(截至2016年3月31日)。

3. 建立公平竞争框架

建筑业通过当地基础设施的开发、维护和管理等,对维护地方社区安全发挥着重要作用;鉴于此,需要建立承包商之间的公平竞争框架(其中包括全面的法律遵从),从而使拥有出色技术实力、施工能力和管理能力的承包商优先发展。为此,国土交通省一直在通过分包交易状况调查、现场调查等方式,确保主承包商和分包商建筑业务交易规范化,并设立了咨询服务中心来解决签订施工合同时遇到的麻烦及其他问题,建立了"施工业务交易标准化中心",开展了"施工企业标准化推进月"等活动。

4. 建筑公司支持措施

(1)区域建设业务管理激励金融计划

根据区域建设业务管理激励金融计划,主承包商可根据完成的工程量并以公共工程合同价格信用为担保,从放债商人(如合作协会)处获得贷款,确保现金流,见图Ⅱ-6-3-15。该计划的目的是,通过为转租贷款(放债人在发放贷款时从金融机构借款)提供债务担保,来保障贷款资金,降低借款利率和其他成本。该计划已于2008年11月开始实施,并将延续至2016财年及以后。

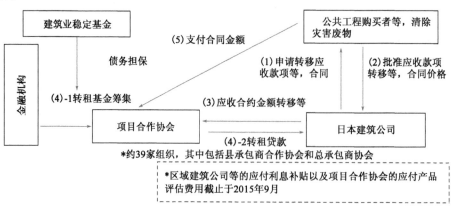

图Ⅱ-6-3-15 区域建设业务管理激励金融计划
资料来源:国土交通省。

(2)分包应收账款保全支持计划

分包应收账款保全支持计划旨在防止主承包商发生问题时导致的分包商连锁破产,措施包括减轻应收账款由代理融通公司❶处理时的担保费负担,以及赔偿代理融通公司可能会在履行担保义务时遭受的部分损失,见图Ⅱ-6-3-16。

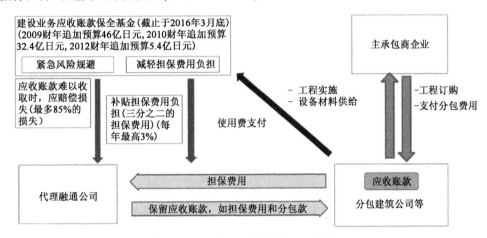

图Ⅱ-6-3-16 分包应收账款保全支持计划

资料来源:国土交通省。

该计划已于2010年3月开始实施,并将延续至2016财年。

(3)区域建筑业振兴扶持项目

在区域建筑业振兴扶持项目中,区域振兴支持顾问(包括人力资源开发专家和中小企业管理顾问在内)通过提供广泛咨询,帮助中小型建筑公司和建筑相关企业(比如测量、建筑咨询和地质测量)解决管理任务或技术任务(执行管理任务等),以帮助他们开发、维护和管理社会基础设施,做好备灾、减灾准备,对社区发展提供支持。另外,对于多个公司或其他组织开展合作、为保障和培养行业劳动力和提高生产力做出贡献的示范项目,我们一直在利用专家团队提供支持,为计划实施阶段的重点支持项目部分开支提供补贴(加大支持力度),直到实现了规划发展等既定目标(咨询支持)。2015财年,我们为22个项目提供了咨询支持,并加强了17个项目的支持力度。

该计划已于2015年开始实施,并将延续至2016财年。

5. 促进与建筑业相关的企业的发展

各月建筑相关业务(如测量、建筑咨询和地质测量)的注册运营商总数信息将在下个月底公布,根据这些信息按行业进行的财务状况分析将在下个财年结束时发布。此外,国土交通省还在努力促进建筑相关行业的健康发展,有效利用注册系统,比如通过与相关机构合作,在学生入学前为他们举办说明会。

6. 工程机械的现状和建筑生产技术的发展

根据"计算机辅助施工促进策略"(2013年3月制定)二期计划,为鼓励和推广计算机辅

---

❶通过担保或购买等方式收回他人所有应收账款的金融企业。目前,包括银行子公司、预付担保公司、租赁公司在内的10家代理融通公司已开展了这项服务。

助施工计划,国土交通省始终在推进全站仪的积极应用,通过将调查结果自动转换为数据来简化计件管理工作流程,利用机器控制/机器制导技术实现高精度和高效的建筑自动化控制。

7. 解决施工过程中的纠纷

为及时解决施工合同执行中产生的纠纷,建筑工程纠纷审查专责小组引入了纠纷解决程序。2014 财年,该专责小组共收到中央仲裁申请 40 份(仲裁 6 件、调解 27 件、调停 7 件),地区申请 86 件(仲裁 21 件、调解 56 件、调停 9 件)。

第七章 建设安全舒适的社会

第一节 建设无障碍社会

一、通过无障碍设计理念实现可达性

《促进老年人、残疾人等顺利出行法》体现了"任何人、任何地方都享有自由和便利"的无障碍设计理念，新建造的各种设施（乘客设施、各种车辆、道路、街边停车设施、城市公园、建筑物等）必须符合"无障碍标准"，尽最大可能对现有设施进行改造，根据《无障碍基本政策》制定2020年底的发展目标，从而进一步提高可达性。

同时，根据各市制定的地方无障碍计划，在优先发展地区重点推广了无障碍环境；通过提高全国人民的认知和无障碍环境建设合作推进"关爱无障碍"，举办"无障碍研讨会"传播帮扶知识、体验老年人和残疾人的生活；这些措施加速了无障碍环境的打造（分阶段持续发展）。

1. 公共交通的可达性

根据《促进老年人、残疾人等顺利出行法》，公共交通管理者在建设新的旅客设施、大规模完善现有设施、购买新车辆时必须遵守"公共交通可达性标准"，见图Ⅱ-7-1-1。必须努力遵守这些标准，并对员工进行必要的教育和培训，以达到无障碍方面的强制性要求。此外，我们还制定了辅助措施来提高客船、火车站和其他客运站的可达性，并采取了配备无台阶（低地板）公共汽车、配备电梯的公共汽车、福利出租车以及其他举措。

2. 生活和住房环境的可达性

（1）住房和建筑的可达性

为使老年人和残疾人等能在这个地区过上安全、舒适的居住生活，我们采取多种措施对住房进行了无障碍改造，比如日本住房金融局（独立行政机构）"Flat 35 S"贷款减免了达到一定无障碍等级的住房融资利率；为无障碍改造提供补贴；按照住房改造项目新提供的公共住房和城市复兴局出租房必须达到无障碍标准规范；对私营部门和其他机构为老年人提供的服务性住房提供资助和其他帮助。

对于公众（包括老年人和残疾人等）使用的建筑物，以及达到一定规模的建筑物，它们的可达性必须符合《无障碍法》的规定，符合一定要求的特定建筑物能够享受补贴计划等支持措施。对于非特定多数用户使用的政府设施，必须按照《无障碍法》的建筑物顺利出行标准进行建设，以确保包括老年人和残疾人在内的所有人都能安全、舒适、顺畅地使用这些设施。为此，我们正在按照老年人和残疾人等设施使用者的意见进行设施建设。根据《无障碍法》批准的特定建筑计划的数量见图Ⅱ-7-1-2。

● 客运设施 (平均每天超过3000人)

	设施总数	符合公共交通无障碍标准的客运设施(无级障)数量	占设施总数比例(%)
火车站	3497	2964	84.8
公共汽车总站	49	41	83.7
客船码头	15	15	100.0
机场客运站	34	29	85.3

注: 1."移除台阶"是以《无障碍法》为基础,按照《公共交通通畅标准》第4条(包括道路宽度、坡道、电梯、自动扶梯等)进行计算。

2. 截至2001年3月,机场客运站已全部安装无障碍电梯、自动扶梯和斜坡。

● 交通工具

	交通工具总数	符合《公共交通无障碍标准》的交通工具数量	占交通工具总数的比例(%)
	2014财年末	2014财年末	2014财年末
铁路客车	52203	32389	62.0
低地板式公共汽车(不含免检车辆)	44874	21074	47.0
配备电梯的公共汽车(不含免检车辆)	15105	856	5.7
福利出租车	—	14644	—
客船	674	217	32.2
飞机	574	543	94.6

注:1."符合《公共交通无障碍标准》"是根据每种交通工具是否符合《公共交通无障碍标准》的规定来计算。

2. 由于与公共汽车目标制定方式有关的新旧基本政策发生了变化,因此以上两图所示的项目不相同。

图Ⅱ-7-1-1 公共交通当前的可达性(截至2015年3月31日)
资料来源:国土交通省。

财年	1994	1995	1996	1997	1998	1999	2000	2001	2002	2003	2004
已获批准的计划的数量(财年)	11	120	229	320	382	366	332	232	280	367	386
已获批准的计划的数量(总计)	11	131	360	680	1062	1428	1760	1992	2272	2639	3025
财年	2005	2006	2007	2008	2009	2010	2011	2012	2013	2014	
已获批准的计划的数量(财年)	348	331	289	255	184	208	130	196	174	208	
已获批准的计划的数量(总计)	3373	3704	3993	4348	4432	4640	4770	4966	5140	5348	

图Ⅱ-7-1-2 根据《无障碍法》批准的特定建筑计划的数量
资料来源:国土交通省。

(2)步行空间的可达性

根据《无障碍法》,与车站、政府设施、医院等设施相连接的道路和车站广场等区域,必须确保包括老年人和残疾人在内的所有人都能舒适通过。我们通过以下措施推进了行人空间的无障碍设计:建造宽阔的人行道,减少不平坦度、梯度和坡度,移除电线杆,为视障者铺设盲道。

(3)城市公园及其他空间的可达性

对于城市公园建设,《无障碍法》提出了安全、舒适使用的标准和补贴,比如消除出入口和通道的梯度差异,确保老年人和残疾人能通畅使用卫生间等设施。此外,为确保任何人都能使用河流和港口等自然空间,城市规划也提出了海滨建设和客船码头改造的可达性要求。

3.推进奥运会和残奥会的无障碍设计

为迎接2020年即将到来的东京奥运会和残奥会,按照无障碍设计的理念推动社会发展(充分认识到无障碍和城市规划的需求),并在奥运会结束后留下卓绝遗产,2016年2月东京奥运会和残奥会促进总部设立了与"无障碍设计2020"相关的部委和机构网络。该网络将会组织残疾人倡导团体等参加的听证会,并将于2016年8月发布临时概要文件,其中将会考虑残疾人的反馈意见。预计2016年底将会发布"无障碍设计2020"的最终概要文件。

二、优化低生育率社会的育儿支持环境

1.为实现工作与育儿之间的平衡而提供支持

(1)确保育儿家庭的住房供给

为给育儿家庭提供合适的住房和生活环境,我们制定了重新安置政策来鼓励住宅比较宽敞的老年人将房屋出租给育儿家庭等,为此日本转换房屋协会(Japan Trans-housing Institute)(一般法人团体)正在大力推广自有房屋租赁计划。此外,地方政府也为育儿家庭建造了出租房(高质量的区域出租房)并减少了租金,对带有育儿护理及其他设施的公租房进行了综合开发。

(2)推行远程办公

远程办公是一种灵活的工作方式,它能利用信息和通信技术实现在任何地方的自由工作,促进包括妇女在内的各种劳动力参与工作,并通过创造新的工作场所来促进社区发展(比如当地城市)。此外,远程办公有助于更好地安排工作与生活,从而减轻上下班的负担,实现工作与生活的和谐(工作与生活之间的平衡),并可确保发生灾害和其他事件时的业务连续性。

2015年6月30日,内阁的"成为世界最先进的信息技术国家宣言"指出:"为此,政府将与业界展开合作,为在家远程工作模式提供支持,员工由此将能每周至少在家度过一个工作日;这针对的是因养育子女而觉得难以继续工作的妇女、参与照料子女的男性以及护理人员。目标是到2016年充分发展和广泛采用这种模式,以鼓励妇女更多地参与社会,确保低出生率和老龄化人口时期的劳动力数量;促使男性更多地参与照料子女,在工作和照料家庭之间取得平衡",远程办公将会通过更多举措得到推动。

有关部委和机构正在加紧协调,通过优化环境和提高认识等举措进一步推行远程办公;远程办公将能为人们创造灵活的就业机会,同时激发地区活力。

国土交通省已定量分析了远程办公模式和远程办公职员的实际情况,并研究了促进远程办公地方发展的政策。

2. 为儿童创造轻松、安全的成长环境

为确保儿童和其他公园游览者的安全和舒适,各设施管理人员都学习了《城市公园游乐设施安全要求指南》(第二版)和《池塘安全标准指南》,并通过《社会资本发展综合补助金》等计划为地方政府提供重点支持,确保公园设施的安全和舒适。

三、老龄化社会应对措施

1. 为老年人打造舒适的生活环境

"银色住宅项目"的一揽子服务包括提供公共住房及其他无障碍设施、生命支持顾问为日常生活需求提供咨询以及应急服务。截至 2014 年,已有 1007 个安居工程(25523 个住宅单元)实施了该项目。

同时,为推进"智慧健康住房和城市"计划,以便拥有老人和小孩的各种家庭快乐生活和活动,我们在住宅开发中通过智慧健康住房推广项目为老人服务性住房和福利设施等的建设提供了支持,创新了针对老年人的生活和城市规划措施。

2. 加强运输服务,满足老龄化社会需求

为满足老年人、残疾人等交通不便人士使用医院及其他护理设施的需求,目前正在推进福利出租车计划❶的实施,截至 2014 财年末已有 16612 辆汽车投入运营。此外,我们还通过"区域公共交通采购、维护和改善投资补贴"进一步推进偏远地区福利出租车计划的实施;自 2012 财年开始,统一设计、便于老年人及其他人士使用的出租车若能符合标准规格,经政府认证后便可享受汽车吨位税及车辆消费税优惠。此外,截至 2014 财年末,已有 3069 家机构开始提供基于费用的客运服务,这样在当地居民认为公交或出租车公司难以提供出行服务时,市政府和非营利组织便可使用私家车来提供计费客运服务,从而确保当地居民的通常出行。

四、加大行人流动性的支持力度

我们进一步推广了行人流动性支持服务,使用信息通信技术建立一个任何人(包括外国游客、老年人和身体障碍者等)均可自由、毫无压力地参与社会活动的社会。

2014 年 6 月成立的推进信息通信技术辅助行人流动性支持研究委员会(以东京大学研究生院坂村健教授为首)研究了全面推进行人流动性支持的要求,并在 2015 年 4 月提交了提案。提案认为应积极宣传"开放数据"的概念,推广行人流动性支持服务,见图Ⅱ-7-1-3。根据该提案,2015 年 7 月建立了"行人流动性支持服务数据网站",同年 9 月又发布了《利用开放数据提供行人流动性支持服务方法指南》。

---

❶带有电梯及其他设施,方便轮椅或床(担架)使用者顺利上下的出租车,或各种专业人士(比如家庭护理人员)提供的出租车服务。

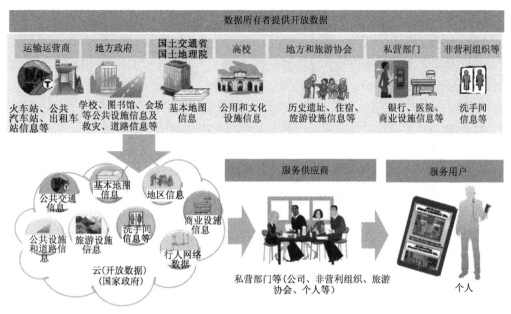

图Ⅱ-7-1-3 利用开放数据建立服务示例
资料来源:国土交通省。

第二节 自然灾害应对措施

日本国土在气候、地理、地质等方面都面临着严峻考验。地震、海啸、洪水和泥石流等自然灾害几乎每年都会发生。2015年,全国各地同样发生了一系列自然灾害,其中包括口永良部岛的火山喷发以及关东和东北地区的暴雨。自然灾害应对措施比以往任何时候都显得更加重要,人们担心由于气候变化水灾将会变得更加频繁、更加剧烈,担心将会发生大地震,其中包括南海海槽特大地震和东京内陆地震。为此,必须从根本上加强防灾、减灾和救灾措施,采取结构性和非结构性措施保护生命和人们的生活水平。

一、应对越来越严重的天气灾害和迫在眉睫的大地震

1. 新阶段防灾、减灾的理想方式

近年来,每小时50mm以上降水量的暴雨频繁出现,反映出局部集中猛降暴雨呈上升趋势。2014年9月,御岳山火山爆发,预示着将会出现强大的火山喷发。这些情况被认为是一种"新阶段",2015年1月总结了今后的研究方向。

新阶段进行防灾、减灾的理想方式,是利用设施来应对更加频繁发生的暴雨和其他灾害,从而保护生命。应对罕见的特大暴雨和其他灾害时,最低的政策目标是保护人类生命,避免它们对社会和经济造成灾难性破坏,力争通过非结构性措施处理这些突发事件。具体来说,人们认为:①为保护生命,必须确保居民能根据降水量及其他数据点的状态更新主动和自行疏散,而不是单纯等待疏散命令,被动疏散;②为防止对社会和经济造成灾难性破坏,必须采取集体社会应对措施,对最糟糕的情景进行设想,国家和地方政府、企业经营者及其他相关方均能意

识到将会发生的危机。基于这种理解,我们正在采取各种各样的措施。

2. 预防和减轻水灾

热带气旋等导致的大规模水灾越来越频繁、越来越严重(比如 2013 年伊豆大岛等地区的台风韦帕造成了严重灾害,2012 年美国的飓风桑迪形成了风暴潮灾害)。鉴于这一情况,2014 年 1 月,国土交通省水灾预防和减轻总部(国土交通大臣担任主席)专门成立了"地下商场、地铁等工作小组"和"灾害行动计划工作小组",研究水灾发生时的应对措施。

地下商场、地铁等工作小组编写出了地下环境问题应对概要文件,并将该文件提供给了相关组织。接着,三大都会区的地下商场、地铁和连体建筑都采取了相应的防洪措施。

灾害行动计划工作小组积极提供支持,确保各市领导能适时发布疏散指示,并制定了国家政府直管河流疏散命令发布时间表,以及荒川下游 20 家组织和 37 个部门和机构的召集时间表,其中包括地方政府、铁路、电力运营商、电信运营商和福利设施等。参照这种方式,石狩河(北海道)、库马河(熊本)及全国其他区块也设立了委员会,开始研究众多相关方的召集时间表。

2015 年 8 月,国土交通省水害防灾减灾措施总部召开第三次会议,决定由区域发展局(Regional Development Bureaus)牵头召开由公司及其他相关方参加的听证会,研究建立灾难危害预防工作小组,以及可与公司及其他相关方合作实施的计划。该工作小组的目标是按照同年 1 月发布的新阶段防灾减灾理想方式,最大限度保护生命、防止对社会和经济造成灾难性损害;它隶属于国土交通省水害防灾减灾措施总部,设立的目的是研究防止对社会和经济造成灾难性损害的措施,说明培养共同危机意识、进行集体应对的必要性。关东、中部和近畿的区域发展局已在不同地区设立了委员会,举行了由公司参加的听证会,开展了灾害损失预测影响研究。

3. 应对气候变化

人们越来越担心水灾(河水泛滥、内陆水灾、风暴潮)和泥沙灾害变得更加频繁,自然灾害导致的干旱会超过设施的应对能力。2015 年 8 月,基础设施发展委员会发布了题为《水灾相关气候变化适应措施》的报告。

对于相对频繁发生的自然灾害,我们目前仍在稳步推进和完善防洪堤、防洪工程和排水系统的建设。对于超过设施应对能力的自然灾害,我们正在努力通过改善设施的运营、设计和实施程序来降低风险。对于明显超过设施应对能力的自然灾害,我们的目标是以采取非结构性措施为主,在最坏情况发生时尽可能保护人类生命,避免对社会和经济造成灾难性损害。

4. 调整社会结构,增强防洪意识

(1)关东和东北地区暴雨损害和应急响应

2015 年 9 月,关东和东北地区降雨突破纪录,导致若索市三坂町的鬼怒川约 200m 的防洪堤坍塌,洪水淹没了约 40km^2 的土地,并造成灾区两人死亡。这场巨大的灾难也使当地 4300 名居民受灾。

国土交通省为若索市提供了洪水预警信息以及防洪堤坍塌前将会被洪水淹没的区域图。此外,区域办事处负责人还(通过热线)向市长汇报了河流状况信息。

防洪堤坍塌之前,国土交通省向若索市当地受灾政府和附近的其他城市派遣了一位联络官(当地的减灾对策联络员)调整通信渠道,派遣了技术力量(TEC-FORCE)(紧急救灾分队),进行了状况调查和排水活动,并在防洪堤坍塌当天开始排水,日本各地每天都会提供排水泵车支援(最多51台),接下来十天便将家庭和公共设施的洪水全部排干。防洪堤坍塌当天,修复崩溃堤坝的紧急工作便已启动。一周后,临时堤坝修建完成,紧急重建工作两周内便结束。

(2)紧急疏散行动预案

鉴于这次洪水,以及作为对全国河道堤坝附近城市市长和居民不安全感和所提关切的回应,10月5日发布了紧急疏散行动预案,举行了市长高级研讨会,公开宣布了河流溢出将会导致崩溃风险的洪泛平原地区,并为省管河流及其沿河地区制定了其他计划。

(3)通过调整社会结构增强防洪意识的愿景(图Ⅱ-7-2-1)

这次洪水导致许多房屋倒塌或被河水冲走,很多地区长时间被洪水淹没。由于这些原因以及疏散不及时,近年来洪水已造成了数量空前的孤立人口。气候变化也引发人们担忧超过这些设施应对能力的洪水将会发生得更加频繁。

图Ⅱ-7-2-1　通过调整社会结构增强防洪意识的愿景
资料来源:国土交通省。

考虑到这些情况,基础设施建设委员会设立了减轻大规模洪水影响防洪措施研究小组委员会,以讨论今后实施防洪措施的方法。12月10日发布的一份报告指出:"我们认为,发生超过设施容量的大型洪水事件只是个时间问题,因此有必要调整社会结构,使人们拥有必要的防洪意识。"

根据这份报告,国土交通省决定按照《通过调整社会结构提高防洪意识的愿景》,通过所有省管河流(109个水系)和沿河城市(730个)计划的实施,到2020年将社会改造成为具有防止洪水泛滥意识的社会。在非结构性措施方面，我们将从居民的角度努力实施更有效的非结构性措施，从而促使居民自己发现风险和自行疏散。举例来说，从2016年汛期开始，我们将逐步使用智能手机来推送洪水预报通知。对于结构性措施，我们将稳步推进常规结构性措施，按照优先顺序对各个地区进行安全排洪，比如下游行洪能力明显不足的地区和存在渗漏历史的地区。此外，我们现在还要引入防洪减灾的结构性措施，其中包括在尚未进行堤防升级的地区建造溢洪时可延长倒塌时间的堤防，从而确保上游和下游达到平衡而不论溢出风险的大小。

对于最近因洪水而遭遇大面积破坏的鬼怒川，我们将在国内首次同时采取结构性和非结构性的紧急防洪措施，这也是"鬼怒川应急措施项目"的一部分。在其他地区，我们将设立由河流管理者、地方政府和市政府组成的委员会，从而达到减轻灾害的共同目标，系统地推行上述结构性和非结构性措施。

二、打造安全、抗灾国土，完善和加强危机防范管理框架

1. 防洪措施

日本许多主要城市都位于洪水期间水位低于河流水位的低洼地带，由此推高了洪水泛滥的潜在危险。控水措施——比如加宽河道供洪水安全通行，修建堤防、泄水渠、临时防洪堤坝和人工池塘等——已稳步提高了水道控制的安全程度。但是，2015年全国各地仍发生了多场洪灾，其中包括关东和东北地区暴雨造成的鬼怒川堤防倒塌所引发的洪水泛滥。为减轻和减少暴雨等因素造成的损失，并考虑到最近的灾害形式和气候变化的影响，我们正在全面推广预防性控水和预防灾害再次发生等结构性措施，以及加强防汛体系和提供河流信息等非结构性措施。

2015年发生的洪水泛滥和其他形式的洪水事件已展示了先前防洪工程的价值。比如，鬼怒川上游建立的四座水坝阻拦了大约1亿t洪水，据此估计破坏点水位大约降低了25cm，溢流水量减少了三分之二左右，溢流面积缩小了三分之二左右（3m以上洪水深度地区的三分之一左右）。

（1）预防性控水措施

大规模洪水的发生会造成生命和经济损失，对社会经济活动的影响极大，修复和重建需要大量的时间和资源，因此预防性控水措施对于防止灾害发生至关重要。为此，我们系统地修建了堤防、河道、水坝、排水渠等水利设施。同时，为有效利用现有设施，我们还对现有水坝进行了改造，以通过提高现有水坝的高度和调控能力来加强控水功能。另外，我们正在加固因洪水渗透或侵蚀而变得危险的现有堤防。

另外，对于人口稠密地区堤坝崩溃可能造成严重人员伤亡的地区，我们正在通过与城市规划项目的协调，提高河流远郊地区的安全水平，建造更高水准的堤防工程，确保这些堤坝在遭遇到超过设施规划容限的洪水时不会崩溃，来打造安全、舒适的生活环境，保护当地居民的生活。

（2）防止水灾重现

近年来，为提高河流流量，经历过洪涝灾害的地区正在短时间内集中开挖河道、修建堤坝；并采取了建造有助于防止内涝的排水泵站等措施来防洪减灾。

（3）适应流域特点的防洪措施

对于因河流流域开发而导致防洪安全水平显著下降的河流或经常发生洪灾的现有城区，

确保河流流域的保水和防洪功能至关重要。这些河流在推广流域措施和各种方法时必须考虑地域特征,以确保安全和舒适。

①综合防洪措施

由于城市及周边地区发展导致防渗地面面积扩大、洪水流量增加等因素,防洪安全水平明显受到影响的城市河流除加强河道建设之外还应采取综合防洪措施,比如确保流域的保水和防洪功能、为灾害高发地区的土地利用提供指导、建立预防性疏散框架。作为这些措施的组成部分,我们还在通过多种措施推进雨水集蓄设施的修建,比如流域储存和渗透工程和税收减免,以便地方当局展开合作,进一步控制雨水排放和减少民众损害。

此外,根据《城市特定河流洪灾对策法》,为防止洪水对城市功能的破坏以及地下商场发生洪灾,河道管理者、排污系统管理者和地方政府正在共同推进河流流域洪灾对策的实施,比如建造雨水集蓄和渗透设施、制定雨水排放控制规定。

②本地化防洪措施

近年来,局部地区集中下暴雨等现象造成了很大的破坏,为在局部暴雨超过规划容限时能确保居民的生活安全,我们在居民(团体)、私营公司和其他相关方的支持下制定和实施了一项被称为"100mm/h 安全计划"的综合措施(图Ⅱ-7-2-2)来减轻洪水灾害,并正在实施一些抗洪减灾推广计划,加强河道和排水设施建设。

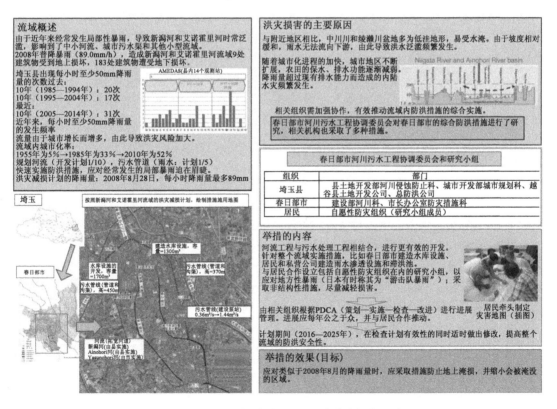

图Ⅱ-7-2-2　埼玉县春日部市 100mm/h 安全计划措施示例
资料来源:国土交通省。

③防洪措施与土地利用相结合

根据土地使用条件,如果某个地区容易发生水淹灾害,我们将会采取比建造长堤更加高效和有效的土地综合利用方法,在建造圆形堤防❶的同时采取多种措施管理土地使用,与地方政府共同确定灾害危险地区,推广防洪措施。

④内陆水域措施

为防止内陆水域泛滥引发洪灾,促进城市健康发展,我们正在完善下水道、排水泵站等设施。但近年来,由于城市化进程加快,城市状况变得更为复杂(其中包括人口和财富的集中以及地下空间的更多利用),暴雨集中出现的频率大大超过设施规划容限,最终导致雨水排放量增加,内陆水域泛滥导致损失的风险变得更大。因此,在地方政府和受影响居民等有关方面的配合下,我们正在实施下水道防洪减灾和内陆水域应急预案等综合工程,通过结构性措施(比如积极建设雨水排放减排设施)、非结构性措施(比如提供降雨信息、完善土地使用制度、绘制内陆水域灾害地图)和自助性措施(比如放置止水带和沙袋、开展疏散活动)的实施推广综合防洪。2015年5月,《防洪法》进行了部分修改,建立了划定地方水灾淹没区域、按公开水位信息设置污水管线、防洪减灾措施实施区域等管理体系,以进一步加强我们对结构性和非结构性因素所引发洪灾的响应能力。

(4)修订《防洪法》和《污水排放法》

近年来,由于洪水、地方水灾和风暴潮频繁发生,由此导致的损失已超过目前预期。因此,加强和完善排洪系统、采用更多防洪减灾措施变得越来越重要。在火车站广场等城市功能集中的地区,地下空间狭小等因素制约了下水道系统的改造,需要与私营企业共同实施防洪措施。

鉴于这些问题,2015年5月修订了《防洪法》和《污水排放法》。

这些修正案要求建立将会被最大范围洪水、地方水灾和风暴潮淹没区域划定体系,根据水灾和风暴潮公布水位的体系,防洪减灾措施实施区域的体系,以及污水管理者合作防洪的措施。

(5)强化防洪框架

在地方政府、防洪行政机构、居委会等利益相关者的配合下,我们经常在汛期到来之前对高风险地段进行联合检查,开展信息传达演练,举办防洪技术研讨会和防洪演习,努力推广防洪技术,为强化防洪框架提供支持,以尽量减少洪水造成的破坏。

为提高地方和主要参与者的防洪能力,对于将要被淹的地区、特殊需求者所在的设施以及大型工厂,我们还为自愿性疏散、防止地下商场(包括将要和正在建造的地下商场)遭受水淹等方面的计划提供了支持。就地下商场而言,我们正在与洪水将会渗入、民众需要疏散的相邻设施展开合作,加紧制定自愿性疏散和洪水预防计划。

(6)发布洪水预报和预警,提供河流信息

国土交通大臣或县知事应确定流域较大、可能会对国家经济造成重大损害或其他重大损失的河流(即洪水预报河流),并与日本气象厅厅长联合发布有关水位和洪量的洪水预报信息。另外,除洪水预报河流之外,还应确定重要的中小型河流(即水位警戒河流),当洪水期间

---

❶围绕房屋和其他结构修建的堤坝。

水位达到预警水位(应特别小心的洪水水位)时也会发布这些信息。截至2015年3月底,日本已确定了419条洪水预报河流和1568条水位警戒河流。

水位、降雨量、洪水预报、防洪预警等河流信息是实时采集、处理和编辑,通过"河流防灾信息(Kawa Boh)"网站❶提供给河流管理者、市民和居民等,用于洪水期间发布警告和疏散信息。

此外,数字地面电视的数据广播也在与广播公司合作,提供河流水位和降雨量等信息;截至2016年3月,全国已有51家广播电台提供这种服务。对于降雨水平的观测,我们使用了常规雷达雨量计(C波段雷达)和地面观测网络,并正在开发XRAIN网络(国土交通省X波段MP雷达网络)❷——这种网络能实时观测局部降水模式,为河流管理和防灾活动提供帮助,应对近年来日益频繁的集中降雨和局部暴雨所造成的洪水灾害和山体滑坡。互联网也会提供降雨信息,2016年3月底已建成了由38台雷达组成的观测系统。

(7)确定将会被洪水浸没和淹没的地区

为在洪水发生时顺畅、快速地疏散民众和做好预防,减少洪水灾害,我们确定了洪水泛滥期间可能被淹没的地区(即洪水淹没预报区),并会根据《防洪法》公布洪水深度等信息。2015年修订《防洪法》之后,还将确定可能被最大范围降雨所引发的洪水浸没和淹没的地区,并公开发布相关信息。

为对灾害地图制作提供支持,帮助将会被洪水浸没和淹没的地区城市更有效地开展疏散行动,我们将按照2015财年举行的专家小组会议讨论结果修改灾害地图制作程序,并提供简化灾害地图制作的支持工具和推广利用技术。

大约97%的洪水预报河流和水位警戒河流已划定了将会被洪水浸没和淹没的地区,并公布于众❸。大约98%将会被洪水浸没和淹没的地区城市已制定出了洪水灾害地图❸。

国土交通省不仅可根据防洪计划,对洪水淹没预报区的地下商场等购买的防洪设施提供税补,而且还能通过区域发展局等部门下设的灾难信息发布办公室(作为企业及其他方面的联络点),为地下商场、特殊需求者所在的设施和大型工厂的自愿性防洪举措提供支持。

(8)河流的战略性维护和管理

对河道和设施情况进行评估,并根据变化进行适当的维护和管理,确保河道设施在出现洪水等情况时能够发挥预期功能。

在河道建设过程中,所管理的堤防、水堰、水闸、排水泵站等设施数量大幅增加,这些设施的老化情况得到了详细排查。此外,对于河流基础设施,我们正在推行状态检修,通过检查监测老化条件,以便适时采取措施,按计划延长设施生命周期和进行更新。另外,《社会基础设施发展优先计划》指出,国家管理的主要河流基础设施将在2016财年之后实施使用期延长计划。此外,我们将加大使用期延长必要技术的开发力度,与各县合作研究中小河流技术

---

❶http://www.river.go.jp[电脑],http://i.river.go.jp[手机]。
❷与现有雷达相比,观测频率(每分钟)和分辨率(250m网格)更高。另外,信息传输所需的时间已从5~10min减少到了1~2min。
❸截至2015年3月底。

标准,以便进行适当的维护和管理。此外,区域发展局还将通过永久性咨询服务提供技术支持。

2013年部分修订的《河流法》明确指出了河流管理设施或许可构筑物的管理者需维护和修缮,确保河流管理设施或许可构筑物处于良好状态;并规定了所有管理者维护和修缮相关河流管理设施时必须遵从的绝对最低技术标准;并修订了《河道工程技术规范:维护(河流)》,以提高维护水平。

(9)河道内非法停泊船舶的应对措施

由于河道内非法停泊船舶会对防洪措施形成妨碍(比如妨碍河道建设工作、阻碍洪水发生时的下游水流、破坏河流管理设施等),对河流管理造成影响(比如燃料泄漏造成水污染、妨碍河道使用),河流管理者正在指导非法停泊的船舶纠正错误,将它们转移到合适的停放设施,对不听指挥的非法停泊船舶进行清理。

2013年5月,《加强游艇管理,改善使用环境综合措施推进计划》被制定出来。2015年6月,我们对三个水域(港口、河流、渔港)综合进行了游艇状况全国调查,并公布了相关结果,以核查该计划所提措施的实施效果。根据《河流法实施令》2013年修正案,河流管理者正在采取措施,禁止丢弃河道区域的船舶。

(10)道路淹没应对措施

2008年8月和9月连续强降雨,最终导致枥木和广岛地下通道淹浸,车辆被泡水中。为防止此类事故再次发生,有关淹没风险位置的信息被通报给道路管理者、警察机关、消防部门及其他相关部门。我们建立了信息交换与通行禁令框架,推进了淹没预警系统和监控设施的开发与安装,并通过网站公布了淹没风险位置❶。

(11)利用建筑土方建造山丘

江东三角洲(Koto Delta)是一片广阔的低洼地带,最大沉陷值4.5m,是通过抽出以前存在的地下水而形成,目前约有250万人居住在此。由于这一区域位于海平面以下,因此有人担心它将会被巨洪所淹没,迫使大批居民长途跋涉、进行疏散。与此同时,城市中心开挖出来的土方却无处堆放,如何有效利用这些土方也成为一个紧迫问题。出于这个原因,我们启动了施工企业自掏腰包,使用这些土方堆建公园山丘及其他造型的项目,作为这些土方的一种处理方法。新小岩公园成为这个项目的第一个实施者,已开始公开邀请施工企业参与。

专栏 利用施工产生的土方,提高东京江东三角洲零米地区(居民生活在低于海平面的地方)地面高度的建设工程。1953年台风凯瑟琳袭击该地区时,总武线新小岩站前的房屋被水淹到了屋檐,水位数周也没有消退。有人说,那个时候他们不得不在屋顶住了三个星期。如今随着土地的进一步利用,该地区已有250万人口居住于此,一旦发生严重洪水将会有大量民众无法逃脱,由此造成巨大破坏。

对于这些零米地区的居民来说,提升地面高度成为他们的一个愿望。与此同时,东京大都会区因施工而产生的土方却无处堆放,成为相关企业迫切需要解决的问题。

因此,一个由政府暂时提供公园等自有土地,供建筑企业利用这些土方建造堤防并负责恢

---

❶"道路灾害信息网站地图":http://www.mlit.go.jp/road/bosai/doro_bosaijoho_webmap/。

复原状的制度被建立起来。这是一种双赢方案,政府无需承担任何费用便可建成用作疏散场所的高地,而建筑企业也拥有了堆放土方的地方。

作为使用新系统的第一个项目,葛饰区的新小岩公园将会抬高地面高度。公开邀请之后,2016年7月将会选出合作企业。接着,葛饰区将会与合作企业展开磋商,为明年春天或稍后的建设工作做准备。

预计第一个项目将会引发更多的地面抬高建设工程,从而有效利用施工产生的土方,提高防灾水平和零米地区的安全水平。

2. 泥沙灾害应对措施

日本地形陡峭,许多地方较为脆弱。另外,日本平原数量很少,居住用地的开发随着经济发展和人口增加已延伸到了山丘和坡地。日本约有52万个地块容易发生泥石流、山体滑坡、边坡失稳等泥沙灾害,许多人拥挤地生活在一起,泥沙灾害时刻威胁着他们。过去10年间(2006—2015年),平均每年都会发生1000起因大雨和地震而引发的泥沙灾害。2015年共发生此类灾害788起,造成重大损失,两人死亡。

为预防和减轻泥沙灾害造成的损失、推进泥沙灾害应对设施的建设,我们综合实施了非结构性和结构性措施,比如建设泥沙灾害预防设施、完善预警和疏散系统。

2014年8月天降暴雨,广岛县广岛市发生重大泥沙灾害,造成了76人死亡等重大损失。在安佐南区的大町地区,建成的拦沙坝有效阻挡了泥石流,成功保护了32座房屋和80家公寓住户,见图Ⅱ-7-2-3。2015财年以来,国土交通省一直在通过专门的紧急沉积物控制设施项目推进拦沙坝及其他类似设施的建设,见图Ⅱ-7-2-4。

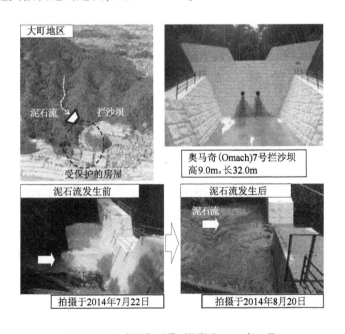

图Ⅱ-7-2-3 拦沙坝对暴雨的影响,2014年8月
资料来源:国土交通省。

a) 安装弹性金属网

b) 建设商业道路

c) 建筑拦沙坝

图 Ⅱ-7-2-4　灾区泥沙控制设施的建设情况
资料来源：国土交通省。

专栏　2015年9月关东—东北大暴雨造成的泥沙灾害

该季17号和18号台风引发暴雨，导致全国17个县发生了177起泥沙灾害。在栃木县鹿沼市的日吉镇，一座房屋后面的斜坡发生坍塌，造成了一人死亡和其他损失。在栃木县日光市的芹沢区，八条山间溪流的九个地方发生了泥石流，造成七间房屋被完全或部分毁坏，唯一一条疏散道路——芹沢森线中断，25人当时无法获得救援。

灾难发生后，国土交通省清除了溢出的沉积物，以便早为隔离的居民区提供帮助，然后又在严重受损的山间溪流地区修建了新的拦沙坝和其他设施。

此外，国土交通省还利用直升机进行了空中侦察，以确认受损情况，并与泥沙灾害专家一起研究了山区溪流。国土交通省向日光市市长汇报了研究成果，并针对预警和疏散系统提出了建议。

（1）泥沙灾害的根本性应对措施

山地遭受破坏后形成的大规模泥沙排放会对下游城镇、道路和铁路等重要社区设施造成严重破坏。我们正在推进泥沙灾害应对设施建设，防止下游地区遭受破损山地大量排放泥沙和河床抬升而产生的损害，从而保护好生命、财产和重要的社区设施。

(2) 泥沙灾害影响地区的泥沙灾害应急预案

为确保安全、保护和提升社会经济活力、防止泥沙灾害对民众生命和生活造成重大损失，我们正在集中建设泥沙灾害应对设施，防止此类灾害再次发生。

(3) 实施泥沙灾害应对措施，保护受灾群众

灾难时期需要救援的人们——比如老年人和无力自行疏散的儿童——更容易成为泥沙灾害的受害者。在泥沙灾害的死亡和失踪案例中，需要救援的人们占比很高（图Ⅱ-7-2-5）。因此，为保护社会福利设施和医疗设施等，满足特殊民众的需求，我们正在积极推进拦沙坝等泥沙防灾设施的建设。

根据《泥沙灾害预警区泥沙灾害应对措施促进法》(《泥沙灾害预防法》)等，我们采取了结构性和非结构性综合措施、比如限制开发特殊民众使用的专用设施、在市级地方防灾计划中标明泥沙灾害风险区供有特殊需求的民众使用的设施名称和地址，以及有关泥沙灾害信息发布的事项。

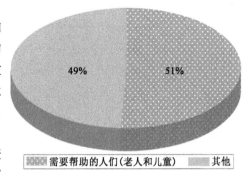

图Ⅱ-7-2-5　泥沙灾害死亡和失踪人口中需要帮助的人们所占的百分比(2011—2015年)
资料来源：国土交通省。

(4) 山地边坡附近城区的泥沙灾害应对措施

对于山地边坡附近的城区，我们通过植树造林在靠近城区的边坡地带建起了绿化带，以提高泥沙灾害的应对水平，维护和打造出风景优美的城市环境和景观。

(5) 公路边坡泥沙灾害的应对措施

对于公路附近存在山体滑坡风险的边坡，我们也采取了相应的防灾措施。

(6) 实施泥沙灾害应对措施，提高区域防灾水平

对于泥沙灾害风险较高、此类灾害对社区居民影响较大的丘陵和山区，我们建设了泥沙防灾设施来保护民众的生命安全，修缮了避难场所、疏散通道和镇办公室等能在区域防灾中发挥重要作用的关键设施，为区域社会的生存与发展创造条件。

(7) 依据《泥沙灾害预防法》，推进泥沙灾害应对工作

①通过划定泥沙灾害风险区（图Ⅱ-7-2-6），推进泥沙防灾措施的实施

根据《泥沙灾害预防法》，将易受泥沙灾害影响、可对居民造成伤害的地区划定为泥沙灾害风险区，并将制定预警和疏散制度。同时，易受泥沙灾害影响、可破坏建筑物结构和对居民造成严重危害的地区被划定为特殊泥沙灾害风险区，采取了非结构性措施来限制某些开发活动，对建筑物结构进行控制。此外，各市还发布了制定预警和疏散制度、绘制灾害地图的指导方针和案例研究，进一步完善了预警和疏散系统及泥沙灾害地图。

针对2014年8月广岛市因暴雨而遭受的泥沙灾害，我们对《泥沙灾害预防法》进行了修订（2015年1月开始实施），要求地方政府必须公布基本调查结果，县长必须将泥沙灾害预警信息告知市长并将此类信息公布于众；要求按照泥沙灾害预警区的市级地方防灾计划实施应急预案以及采取其他措施。

②推进危险房屋异地重建工作

靠近悬崖边的房屋很容易受到边坡失稳的影响，我们制定了悬崖边危险房屋异地重建计

划来敦促异地重建。2015 财年,我们共清理风险房屋 29 座,并新建了 16 座来替代它们。

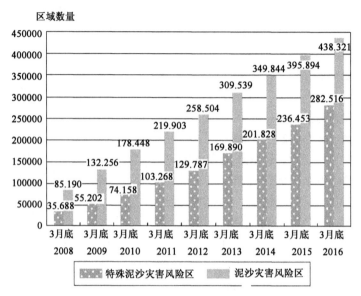

图Ⅱ-7-2-6 全国泥沙灾害风险区(截至 2015 年 3 月底)
注:全国泥沙灾害风险区估计总数:651320 个。
资料来源:国土交通省。

(8)大规模泥沙灾害的应对措施

为减少深层灾难性滑坡灾害的发生,我们综合采取了结构性措施和非结构性措施加以应对,比如建造泥沙防灾设施、通过利用深层灾难性滑坡风险评估图来完善预警和疏散系统。

如果河流发生自然阻塞(堰塞湖)或火山爆发后发生泥石流,我们将会按照《泥沙灾害预防法》展开紧急勘察,向市政当局提供易受泥沙灾害影响的陆地区域信息以及发生时间的信息。近年来,局部地区瞬时降雨和火山活动加剧,导致泥沙灾害频繁发生。为此,我们进一步加强了应急能力培训以及与相关机构的合作。

(9)发布泥沙灾害预警

如果强降雨导致发生泥沙灾害的风险增加,各县和日本气象厅将会联合发布泥沙灾害预警。根据泥沙灾害预警,市政府将会发出疏散命令和/或由居民自行疏散。为便于这些措施的实施,日本气象厅还提供了详细的泥沙灾害风险网格数据以及具体的降水数据。

3.火山灾害应对措施

(1)火山活动后的泥沙灾害应对措施

为应对火山喷发引起的火山泥流和降雨造成的泥石流,我们正在加紧建设拦沙坝和顺坝等,以防范和减少相关灾害造成的损失。另外,对于因泥石流体积大、持续时间长而无法正常发挥功能的设施,我们将会采取清理沉积物等措施。

火山爆发后的泥沙灾害可能导致大规模灾难的发生。另外,由于很难准确预测火山喷发的位置或规模,因此此类灾害常会产生严重的破坏。出于这个原因,我们正在制定可紧急缓解火山喷发影响的沉积物控制计划,以便及时对火山活动做出反应、减轻损害,提前进行设施建设;这个计划针对的是 49 座表现活跃的火山,它们爆发后将会引发泥沙灾害。修订后的《活火山法》于2015年12月开始实施；作为火山防灾委员会成员，地方政府、区域发展局及其他沉积物控制部门决定从火山所引发泥沙灾害的角度出发，研究火山灾害地图。因此，通过绘制火山沉积物控制灾害地图(与泥沙灾害有关的火山灾害地图)，我们为火山防灾委员一系列的预警和疏散系统研究提供了支持。

针对2015年5月口永良部岛火山爆发事件，直升机进行空中侦察后发现Mukaehama河出现小型泥石流，并将这些资料提供给了相关地方当局。2015年，为确定阿苏山、箱根山、浅间山等已经爆发或出现复活状态的火山及周围的积灰情况，我们还展开了勘察来确定当地条件。这些情报也已提供给相关地方当局。

(2)活火山火山灰的应对措施

火山爆发产生的道路积灰具有很大的社会影响性，比如阻塞交通，因此我们正在制定可促使街道清扫工迅速和适当清除道路灰烬的框架。

(3)日本气象厅的举措

为防范和缓解火山爆发及其产生的灾害，我们对国内的火山活动进行了监测，并会及时发布火山预警。特别是对于火山爆发预测协调委员会选定的50座需密切监测/观测、以缓解火山灾害的火山，我们部署了足够的观察设施，全天候监测火山活动(持续观测的火山❶)。

此外，地方的火山减灾委员会还通过协调疏散计划，应用和改进了火山预警级别(截至2016年3月底已覆盖34座火山)。

为应对2014年9月御岳山火山爆发造成的灾难，火山爆发预测协调委员会召开调查会议并提出了相关建议(2015年3月)。日本气象厅根据这些建议发布了"火山活动详细情况"，明确认定该次爆发为临时性，并发布了"火山爆发公告"来及时报告火山爆发事实，将关键词"正常"(相当于"火山预报和火山预警1级")调整为了"有可能增加活动"，进一步完善火山信息的提供。此外，日本气象厅还设法完善火山观测和监测系统，比如建造新的火山观测设施。

专栏 2015年的主要火山活动以及日本气象厅的应对措施

2015年，口永良部岛、箱根山、阿苏山等火山的活动出现加剧。本专栏将描述这些火山活动的状态以及日本气象厅的应对措施。

1. 口永良部岛

5月29日上午9:59，口永良部岛火山大爆发。日本气象厅当天上午10:07发布火山预警，并自火山预警级别应用以来首次将火山预警级别从3级(不要靠近火山)提高到了5级(疏散)。随后，屋久岛镇正式下达疏散命令，口永良部岛的所有居民开始逃至岛外。

3月底，日本气象厅的工作人员进驻该岛，开始向居民通报日本气象厅移动观察小组(JMA-MOT)的实地调查结果，并向居民解释火山活动情况。火山爆发后，工作人员留在屋久岛，为人们进入岛屿提供支持，比如解释火山情况等。他们还安装了更多的火山观测设备，比如地震仪和低频麦克风。

10月21日，日本气象厅在维持5级火山预警的同时又发布了火山警告，将需要严密观测和警报的地区限制到了Shindake火山口约2km、西面约2.5km的范围。之后，屋久岛镇于12

---

❶这个计划将最终涵盖50座火山，其中包括八甲田山、十和田和弥陀高原(Midagahara)等。

月 25 日解除了疏散命令(口永良部岛的一些地区除外),灾民返回了岛屿。

2. 箱根山

4 月底,大涌谷周边的火山活动开始加剧。鉴于小规模火山爆发并对周围环境产生影响的可能性增加,日本气象厅于 5 月 6 日上午 6:00 发布了"火山口周边警告",并将火山预警级别提高到了 2 级(不要靠近火山口)。

6 月 30 日,大涌谷发生了一次非常小规模的喷发,鉴于此日本气象厅当天下午 12:30 发布了"火山口周边警告",并将火山预警级别从 2 级提高到了 3 级(不要靠近火山)。6 月 30 日,日本气象厅派遣工作人员进驻箱根镇进行实地调查,并向该镇汇报火山活动的情况。

后来,随着火山活动的减弱,日本气象厅于 9 月 11 日发布了"火山口周边警告",将火山预警级别从 3 级降为 2 级,后又在 11 月 20 日解除了火山预警,火山预警级别降为 1 级(火山活动可能增加)。

3. 阿苏山

9 月 14 日上午 9:43,阿苏山出现了一次小型火山喷发。火山爆发后,日本气象厅于上午 9:50 发布"火山爆发公告",并于上午 10:10 发布了"火山口周边警告",将火山预警级别从 2 级提高到了 3 级。自 8 月 4 日通报制度实施以来,这是日本气象厅第一次发布"火山爆发公告"。

之后,由于火山活动减弱,日本气象厅于下午 2:00 发布"火山口周边警告",将火山预警级别由 3 级降为 2 级。

(4)日本海岸警卫队的举措

空中观测通常针对的是海底火山和火山岛,喷发或作为喷发前兆的海水变色等信息会被立即提供给海员。另外,通过综合勘察收集而来的海底地形、地质构造等基本信息也会成为预测海底火山和火山岛爆发的基础资料。伊豆群岛地区还会持续开展全球导航卫星系统观测,以监测地壳运动。

对于两年前(2013 年 11 月)开始喷发的西之岛火山,2015 年 6 月和 7 月首次利用勘探船进行了环岛海洋调查。这些调查有助于揭示因喷发而造成的海底地形变化。截至 2016 年 3 月,岛屿面积已增加到了 2.6km² 左右(包括前西之岛)。目前正在使用飞机监测火山活动和岛上的情况变化。

(5)日本国土地理院的举措

①提高对火山活动的观测和监测水平

对于国内的活跃火山,全球导航卫星系统控制站(称为 GEONET 的全球导航卫星系统持续观测网络)、自动距离和角度测量设备以及远程全球导航卫星系统监测系统(REGMOS)持续监测着三维地壳形变。另外,其他机构获得的全球导航卫星系统观测数据也被纳入分析,以更详细地监测火山周围的地壳形变。使用先进陆地观测卫星"大地-2"的数据,合成孔径雷达干涉仪❶密切监测着火山的地表变形。

②火山爆发后的自然灾害研究

我们目前正在开展研究,以提高全球导航卫星系统和合成孔径雷达干涉仪的观测精度,通

---

❶利用太空中的人造卫星监测地表变形的技术。

过分析上述观测资料来揭示火山活动的机理。

4．风暴潮和海岸侵蚀的应对措施

（1）完善风暴潮和巨浪的应对措施

为保护人身和财产，避免它们遭到风暴潮和巨浪频繁发生而造成的损害，我们采取了综合性的结构性措施和非结构性措施，比如建设防潮堤和发布防洪预警。2015年5月，对《防洪法》进行了部分修订。为进一步完善结构性和非结构性措施，我们公布了水位易受风暴潮影响的沿海地区划定制度，确定了易受淹没的地区。

（2）完善海岸侵蚀的应对措施

由于多种因素会造成全国海岸侵蚀，因此河流、海岸、港口和渔港的管理者正在展开协调，共同实施旁路排沙❶和沙回收❷等措施。

（3）提供风暴潮防灾信息

为加强地市的防灾活动，日本气象厅为各市提供了风暴潮预警和咨询服务。

此外，为了帮助东日本大地震之后地面沉降地区的灾民和进行灾后重建，我们公布了整合有天文潮位（潮位预测值）的"每小时潮位日历"以及有关风暴潮的其他信息。

5．海啸应对措施

（1）完善海啸应对措施

为应对南海海槽等地区特大地震引发的海啸灾害，我们正在采取结构性和非结构性多重防御措施来应对最大规模的海啸，从而为区域海啸防灾建设提供支持，帮助地方政府进行海啸淹没预测、划定警戒区和起草疏散计划等。

对于沿海方面的海啸应对措施，我们采取的结构性措施包括建造防潮堤等来防范发生频率较高的海啸、采取地震和液化应对措施、实现闸门的自动/远程操控、建造防潮堤和防波堤（包括各种结构的牢固结构，比如绿色防潮堤）；采取的非结构性措施包括绘制海啸和风暴潮灾害地图、管理和使用防洪闸等。由于东日本大地震导致许多防洪闸操作员丧生，因此必须制定防洪闸的操作规则。促进防洪闸和堤防闸口安全和适当管理操作调查委员会自2015年12月起也开展了研究，以建立安全和适当的管理操作系统。

对于港口方面的海啸应对措施，为确保大规模海啸发生时港口功能的正常发挥，我们采取了建造防波堤牢固结构、制定海路障碍清除计划（为紧急情况预留海路）及其他防灾减灾措施。对于人口和功能集中的三大港口，我们研究了频繁发生的海啸高度，并从更高的海啸水平出发确保港口拥有足够的保护水平。

此外，通过与相关组织合作，《港口条例法》所涉港口（共86个）还设立了"船舶应对海啸措施委员会"，进一步完善每个港口的船舶应对海啸措施。

对于河流方面的海啸应对措施，我们正在海啸可引发巨大洪水的地区推进河堤建设及地震和液化应对措施，为即将到来的大地震或海啸做好准备。

对于道路方面的海啸应对措施，我们已与海啸多发地区的地方政府达成了协议。为将路

---

❶当沙粒的流动被海岸建筑物阻拦时，这种施工方法可帮助海岸上游沿岸的积沙运行到下游，进行沙土填覆。
❷这种施工方法将海岸下游沿岸的积沙运行到上游，从而填覆受侵海岸的沙土。

堤作为临时评估位置,我们设置了用于疏散的楼梯和开放空间。我们还制定了疏散指导标志系统,并向当地居民提供培训,以此加强防灾功能建设。

对于机场方面的海啸应对措施,我们为可能发生海啸灾害的机场起草了海啸疏散计划(包括疏散方法及其他事项),以保护机场使用者和其他人的生命安全,并将会针对这些计划进行海啸疏散培训和处理其他事项。另外,我们还制定了海啸灾难后机场功能快速恢复计划,并与相关组织制定了合作框架。

对于铁路方面的海啸应对措施,我们正在考察东日本大地震后海啸发生时的疏散指导条件,商讨南海海槽特大地震引发最大规模海啸之后的疏散基本思路(快速疏散是最有效和最重要的措施),制定客运铁路的响应指南和进行案例研究,以确保海啸发生时的生命财产安全,推进铁路公司举措的实施。

(2)提供海啸防灾信息

为预防和减轻海啸造成的灾害,日本气象厅正在全天候监测全国的地震活动,以便迅速、准确地发布海啸预警/建议和信息。根据2011年东日本大地震所引发海啸灾难的教训,日本气象厅于2013年3月启动了新的海啸预警系统,为"重大海啸预警"引入了"巨大"这个词来描述八级及以上大地震的估计海啸高度,以强调情势的紧急性。

截至2016年3月底,日本气象厅用于海啸检测的设备包括38个海底海啸计、18个GPS测波计和173个沿海海啸计,继而根据相关结果发布海啸信息和更新海啸预警/建议。为加强船舶的海啸应对措施,日本海岸警卫队根据南海海槽特大地震的最新评估制作和发布了海啸防灾信息图(65张),描绘出了港口地区海啸的预期行为(内阁府,2012年8月)。

(3)海啸疏散措施

考虑到南海海槽特大地震或将来某个时候其他大规模地震所引发的海啸灾害,我们根据基本城市规划数据制定了合理配置疏散设施技术指南,并于2013年6月公布于众。

我们正在根据港口特点加紧制定海啸疏散计划,从而确保海边工人及其他民众能在海啸等灾害发生时安全疏散和撤退。另外,对于地方政府建设的海啸疏散设施,我们还会提供防灾安全补助及其他支持。此外,私人城市组织正在协助私营企业建造具有海啸等灾害疏散功能的设施。

(4)建设能够有效减轻海啸灾害的公园和绿化空间

根据东日本大地震的教训,2012年3月制定了《东日本大地震灾后重建城市公园建设技术指南》,地方政府可用来评估城镇重建。公园和绿化空间被认为具有四层功能,即多层防御功能、疏散路线和疏散空间功能、协助恢复和重建功能以及防灾教育功能,提出了规划和设计公园和绿化空间、实现减灾效果的概念。

(5)政府设施的海啸应对措施

政府设施是实施灾害应急措施活动的中心设施以及临时疏散场所,能够拯救人们生命,因此在发生海啸等灾害时确保其必要功能的正常发挥非常重要。

2013年2月,社会基础设施委员会编制了《保护政府设施海啸应对功能基础知识》,我们将会综合利用其中的结构性和非结构性措施,与政府设施的运营和维护组织共同推进海啸有效应对措施的实施。

6. 地震应对措施

(1) 提高住房和建筑物抗震及安全水平

根据修订后的《建筑物抗震加固促进法》(2013年11月生效),为实现2020年前至少95%的住房和建筑达到抗震要求的目标,我们要求大规模建筑结构和其他非特定人群使用的建筑结构必须提供抗震诊断结果报告,并制定了抗震显示要求,以提高抗震水平。

在住房和建筑物的防震方面,我们实施了社会资本开发综合补助等措施;但从2013财年起,对于需要进行强制性地震诊断的建筑结构,除了一般补助外我们还会提供广泛的紧急援助。

(2) 提高住房用地抗震水平

为防止大地震后山体滑坡和地面液化对现有居民区造成破坏,我们正在为地方政府的变化预测调查和预防措施提供支持。

(3) 进行灾区住房用地危险性评估

为防止发生次生灾害和保护居民安全,我们正在与由县和指定城市组建的受灾住房用地危险性评估联络委员会合作制定框架,从而在灾害发生后迅速和准确评估住房用地的危险程度。

(4) 提高建筑物密集区域的抗灾水平

提高建筑物密集区域的抗灾水平、改善防灾和居住环境已成为迫切需要解决的问题,应确保易受地震威胁的建筑物密集区域(约4435hm^2)能在2020年达到最低安全水平。

为实现这个目标,我们将沿着干道修建防火建筑结构(切断火灾蔓延通道,同时可用作疏散通道),形成骨架式防灾轴,修建可用作疏散空间的防灾公园,实施防灾区块改善工程以及住房和城市发展综合建设工程,从而淘汰破旧建筑、联合重建防火建筑、扩宽狭窄道路,做好疏散和消防工作,见图Ⅱ-7-2-7。

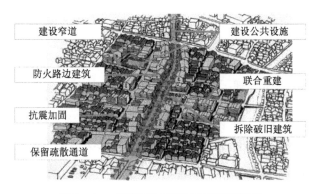

图Ⅱ-7-2-7 建筑物密集区域的开发图解说明
资料来源:国土交通省。

(5) 提供开放空间

为增强防灾功能,打造更安全、更舒适的城镇建筑,我们正在推进防灾公园建设,将其用作地震灾害发生时的恢复和重建中心、进行物资中转的防灾中心和疏散区域,从而保护城市火灾疏散者的生命安全。我们正在实施防灾公园和城区建设项目,对防灾公园和城区进行综合开发和升级。

(6) 将政府大楼建设成或改造成防灾中心

政府大楼应提高综合抗震性能,确保来访者安全,充分发挥大型地震灾难应急活动中心的作用。因此,国土交通省正在制定抗震性能提高目标,系统性、主次分明地推进政府建筑物的建设和改造。2014 财年,中央政府 4 号楼(东京千代田区)已完成了抗震改造。

(7) 提高公共工程设施的抗震能力

河道工程进行了抗震检测,并采取了必要措施,即使发生二级地震,堤防、防洪闸和其他河道结构也能正常发挥功能。

沿海工程在考虑设施功能、堤防后方区域重要性及其他因素的基础上实施了抗震措施,以防止地震破坏堤防后导致大面积零米地区淹没,确保堤防等防护设施在南海海槽特大地震所引发海啸到来之前不被损坏。

对于道路工程,为确保地震灾害发生后应急救援行动、运输应急物资和部署应急救援运输的顺利进行,我们对桥梁进行了抗震加固,为应急运输道路等重要通道埋设了电缆。为拆除电线杆,我们根据 2013 年 6 月修订的《道路法》等法规,针对应急运输道路及其他具有重要防灾功能的道路出台了道路管理者禁止和限制电线杆专用的制度,国家政府会通过地方政府为电缆管理者提供无息贷款。

在港口和海港项目方面,我们正在努力提高港口设施的抗震、抗海啸能力,根据灾害程度和特定港口功能的重要性对国内及海外广泛网络之内的港口和海港进行加固,从而确保社会经济体系的可运转性,提高日本竞争力,并为我们赢得应战南海海槽特大地震、东京内陆地震或其他任何重大灾害的国际信任。

对于机场工程,除发生地震和其他灾害时作为应急运输基地之外,我们还对承担航空运输任务的重要机场和航空网络进行了政府设施抗震加固,以确保必要控制功能和重要基础设施的正常使用,确保腹地经济活动的正常开展。

对于铁路工程,为应对南海海槽特大地震和东京内陆地震,主要车站、高架桥及其他铁路设施正在加紧实施地震应对措施。此外,本州四国大桥(本四备赞线)的抗震能力将会稳步提高,以避免和减少因南海海槽特大地震等事件而造成的损害,确保本州和四国的铁路网络畅通。

对于污水工程,我们采取了综合性地震应对措施来确保地震和防灾期间下水道的正常使用,比如提高防灾基地与污水处理厂之间管道基础设施和水处理设施的地震和海啸抗灾能力,通过减灾措施尽量减少灾难的预期伤害。

(8) 大规模地震所引发泥沙灾害的应对措施

为应对南海海槽特大地震等大规模震灾,存在泥沙灾害风险的地区正在通过结构性措施和非结构性措施相结合推行有效的泥沙灾害应对措施,以免运输网络遭到破坏、居民区因山体滑坡而被阻隔。

大地震一旦发生,我们将与有关机构和实体展开合作,及时确定灾情、妥善处理突发事件,这一点至关重要。为此,我们正在加强与有关组织的联系、开展实践培训,进一步完善危机管理系统。

(9) 日本气象厅的举措

为预防和减轻地震所引发的灾害,我们正在 24h 监测日本及周边地区的地震活动,监测"地震灾害强化应对措施(东海地区)"地区的地壳形变,以尽可能快速、准确地提供地震预警、地震信息以及有关东海地震的信息。

对于地震预警,日本气象厅正在开发计算系统软件,研究即使多处地震同时发生也能精确估算地震震中的技术,以及合理预报地表运动(甚至是大地震,其地表运动目前很难进行预测)的技术。为提高估算地震震中的精度和信息发布速度,2014 财年已开始使用由相关机构安装在海域和地下深处的地震仪发回的数据。我们将继续推进有关机构对陆地和海底地震仪的使用。

对于长期地表运动,2013 年 3 月已开始尝试发布长期地表运动的观测信息,为震后应急提供有用信息,比如及早发现失踪民众和设施受损情况。此外,有关预测长期地表运动的研究也正在进行。

(10)日本海岸警卫队的举措

为探明大地震的物理机制,我们在日本太平洋一侧主要沟槽的近陆边坡上开展了对海底地壳运动的观测,比如日本海沟和南海海槽等重大地震频繁光顾的地带。沿海地区和伊豆群岛的全球导航卫星系统观测网络也进行了地壳运动监测。

(11)日本国土地理院的举措

①观察地壳运动,强化监测框架

在全国地震灾害防控地区,大约 1300 个全球导航卫星系统控制站进行的全球导航卫星系统持续观测、全球导航卫星系统测量和水准测量进一步提高了地壳运动的监测水平。此外,我们还利用先进陆地观测卫星"大地-2"的合成孔径雷达干涉仪,开始对地表变形地壳运动进行监测。

②地震所引发自然灾害的研究

从全球导航卫星系统、合成孔径雷达干涉仪测量和大地水准测量等大地测量观测值来看,地震发生机制正在变得明晰,我们正在研究如何改进观测和分析技术。我们正在分析日本领土的基本地理空间信息和地震强度,研究开发和尝试应用灾害期间迅速提供信息的相关技术。此外,地震预测协调委员会正在促进相关政府机构和大学对地震预测的调查、观察和研究结果展开信息交流,并在此基础上进行学术研究。此外,为研究地壳运动,沿海运动数据中心正在收集和归档有关政府组织观察到的潮位记录,并提供给相关机构使用。

(12)针对滞留通勤者的应对措施

如果大都会区发生重大地震,城市功能预计将会陷入瘫痪,被滞留的通勤者将会超过东日本大地震。因此,为确保人口密集区和城市功能区的人身安全,2012 年专门推出了促进城市复兴和确保安全计划系统。城市复兴和应急开发地区(截至 2016 年 3 月底全国共有 63 个)正在通过公私伙伴关系努力提高城市防灾水平,制定促进城市复兴和确保安全计划,签署促进城市复兴和确保安全设施建设协议,放宽各种监管限制。我们正在通过城市安全确保及促进项目,努力为促进城市复兴和确保安全计划的制定、基于这些计划的结构性和非结构性措施的制定提供全面支持,其中主要车站周围的地区也被认定为需要援助的地区。推进城市复兴和确保安全的计划还采取了特别税收措施,以储备计划中提到的仓库。

(13)确保灾难发生时的业务连续性功能

城市功能集中区的能源供应如果中断,其经济活动便会陷入瘫痪,灾害应对措施受到阻碍,从而对国家产生巨大的社会经济影响。

为消除我们城市的这些脆弱性，2015财年推出了灾害期间业务连续性区域紧急开发项目。我们正在推进全区域能源网络建设，以确保灾害期间的业务连续性。

(14) 地下商场的安全保卫措施

地下商场是城市内部的重要公共场所，但由于设施老化等原因，人们担心发生大规模地震时会出现疏散问题，我们据此制定了地下商场安全疏散措施指导方针，进一步实施用户及其他民众安全疏散防灾措施。

7. 雪灾应对措施

(1) 确保冬季道路运输的畅通(雪地和寒冷天气工程)

根据《特定积雪和寒冷地区道路交通保障特别措施法》，2013年11月专门制定了《特定雪地和低温地区道路运输保障五年规划》，从而为民众创造安全、舒适的生活，加强区域交流与合作。除了这部法规，内阁还相应推出了除雪、防雪以及防止雪霜冰冻破坏道路的项目(雪地和冬季工程)。此外，2012年7月还成立了北陆雪灾应对措施技术中心，进行研究和开发、人力资源开发和提供地方政府援助，并面向全国提供信息，提高公众对雪灾应对措施的认识。我们正在完善积雪清理系统，比如划定积雪清理优先区、通过封闭道路快速清除积雪、促进道路管理者和相关组织开展合作。如遇交通堵塞，我们将按照《基本防灾措施法》(2014年11月修订)展开行动，及时采取措施清理封堵道路车辆，迅速恢复交通秩序。

(2) 大雪地区的雪崩灾害应对措施

日本共有21000个地区容易发生雪崩，因此我们正在推进雪崩预防设施建设，以保护居民区免受雪崩伤害。

(3) 实施积雪清理水道项目

在强降雪地区，除了确保防洪功能的正常发挥外，我们正在为水量丰富的河流建造输水通道，为流经城市的中小河流提供水源，形成积雪清理水道。

8. 防灾信息精细化

(1) 汇总防灾信息

"国土交通省防灾信息中心"❶能够汇总和提供诸如降雨等可用信息，以单一来源提供全面的灾难响应和防灾信息，从而使民众轻松获得和使用防灾信息。

(2) 绘制灾害地图

为帮助居民在灾害发生时采取适当的疏散行动，我们正在敦促市政当局绘制灾害地图(图Ⅱ-7-2-8)，加强它们在居民中间的宣传和使用，并开设了互联网门户网站供用户查阅灾害地图❷。

(3) 完善灾害预防天气信息

为能对多种天气灾害采取应对措施，日本气象厅发布了天气情势紧急警告、警告、建议和公告等信息。日本气象厅还提供了详细的网格数据，说明泥沙灾害的风险。国土交通省、地方政府和日本气象厅会利用这些数据，联合发布泥沙灾害预警和特定河流洪水预报。

---

❶ "国土交通省防灾信息中心"网站：http://www.mlit.go.jp/saigai/bosaijoho/。
❷ "国土交通省灾害地图门户网站"：http://disaportal.gsi.go.jp/。

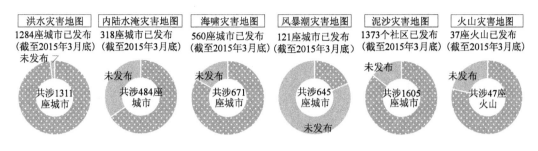

图Ⅱ-7-2-8 灾害地图的制作现状
资料来源：国土交通省。

2015年7月，交通政策委员会气象小组委员会收到建议，要求主动发布可能产生巨大影响（无论其可能性有多小）的天气事件，并以易于理解的方式将风险程度和急迫程度告知公众。为落实这些建议，我们正在推进各项举措的实施。

专栏 通过预警邮件服务发送紧急警告

预警邮件服务是手机运营商（NTT DOCOMO、KDDI和冲绳移动电话公司，日本软银）提供的一项服务，可向目标区域免费发送由政府和地方政府发布的大量灾难和疏散信息。除已提供的地震预警和海啸预警服务之外，日本气象厅又于2015年11月19日开始通过预警邮件服务发送天气（暴雨、风暴、风暴潮、巨浪、暴风雪、大雪）和火山爆发紧急警告。

这样，日本气象厅发出的所有紧急警告都会通过预警邮件服务进行发送。这些信息将直接传至用户手机，是一种发送极其紧急警告的有效措施。

这些紧急警告意在提醒人们注意自然现象造成灾难的可能性。发出警告时灾难可能已经发生，所以人们应多加关注电视、广播和地方政府等发布的信息。如果难以获得这些信息，人们需留意四周环境，尽可能采取一切措施来保护自己。另外，民众还应主动避灾，而不是只等待紧急警告；同时还要注意日本气象厅分阶段公布的建议和警告等防灾气象信息，以及来自地方政府的信息。

9. 健全危机管理系统

为应对自然灾害和预测可能引发灾害的自然现象（日本气象厅），除灾害期间设施管理负责部门进行设施检查和紧急修复、日本海岸警卫队开展海上救援行动之外，很多地方还建立了应急人员紧急集合、设立灾害应对总部等初步响应系统；但是，鉴于东日本大地震的灾难应对情况，危机管理系统需要进一步健全。此外，我们需进一步利用国土交通省和相关组织的设备、人力、专业技术及其他资源，为灾区地方政府提供支援。

（1）技术紧急控制部队（紧急救灾分队）的灾害应对措施

为应对已经或可能发生的大规模自然灾害，2008财年专门成立了技术紧急控制部队（TEC-FORCE），快速、顺利地为受灾地区的地方政府提供技术支持，帮助实施灾害程度快速评估等各种应急救灾措施，从而防止灾情扩大，促使灾区迅速恢复正常生活。2015财年，技术紧急控制部队共向23个地区的88个市镇派遣了大约1100名员工，提供了大约3200人日的服务，所涉及的严重天气事件包括2015年5月口永良部岛的火山喷发、6月24日开始的暴雨、7

月的 11 号台风、8 月的 15 号和 16 号台风、9 月关东和东北地区的暴雨以及 2016 年 1 月 23 日的大雪。灾难发生之际我们便会提供各种技术支持,比如查明损害情况、防止损害扩大等。

(2) 完善业务连续性系统

随着政府业务连续性计划的批准,国土交通省业务连续性计划(第三版)也于 2014 年 4 月 1 日正式推出。此外,我们还采取储备物资、调用其他地区支持系统等措施(而不等候部委总部的命令,立即派遣技术紧急控制部队),进一步完善了业务连续性框架。

(3) 部署信息通信系统和机械以应对灾害

为确保信息通信系统能在灾难发生时正常使用,国土交通省总部、区域发展局和相关组织通过十分可靠的微波网络和光纤信息通信网络实现了相互连通,创建出了高机动性系统,此外还开设了卫星通信信道来强化灾难现场信息收集系统。此外,为对灾害做出快速响应,全国各地的区域发展局正在部署灾害救援直升机、卫星通信车辆、排水泵车、照明车辆等救灾机械,以便大规模灾害发生时按该框架进行快速部署。

(4) 开展实用而广泛的防灾培训

根据可能发生最坏情况的假设,我们积极开展了实用而广泛的防灾培训,其中包括与相关组织做好协调,广泛部署区域发展局的技术紧急控制部队。此外,主要是在防洪月份(特别是 5 月),除了防洪队进行防洪实景培训之外,自卫防汛组织等组织还开展了各种综合性的实景疏散培训,其中包括疏散培训、信息沟通培训及其他培训。

此外,东日本大地震还凸显了大型灾害期间相关组织相互协调的重要性;鉴于此,以区域办事处为中心的多个组织和分支机构(包括特定地方政府机构、消防机构和日本自卫队)正在组织各种联合演习,努力改善和强化各种防灾框架,做好应对特大地震和其他大规模灾害的准备,从而加强和促进各个地区的防灾准备,更好地应对大地震等大规模灾害。

(5) 建设海上初步响应力量

日本海岸警卫队部署了全天候巡逻船和飞机,以便在灾难发生时迅速做出反应。同时,根据灾情规模还会设立应对措施指挥部,利用巡视船和飞机进行损害评估调查、开展救援行动,适时做出立即反应。

10. 利用信息通信技术管理现有设施

我们正在利用信息通信技术,通过光纤网络管理公共设施和完善危机管理系统。具体而言,我们正在采取措施加强道路安全,比如通过光纤的精细化管理连续监测公路边坡、通过互联网提供灾害信息。此外,除了远程控制防潮水闸和远程监测河流流量状况和火山区域之外,污水处理厂和泵站也通过光纤连接在了一起,以便进行远程监控和精细化管理。

此外,为加快和强化防潮水闸等设施的控制流程,我们通过提供防灾和安全补助等手段建造了海啸和风暴潮防灾站,以此防止海啸和风暴潮造成破坏,见图Ⅱ-7-2-9。

11. 公共工程设施的灾后恢复

据报告,由于灾害频繁发生,2015 年国土交通省所管辖的公共土木工程设施(包括河流、道路、沿海地区和下水道系统)已遭受大约 1850 亿日元的损失(共 6819 个地方),其中包括 2015 年 9 月关东和东北地区的暴雨灾难(部分原因是 18 号台风的到来以及 7 月的 11 号台风导致的德岛阿南市淹损)。

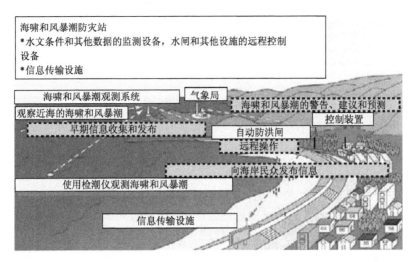

图Ⅱ-7-2-9 海啸和风暴潮防灾站图解说明
资料来源：国土交通省。

为应对这些自然灾害造成的破坏，我们对受影响的地方政府提供了迅速恢复和重建、防止二次破坏的技术咨询及其他形式的支持，比如灾后立即向当地派遣技术紧急控制部队，根据地方政府要求，利用灾后恢复工程专家派遣系统向地方派遣全国防灾协会专家，以协助制定灾后恢复计划。

为帮助地方政府迅速处理重大损失、进行灾后重建，我们通过简化评估流程大大减少了项目报批管理程序，加快了灾后恢复进程。比如，可进行纸质评估（而不是现场评估）的项目金额已从一般不超过300万日元增加到了不超过1000万～3000万日元，这取决于当地政府。

遭受自然灾害的地区（35个）对防灾措施和其他紧急项目建设进行了成本管理，其中包括关东和东北地区的暴雨及其他暴雨、山体滑坡、大雪、11号台风引发的雪崩及其他天气事件。为确保居民安全，又再次紧急实施了防灾措施。

专栏 提供灾后恢复技术建议，推进恢复工程建设

严重灾难发生后，需针对灾难现场做出及时和恰当的响应。灾区地方政府需制定设施恢复计划，促使灾区快速和顺利恢复。但事实上，他们缺乏拥有丰富灾难现场处置经验的工程师，导致其响应比较缓慢。许多地方政府正在绞尽脑汁，思考灾害应对之策。

鉴于这种情况，国土交通省除了派遣技术紧急控制部队之外，还会向灾区的地方政府提供灾后恢复技术支持。

在灾害应急调查中，对于严重灾害（比如大范围发生灾难或出现人为破坏），我们会向现场派遣灾害评估人员，以及时了解灾情、提出临时措施建议、制定公共土木工程设施恢复政策。

在灾后恢复工程专家派遣系统中，公共土木工程设施发生灾害时便会将全国防灾协会专家派往灾区，为灾情调查提供支持，并就恢复建设方法提出建议。

2015财年，9月的关东—东北降雨导致多地受灾，我们根据宫城、福岛、栃木和茨城地方政府的请求有效利用了灾害应急调查和灾后恢复工程专家派遣系统，为这些地方的早日恢复做出了努力。

12. 完善信息和公共关系等非结构性措施，以安全、舒适地应对自然灾害

为了安全、舒适地应对自然灾害，我们除了实施结构性措施外，还推广了非结构性措施，并根据《国土交通省安全舒适非结构性措施促进总体框架》，对进展情况进行了年度检查。但是，东日本大地震揭示了对结构性和非结构性措施进行一致性和综合性评估的必要性，因此我们目前正在对重新评估后的《社会资本改进优先计划/国土交通省防灾运行计划》进行审议。

三、加强运输系统的抗灾能力

1. 确保冗余性和可替代性

铁路、港口、机场和其他设施的抗灾能力正在得到提升；为确保冗余性，救援、恢复活动和商业连续性应急运输框架正在建立；为确保使用者的安全，可替代性措施正在实施。

道路网络是灾害发生时的紧急运输通道，有助于展开早期救援，履行其作为"生命线"的功能。

2. 道路防灾措施

为向大规模灾害发生时的紧急救援和恢复援助活动提供支持，我们正在进一步完善可替代性措施、灾害应对措施（斜坡和堤防措施等）、地震灾害应对措施（进行抗震加固等）以及积雪和寒冷地区应对措施（建造防雪设施）。此外，我们还增建了具有防灾功能的交通设施（将Michi-no-Eki、服务和停车场改建为防灾基地，以及建设紧急通信线路和逃生通道）。与私营企业建立防灾联盟，确保道口快速通行；建立了可促使道路管理者制定保持道路畅通框架的委员会。此外，根据2014年11月修订的《灾害防范措施基本法》，我们正在进行系统和设备开发，从而使道路管理者能够顺利移动车辆，迅速清除道路障碍物。

此外，我们还有效利用了ETC 2.0调查信息和私人调查信息等大数据，以及早了解损害情况，更好地进行初步响应。

与此同时，对于东日本大地震所引发海啸造成破坏的地区，我们正在按照复兴计划中的优先建设城区加紧道路建设，推进高速道路交叉口通道的建设。此外，作为海啸减灾措施之一，我们为道路标志添加了海平面指示符，向道路使用者提供海平面信息。

3. 加快电线杆的拆除

我们正在拆除电线杆，以防止地震发生时它们倒塌和阻碍紧急车辆的通行。我们已开始禁止在紧急运输道路上栽立新的电线杆，为财产税制定特殊措施。

4. 各种运输方式的防灾措施

对于铁路，我们已为改造工程提供了部分补贴，比如客运铁路公司实施的防灾项目（包括落石和雪崩应对措施），以及日本铁路建设、运输与技术局（独立行政机构）为确保青函隧道畅通而进行的沿海保护和改造工程，比如完善变电站和列车控制设施。

对于港口，为确保灾害发生时港口功能的正常发挥和区域经济活动的正常进行，尽早恢复受灾设施，我们不仅建立了港口业务连续性计划，而且还设立了广域港口防灾委员会等来促使国家政府、港务局、港口用户等展开合作，推动建立合作框架。

对于机场，我们在考虑机场所在地区及相关机场防灾计划的基础之上，研究了灾害应对措施。根据这些研究结果，我们草拟了制定疏散和快速恢复计划以应对机场地震或海啸的模板。

5. 建立抗灾物流系统

东日本大地震突显了利用私营物流公司的专业知识和设施，确保救援物资顺利运输的重要性。根据这一教训，我们评估并协调中央政府、地方政府和物流公司建立了抗灾物流系统，罗列了地震时可被用作物资基地的私人物流设施（全国共1254个地点，截至2016年2月29日）；对于适用设施，我们为建造应急电源、通信及其他设施提供了支持，推动制定了可促进全国公共和私营部门进行协调的合作框架。

第三节　确保建筑安全

一、提高人们对住房和建筑物建造及供应系统的信任

修订版《建筑标准法》2007年生效后，建筑确认过程进度落后，导致建筑确认数量大幅下降；鉴于此，2010年和2011年两次改进了建筑确认程序，以加快建筑确认审查流程、简化申请文件等。

2012年8月，国土交通大臣向基建开发专责小组询问了未来理想标准政策，并于同年9月对基建开发专责小组建筑委员会建筑标准小组委员会需优先审议的项目进行了审议。其中，对于提高住房和建筑抗震性能的方案，2013年2月编制了第一批调查结果，2013年11月又在此基础上颁布了《建筑物抗震结构改造促进法部分修正案修订法》。

此外，有关木质结构理想标准和高效实用理想确认检验法规的第二份报告也于2013年2月编制完成。随后，《建筑标准法部分修改法》于2015年6月生效。

作为与建筑师有关的措施，我们根据同年6月开始实施的《Kenchikushi法部分修改法》，实施了设计和施工管理优化运营计划。

另外，对于新房出现的缺陷我们提供了可靠的缺陷保修，从而让消费者放心购买住房，并根据《特定住房缺陷保修履行承诺法》(《住房缺陷保修履行法》)要求建筑公司和房地产交易代理机构提供资金（住房缺陷保修保证金或有效的住房缺陷保修责任保险合同）；我们将不断完善住房缺陷保修责任保险机构的保险承保系统，并正在努力提高消费者意识，采取多种措施加强宣传。

在关键人物的支持下，2015财年设立了新的住房缺陷保修绩效体系研究委员会，为未来审查这种体系提供了新的研究机会。迄今为止的问题我们均已采取后续行动，并针对未来审查交换了意见。

二、确保电梯和游乐设施安全

在继续展开调查以查明电梯、自动扶梯和游乐设施事故原因，为区域发展局职员提供安全和事故应对措施培训的同时，我们还进一步实施了安全确保计划，部分修订了定期检修制度，通过《建筑标准法》及相关条例发布了电梯和自动扶梯恰当维护和管理指导方针。

第四节　加强交通运输行业安全管理

确保安全是交通运输行业的中心和根本性问题,事故不但会造成重大损失,而且也会对社会产生巨大负面影响,因此我们正在采取各种措施以防止事故发生。

一、建立和完善公共交通安全管理系统

2006 年 10 月,鉴于各种交通方式中因人为错误而导致的问题和事故经常发生,我们特此引入了交通安全管理系统(图Ⅱ-7-4-1)。这就是要与交通运输组织展开合作,在高层管理者的积极参与下共同建立和加强安全管理系统,并建立安全管理人员选举制度、制定安全管理条例。国家必须通过建议和评估做好系统核查,从而通过"策划—实施—检查—改进"(PDCA)不断改进安全管理系统。

图Ⅱ-7-4-1　交通安全管理系统概述

资料来源:国土交通省。

2015 财年,共 534 个相关组织(77 个铁路相关组织、198 个汽车相关组织,244 个航运相关组织和 15 个航空公司相关组织)进行了交通安全管理评估。

2013 年 10 月,这个评估系统的覆盖面进一步扩大,涵盖了所有包车业务经营者(约 4200 人),鉴于此,我们开始研究将高效和有效的评估技术应用迄今为止数量最多的小型包车经营者中。通过这些技术的试用,2016 财年,我们将会使用这些高效和有效的评估技术对小型包车经营者进行全面评估。

2015 财年,国家政府为运输经营者举办了一场运输安全管理研讨会(共 2468 人参会),以加深他们对这个系统的了解。作为 2013 年 7 月认证研讨会计划的一部分,2015 财年共有

6874 人参加了相关研讨会,其目的是面向中小企业经营者进一步宣传和介绍这一系统(通过该计划,由私营机构组织的运输安全管理研讨会可获得国土交通省认证)。

对于交通安全管理系统,国土交通省将会努力提高该系统的有效性,并将其概念告知所有运营商,以便未来进行完善。

主要经营者与其他经营者之间的举措差异见图Ⅱ-7-4-2。

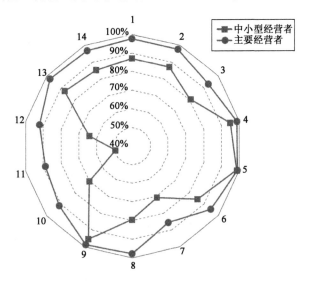

图Ⅱ-7-4-2 主要经营者与其他经营者之间的举措差异(2014 财年)

注:雷达图中的数字 1~14 分别对应"运输经营者促进安全管理指南:进一步提高运输安全"中的项目数字,该指南于 2010 年 3 月制定和发布,说明了每个项目举措的落实程度。

资料来源:国土交通省。

二、铁路运输安全措施

由于广泛采用了包括列车自动停止系统(ATS)在内的驾驶辅助设施和铁路道口通行措施,长期来看铁路交通事故数量呈下降趋势❶(图Ⅱ-7-4-3);但近年来这种趋势几近停滞,需要我们进一步采取安全措施。

1. 加强铁路安全

针对以往发生的事故,我们将实施制定必要标准等一些措施,并指导铁路运营者认真实施,将实施情况纳入安全稽核,并对审计结果给予反馈,通过这些措施的进一步落实来加强铁路安全。

(1)JR 西福知山线出轨事故后的防范措施

我们修订了《铁路相关技术标准制定部级法令》,以强制安装列车自动停止装置(具有弯道限速和驾驶员异常检测功能)、列车停止装置和驾驶条件记录装置。

(2)函馆线日本货物铁路脱轨后的防范措施

2014 年 1 月,JR 北海道被要求按照业务改进令和监督令实施相关措施,通过定期报告和

---

❶2005 年发生了 JR 福知山线脱轨事故,之后多年间又因操作不当而多次发生人员伤亡事故。

永久审查制度(5年)进行监督和指导。

根据2014财年安全监察方法的调查结果,我们对铁路运营商进行了更加有效的安全监察,其中包括类似问题发生时进行既定和临时的安全监察。

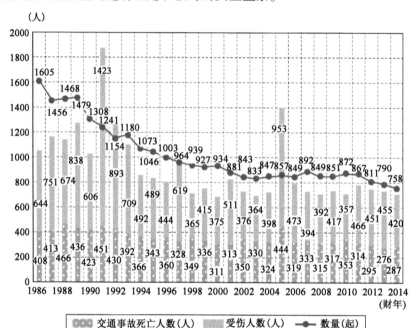

图Ⅱ-7-4-3 铁路交通事故和人员伤亡的数量变化
资料来源:国土交通省。

2. 改进铁路道口通行措施

难放行平交道口❶(主要是城市地区)是引发道口事故和交通拥堵的一个因素,需及时加以解决。为此,道路管理者和铁路运营商根据《改善铁路道口法》和第九条交通基本安全计划建造了天桥、改良结构和人行天桥等过街设施,安装了铁路道口栅栏等铁路道口安全设备,共同努力防止铁路道口发生事故。

2015财年,我们采取了紧急措施来开发安全设备、扩宽人行道,并通过严厉措施持续推进立体道口的建设。此外,我们还根据《铁路道口改善和促进法》,为全部三种铁路道口开发了安全设备。

道路管理者和铁路运营商展开合作,开始按照道口元素、对策状态、事故发生原因及其他客观数据记录安全通过平交道口状况。我们将总结未来的措施和政策,明确目前的道口和道路状况,按照优先原则进一步实施道口通行措施。

2016财年,我们将根据《铁路道口促进法》进一步实施道口通行措施,按照国土交通大臣运作的待改进道口和道路划定系统来确定存在问题的道口,即使铁路运营商和道路管理者没有就改进方法达成协议;进一步实施结构性和非结构性措施,其中包括立即实施的措施(包括铺设彩色路面)和会对周边地区产生影响的措施(比如设立停车位)。

---

❶列车频繁通过时,关闭时间超过40min/h的铁路道口。

3. 安装站台屏蔽门

为进一步确保视障人士和其他铁路车站用户的安全,我们正在加紧安装站台屏蔽门,防止乘客从站台坠落(截至 2014 年 9 月底,621 个车站已安装完毕)。根据《促进交通便利化基本政策》(2011 年 3 月)、《交通政策基本计划》(2015 年 2 月)和《社会基础设施发展优先计划》(2015 年 9 月),我们正在实施多项结构性措施[比如安装站台屏蔽门(图Ⅱ-7-4-4)和铺设带有边界线的触感道路(盲道,见图Ⅱ-7-4-5)、进行新型站台屏蔽门技术开发以解决列车车门不能与它们对齐的问题]和非结构性措施(比如通过活动和利用口号鼓励乘客伸出双手,帮助视障人士到达目的地,见图Ⅱ-7-4-6)。

图Ⅱ-7-4-4 站台屏蔽门
资料来源:国土交通省。

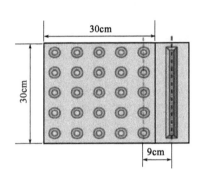

图Ⅱ-7-4-5 带有边界线的触感道路(盲道)
注:1.25 个圆块(5cm×5cm)。
　　2.线形突起代表站台内侧(边界线)。
　　　资料来源:国土交通省。

图Ⅱ-7-4-6 友好礼让运动
资料来源:国土交通省。

三、海上交通安全措施

在日本周边海域,每年约有 2500 艘船舶涉及海上事故。海上事故不仅会造成生命财产损失,而且也会对日本的经济活动和海洋环境产生重大影响,因此需加强安全措施的实施。

1. 加强船舶安全,确保船舶安全航行

(1)加强船舶安全

为确保全球船舶安全,国际海事组织(IMO)制定了多项国际法规和标准,国土交通省积极参与了相关讨论。2015 年,国土交通省在调查和分析 2013 年大型集装箱破损事故的基础上,向国际海事组织提出了改进大型集装箱船结构安全措施的建议,这些建议最终体现在了船级社国际统一规范中。

对于国际海事组织新制定或修订的条例或标准,国土交通省 2015 年 12 月根据《国际海上人命安全公约》附件修正案修订了国内有关规定:审查了门和梯子等机舱逃生设施要求,以及

露天甲板集装箱运输船舶的消防设备新要求。

为确保进入日本港口的外国船舶能够遵守国际法规和标准,消除全球不符合标准的船舶,国土交通省实施了港口国控制。

针对2015年7月北海道苫小牧海岸附近发生的船上火灾事故,作为国内为确保船舶安全而采取的特别措施,不仅国土交通省根据《海上运输法》进行了调查,而且日本海岸警卫队和日本运输安全委员会也开展了调查。国土交通省通过调查发现消防方面存在问题,2015年9月便专门成立了由消防专家组成的委员会来讨论船上的消防工作。2016年3月,一本介绍渡轮作业人员如何灭火的有效扑救程序、消防设备特点、训练方法及其他相关事宜的手册编写完成并公开发放。这本手册目前已成为全国渡轮作业人员的消防宝典。

(2)确保船舶航行安全

我们根据《船舶工作人员和船舶操作人员法》(与《海员培训、发证和值班标准国际公约》❶相符),对船员资格进行了界定,以确保船舶航行安全不受人为因素的影响。2010年6月,修订后的《海员培训、发证和值班标准国际公约》(马尼拉修正案)(规定了海员所需的额外能力)正式通过,目前正在宣传部分修订日本的"部级法令"(2014年4月生效)。我们根据《引航法》定义了可执行引航任务的人员资格,以确保船舶安全。根据交通政策委员会海事小组委员会设立的基本政策委员会的报告,为确保未来所需飞行员的稳定供应,我们正在实施促进相邻中小型引航区获取互助许可的计划。

我们根据《海上事故调查法》,对执行任务过程中故意或过失造成海上事故的海事技术人员、小型船舶操作人员或领航员进行侦察和调查;2015年进行的347场调查中共483名海事技术人员、小型船舶操作人员或领航员受到了暂停工作或警告的纪律处分(1~2个月),以防海上事故再次发生。

我们制定并采取了各种防止海上事故发生的措施,比如为相关部委和机构举办海上事故防范联络会议,以便通过海事信息和通信系统(MICS)提供信息,并为此开发了新的智能手机应用程序;通过全国性活动,宣传与相关组织携手预防海洋事故的必要性。此外,我们还与相关部委和机构合作召开了海上事故预防研讨会,在相关地区开展了各种海上事故预防活动,防止小型船舶发生海上事故。

发生海啸或其他紧急事故时,日本海岸警卫队能够快速、顺利地将船只护送到安全海域。非紧急时期,它负责协调东京湾船舶交通服务中心和港口交通管制办公室的工作,并正在建立可综合开展这些业务的系统,以缓解交通堵塞情况,确保船舶安全和高效运营。它还在努力更新发生紧急灾难时维持海上交通功能所需的系统。

此外,为提高船舶在狭窄航道的安全水平和航行效率,我们对来岛海峡展开了潮汐观测,并通过互联网提供整个区域的潮汐信息。

对于航海图,我们正在努力升级电子航海图——随着电子航海图显示信息系统(ECDIS)的推广,电子航海图得到了更多重视。此外,对于存在多种航行规则的地区我们还推出了英文版航道指南,促进相关人员对航行规则的理解;为外国海员出版了纯英文航海图,预防海事意

---

❶《1978年海员培训、发证和值班标准国际公约》。该国际公约对海员的培训与认证进行了规范,以提高海上生命和财产安全,做好海洋环境保护。

外的发生。对于受东日本大地震影响的15个主要港口,我们根据地震后的调查结果对相关航海图进行了全面修订。这些修订已于2015年10月完成。

对于航海警告和海员通知,相关视觉信息(通过地图显示的有益信息)已被搬上互联网。

对于助航设备,我们正在按船舶交通环境和需求进行有效开发,2015财年已完成388处助航设备的改进和改造。2015年11月,虚拟助航设备在明石海峡和友岛海峡(Tomogashima Channel)投入使用(利用自动识别系统将图标显示于船舶雷达屏幕)。

一旦发生重大海上事故,国家海事研究院(全国研究和发展公司)下设的海上事故分析中心会对事故展开极其专业的分析,进行信息的快速分析与传递,提出建议防止事故再次发生。

日本80%的原油是通过马六甲海峡和新加坡海峡进口的,确保这条海上运输线路的船舶航行安全非常重要。我们正在按照合作机制❶,在沿岸国家和用户的参与下进行助航设备基金❷融资合作。此外,2015年10月以来,日本还与印度尼西亚、马来西亚和新加坡等三个沿海国家共同展开了新的海峡水文测量。通过提供资金和派遣专家,日本与海事利益相关方展开了技术合作。日本将通过公私伙伴关系以及与沿岸国家建立的良好关系,继续推进海峡航行安全和环境保护方面的合作。

2. 加强乘客安全

大约44%的乘客死亡或失踪事件都与坠海有关。坠海乘客要获得救援,首先要做的就是漂浮在水面,然后及时请求救援。为此,日本海岸警卫队正在努力推广自救三原则:始终穿救生衣、确保适当的联系方式(利用防水袋保护手机)、有效利用紧急电话"118"。另外,在小型船只(渔船或游艇)乘客坠海事件中未穿救生衣的死亡率要比已穿的高出5倍,因此救生衣对于坠海乘客逃生非常重要。因此,日本海岸警卫队正在通过为"生命守护神"(LGL)❸活动提供支持、举办预防海上伤亡讲座及其他举措,努力提高人们对要求穿救生衣的认识。

3. 加强救援体系

为进行迅速而精确的救援行动,日本海岸警卫队开通了"118"紧急电话热线,通过全球海上遇险与安全系统(GMDSS)随时随地接收海上事故信息,迅速掌握事故发生的相关信息。同时,除了提高特种搜救单位、机动救援人员和潜水员等的救援技术和能力之外,我们正在增强和巩固医疗控制框架,确保应急救援人员的应急救生质量,充分发挥巡逻船和飞机的功能,从而进一步完善营救和应急系统。此外,各部委、机构、地方政府和民间救援组织之间的协调工作也得到了强化。

四、空中交通安全措施

1. 加强航空安全

(1)国家安全计划(SSP)

国内航空公司事故数量和频率如图Ⅱ-7-4-7所示。自2014年4月起,作为民用航空安全

---

❶该机制在国际历史上首次规定了沿岸国家和这些海峡的使用国依照《联合国海洋法公约》第43条进行合作。该机制由三部分组成:合作论坛、项目协调委员会和导航辅助设施基金。

❷该基金用于支付更换或修理马六甲海峡和新加坡海峡安装灯塔及其他导航辅助设施的费用。

❸指渔民家属呼吁渔民穿救生衣。他们将救生衣比喻为"生命守护神"。

主管部门的日本民航局一直在按照《国际民用航空公约》附件19推进"国家安全计划",其中规定了民用航空安全的目标及应采取的措施。2015财年,民航局制定了"航空安全管理中期目标",明确了今后五年应当实现的安全目标及应实施的安全措施(今后,每个财年都会按照中期目标制定"国家安全计划"实施计划,以实现既定的安全目标。)

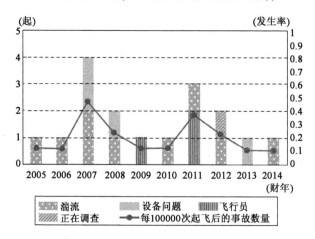

图Ⅱ-7-4-7　国内航空公司事故数量和频率
资料来源:国土交通省。

为收集更多非强制报告的航空安全信息,并利用这些信息提高航空安全,2014年7月又开始实施"自愿提供信息以加强安全"计划。通过这个计划,我们已获得了诸如改善机场运营等建议。2015财年的宣传活动虽已取得成果,发布的报告数量也超过往年,但我们仍将继续努力,进一步增加发布的报告数量,突出安全信息的重要性。我们还将通过建议采纳来努力提高安全性。

(2)航空运输安全措施

虽然1986年以来没再发生过日本航空公司乘客死亡事故❶,但我们并未放松警惕,而是在努力加强航空公司的安全管理体系建设,通过推行预防性安全措施来妥善处理安全相关问题。此外,我们正在对国内航空公司的建设或扩建进行初步审查,开展严格的(有的事先不会通知)和系统的现场稽查。同时,随着开放天空政策导致外国航空公司增多,我们通过现场检查等措施加强了对进入日本的外国航空公司的监督。

(3)国内喷气客机的认证

随着日本第一款国产喷气客机的问世,国土交通省作为设计和制造方面的国家政府部门正在推进安全和环境标准认证工作。为确保认证工作的顺利进行,我们正在建立和扩设认证机构,并与美国和欧洲航空局展开了密切协调。国土交通省根据强度测试、功能测试和设计师的首次飞行分析结果(其中包括2015年6月开始的频繁测试)进行安全评估,由此确定是否准许测试机试飞。2015年10月底,特许飞行证获得签发。随后,日本首款喷气客机在同年11月顺利首飞。飞行测试将使用五种测试飞机进行,以验证飞机是否符合标准和性能要求,国土交通省也将进行安全评估。

---

❶使用100座及以上或最大起飞重量超过5万kg的飞机经营航空运输业务的国内航空公司。

(4)无人驾驶飞机安全措施

如今,随着无人机等无人驾驶飞机被应用于航空摄影、农药喷雾、基础设施检查等各种领域,正在迅速普及。在未来,它们的应用天地预计将更为广阔,但也发生了碰撞着陆及其他安全事故。为此,2015年9月修订了《航空法》,同年12月颁布并正式实施。我们紧急出台了无人驾驶飞机的基本操作规程,比如允许飞行的空域和操作方法。

从同年12月开始,我们召开了"无人机使用公私圆桌会议",充分听取有关方面的意见,同时考虑了技术进步和应用多样化的情况。我们正在讨论正确设计一种系统,以进一步推动无人驾驶飞机的应用,提高它们的安全使用水平。

2.打造空中交通系统,确保航空安全

由于大部分空中交通服务重大事故都是因人为失误而造成,因此我们正在采取措施防止发生人为错误(比如控制员与飞行员之间沟通不畅),其中包括为控制员和飞行员安装视觉显示及传输系统。

专栏 确保无人驾驶飞机飞行安全(无人机、无线电遥控飞机等)

2015年12月颁布的《航空法》修正案为无人驾驶飞机制定了飞行规则。这些飞行规则概述如下。可登录国土交通省网站查看详细信息(http://www.mlit.go.jp/koku/koku_tk10_000003.html)。

(1)所涉机型

任何不能载人但可远程或自动驾驶的飞机、旋翼机、滑翔机或飞艇(不包括重量低于200g的飞行器,所述重量包括电池在内)。

无人驾驶飞机示例如图Ⅱ-7-4-8所示。

a)无人机(直升机)

b)无线电遥控飞机

c)作物喷药直升机

图Ⅱ-7-4-8 无人驾驶飞机示例

(2)禁飞空域(图Ⅱ-7-4-9)

任何有意在下列空域使用无人驾驶飞机的人士均须获得国土交通大臣批准,这是因为它们与载人飞机相撞的可能性很高且会对地面民众等造成伤害:

①机场周围空域(接近地面的空域等);
②地面或水面以上150m或更高的空域;
③密集居住区(根据全国人口普查结果来确定)上方。

（3）操作限制（图Ⅱ-7-4-9）

任何有意使用无人驾驶飞机的人士均须遵守以下操作条件，除非得到国土交通大臣的特别许可：

①白天操作（从日出到日落）；
②不得脱离视线，同时不断观察无人驾驶飞机及周围环境；
③与人员（第三方）或财产（属于第三方的建筑物、汽车等）保持至少 30m 的作业距离；
④不得在民众聚集的节庆场所和集市操控无人驾驶飞机；
⑤不得使用无人驾驶飞机运输爆炸物等有害物质；
⑥不得从无人驾驶飞机抛投任何物品。

（4）许可和批准

如果打算在禁飞空域飞行无人驾驶飞机或无法遵从操控限制，至少需在无人驾驶飞机飞行之前 10 天（星期六、星期日和节假日除外）向国土交通省提交申请，以获得许可或批准。至于申请表格、程序和事先咨询，请访问上文所给网站。

禁飞区_____

注意，任何人禁止在下列地方飞行无人驾驶飞机。在这些地方飞行无人驾驶飞机需得到国土交通大臣批准，并应遵从相关的规定程序。

如何飞行_____

无人驾驶飞机应按以下方法操作！以其他方式飞行无人驾驶飞机需得到国土交通大臣批准，并应遵从相关的规定程序。

图Ⅱ-7-4-9　无人驾驶飞机禁飞空域及操作限制
资料来源：国土交通省。

鉴于在救灾等任务中，直升机之类的小型飞机飞行需求日益增多，我们正在考虑它们的运行特征，评估开放低空航线的可能性。

五、判定飞机、铁路和海上事故/严重事故原因,防止事故再次发生

2015 财年,运输安全委员会共调查了 39 起航空事故、14 起铁路事故和 893 起涉及船舶的事故。

2015 财年已完成 30 起航空事故的调查,相关报告也已公开发布。2015 年 5 月发布的一份重要调查报告涉及了一起严重事故:2012 年 7 月,那霸机场一架准备起飞的飞机错误驶进了一条将有飞机着陆的跑道。

同样,21 起铁路事故的调查报告也已发布。2015 年 12 月发布的重要调查报告涉及了 2012 年 9 月和 2014 年 6 月,JR 北海道江刺线发生的货车脱轨事件。在发布这些报告的同时,国土交通大臣还根据建议召开会议,要求有关方面进行检查,以提高货运业务的安全性。

同样,974 起涉及船舶事故的调查报告也被发布。2015 年 12 月发布的一份重要调查报告涉及了 2014 年 5 月姬路港以南海域发生的一起重大事故:一艘名为"圣幸丸"的油轮发生爆炸,造成五名船员伤亡。

运输安全委员会升级了船舶事故灾害地图的功能,以便人们搜索船舶事故多发地点和事故调查结果(已被添入在线电子地图);2015 年 6 月又推出了移动版的船舶事故灾害地图,使用智能手机或平板电脑便可快速搜索用户当前位置附近的信息,见图 Ⅱ-7-4-10。

图 Ⅱ-7-4-10　船舶事故灾害地图(手机版)
资料来源:国土交通省。

六、为公共交通事故受害者和家属提供帮助

为向公共交通事故受害者及其他人提供帮助,2012 年 4 月成立了公共交通事故受害者援助办公室。援助办公室的举措包括将受害者的要求转达给公共交通机构,并根据受害者的咨询内容要求有关当局介入。

2015 财年,每当发生公共交通事故,援助办公室便会全面告知所提供的咨询服务,并针对受害者的咨询做出回应。没有发生公共交通事故时,援助办公室还参与了许多其他活动,比如对相关员工进行教育和培训、与有关外部组织建立网络、为公共交通事故受害者举办援助论

坛,并督促公共交通机构制定受害者援助计划。

今后,根据利益相关方的反馈意见,援助办公室将不断完善自己的职能,采取更多措施为公共交通事故受害者及其他人提供援助。

七、道路交通安全措施

1970 年,交通事故死亡人数到达高点,共 16000 人。2015 年,这个数字下降到了这个水平的四分之一,死亡 4117 人(与前一年相比增加 4 人,见图Ⅱ-7-4-11),但随后出现了 15 年来的首次上升。老年人占交通事故死亡人数的绝大部分。大约一半是在步行或骑自行车时丧生,为 2160 人。这些事故中,一半发生在距离受害者房屋 500m 的范围之内,情况依然严峻。为此,我们要与国家警察厅协调采取多项措施,进一步减少交通事故。

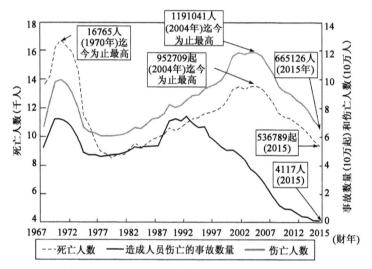

图Ⅱ-7-4-11　交通事故数量和伤亡人数的变化

注:1. 直至 1959 年,不包括轻伤事故(受伤不足 8 天,财产损失不足 20000 日元)。
2. 1966 年及其后的事故数字不包括仅造成财产损失的事故。
3. 1971 年及之前的数字不包括冲绳。
资料来源:国土交通省根据国家警察厅提供的资料编写。

1. 推行有效和高效的交通事故措施

通过推进道路功能分化,将汽车引至更加安全的高速公路。我们正在采取有效的事故应对措施,以进一步提高公路干线的安全性(约占交通事故死亡人数的 60%);比如与地方公共安全委员会展开合作,针对交通事故多发地段采取应对措施,实施"零交通事故计划"(优先消灭多发地段事故的策略)。

对于频繁发生重大行人和骑车者伤亡事故的居住区街道,应制定减速带、路边扩展及其他措施的标准规范,通过限制车辆流量和迫使汽车降速来确保步行空间的安全。我们还与地方公共安全委员会合作推出了综合措施来预防交通事故,其中包括减小车道宽度、加宽路边地带、实行区域限速、铺设人行道、采取措施安装减速带。

2. 完善学校通勤路线安全措施

对于学校通勤道路,2012 年 4 月发生一系列学校儿童意外事故后,我们实施了"学校路线紧急联合检查计划",对学校、教育委员会、警察和其他利益相关者进行了协调。根据上述结果,我们对相关措施给予了大力支持。

另外,日本还在各市启动了"学校通勤道路安全计划",以确保学校通勤道路的安全,并定期进行联合检查,完善和加强其他措施。

3. 通过信息技术加强高速公路行车安全

日本是世界上第一个启用 ETC 2.0 服务的国家,该技术利用了全国高速公路的通信点和车载单元。这种安全驾驶能支持针对事故频发地点和路面坠物发出警报,并将积雪、越波等信息提供给车辆导航系统。我们正在研究利用信息技术和汽车制造商与其他私营实体合作推出的有效措施,来解决汽车在高速公路驶错车道的问题,这种情况在任何时候都可导致严重事故。

4. 通过系统性道路设施管理提供安全道路服务

市政部门管理的桥梁约占全国桥梁总数(约72万座)的70%,即48万座。在美国,市政部门管理的桥梁在全国总数中的占比不超过10%。由于管理着这个国家的绝大多数桥梁,日本市政当局需妥善地维护、修理和升级所涉桥梁。

此外,为实现对道路的妥善管理,修订后的《道路法》还提出了说明检查必要性、制定条例将严重影响道路结构的大型车辆引入专用车道、对违规车辆进行处罚等措施。该机构不仅负责隧道和桥梁等设施的整修和修缮,而且还为道路的维护和管理设立了技术标准。

2014年3月31日颁布的部级法令明确了道路管理者的义务,比如每五年一次对桥梁和隧道周边进行目检。

收到全面实施道路老化应对措施的建议后(正如同年4月14日,基础设施发展委员会公路小组委员会所总结的那样),我们将在今后努力明确维修周期(明确道路管理者的义务),并建立框架来实施相关行动。

对于地方政府为应对道路结构老化而采取的措施,我们已更主动地提供了支持。这包括利用各县在同年7月之前设立的道路维修委员会推进定期检查的工作,在地方一级安排批量检查,为地方政府工作人员提供培训,国家政府对修缮工作(根据相关官员的评估结果,代表地方政府进行的修缮)提供技术支持,以及建立大规模修缮和升级工作补贴制度。

为解决高速公路老化的问题,我们按照修订后的《道路法》(同年6月颁布),系统地推进了运营实施计划中新提出的大规模升级和修缮工程。

5. 稳步实施"高速公路和包车安全恢复计划"

针对2012年4月发生的关越高速公路旅游车事故,2013年4月制定了"高速公路和包车安全恢复计划",将高速公路旅游车改造和统一为新的高速公路共享客车,并制定了驾驶员轮班等标准。这些措施已在2013—2014财年得到切实实施,并进行了实施情况跟踪和影响测评。国土交通省正在继续推进这一计划各项措施的有效实施,比如进行街道审计和了解必须不断监控的公交运营商,并采取更多措施来提高公交运营的安全性,重新赢得信任。

6. 根据商用车辆安全计划推行安全措施

2014年11月,我们对2009年的商用车辆综合安全计划进行了中期评估,该计划旨在将2009—2018年因使用商用车辆而导致的死亡人数和事故数量减半。除已实施的新措施之外,我们还制定了其他多种举措以进一步减少事故数量,其中包括根据行业部门的事故趋势和关键因素实施事故预防措施,推动实施因驾驶员身体变化而造成事故的措施,以及根据调查数据、事故数据及其他相关信息实施事故预防措施。

(1)通过运输安全管理建立安全框架

根据2006年10月实施的运输安全管理计划,企业经营者建立和完善了内部安全管理系统。2015年,共有146家经营者接受了交通安全管理评估,国家对这些系统的实施情况进行了检查。

(2)确保汽车运输企业的合规性

为实施《劳动标准法》及其他相关法律法规,全面管理好经营活动,酒后故意驾车的经营者、发生重大事故的经营者以及最近加入新市场的经营者均应接受全面检查,并由有关单位共同进行检查和监督。不合格的经营者将会严格按照标准进行处罚。

我们会对故意违反法律法规的经营者进行有效和高效检查,其中包括选择性和针对性检查。针对2016年1月发生在轻井泽的滑雪公共汽车事故,我们对全国包车经营者进行了紧急路边检查和重点检查。

为加强检查、防止事故,进一步综合检查情况与事故信息,强化分析功能,发现易于引发事故的经营者,我们建立了商用车辆综合安全信息系统。

(3)杜绝酒后驾驶

在驾车前全面使用酒精检测装置进行酒测,在正确认识危险药品和禁止药驾方面,我们正在利用讲习班、全国性运输安全活动、年底和新年期间的一般运输安全检查以及其他计划向经营者和管理者提供指导,确保驾驶员每天都能得到指导和监督。

(4)利用信息技术和新技术推进安全措施

我们正在积极部署数字操作记录仪等有助于完善运营管理的设备,积极实施各种先进举措,比如防止过度劳累驾驶等,从而防止汽车运输经营者造成的交通事故。有关将车辆与车载设备和医疗仪器连接起来的下一代运营管理和支持系统也正在开发。

(5)基于事故模式(按行业部门和关键因素划分)的事故预防措施

为促进运输安全,我们正在与现场有关人员共同根据货车、公共汽车和出租车等各行业部门的独特事故模式实施事故预防措施;此外,我们还为货车驾驶员设置了新的驾照类别——准中型驾照,以努力改进对初级驾驶员的指导和监督。

(6)根据商用车辆事故调查委员会的建议采取的措施

商用车辆事故调查委员会是2014年与国家警察厅联合设立,它对事故原因进行了更为详细和复杂的调查分析,以进一步了解对社会产生重大影响的商用车辆重大事故背后的组织和体系问题,以期获得客观、高质量的预防复发措施建议。然后,我们公开发布了八起涉及重大事件的报告。

(7)采取措施,预防因驾驶员身体状况快速变化而引发的事故

除了广泛宣传《商用车辆驾驶员健康管理手册》(2014年4月修订)之外,2015年9月还成立了商用车辆健康相关事故应对措施讨论委员会,通过筛查这种有效手段来早发现睡眠呼吸障碍、脑部疾病、心脏疾病以及上述手册提及的其他重要疾病。该委员会正在研究相关措施,以进一步推广这种筛查及其他策略。

(8)国际海运集装箱陆运安全措施

为加强国际海运集装箱陆运安全,2013年6月编制了《国际海运集装箱安全运输指南》。

我们正在努力推行这些指导方针,并通过与利益相关者合作(举办利益相关者会议和农村相关行业培训课程)来有效落实这些指导方针。

7. 轻井泽滑雪公共汽车事故的应对措施

2016年1月15日,在长野县轻井泽町国道18号线碓冰绕行道的入山口附近,一辆搭载41名乘客的包车突然转向对面车道,后从道路右侧坠崖。这次重大事故共造成15名乘客(13名乘客和2名驾乘人员)遇难,26名乘客严重受伤。为杜绝此类悲剧再次发生,我们召开了应对轻井泽滑雪公共汽车事故措施调查专家委员会会议,从各种角度——比如加强对包车经营者的前后安全检查、优化与旅行社相关的商业环境、为用户提供可视化的安全元素——讨论可解决结构性问题的基本安全措施。这些问题包括放宽管制后注册包车业务的经营者及审核人员系统大幅增多、出生率降低和人口老龄化导致的驾驶员短缺,以及旅行社与包车经营者之间的业务关系。

根据对预防复发措施临时概要文件进行的研究,2016年3月29日提出了三大关注事项:立即实施严格的惩罚措施,比如撤销对违法违规行为屡教不改的经营者的经营许可证;切实制定提供包车经营者安全资料、推广驾驶异常情况处理系统的架构;继续研究如何审查经营管理者的履职情况。

对于需要和能够及时实施的措施要及时落实。委员会成员将会继续讨论应当落实和继续研究的措施,到今年夏天总结出防止此类事件再次发生的综合措施,并在今后切实推行。

8. 汽车综合安全措施

(1)探索未来车辆的安全措施

根据第十个《基本交通安全计划》(2016—2020财年),交通政策委员会下设的公路运输汽车小组委员会设立了技术安全工作小组。该工作小组讨论了未来的安全措施,比如采用先进的紧急制动系统,同时探讨了交通事故现状和汽车技术的发展。

(2)扩充、提高和加强安全标准

为提高汽车的安全性,日本采用了十项国际规则。为此,我们新近开发了基于模拟与电线杆侧向碰撞的测试条件,以及电池式电动摩托车的安全标准。日本是世界上第一个为燃料电池摩托车制定安全标准的国家。

(3)促进先进安全车辆(ASV)的研发、商业化和普及

制造商和学术界通过合作,进一步推广了先进紧急制动系统等先进安全车辆技术(图Ⅱ-7-4-12)。另外,作为第五个先进安全车辆推广计划的成果,我们制定出了驾驶员异常处理系统和基于通信的驾驶辅助系统指南。

(4)通过汽车评估提供安全信息

为推动更安全汽车的生产,促使消费者选择安全的汽车和儿童约束系统,汽车安全评估结果被公布于众。后视监视器评估已在2015财年启动。

(5)努力实现自动驾驶

自动指挥转向功能非正式工作小组[根据联合国欧洲经济委员会世界车辆法规协调论坛

图Ⅱ-7-4-12 通过制动系统减轻碰撞损伤
资料来源:国土交通省。

(WP29)的精神成立,日本担任联合主席]率先制定了自动驾驶方面的国际标准,比如可实现高速公路自动驾驶的自动转向标准。

(6)迅速和稳步实施汽车召回、用户告知及其他制度

为了能及时、可靠地进行车辆召回,我们从车辆制造商和用户手里收集了相关信息,并正在努力完善零部件供应商信息收集系统。另外,对于车辆制造商进行的召回我们不仅进行了审查,而且还提供了指导。国家汽车和陆地运输技术局(2016年3月31日之前的名称为国家交通安全和环境实验室)对存在安全问题和环境污染问题的车辆进行了技术检验。为加强缺陷信息的收集,我们积极开展了汽车缺陷信息收集方面(www.mlit.go.jp/RJ/)的宣传活动。

此外,国土交通省收集的故障、事故和火灾等信息均已公开,并向用户提供了需要用户注意的事项,如何正确使用、维护和管理的详细信息,以及发生故障时应采取的适当措施。

2015财年共发布召回通告368个,召回汽车1899万辆。

(7)车辆检验精细化

为防止非法再次调换❶和早期发现车辆故障,我们正在利用信息技术更加精细地检验车辆。

9.通告汽车责任保险制度保护受害者

汽车责任保险制度针对受害者采取了各种救济措施,比如交强险理赔、政府赔偿服务(为肇事逃逸和无保险车辆事故受害者提供救济)、按照汽车社会互助原则为重度伤残者支付护理费用和建立护理中心,由此在保护交通事故受害者方面发挥了重要作用,见图Ⅱ-7-4-13。

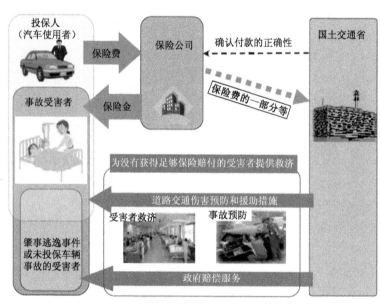

图Ⅱ-7-4-13 汽车责任保险制度
资料来源:国土交通省。

10.机械化停车场安全措施

针对机械化停车场发生的死亡事故,我们正在与行业组织共同研究适用于机械式停车设

---

❶车辆完成检验并拆除部件之后,又将该部件重新安装至车辆照常使用。

施的安全标准(日本工业标准),以进一步提高机械式停车设施的安全性。

第五节 危机管理和安全措施

一、完善针对犯罪和恐怖主义的应对措施

1. 做好与其他国家的危机管理和安全措施协调

(1) 国际安全计划

除积极参加八国集团、国际海事组织、国际民用航空组织和亚太经济合作组织等国际组织运输安全领域的会议和项目之外,我们还利用相关知识来加强国内安全措施,通过计划实施促进国际合作与和谐。

2006年成立的"国际陆路运输安全工作小组"目前已有16个国家参与,预计将会演变为与美国和欧盟进行双边陆运安全对话的框架,它将被用来改善国内安全,并做出国际贡献。

(2) 反海盗措施

根据国际海事局数据,2015年共发生246起海盗和武装抢劫事件。从各个区域来看,东南亚周边海域为147起,非洲(几内亚湾)为31起,而索马里和亚丁湾周边海域为零,见图Ⅱ-7-5-1。

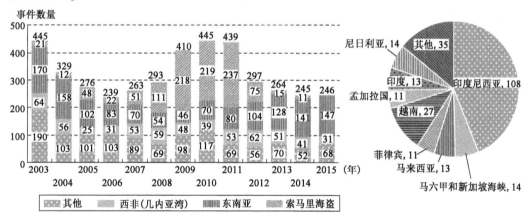

图Ⅱ-7-5-1 全球海盗和武装抢劫事件的数量变化(根据国际海事局的报告)和2014年各个海域的海盗和武装抢劫事件数量(根据国际海事局的报告)

注:1. 2003—2009年和2014年间,索马里周边海域发生海盗事件的地区包括索马里、亚丁湾和红海;2010—2013年间,索马里周边海域发生海盗事件的地区包括索马里、亚丁湾、红海、阿拉伯海、印度洋和阿曼。

2. 西非发生的事件包括安哥拉、贝宁、喀麦隆、刚果(金)、加蓬、加纳、几内亚、几内亚比绍、科特迪瓦、利比里亚、尼日利亚、刚果(布)、塞内加尔、塞拉利昂和多哥。

资料来源:国土交通省。

从2008年开始,索马里和亚丁湾周边海域的海盗事件迅速增多,但在近年来各国海军反海盗行动的打压已降到低谷,其他对策还包括商船根据最佳管理实践❶采取自卫措施、国际社

---

❶国际航运商会和其他国际航运组织为防止或尽量减少索马里海盗造成的伤害而制定了自卫措施(比如躲避海盗以及为船舶设置逃生舱的措施)。

会采取了为商船配置武装力量等举措。然而,船舶受到可疑船舶追踪的情况仍有发生,商船的航行情况仍无法预料。

鉴于这种情况,并根据《惩治和打击海盗行为法》,日本海上自卫队驱逐舰进入亚丁湾执行商船护航任务,两架 P-3C 巡逻机展开了巡逻。国土交通省为船运公司等的护航请求提供了联络点,并选择船舶进行护航。国土交通省还妥善实施了《保护海盗水域日本船舶特别措施法》(2013 年 11 月 30 日生效),允许商业保安公司雇用的保安人员为满足特定要求的日本船舶提供保护,确保日本船舶的航行安全。

在索马里和亚丁湾海域开展反海盗行动时,日本海岸警卫队派出八名军官乘坐日本海上自卫队驱逐舰,针对海盗事件执行司法警察活动。

此外,日本海岸警卫队还向索马里、亚丁湾和东南亚海域等沿海国家的海事安全机构官员提供了能力建设援助,并正在推进与相关国家和机构的协作与合作。具体而言,我们与索马里和亚丁湾周边海域沿海国家的国家海岸警卫队合作举行反海盗安全通行演习,并派遣飞机参加;与东南亚沿海国家海防组织合作举办反海盗演习、培训和讲座,派遣了巡逻船和飞机参加。我们还邀请各国海岸警卫队队员来到日本参观学习,并派遣专家到其他国家举办短期培训。我们还向国际伙伴做出了积极贡献,比如,向按照《亚洲打击海盗及武装抢劫船只的地区合作协定》建立的信息共享中心派遣工作人员。

(3) 港口安全措施

东盟国家正在通过举办培训、召开专家会议等措施,推进港口安全措施人力资源开发。此外,我们正在与其他国家分享信息,以进一步提高国际港口的安全水平。

2. 全面加强公共交通反恐措施

随着"伊拉克和黎凡特伊斯兰国"在中东地区的崛起,日本公民在叙利亚和突尼斯(2015 年 1 月、2 月和 3 月)遭到杀害,一架俄罗斯飞机在埃及被击落(2015 年 10 月),一系列针对巴黎和布鲁塞尔的恐怖袭击也相继发生(2015 年 11 月和 2016 年 3 月)。这些事件说明全球恐怖主义威胁正在持续加重。针对这些情况,各个领域都制定了反恐措施,并在频发时期对反恐措施进行了全面监督检查。

(1) 推进铁路反恐措施

除在车站内增加监控摄像机和加强巡逻外,我们还设定和实施了"危机管理等级",将"安全性展示与用户参与"❶作为加强反恐的轴心措施(图Ⅱ-7-5-2)。此外,我们还正在积极推进与主要国家共享有关铁路反恐措施的信息。

(2) 推进船舶和港口反恐措施(图Ⅱ-7-5-3)

为确保安全,国土交通省为日本从事国际航运的船舶制定了"船舶安全计划",进行船舶检查;为日本的国际港口设施制定了"港口安全计划",进行港口检查;进一步加强了对所有入港船舶的控制,其中包括根据《国际船舶和港口设施安全保证法》进行检查和港口国控制。另外,根据日本国际港口设施检查结果以及国外的安全水平,国土交通省逐步强化了港口安全措施,比如 2014 年 7 月开始对日本所有国际港口设施实行"三查"(核查证件、组织和入港目的)。

---

❶安全性展示:积极防止恐怖主义、提高安全可见性的措施。用户参与:促使铁路的各用户注意防范恐怖主义,并采取适当行动加强恐怖主义活动监测网络的措施。

a)车站内张贴"危机管理海报"　　b)销售人员等佩戴"反恐合作者"徽章　　c)站台显示屏滚动显示有关可疑物体等的合作请求

d)保安人员和工作人员进行巡逻　　e)明显标注警告信息(比如"您已进入监控区域")　　f)利用火车内部通话装置报告可疑物体等(标签上明确标注"发现可疑活动时使用")

图Ⅱ-7-5-2　将"安全性展示与用户参与"作为加强反恐的轴心措施

资料来源:国土交通省。

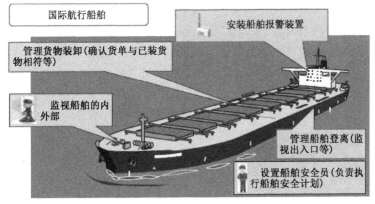

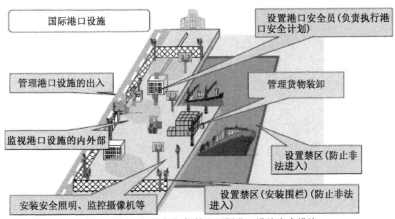

图Ⅱ-7-5-3　国际航行船舶和国际港口设施安全措施

资料来源:国土交通省。

(3)推进航空反恐措施

为尽一切可能防止日本飞机发生恐怖袭击事件,我们按照《国际民用航空公约》制定的国际标准加强了航空安全框架。针对日本境内外的恐怖主义和入侵事件,除加强针对飞机和人员的入侵防范措施之外,我们还采取了为各机场安装传感器等紧急措施,以应付入侵。作为加强机场安全检查工作的一部分,2020年东京奥运会和残奥会之前我们还将在日本主要机场安装先进的人体扫描仪。我们已完成运行试验,还将采取其他措施加强航空安全措施。同时,我们还利用国际会议及其他机会与主要国家展开信息交流,分享日本最新近的安防经验。

(4)推进汽车反恐措施

指示相关企业进行车内检查,加强对营业场所、车库内部及周边的巡视,客流高峰期向主要公交车站派驻安全员。

(5)推进主要设施反恐措施

对于各种河流设施,进行河流检查和巡逻时多加注意可疑物品;进一步加强大坝管理处和坝体检查走廊的出入落锁制度。对于各种道路设施,在高速公路和直接管理的道路巡逻时多加注意可疑物品,对休息设施的垃圾箱进行集中处理。对于国家公园,我们进一步加强了保安巡逻,并利用各种公告提请大家注意。对于施工现场,我们采取设置布告板等措施来提高民众警惕性。

3.兼顾物流的安全和效率

对于国际物流,各国正在采取措施兼顾安全和效率,日本还针对物流公司推行AEO制度❶。目前,对于出口报关是由AEO出口商完成的货物,AEO保税运输商将货物运送到保税区,将货物出口报关委托给AEO报关行,并可在保税区装货前获得出口许可证。

对于从托运人到装机的空运安全系统,我们根据国际民航组织制定的国际标准采用了KS/RA系统❷。接着,根据美国进一步加强安全的要求,我们对系统进行了修改,同时确保了物流的顺利运行(2012年10月起,适用于美国的载货国际客运航班);2014年4月起这个系统已扩大到了所有载货国际客运航班。

此外,我们正在主要港口的集装箱码头安装一种门禁系统,准确核对货车驾驶员的身份和单位,该系统从2015年1月起全面投入使用。

4.信息安全措施

随着信息技术对社会经济活动的总体依赖程度不断提高,各种网络攻击日益猖獗,比如针对政府机构进行电子邮件攻击,因此完善信息安全措施已变得更为重要。另外,我们正在筹办2020年东京奥运会和残奥会,因此需进一步加强信息安全措施的实施。

因此,国土交通省正在根据政府网络安全战略总部制定的政策,进一步对信息安全措施进行完善,比如加强信息系统功能、采取更多措施应对网络攻击等。对于关键基础设施领域(航空、铁路和物流)的信息安全措施,我们正在与内阁官房信息安全中心(NISC)合作,通过假想

---

❶一种海关对拥有完善的货物安全管理制度和遵守法律的国际贸易相关经营者进行认证的制度,从而简化了通关流程。

❷一种装机之前,为特定托运人(已知托运人)、特定航空货运公司或特定航空货运代理商(管制代理人)或航空公司确认所有航空货物安全的系统。

网络攻击演习来提高各区域关键基础设施的应对网络攻击能力。

二、建立事故灾害应急系统

对于铁路、航空等发生的多重设备事故或船舶出现的溢油事故,国土交通省设立了灾害应对总部来开发快速收集和汇总准确信息的系统,帮助相关政府部门实施灾害应急措施。

对于海上事故灾害,目前正在进一步加强与相关单位的协调,比如建全巡逻船和飞机调度系统、做好减灾装备准备以及开展联合训练。另外,我们正在编制和提供包含石油等在内的沿海水域环境保护信息。

三、加强海岸警卫队系统

1. 完善和强化运行机制

海岸警卫队正在积极开发新的喷气飞机和具有先进监控能力的巡逻船,以便消除安全漏洞,对日本海域(包括偏远岛屿)的可疑事件和非法行为做出充分响应。我们还将系统性地推进直升机替换老旧巡逻船,高性能巡逻船和飞机替换其他巡逻船和飞机,并建造相关设施。

2. 推进反恐措施

作为防止恐怖主义的措施之一,巡逻船和飞机对沿海地区的核电厂、石油综合设施和其他重要设施进行了严密监视和侦察。客运站、渡轮和其他人口密集的软目标也属重点监视和侦察范畴。

我们还与相关组织和地方政府建立了密切的公私伙伴关系,实施反恐措施。这些措施包括:向运营商提供全面的自我保护指导,提高乘客对恐怖主义风险的认识,要求尽早发现可疑事件,进行联合反恐演习。

此外,我们正在努力加强反恐措施,迎接2016年的伊势志摩峰会和2020年的东京奥运会和残奥会。

3. 推进可疑船舶和间谍船应对措施

众所周知,可疑船舶和间谍船有可能在我国领海从事严重的犯罪行为;为明确其目的和活动,需拦截并对可疑船舶登船检查,如发现存在犯罪行为,则需展开相应的刑事调查。因此,对于可疑船舶和间谍船,作为警察机关的日本海岸警卫队会与相关政府机构展开合作,成为处理这些事件的主要机构。

除开展各种培训外,日本海岸警卫队还会与相关机构加强情报交流等合作,以尽早发现可疑船舶和间谍船,确保和提高应对能力。

4. 推进海上犯罪打击措施

就海上犯罪最近趋势而言,我们发现的案例包括偷渔者和买主共同勾结进行偷渔活动,以及犯罪集团为不法活动提供资助。环境犯罪方面,将废物非法倾倒入海以逃避处理费用的情况仍在持续。这些罪行越来越严重,且日益变得复杂。外国渔船非法经营的案件不断出现。有些船舶以黑夜为掩护,逃避打击。这种情况也越来越严重、越来越复杂。国际犯罪组织也常参与走私和偷渡事件。对于各种海上犯罪我们还须提高警惕,日本海岸警卫队正在通过有效利用巡视船舶和飞机、与国内外相关组织加强信息共享等,加强监视和执法力度,收集和分析犯罪信息,加强登船检查,从而针对海上犯罪采取严格而恰当的措施。

四、国家安全以及对公民生命和财产的保护

1. 应对朝鲜问题

作为对朝鲜发射弹道导弹和进行核试验的回应,根据《禁止特定船舶进入港口特别措施法》,我们禁止所有在朝登记船只进入日本港口;鉴于国际形势日益紧张,2015年4月我们又将这一措施延长至2017年4月13日。针对朝鲜2016年1月进行核试验和同年2月发射弹道导弹(假借"卫星"之名)的行为,同月19日,内阁又根据该法案决定禁止任何经日本法定程序核实过的、曾在朝鲜停靠的第三国船舶进入日本港口。为确保这些措施得到实施,日本海岸警卫队正在确认朝鲜船舶的到港信息。另外,根据日本《货物检查特别措施法》等,为确保禁止向朝鲜出口措施(比如联合国安理会1874号决议)的有效实施,我们已加强与相关行政机构的合作,从而确保法律规定的措施能够得到有效执行。

鉴于朝鲜海侵事件不断发生,我们已采取应急措施来加强应对系统,其中包括信息收集和发布系统。针对朝鲜的监测和跟踪系统正在发挥效力。朝鲜于2016年1月6日进行核试验并于同年2月7日发射弹道导弹之后,部长令也要求加强信息收集和必要信息的提供,以确保民众安全。

2. 应对武装袭击以及与民防计划相关的其他情况

根据《武装袭击中的民众保护措施》和《民众保护基本方针》等撤离、救援和尽量减少武装袭击损失的措施法规,国土交通省、日本国土地理院、日本气象厅和日本海岸警卫队共同制定了"民众保护计划"。国土交通省要求应根据当地政府的要求,与特定公共机构做好沟通和协调,为运送难民提供公共运输工具等支持。日本海岸警卫队要求应共享警报和疏散方面的实施措施,并执行协助指导难民等必要措施。

五、传染病应对措施

我们正与厚生劳动省和内阁官房等相关部委和机构展开密切合作,共同采取措施应对各种传染病。

为防治大流行性流感和新型传染病,2012年5月制定了《大流行性流感和新型传染病防治特别措施法》(以下简称《特别措施法》),该法规已于2013年4月正式生效。《特别措施法》旨在尽可能地控制传染病蔓延,保护本国公民的生命与健康,并通过以下措施将公民生命和国民经济受到的影响降至最低程度:①企业必须努力配合预防和应对工作,重视流行病的影响性,在运营中努力实施相关措施;②预防接种注册企业必须继续开展有利于公民生命和经济稳定的商业活动,即使疫情暴发也应如此;③特定公共机构必须按照规定采取实施,应对新型流行性感冒等的爆发;提供运输服务的特定公共机构必须制定新型流感等疾病和紧急情况的应对预案,采取必要措施妥善运输旅客或货物。

2013年6月,内阁批准了根据《特别措施法》制定的"日本大流行性流感和新传染病国家行动计划"(以下简称"国家行动计划"),其中包括了基本方针、实施系统、监测和情报收集、预

防和制止疫情暴发、医疗救治等应对大流行性流感和新型传染病的政策,从而在大流行性流感和新型传染病暴发的各个阶段确保公民生命安全和国民经济稳定。

据此,同时也为实施《特别措施法》新增的以下各项措施,国土交通省于2013年6月修订了"国土交通省大流行性流感和新传染病行动计划":①作为运输经营者的特定(地方)公共机构;②发生大流行性流感紧急情况时做出响应。此外,当海外发生疫情时,还应配合采取各种预防措施来尽可能延迟或阻止国内出现疫情;检疫机场和港口设在一起时,要求机场与港口管理者展开合作,确保隔离顺利进行;国内疫情暴发之后,努力满足医疗和食品等应急物资的运输要求。

第八章　创造并保持美丽健康的生活环境

第一节　推进全球变暖应对措施

一、实施全球变暖应对措施

2015年12月,《联合国气候变化框架公约》第21次缔约方大会在法国巴黎隆重举行,大会通过的《巴黎协定》取代《京都议定书》,成为新的温室气体减排国际框架。

根据《巴黎协定》,日本被要求在2016年春季之前制定出"全球变暖对策计划"。作为回应,国土交通省根据环境委员会基础设施理事会和运输政策运输系统小组委员会的讨论结果,研究了全球变暖应对措施(缓解措施,见图Ⅱ-8-1-1),并将其纳入新计划。

人们普遍认为即使缓解措施得到最大程度的实施,也不能完全避免气候变化的影响。随着采取适应性措施变得越来越重要,除最大限度推进适应性措施以应对气候变化的负面影响之外,我们还要节约能源、开创可再生能源的新时代。

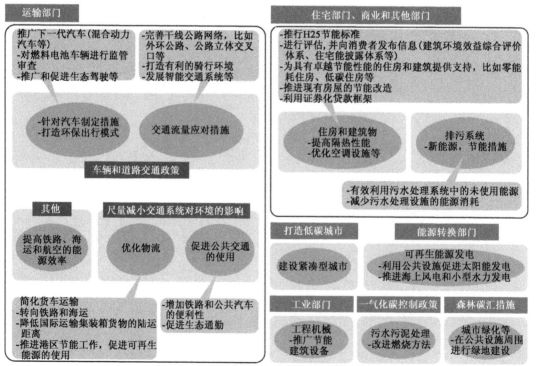

图Ⅱ-8-1-1　国土交通省全球变暖对策(缓解措施)
资料来源:国土交通省。

二、推进全球变暖应对措施(缓解措施)

1. 促进低碳城市发展

对于居民和建筑物相当集中的城市地区,各市根据《低碳城市法》制定低碳城市发展计划,2010财年结束之前22个城市已完成制定;该法旨在推进"低碳城市发展",整合城市功能,推广使用公共交通工具,推广实施环保及绿化措施。我们将通过专项措施、税收制度和财政措施等手段,继续推进"低碳城市发展"及相关措施的实施。

2. 推进环保车辆的开发、分配和最佳利用

(1)提高车辆的行驶效率

根据《合理使用能源法》(《节能法》),我们正在制定燃油经济性标准,并公布汽车耗油量。我们成立了汽车燃油经济性标准小组委员会(运输政策委员会下设的一个子委员会),并总结了引入全球轻型车测试规程(WLTP)的讨论结果。

另外,2014财年的汽油乘用车平均燃油效率要比2013财年高出4%左右,我们将继续努力,进一步提高燃油效率。

(2)完善燃油效率提高框架

我们正在实施车辆燃油效率评估与公布计划,从而使消费者更容易识别和选择具有更高燃油效率的车辆。通过车辆张贴的燃油性能标签,消费者将能很容易识别出来燃油效率。

(3)推进环保车辆的使用

评估完2015财年税制改革提出的环保车(即具有良好环保性能的汽车)减税(汽车重量税和汽车购置税)条件之后,我们推出了税收优惠政策,又将这些减税措施延长两年,制定了与车辆税挂钩的绿色轻型机动车免税的政策。

我们从推进全球变暖应对措施的角度出发,正在通过环保车辆的使用促进城市发展,为购买燃料电池汽车、电动汽车、微型机动车等提供补贴。此外,购买CNG汽车❶、混合动力汽车和先进环保柴油卡车的货车和客车经营者也会获得补贴。

(4)下一代重型车辆的开发、应用和使用环境创造

我们自2015财年起正在加紧科学研究,努力推进下一代高效柴油发动机和下一代大型车辆(大型液化天然气汽车)的技术开发和商业化,从而减少碳足迹和排放量。

(5)推进和推广生态驾驶

国土交通省与国家相关部委、政府机构和地区运输局合作,在全国各地举办座谈会和各种活动。我们还根据"生态驾驶的十大理由",努力推进和推广生态驾驶。此外,为推进和推广汽车运营商的生态驾驶,国土交通省还引入了生态驾驶管理系统(EMS)❷。

3. 改善交通流量

我们正在尝试各种交通流量改善措施,通过平稳交通流量来提高驾驶速度将会提高实际的里程运价率,并减少汽车的二氧化碳排放量。具体而言,我们正在建设环形道路和其他干道

---

❶压缩天然气汽车(天然气汽车)。
❷有计划、可持续的机动车生态驾驶实施计划,并提供评估和指导。

网络,利用替代路线有效减少城市中心的交通流量,在十字路口建造立体通道,并通过铁路立体通道项目来解决道口难以放行的问题。为提供顺畅、安全的交通服务,我们也在推进道路智能利用方面的措施,比如通过使用 ETC 2.0 发挥现有网络的最佳功能,这个项目已全面启动。我们还在努力为骑车者提供更好的路面空间。为减少碳足迹,我们正在改用 LED 路灯。

4. 促进公共交通的使用

从私家车转向使用公共交通有助于减少出行车辆,是一项必要的全球变暖应对措施。因此,我们正在加紧引入公共交通 IC 卡及其他计算机化应用措施,利用轻轨交通/快速公交系统提高公共交通的便利性,通过生态通勤卓越办公室认证计划在企业实行和推广生态通勤,见图Ⅱ-8-1-2。此外,对于正在努力实现环境可持续交通(EST)的地区,我们还提供了环境可持续。交通示范项目过去活动的信息分析和验证结果。

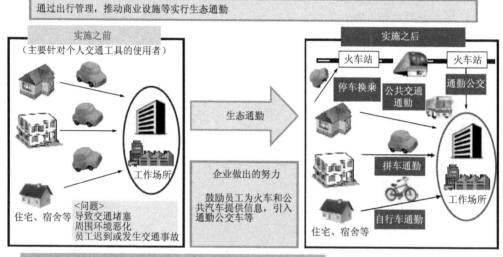

图Ⅱ-8-1-2 通过优化出行管理促进"生态通勤"
资料来源:国土交通省。

5. 优化物流

按"吨公里"计算,货车运输量已超过日本国内运输总量的 50%,占据了大部分份额❶。货车的基本单位二氧化碳排放量大于铁路和国内航运等大宗运输模式,占物流二氧化碳排放

---

❶ 每运送 1t 货物 1km 的二氧化碳排放量。

量的90%。为在确保国内物流的同时减少二氧化碳排放量,除提高货车能效和运输效率之外还要利用好铁路、国内航运等节能运输方式。为建立对环境影响较小的高效物流体系,我们正在对联合运输、模式转换、大型压缩天然气货车和其他环保车辆的推广提供支持,努力减少物流场地、港口和海港产生的碳足迹。我们还鼓励冷冻和冷藏货物仓库使用含有天然冷却剂的设备。除研究促进联合运输的匹配框架之外,我们还在推进往返集装箱的使用,制造低地板货车以便通过铁路运输40ft高的集装箱,为铁路购买31ft的集装箱(尺寸相当于10t货车)提供补贴,同时也在推进节能船舶的制造,振兴沿海运输和渡轮行业。我们还在积极宣传生态铁路标志[截至2015年8月底已认证161类产品(199种)和86个合作企业]和生态船舶标志[截至2015年2月底已认证94个发货人和110个物流企业]。对于作为海运和陆运枢纽的港口和海港,我们正在通过国际海运集装箱码头、国际物流终端以及国内多式联运物流站点的建设,努力降低货物的陆运距离。我们还在为港口和海港引入节能系统,利用逆向物流海运促进模式转换和运输流线化,促进可回收能源的使用和推广,通过绿道促进二氧化碳吸收,建造海藻床及其他类似的生态系统。

此外,通过与相关部委及有关组织合作,我们还举办了绿色物流合作伙伴大会,对合作出色的物流运营商和海运公司进行表彰,提高公众意识,见图Ⅱ-8-1-3。

绿色物流合作伙伴大会(经理:交通政策研究会副主任、运输政策研究所所长杉山武彦)

- 这次会议旨在提高人们对绿色物流重要性的认识,促进货主、物流公司和其他相关方之间展开互动,推进物流行业的二氧化碳减排。2015财年以来,大会不仅推出了二氧化碳减排举措,而且还推出了减轻环境负担、提高物流效率、建立可持续物流体系的计划。
- 主办单位:国土交通省、经济产业省、日本物流团体联合会、日本物流系统协会
  支持单位:日本经济团体联合会
- 成立时间:2005年4月
- 会员数量:3353个会员(截至2016年2月17日),其中包括物流公司、货主、各行业协会、智库、科研院所等
- 介绍和表彰优秀企业,并就绿色物流开展讨论,从而推动私营部门采取更多的自愿式二氧化碳减排行动

获奖企业简述

[目的]通过表彰物流部门成功减轻物流环境负担的出色举措,鼓励企业自主制定计划,促进绿色物流理念的传播与发展,提高物流效率或建立可持续物流体系。
[奖项类型]已设立大臣奖、总干事奖和特别奖。
    大臣奖——国土交通大臣奖、经济产业省奖
    总干事奖——国土交通省秘书处颁发的物流总干事奖、经济产业省秘书处颁发的商务和销售安全总干事奖
    特别奖——颁发给特别出色的大臣奖和总干事奖计划(2013年设立)

国土交通省奖项示例(2014年)

◆ **国土交通省大臣奖**
  计划名称:推进模式转变,全面发展绿色物流;旨在规范码垛作业,建立多元化物流网络,
           应对驾驶员短期问题。
  公司:神户模式转变促进委员会、日本雀巢、Zenkoku Tsuun株式会社、日本铁路货运公司

◆ **国土交通省秘书处的物流总干事奖**
  (1) 计划名称:通过运输企业的有效运营减轻环境负担,通过加强干线运输合作、设施共用、
              货物收送联合管理、技术信息系统共享减少这些企业的二氧化碳排放量。
      公司:砺波运输株式会社,第一货系统株式会社,久留米运输株式会社
  (2) 计划名称:通过Yamaya Shoryu蒸馏酒中心的运营和下一代模式转变减轻环境负担的支持举措。
      公司:Yamaya Shoryu株式会社、Senko株式会社、日本铁路货运公司、小仓运输株式会社、仙台
            快递株式会社、SBS Logicom株式会社、日本石油运输株式会社

◆ **绿色物流合作伙伴大会特别奖**
  计划名称:采取措施解决长途驾驶员短缺问题,通过海洋和铁路联运减少二氧化碳排放量。
  公司:日本通运株式会社、富士胶片物流株式会社、MOL渡轮株式会社、日本铁路货运公司

国土交通大臣颁发的奖项:
码垛作业标准化

国土交通大臣颁发的奖项

图Ⅱ-8-1-3 通过绿色物流合作伙伴大会进行活动推进
资料来源:国土交通省。

6. 促进铁路、船舶和航空运输低碳化

(1) 进一步提高铁路部门的环境绩效

虽然铁路对环境的影响小于其他交通方式,但我们也正在采用有助于减少碳足迹的铁路相关设施和系统,节约能源,通过技术开发改善环境绩效,从而进一步减少铁路对环境的影响。

(2) 海运的节能减碳举措

我们正在加紧建造有助于节约能源的船舶,开展创新节能技术示范,以此推进沿海运输的船舶节能。为完善国际框架、推广和促进国际海运领域的综合技术发展,2013财年以来我们为私营部门的二氧化碳减排技术开发提供了持续支持,引导国际海事组织对逐步强化二氧化碳排放法规(燃油效率法规)展开讨论,并制定一种报告燃油效率的国际框架(以便掌握实际运营中的燃油效率)。

(3) 航空领域的二氧化碳减排举措

我们正在推进可缩短飞行时间和距离的区域导航(RNAV),能使飞行达到最有效高度的用户首选路线(UPR)方法,以及通过连续下降操作(CDO)来提高空中交通系统的效率,即通过不断下降(而不拉平)来维持最低限度的发动机输出功率。作为建设环保机场(生态友好型机场)的一部分,我们还鼓励飞机和生态汽车使用地面服务设备等地面动力装置(GPU)。此外,我们正在加强国际合作,比如参与了亚太减排倡议,通过空中交通管制部门和航空公司合作提高飞行效率。我们也正在提议制定国际航空二氧化碳减排全球计划。此外,我们正与各利益相关方展开合作,推动使用替代性航空燃料。

7. 加强住房和建筑物节能工作

民用领域的能耗增长比其他领域更为突出,提高住房和建筑物节能水平也是当务之急。

鉴于基本能源计划将会逐步要求到2020年新建住房和建筑物必须符合节能标准,2015年7月颁布了《提高建筑物能耗性能法》(简称《建筑节能法》),其中规定了强制超过一定规模的建筑物(除住房以外)遵从节能标准的措施,以及实施卓越节能建筑物认证方案和节能性能判定方案的措施。

为了让消费者轻松理解节能性能的概念,我们正在努力升级和推广住房性能指标体系CASBEE(建筑环境效益综合评价体系)、建筑物能效标识系统(BELS)及其他计划。

除此之外,为提高住房和建筑物节约能源/减少二氧化碳排放量的水平,国土交通省正在提供多方面的支持,比如对建造新生态住宅或进行生态改革的企业奖励积分(可兑换各种商品)、引入先进的二氧化碳减排技术和节能改造技术、鼓励中小承包商建设零能耗住房以及合格的低碳住房和建筑物,同时利用日本住房金融局的证券化支持业务框架降低利率。此外,我们还在开发和推广节能住宅和建筑物的设计与施工技术,方式包括为设计和施工人员举办讲习班,为领先民营企业的技术开发提供支持。

此外,为提高现有设施的节能水平,我们正在制定有关现有住宅和建筑物节能改造的支持性税收措施。

8. 在污水处理方面推广节能方法

我们正在加强节能措施的实施,减少一氧化碳排放量,比如使用高效污水处理设备,以及将原污水加工成固体燃料、进行原污水高温焚烧等新的节能措施。

9. 加强建筑机械的环保措施

对于符合主要建筑机械燃料消耗标准的液压挖掘机和推土机等建筑机械,国土交通省正在推行型式认证制度。此外,我们还通过低息融资计划等,为购买上文所述的认证建筑机械提供资助。

10. 通过城市绿化实施碳汇措施

根据《京都议定书》的温室气体汇聚报告,城市绿化是一种植被重建活动。根据市政府制定的基本绿化计划,我们正在推进城市公园的建造以及道路、港口等公用设施和私人土地的绿化。

国土交通省也正在通过改善地表覆盖等措施,通过改善热环境来减轻热岛现象,从而提高城市的降碳和绿化水平,提高公众对碳汇措施的意义及作用的认识。

三、促进可再生能源的使用

根据2014年4月内阁批准的"能源总体规划"以及2013年以来的三年正在加快可再生能源引入的事实,国土交通省正在挖掘机场设施等基础设施领域、河流和小溪以及稳定而丰富的污水生物质可重复利用的能源潜力。

1. 促进海洋可再生能源的使用

日本四面环海,拥有丰富的海洋可再生能源。在未来,海上风力发电有望增长和扩张,尤其是可作为风电设施安装场所的港口和海港备受瞩目。

为此,港湾局于2012年6月发布了安装程序手册,并草拟了可用作技术判定标准的技术指南,以便2015年3月筛选和审批专用水域时使用。2015财年,我们还努力建立了港口和海港相应区域专有使用权的申请制度,以推进港口和海港海上风电设施的顺利安装。此外,我们也按照这些方针制定了操作指南。

对于波浪能和潮汐能等海洋能源,国土交通省正在制定指导方针,以确保浮动发电设施的安全和无害使用,并与相关政府部门合作开发新的可再生海洋能源。

2. 推进小水电建设

为建设低碳社会,我们正在利用河流来实现小型水力发电。具体而言,国土交通省正在充分开发未使用能源,完善辅助发电注册系统,通过实地接触为项目确立提供支持,在拦沙坝建造小型水电设施,积极为国土交通省直管大坝引入发电设施。

3. 促进污水生物质的使用

国土交通省正在推进污水污泥能源和污水热能的使用。

2015年5月,《污水法》完成修订,准许私人企业将热交换器连接到污水管道,并要求污水管理者重新将污泥用作能源来源或肥料。通过公共私营合作/私人融资计划,我们将进一步加强污水污泥能源的利用(生产生物气和固体燃料等),而污水热也是一种可再生能源。

专栏 污水污泥排放的氢气竟可驱动汽车

2015年5月修订的《污水法》指出,公共排污系统管理者应努力将污水污泥用作一种能源。污水污泥能源利用包括沼气发电、固体燃料生产等,近年来利用污水污泥生产氢气也受到关注。

利用污水污泥生产的氢气具有多种优点,比如可减少环境负荷(化石燃料生产的氢气会排放二氧化碳),可利用区域资源来促进能源的本地生产与消费,因此人们对污水污泥产氢寄予了厚望。

利用污水污泥生产氢气:优秀产氢城市项目——污水沼气源产氢示范

根据这个项目,三菱化工株式会社、福冈市、九州大学和丰田通商株式会社四方共同建立了实际规模的示范设施,试验能否使用污水污泥稳定生产氢气。他们同时也在研究如何利用这个过程所释放的二氧化碳(图Ⅱ-8-1-4)。

这个项目于2014财年开始实施,到目前为止测试结果非常稳定。

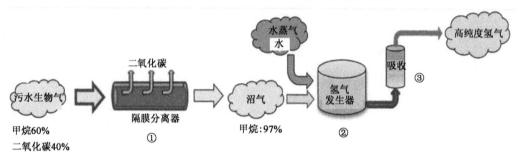

图 Ⅱ-8-1-4

探索污水污泥所产氢气的用途:利用2015财年召集的"氢能社会"污水资源利用审查委员会,国土交通省将弘前市、埼玉县和横滨市的污水处理设施用作模型,对污水污泥氢气的生产和利用进行了可行性研究,并就技术、机构和财务等问题及解决方案进行了讨论。

未来举措:2013财年,污水污泥生产的沼气量约为3.3亿标方,但仅约30%(8900万标方)被焚烧掉,因此未得到充分和有效利用。如果利用未使用的沼气生产氢气,其总量则相当于能为燃料电池车充电270万次。如此计算,污水污泥产氢具有很大潜力。

通过为技术开发、可行性研究立项和商业化提供支持,国土交通省正在努力推进污水污泥氢气这种可再生能源的供应和利用。

MIRAI,氢燃料电池汽车和加氢站(图Ⅱ-8-1-5)

图Ⅱ-8-1-5 氢燃料电池汽车和加氢站
资料来源:国土交通省。

4.利用基础设施空间发展太阳能发电

根据东日本大地震引发的能源供需变化,除有效利用污水处理厂、港口、机场设施等广阔空间之外,还应采取措施鼓励公共实体在政府建筑物和火车站等公共基础设施场所安装太阳能发电设施,私营企业也可为道路和城市公园安装这些设施。

5. 为打造氢能社会做出更大贡献

鉴于未来对氢能的需求有望持续扩大,比如2009年进入市场的家用燃料电池和2014年进入市场的燃料电池汽车,国土交通省正在努力打造一个氢能社会,为氢气的生产、储存/运输和使用提供有利环境。

(1)推广燃料电池汽车

为以最快速度在全球推广燃料电池汽车,国土交通省将为私营企业从事燃料电池汽车项目提供支持。国土交通省还将稳步推进氢能的技术开发,这对于实现燃料电池公共汽车和燃料电池叉车等的早期利用非常重要,这些车辆预计会对氢气形成相对稳定的需求。

(2)氢燃料电池船舶商业化发展计划

我们正在建造一种平台,引导私营企业参与和推动海事领域对氢气的使用,比如针对非常环保的氢燃料电池船舶商业化展开研究,制定相关安全指南。

(3)建立液化氢海上运输系统

2015财年以来,川崎重工及其他公司不断利用澳大利亚闲置能源——褐煤生产氢气,并建立了向日本输送液氢的供应链,日本经济产业省也核查了闲置能源产氢供应链的建设。

为此,国土交通省以这些举措为基础,在国际海事组织等多边基础上引导制定了确保液氢海上运输安全的全球安全标准。为研究安全、高效的液氢装卸方法,战略创新推进计划(SIP)方面的能源载体自2014财年起一直在与内阁府展开合作,进行液氢装载系统的研究与开发。

四、推进全球变暖应对措施(适应性措施)

为全面和系统地推动整个政府为应对气候变化的各种后果提供一贯支持,内阁于2015年11月通过了第一个适应气候变化影响的国家计划。

国土交通省管辖着国家土地和其他地区,需要负责国家土地和地区的安全开发,所承担的适应性措施实施责任相当可观,因此国土交通省制定并在政府提出适应计划的同一日公布了气候变化适应计划,总结了将会实施的适应性措施。

作为适应性措施的一部分,尽管国土交通省迄今为止已积极采取了应对河水泛滥、内陆水灾、泥沙灾害、风暴潮、干旱及其他水灾的各种措施,但还应根据制定的国土交通省气候变化适应计划来研究和部署结构性和非结构性等综合适应性措施。

第二节 促进循环型社会的建设

一、推进建筑领域的回收利用

建筑垃圾约占全部工业垃圾的20%,占最终倾倒量的20%。限制建筑垃圾的产生以及做好这些垃圾的回收再利用已成为主要任务。2012财年,全国共产生大约7300万t的建筑垃圾,回收/减少率为96.0%,高于其他行业,见图Ⅱ-8-2-1。尽管我们已取得显著成果,但当前仍有一些问题需要解决,其中包括社会老旧基础设施维修与改造工程、东京奥运会和残奥会的建设工程产生的建筑副产品数量增加,以及大型隧道工程产生的施工土方增多。

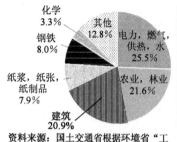

材料	指数	2005年状况	2008年状况	2012年状况
沥青,混凝土垃圾	回收率(%)	98.6	98.4	99.5
混凝土垃圾		98.1	97.3	99.3
施工木料	回收和减少率(%)	90.7	89.4	94.4
建筑污泥		7.45	85.1	85
建筑混合废物	产量(万t)	293	267(比2005年下降9%)	280(比2005年下降5%)
建筑垃圾总量	回收和减少率(%)	92.2	93.7	96
施工土方	高效利用率(%)	80.1	78.6	88.3

资料来源:国土交通省根据环境省"工业废弃物的生产和处理状况"(2013年度业绩)编制。

*减少率是指通过焚烧、脱水或其他过程减少的废物数量。
资料来源:国土交通省"2012年建筑副产品状况调查"。

图Ⅱ-8-2-1 工业废弃物数量(按工业部门)和建筑副产品回收率

污水污泥也占到所有工业垃圾的20%,2013财年约为7700万t。我们正在努力回收和减少污水污泥。

1.推进建筑领域的回收利用

根据《建筑材料回收利用法》(《建筑回收利用法》),我们正在日本各地进行调研,加强相关措施的实施。

通过基础设施发展小组环境委员会和运输政策委员会运输系统小组环境委员会联合设立的"建筑回收利用推广措施小组委员会",建筑回收利用相关方制定了"建筑回收利用推进措施",提出了未来建筑副产品回收利用和适当处置的中期目标;2014年9月国土交通省还制定了第四次行动计划"2014年建筑回收利用促进计划"。

根据这一计划,国土交通省将会采取加强建筑副产品流向监控、施工前加强管控、通过现场细致分拣和运送至回收设施来促进回收/减少、推广使用回收材料、推进建筑污泥的有效利用和恰当处置等措施来促进建筑回收工作的开展。建筑副产品数据见图Ⅱ-8-2-2。

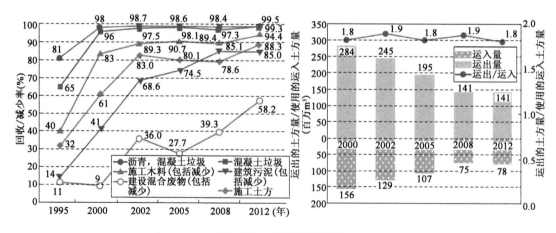

图Ⅱ-8-2-2 建筑副产品数据
资料来源:国土交通省。

2. 减少污水污泥,促进回收利用

国土交通省正在努力推进污水污泥的回收利用(2013财年的回收利用率为62%),将污水污泥制成固体燃料,对其中的磷进行回收利用。此外,我们正在推进"动态处理污水高科技突破项目"(B-DASH项目),通过创新技术和系统有效利用污水资源。

二、创建资源循环型物流系统

1. 利用海运创建资源循环型物流系统

为创建循环型社会,形成可重复使用资源的"循环",国土交通省将日本的22个港口指定为循环港(综合逆向物流基地港),以实现可重复使用资源的广泛流动。循环港开展了多项工作,比如保护码头等沿海设施、协助建立可重复使用资源的处理设施、加强公私合作、完善可重复使用资源的运营等。国土交通省与环境省开展了"通过模式转换/运输效率促进低碳型逆向物流项目"合作,通过提高运输效率促进了模式转换,降低了逆向物流的碳足迹和成本。另外,作为"灾害废物处理支援网络(D-Waste-Net)"的参加成员,环境大臣还设立了"循环港促进委员会"。

2. 系统性设置湾区垃圾填埋场

我们正在设置湾区垃圾填埋场,以接收港口改良产生的疏通土方,或者难以找到最终填埋场的垃圾。特别是大阪湾区正在建设区域性垃圾处理场,用于接收大阪湾周边地区产生的垃圾(大阪湾凤凰计划❶)。东京大都会区产生的施工土方被海运到了全国港口和海港,广泛用于土地复垦(超级凤凰计划❷)。

三、车辆与船舶回收

1. 车辆回收

根据《报废汽车回收法》(简称《汽车回收法》),我们正在通过制度确保报废汽车得到合理处置。按照《道路运输车辆法》核销车辆登记后,针对二手车征收的汽车重量税会被退还。我们正在加强二手车的妥善处置,防止非法丢弃。2014财年,报废处置的车辆为1463151辆。

2. 船舶回收

大型船舶回收利用(船舶回收)❸一般出现在孟加拉国和印度等发展中国家,那里频繁发生的人员伤亡事故和海洋污染引起了持续关注。为解决这些问题,日本主动与国际海事组织展开讨论,最终制定了《2009年香港国际安全与环境无害化拆船公约》(临时名称)(《拆船公约》)。该公约规定必须分别检验和保存船舶和拆船设施的证明文件,并禁止新建船舶使用石棉或多氯联苯(PCB)。

日本正在研究制定《拆船公约》所需的国内法律,以期尽快执行这一公约。这个公约的实施还需要关键回收国家的缔结。2014年和2015年,莫迪总理(代表世界最大的回收国家——

---

❶为促进港口的有序开发,利用海上垃圾填埋场处置近畿地区2市、4县和168个自治市的废弃物。
❷一种在国家层面调整大都会区建筑土方的机制,将其用作港口填埋建设的有效资源。
❸已达到使用年限的船舶被拆除,大部分零件被重新用作钢材。

印度)与安倍首相(代表日本)多次举行会议,请求日本帮助改进拆船设施。国土交通省为改进印度设施提供了更多的技术支持,并正在推动合作缔结《拆船公约》。通过两国之间的公私合作计划,一些设施正在得到改进。2015年,四家公司的拆船设施达到了公约规定的标准,由此获得第三方机构(日本海事协会)认证。

另外,由于私人游艇大都是由纤维增强塑料(FRP)制成,难以处理,因此需要一种废物加工路线进行恰当处置。作为回应,我们启动了加工路线建设和纤维增强塑料船舶回收技术开发等活动。2005年以来,在日本海洋产业协会的领导下,日本每年妥善回收的纤维增强塑料船舶已有大约450艘。

四、绿色采购[1]

鉴于一些基本的政府政策已被部分修订,我们根据《促进国家和其他实体采购环保商品和服务法》(简称《绿色采购促进法》)制定了"环保商品等采购推进政策"。根据这项政策,我们正在积极推进环保商品的采购,其中涉及建材、建筑机械、施工方法、公共建设工程目标等方面。

五、促进木制建材的使用

木材与其他材料相比在处理时需要的能源更少、用途广且适合长期利用,有助于防止全球变暖和构建循环社会,是一种环保建材,因此我们鼓励公共建筑使用木质材料(图Ⅱ-8-2-3)。

根据《公共建筑使用木材促进法》等,国家每年都会公布木材使用促进法的实施情况,并制定了"公共建筑使用木材促进计划"来敦促将木材用作建筑材料和内饰材料。国土交通省正在制定设计和建造方面的技术标准,继而加以推行。

图Ⅱ-8-2-3 木质建材应用示例会议室,平家政府办公大楼
资料来源:国土交通省。

我们正在采取各种措施来推动木制住宅和建筑的发展,比如为建造长寿命和高质量木质住房、使用当地材料建造且经过认证的低碳住房、零能耗住宅、经过认证的低碳建筑和其他高质量木制建筑、采用先进设计和施工技术建造的大型木制建筑提供支持;制定当地建造木制房屋计划;组织开展培训。

第三节 恢复和保护自然环境与国土开发

一、保护生物多样性的举措

根据2010年10月爱知县名古屋市召开的生物多样性条约第10次全球缔约国大会(COP10),我们正在努力实现"2011—2020年战略计划(爱知县目标)"。此外,根据2012年9

---

[1] 这里的绿色采购是指依照《绿色采购法》第2条规定购买环保商品。

月制定的《2012—2020年国家生物多样性战略》,我们决定继续推进河流、城市绿地、沿海地区、港口和道路周围动物栖息地的保护、恢复和建设活动。

2011年10月,作为市镇制定基本绿化计划的参考资料,我们制定了"基本绿化计划中保护生物多样性的技术考虑事项",总结了保护生物多样性时需要考虑的事项。此外,2013年5月国土交通省还制定了《城市生物多样性指数(草案)》,用于评估地方政府生物多样性的条件和实施进展,推动地方政府实现城市生物多样性。2015年3月,环境省与农林水产省联合制定了"非本土物种破坏预防行动计划",以全面和有效推进日本的非本土物种应对措施,以保护并继续享受日本丰富的生物多样性。

二、创造富饶而美丽的河流环境

1. 创造和保护健康的河流环境

(1) 创造富饶的河流环境,促进环境恢复

在河流开发方面,我们以"富饶河流发展基本方针"(制定于2006年10月)为指导,努力保护和恢复动物栖息地和多样化河流景观,同时确保防洪安全。在通过自然修复工程促进湿地恢复、通过修复鱼类通道改善鱼类上游和下游迁移环境的同时,我们也在与各种实体加强合作,促进流域生态系统的保护与恢复,从而构建生态系统网络❶。丸山河(兵库县丰冈市)的野外引鹳项目便是一个实例。

此外,我们正在与行业专家和各种机构共同努力,利用政府检查河区的研究成果和水恢复研究中心(拥有全球最大的试验航道)有效开展这些活动。

(2) 航道的非本土物种应对措施

非本土物种是生物多样性的天敌之一,不断侵蚀着日本各地的航道。作为应对措施,我们发布了"河道非本土植物应对措施指南"和"非本土鱼类应对措施实例"(2013年12月)等信息,并正在各地实施外来物种应对措施。

2. 恢复河流供水的举措

保持充足的水供应对于确保河流环境的健康至关重要。于是,我们根据动植物的栖息地、景观和水质,在河流基本改善政策中规定了所需的用水量。除努力供水外,我们还在水电站大坝下游的衰退区域开展了恢复河流清洁行动。同时,为保护大坝下游的河流环境,我们将防洪水库的流水存蓄到了不阻碍防洪功能的程度,并对可用的泄洪坝进行了弹性管理实践和弹性管理测试(2015财年共使用了18座水坝蓄水,其中16座可按需放水)。我们也正在采取举措,解决中度瞬间放水导致河道变化的问题。此外,我们也正在通过抽取污水处理厂的净化水,努力恢复平均自然流水量不断减少的城市河流供水。

3. 推进从山区到沿海地区的泥沙综合治理活动

对于供水系统将会加剧沉积物流动导致河流环境变化、沿海沙源供应减少、沿岸漂流物造成海岸侵蚀等问题,相关机构正在展开合作,全面控制从山脉到沿海地区的泥沙流,见图Ⅱ-8-3-1。具体来说,为解决山溪、水坝、水道和沿岸的泥沙淤积问题,国土交通省正在与相

---

❶ 以自然条件优越的地区为核心区域,将它们有机结合在一起,确保栖息地达到布局合理、连接适当。

关机构共同推进项目实施,其中包括制定全面的泥沙管理计划,对泥沙进行有效管理;建造拦沙坝;提高现有大坝的可渗透性,从而将泥沙顺利冲至下游;建造大坝沉积物旁路通道,有效促进泥沙流动;从水道、流沙旁道和沿岸淤滩适当采沙采石,修复沙滩。

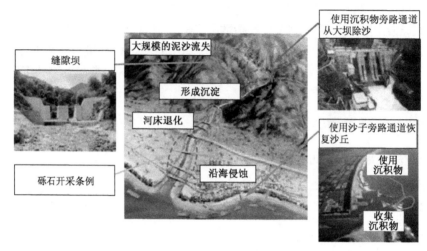

图 Ⅱ-8-3-1　泥沙综合治理举措
资料来源:国土交通省。

4. 河流环境教育

对于靠近自然环境的社区,河道近来举办了环境研究和自然体验等各种活动。此外,我们正在推进项目实施和信息传播,以便儿童安全地在河边学习和玩耍。讲解安全知识、杜绝安全隐患非常重要,因此我们与非盈利组织河流活动委员会(RAC)展开合作,共同培养河流管理者;这个公民组织在相关活动中发挥了主要作用。

同时,为促进学校在河流环境方面的教育,国土交通省正在向教科书出版商提供资料,以推出环境教育项目。

(1) 儿童河畔再发现项目

公民团体、教育工作者和河流管理者携手合作,正在将河流注册为儿童河畔,该活动得到了儿童河畔活动支持中心的广泛支持。截至2015年3月底,已有300个地点完成注册。

(2) 河畔娱乐学校项目

鼓励使用注册成为儿童河畔的河流,并通过河岸改善加强活动体验。截至2015年3月底,已有286个地点完成注册。

(3) 国家水生生物研究

旨在通过调查附近河流的生命形态,增加人们对河流的兴趣。2014财年共有59053人参加该项目。经过判定,61%的检查点(共2252处)水质为"干净"。

三、保持和改善沿海环境

因为要保护动物栖息地、关注景致和合理利用海滩,因此我们在保护海岸不受风暴潮、海啸和巨浪侵扰的同时,还要求在"防护""美化"和"利用"之间达到平衡。

另外,根据《推进搁浅的沿海废物处理,保护多样化大自然、沿海风景及环境法》(简称《海岸废弃物处理促进法》),我们与相关机构密切合作,对海滨垃圾采取了有效处理措施。

我们正在通过紧急项目,处理岸边因灾产生的大型浮木及其他杂物,以免妨碍海岸防护设施功能的正常发挥。通过这个项目,相关各方将能协调一致,更高效地处理这些杂物。

我们还对无人处置和搁浅的船舶以及海域异常积聚的烂泥采取了措施,以确保海岸防护设施功能的正常发挥,保护沿海环境,推进沿海地区的合理利用。

四、绿色港口和海港管理

1. 未来港口和海港环境政策的基本方向

为维护日本港口和海港作为物流、工业和生活的支撑地位,确保它们持续增长,我们必须尽可能地修复退化或丧失的大自然,将环境保护纳入各项港口功能。为此,我们正在努力实现绿色港口管理,这包括港口和海港的开发和利用两个方面,将保护、修复和环境创造统一为一个主题。绿色港口管理见图Ⅱ-8-3-2。

图Ⅱ-8-3-2 绿色港口管理
资料来源:国土交通省。

2. 积极维护、修复和创造健康环境

对于港口修缮产生的疏浚泥我们正在进行有效利用,比如建造潮滩、铺沙、填坑以及建设环保型的港口设施。项目启动后,我们将实施适应性管理方法,不断监控维修之后的状况。行政机关和研究机构等各个组织将会记录相关环境数据,搭建一个海洋环境数据库,进行数据的收集、积累和分析。我们正在积极努力,做好保护和恢复工作,为沿海地区创造多样化的自然环境。

另外,日本各地还建立了多所"海滨自然学校"(利用的便是保护、恢复或开垦出来的地方),为民众了解自然环境的重要性提供了机会。

3. 防止船舶非法停泊的措施

船舶随意停泊会破坏风景、影响其他船只通行,倘若发生海啸还会造成二次损害,因此我们正在实施一些监管措施加以防控,比如提高小型船舶的系泊和储存能力,划定禁泊区域。

为检验2013年5月制定的正确管理游艇、改善使用环境综合措施的实施效果,2014年对全国游艇的实际情况进行了调查,相关调查结果已于2015年6月公开发布。

五、绿化道路和美化自然环境措施

绿化道路对于营造舒适氛围、打造与周围景色相匹配的优美景致以及应对热岛效应至关重要。为此,我们正在按照道路绿化的技术标准推进道路绿化及合理管理,见图Ⅱ-8-3-3。为迎接2020年的东京奥运会和残奥会,我们也在努力建造绿色道路,采取综合措施防止路面温度升高。

图Ⅱ-8-3-3　绿化道示例(东京千代田区)
资料来源:国土交通省。

第四节　维持或修复健康水循环

一、确保水资源的长久供应

战后高增长时期人们对水资源的需求快速增长,确保水资源供需平衡便成为一项优先事项,鉴于此我们推进了水资源开发设施的建设。另外,人们担心全球变暖将导致年降水量、积雪量和可供水量减少,并导致积雪提前融化。为应对大规模灾害,社会需采取措施应对水资源基础设施老化的问题,改善水环境,维持或修复健康水循环。即将出现的各种挑战也需得到解决,比如我们在国际捐助方面的贡献以及加强我们的国际市场竞争力。

在这种背景下,我们必须着眼于长远,从需求驱动式水资源开发转向通过风险管理确保稳定供水,即使受到了人、物、钱等资源的约束也要按照水质、自然环境和水量等方面的优先次序推进水资源综合管理。我们将展开更多研究,以确保公民的生命安全和社会经济活动的安全,并建立一个可满足基本用水需求的社会。

二、改善水环境的举措

1. 促进水的净化

对于水环境严重恶化的河流和疏浚底泥的河流,国土交通省正在推进污水净化工作。另外,正在积极治理水环境的乡镇地方政府以及河流管理者和污水管理者等相关机构,正在共同制定"第二次水环境改善紧急行动计划"(清澈河流复兴计划二,见图Ⅱ-8-4-1)并实施

(32个地点)。

图Ⅱ-8-4-1　清澈河流复兴计划二
资料来源:国土交通省。

2.水质调查和水质事故响应

水质调查对保护和维护良好的水环境至关重要。2014年,我们对109个A级河流水系的1080个地点进行了调查。

国土交通省正在制定水质调查地图,并与市民合作开展水生生物调查。与当地居民合作进行的A级河流调查(根据新的水质指数,并对河流进行了垃圾量和气味等多方面的评估)结果显示,2014年大约22%(301个地点中的65个)属于"看起来足够干净的能游泳河流"。

另一方面,2014年,由于油类和化学物质溢出,A级河流共发生了1238起水质事故。在水污染防治方面,109条水道全部设立了由河流管理者和相关机构组成的水污染防治联络委员会,并正在就水质事故及设置油栏预防危害进行及时的信息沟通。

对于A类河流(包括湖泊和沿海地区),2014年达到BOD(生化需氧量)或COD(化学需氧量)环境标准的检测点占比为91%,见图Ⅱ-8-4-2。

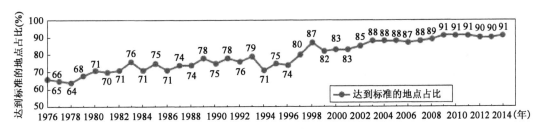

图Ⅱ-8-4-2　生化需氧量(或化学需氧量)达到环境标准的A类河流(包括湖泊和沿海地区)调查地点占比
资料来源:国土交通省。

对于保护人体健康方面的环境标准项目(27项,比如砷),达到环境标准的检验点占比约为99%,大部分都符合标准。

3.改善封闭性近岸海洋的水环境

对于东京湾、伊势湾、大阪湾和濑户内海等封闭性近岸海洋,由于陆地污染负荷的增加和海域净化能力的降低(因潮滩和海藻林越来越少),红潮和蓝潮对渔业产生了危害。除此之外还出现了环境恶化,漂浮的垃圾和石油阻碍了船舶航行。

面对当前状态,我们采取了以下措施来恢复海洋的美丽:①底泥疏浚,铺沙,通过回填矿坑夯实底层;②通过修复潮滩和海藻林改善生物栖息地,多建能与自然并存的建筑物;③使用海洋环境保护船去除漂浮的垃圾和石油;④改善污水处理设施,以减少排放到海洋中的污染物;⑤制定有助于各实体相互合作、改善环境的系统。

4. 促进污水治理,改善水环境

我们将妥善制定和审议全流域污水系统综合规划,推广高温焚烧去除氮、磷酸盐等可导致封闭水体富营养化的措施。此外,我们正在努力通过部分更新污水净化厂尚未达到预定更新期限的设备和设施,来尽早提高水质和进行分层深度水处理。

对于雨污水合流系统,我们计划通过控制大雨期间未处理水排入河流的水量和频率,于2023财年末之前完成各项措施的实施。

三、水的供应与有效使用

1. 水资源的稳定供应

为确保水资源利用的稳定性,必须从供需的角度出发,针对社区情况制定相应政策。具体而言,我们在需求方面制定了加强水资源回收利用的措施,增强民众的节水意识。供应方面,我们制定了建造和维护供水设施(大坝等水资源开发设施)、采取措施应对设施老化、制定危机管理措施等举措。除了地下水的可持续保护和利用、雨水和循环水的推广利用之外,我们正在根据《水源地特别措施法》开展水源地生活环境和工业基础设施的开发工作,同时防止大坝水库出现水质污染。

人们担心全球变暖导致气候变化,继而会引发更频繁、更严重、持续时间更长的干旱以及更多的旱灾损失。为此,国土交通省将会采取更多措施来防止/减轻干旱造成的损害,比如减少严重干旱时的损害。

2. 水资源的有效利用

(1)推进污水回收利用的举措

循环水是城市地区宝贵的水资源,循环水的稳定供应具有重要意义。所有已处理污水中,约1.5%是按目的进行处理,循环水被注入溪流,以维持河流和卫生设施的水位。我们的目标是进一步加强循环水的利用。

(2)促进雨水利用

为有效利用水资源,我们正在采取措施,处理和使用雨水以及来自厕所和淋浴设施的废水。截至2014财年末,已有大约2000个设施使用了已处理水,年使用量超过810万 m^3。为促进雨水利用,继而推动水资源的有效利用,2014年5月1日颁布了《雨水利用促进法》(刊登于2014年第17期《法律》),2015年3月又推出了"雨水利用促进基本政策"和"国家政府或独立行政机关所供建筑雨水回收施建造目标"。此外,政府还将制定和实施综合措施,从而将雨水集中排放到下水道和水道。

3. 确保安全、高质量供水

随着自来水系统的扩展,近年来市民对安全和味道好的饮用水的需求不断增加,我们也更加重视水质。

4. 推进雨水渗透措施

近年来,流域城市快步发展导致不渗水区域持续扩大,短时间内大量雨水涌入河道,而无法渗入地下。为减轻大雨造成的洪水灾害,除尽可能多地促使雨水渗入地下之外,我们正在利用税收措施促进雨水储存渗透设施的改善,以涵养地下水、激活泉水、打造健康的水循环系统。

5. 推进可持续的地下水保护和利用

地下水遭受损害后(比如地下水污染或盐渍污染)需要很长时间才能恢复。特别是地面沉降,一旦发生便不可逆转。为此,我们将根据当地实际情况开展地下水管理工作,以防地下水遭到破坏,保护生态系统和当地地下水源,促进可持续地下水资源的保护和利用。

四、改善生活污水排放,提高生活舒适性

污水处理系统是确保城市健康、治理垃圾、防治洪水必不可少的社会基础设施。近年来,污水处理系统还需在建设低碳循环型社会、维持或恢复健康水循环等方面发挥新的作用。

1. 完善污水处理系统

截至2014财年末,日本的污水处理厂普及率已达到89%左右(排污系统约为78%,共有46个县,受东日本大地震的影响,其中并不包括福岛),但地区差异仍然很大。特别是人口在5万人以下的中小型社区污水处理厂的普及率仍然很低,占比仅为77%左右(排污系统普及率约为50%),图Ⅱ-8-4-3。加大人口密集地区的改善力度、根据社区条件进行有效发展以及缩小社区之间的差距,对于未来污水处理系统的发展至关重要。

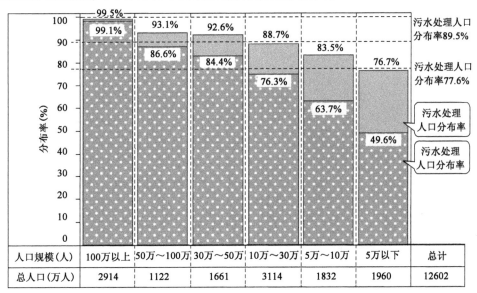

图Ⅱ-8-4-3 污水处理人口分布率(按城市规模)(2014财年末)
资料来源:国土交通省根据环境省和农林水产省提供的信息资料编写。

(1) 未来十年的化粪池系统

就污水处理设施而言,居住分散的地区使用私人化粪池进行处理比较经济;而随着人口密度的增加,农业社区使用污水系统和排水设施进行集中处理才更划算。为此,各县根据水质保护的经济效益和重要性等区域性特征,制定了自己的污水处理维护计划(图Ⅱ-8-4-4)。目前,鉴于近年来人口不断减少,国土交通省正在要求立即核查各县计划,制定中期(行动计划)/长期装备计划,以便综述未来十年的化粪池系统。此外,通过跨辖区污水处理等其他污水处理设施之间合作计划的实施,我们也正在积极推动有效的维护手段。

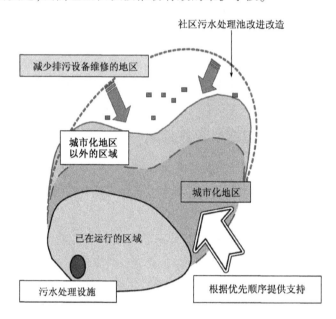

图Ⅱ-8-4-4　污水处理计划的修订和重点改进

资料来源:国土交通省。

(2) 污水处理快速项目(图Ⅱ-8-4-5)

考虑到人口下降和财政存在困难等情况,该项目旨在通过与地方民众合作,广泛推进采用最新技术标准、能够满足当前区域条件以及成本低廉的维护方法,尽早实现灵活维护,并由专家委员会对成果进行检验。截至2014财年有14个市已开展了社会实验,"小规模废水处理设施(接触氧化法)"等6项技术被确定有效,目前正在制定用户指南,归纳这些技术的使用方法。有关其他技术的验证/评估也正在进行,为全国推广做好准备。

图Ⅱ-8-4-5　污水处理快速项目实施示例(北海道远轻镇的小型污水处理设施)

资料来源:国土交通省。

2. 建设牢固耐用的污水处理工程

(1) 现有设施的合理管理

污水处理系统拥有大量的基础设施,其中包

括约 46 万 km 的管道和沟渠,以及大约 2200 个终端处理站(截至 2014 财年末)。

由于这些系统是经济高速增长时期的产物,因此在未来老化设施的数量将会迅速增多。2014 财年出现的主要是小规模问题,硫化氢腐蚀和管道设施老化共导致 3300 处发生路面塌陷。污水处理系统是重要的社会基础设施,是难以通过其他方式替代的生命线,能够确保城市生活的安全和社会经济活动的正常进行,因此必须采取有效的计划和措施来应对设施老化,维护所需功能的正常发挥——比如实行预防性维修的基础设施管理,同时考虑引入广泛的私人托管和高效的管道检查方法。

2015 年 5 月,《污水法》完成修订,确定了污水处理系统的维护和修理标准。据此,我们决定至少五年检查一次具有重大腐蚀风险的排水设施,并采取措施确保排污功能的可持续性。根据这些修正案,还应制定一个委员会会议计划,针对扩大污水工程的地理范围、污水工程管理者建立伙伴关系展开必要讨论,并且加强对地方政府的支持,建设坚固耐用的污水项目。

(2)加强商业性基础设施

在污水处理工程的运营中,虽然污水处理费用(不包括公共开支的部分)应从缴纳的使用费扣除(这也是一项基本规则),但最初建设却需要大量的资金。它的运营特点是收入会随着污水系统的发展而变得稳定,但在建设阶段会出现资金短缺。因此,应从长远(而不是短期)来展望单项工程的收入和支出情况,需要考虑相关设施的使用寿命。因此,我们正在通过"污水管理财务健康恢复指南",推动各市恢复污水管理中的财务健康。

(3)将设施管理委托给私营部门,并从私营部门获得技术能力

有关为污水处理工程引入公共设施管理方法,以及进一步委托私营部门❶进行污水处理厂的维修管理的商讨正在进行。根据当地公共机构的要求,日本下水道事业团(Japan Sewage Works Agency)将会为污水设施的建设、运营优化和维护提供技术支持,为当地公共机构培养技术专家,同时进行新技术开发。

3.通过污水处理改善社区环境

完善污水处理系统以及保护或创造健康水环境,有助于促进旅游和工业的发展。另外,污水处理还能从多方面激发区域活力,比如利用先进废水处理系统产生的循环水来打造河滨景致,通过民众对水舒适空间的运营和管理来开展更多地区活动,利用污水处理设施上方的空间,利用污水热能进行区域供热,将生物气用作一种能源,以及有效利用污水资源。

4.加强污水领域的环境教育(图Ⅱ-8-4-6)

小学教师和污水管理者代表组成工作小组,编辑出了适合污水教育课堂使用的教师版教科书。这些教材已被放入"污水管道系统,循环环境教育之路门户网站❷",以便教师自由使用。此外,各中小学还会获得污水环境教育补贴。

---

❶一种能够反映私人承包商原创思路的设备管理方法:通过详细介绍操作方法来优化运营,同时确保达到一定的能力水平,比如通过维护排水水质来优化运营。

❷"污水回收利用环境教育之路门户网站"http://www.jswa.jp/kankyo-kyoiku/index.html。

图Ⅱ-8-4-6　污水领域的环境教育——静冈县浜松市小学的污水环境教育项目
资料来源：国土交通省。

第五节　保护海洋环境

(1) 大规模油污染管理政策

为淘汰不符合标准的船舶（它们是造成大规模油污染的罪魁祸首），日本积极参加了多种国际举措（比如制定国际航运数据库 EQUASIS），同时加强了港口国控制——对进入日本港口的船舶进行现场检查，判断是否达标。虽然船旗国政府有义务执行和实施国际海事组织制定的条例和标准，但为了评估船旗国政府的职责履行情况，国际海事组织毅然根据日本的提议，在 2005 年制定了"国际海事组织成员国自愿审计计划"。2016 年，通过评估全球解决方案的进展，这项计划成了强制性措施。

在其他方面，作为日本海应对大规模油污染的一些措施，日本正在依照"西北太平洋行动计划"制定相应的"区域石油和有害有毒物质溢出应急计划"等，以期完善国际合作与协作体系。"西北太平洋行动计划"是日本、中国、韩国和俄罗斯为保护海洋环境而遵循的一种合作框架。对于国内水域发生的大规模溢油事故，我们已制定了及时、恰当的应对措施，利用大型耙吸挖泥船进行处置。

《防止船舶污染国际公约》（MARPOL）对船舶排放油类和垃圾提出了约束。日本正在通过税收及其他支持方式建设船内废油接收设施，并制定了《港口和海港船舶垃圾接收设施指南（草案）》，以确保石油和垃圾能在港口和海港得到及时接收。

(2) 船舶空气污染控制措施

鉴于硫氧化物会对人体产生负面影响并引发酸雨，国际海事组织按照《防止船舶污染国际公约》对船舶排放的硫氧化物进行管理，该公约按照船舶航行的海域规定了船舶燃料油中的硫浓度标准值。目前，按照《防止船舶污染国际公约》的规定，严格控制海域（排放控制区）的最高浓度为 0.1%，其他海域（一般海域）最高浓度为 3.5%。就一般海域而言，《防止船舶污染国际公约》规定自 2020 年 1 月 1 日起，现行标准值将会降至最高 0.5%。（达标燃油的可用性将由国际海事组织决定。如果到 2020 年 1 月 1 日船舶无法达到规定，则将改为 2025 年 1 月 1 日起实施。）

除参与国际海事组织的硫氧化物减排讨论之外,日本还实施了其他计划来推广使用可显著减少硫氧化物排放的天然气燃料船舶,比如制定安全标准并将其纳入国际规则,提供建设支持等。2015年9月,日本第一艘以天然气为燃料的船舶正式投入使用。

(3)水生物随船舶侵入的应对措施

应当指出,随船舶压载水转移的水生物[1]和船舶的生物污垢会对这些船舶驶入水域的海洋生态系统构成威胁。为防止这种转移式物种入侵,国际海事组织专门制定了《2004年国际船舶压载水和沉积物控制与管理公约》和《2011年船舶生物污垢控制和管理指南》。为采取必要行动,阻止国际航运有害压载水对生态系统造成破坏,并履行开展国际合作的责任,日本政府向第186届通常国会提交了《压载水管理公约》(防止海洋污染和海洋灾害修正案)实施法案,并获得一致通过[2]。(日本于2014年10月完成该公约的制定,后努力开展环境工作,促使公约早日生效)。

第六节 防止大气和噪声污染,改善生活环境

一、道路交通环境问题方面的政策

1. 车辆方面的措施

(1)废气减排措施

为进一步减少货车、公共汽车和摩托车产生的废气,2015年7月通过了新型车辆废气应对措施方面的法定修正案。对于货车和公共汽车,我们随后引入了"全球重型车辆认证程序"(WHDC),加强了氮氧化物方面的规定值,引入了非周期性排放的相关法规,并要求车辆配备先进的车载诊断系统。对于摩托车,我们加强了废气规定值,引入了燃料蒸发气体措施,并要求车辆配备车载诊断系统。我们已从2016年10月开始实行这些变革。为引入"全球轻型车测试程序"(WLTP)来测试乘用车的废气和燃油效率,我们正准备修订相关法律法令,并将从2018年开始逐步实施。

针对2015年9月发生的大众排放丑闻,同年11月又修订了相关法规条文,禁止仅在检测期间使用软件激活乘用车排放控制装置,却在车辆实际运行时将其关闭。我们与环境省共同举办了专家评审会,研究和审查乘用车排放测试程序。

为帮助消费者辨别和选择减排效率更高的车辆,我们针对有害物质排放低于规定值的车辆制定了低排放车辆认证计划。

按照《减少特定区域汽车二氧化氮和颗粒物排放总量修正案》(简称《汽车二氧化氮和颗粒物排放法》)制定的在用车辆(已经使用的车辆)废气排放措施目前也正在实施。

(2)加强噪声管理

对于车辆噪声污染,我们制定了车辆加速噪声、正常行进噪声和直接排气噪声等方面的控制措施。为引入轮胎噪声控制措施,进一步减少四轮机动车轮胎的噪声污染(其在正常行进

---

[1] 船舶没有装载货物时,为保持平衡而运载的海水。
[2] 另外,有关申请缔结《公约》的提案也已提交给第186届通常国会,并获得一致通过。

噪声中的占比很大),相关法规条例已在2015年10月完成修订,并将于2018年4月开始逐步实施。

为确保四轮机动车噪声管理与国际标准的统一(分两个阶段加强监管),相关法规条例已在2016年4月完成修订,并将于同年10月开始逐步实施。

2. 推进交通流量应对措施

(1)空气污染应对措施

随着时走时停的频率增加和行驶速度的降低,汽车的颗粒物和氮氧化物排放量也在增加,见图Ⅱ-8-6-1。出于这个原因,我们正在推进城市交通绕行,以此改善路边环境。

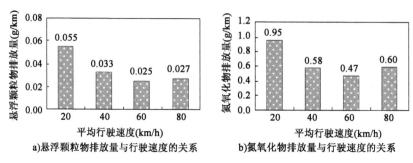

图Ⅱ-8-6-1　行驶速度与车辆颗粒物和氮氧化物排放量的关系

资料来源:国土交通省。

(2)噪声污染应对措施

日本正在加紧铺设低噪声路面、设置隔音屏和建造路边环境改善设施。根据《主干道路沿线改善法》,除对交通噪声问题采取预防措施之外,我们还为道路沿线的缓冲建筑物和建筑工程中的房屋隔音提供了财政援助。

二、机场和周边地区的环境措施

日本一直在稳步推进各种飞机噪声控制措施,其中包括引入使用先进材料制造的低噪声飞机、通过法规限制夜间航班的抵离、进行飞机驾驶噪声控制、机场升级改造,以及建设隔音工程、发放搬迁补偿等周边环境改善措施。近年来,尽管飞机起降次数有所增加,但随着低噪声飞机的日益普及,飞机噪声对机场周边地区的影响却在减小。

我们仍将努力推进机场周边地区的发展,保护好当地环境,继续采取综合措施应对飞机噪声,同时根据航空出行需求等条件的变化,获得当地居民的理解与配合。

三、铁路噪声应对措施

对于新干线子弹列车的噪声控制,我们正在采取多种噪声应对措施,比如安装隔音屏、提高轨道高度等。对于新干线子弹列车的新建铁路,如果上述措施难以实施,日本还会为相关地区已有住宅的隔音工程提供资助。

至于现有线路的噪声控制措施,我们要求各铁路公司在新建和改造已有铁路时必须按照《新建铁路和传统铁路大规模改造噪声消减措施指南》,进一步消减噪声(与以前的大规模改造项目相比)。

四、城市热岛应对措施

热岛效应是指城市地区的温度会明显高于周边的农村地区。就全球而言,每个世纪的年均气温涨幅约为0.7℃。与此同时,对于日本受城市化影响最小的地区,每个世纪的年均气温涨幅约为1.5℃。相比之下,主要大都会区的年均气温都会上升2~3℃,城市化将会加剧全球变暖的趋势,导致温度上升更加明显。

为推进城市热岛效应控制方面的综合性和有效性措施,我们根据《热岛效应应对措施大纲》提出了多项举措,该大纲系统性总结了相关部委提出的具体措施。这些举措包括:减少空调系统和汽车散发的人造热量,通过公共空间绿化和水资源利用改善地表环境,将风道引入城市建设项目,以及对热岛现象进行观测、监测和调查。

五、病态建筑综合征和土壤污染的应对措施

1. 病态建筑综合征应对措施

病态建筑综合征是指建筑物内部的装饰材料挥发出有毒化学物质,危害人体健康,见图Ⅱ-8-6-2。日本正在根据《建筑标准法》采取建材管理和加强通风等措施,并根据《住房质量保证法》制定性能标注制度。

在政府设施维修方面,日本对含有化学物质的建筑材料实行了使用限制,并会在施工结束后检测室内空气的污染物浓度。

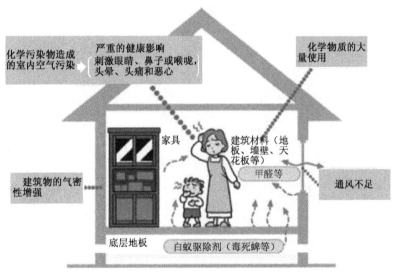

图Ⅱ-8-6-2 病态建筑综合征
资料来源:国土交通省。

2. 二噁英相关问题的应对措施

日本正在根据《二噁英特别应对措施法》对全国A级河系进行水质和土壤质量研究,检测二噁英含量。2014财年,所有测查点的沉积物和98%的水质(224个测查点中的219个)都达到了环境标准。

对于河流、港口和海港，我们根据 2008 年 4 月修订的《湖底二噁英应对措施手册》（拟议）和《港口和海港底部二噁英应对措施技术指南》（修订版）实施了相应的二噁英控制措施。对于相关采样中二噁英超过标准的河流、港口和海港，我们还为污染防治项目提供了支持。

3. 石棉应对措施

石棉会对生命产生巨大威胁。对于 20 世纪 70 年代建造的建筑物（那时有大量石棉进口到了日本），在拆除期间采取预防措施来防止伤害发生非常重要。

为准确和有效核定石棉建材的实际使用情况，我们正在根据 2013 年设立的石棉建筑调查员体系对调查员展开培训。

另外，根据《建筑标准法》，翻修建筑物时应将其中的石棉清理出去，为此制定了相应的综合补贴制度以鼓励社会资本清除现有建筑物中的石棉，相关政府部门对现有设施的石棉清除效果进行评估并开展后续监督。

另外，日本正在推进信息传播，比如编制石棉绝热材料清除工作的参考成本估算数据库——这些资料有助于有效识别含石棉建筑材料（可用视觉识别的含石棉建筑材料）及诸如此类的材料——以及建筑物石棉控制措施方面的小册子。

六、施工中的环境措施

对于非道路用建筑机械的气体排放（氮氧化物、颗粒物），我们正按照《非道路特种机动车辆等排放法规法案》进行登记、认证和批准。我们制定了低息贷款等制度，为采购符合最新排放标准、可降低噪声的环境友好型建筑机械提供支持。

第七节　全球环境变化的观察、监测和预报

一、全球环境的观测和监测

1. 气候变化的观测和监测

为掌握温室气体的状况，日本气象厅正在通过日本的三座气象站密切观测大气中二氧化碳浓度的变化趋势，见图Ⅱ-8-7-1。海洋大气中及海水表面的二氧化碳浓度则由西北太平洋的考察船负责观测，其中也包括西北太平洋对流层上部的温室气体。除监测气候变化之外，日本气象厅还利用国内的五座台站监测了太阳辐射和红外线辐射，以加强全球变暖预测。

另外，日本气象厅也观测了全球变暖导致的海平面上升，并发布了日本沿岸海平面的长期变化信息。

为提高季节气候预报和气候变化监测的准确性，日本气象厅还对日本过去的 55 年进行了再分析（JRA-55），从而形成了跨空间、跨时间的全球大气历史数据。

此外，我们还根据观测结果汇编出了《气候变化监测报告》和《气候变化与极端天气报告》（日文），并向公众发布了未来气候变化、极端天气事件和全球变暖的预测。作为世界气象组织的温室气体世界数据中心（WDCGG），日本气象厅还对世界温室气体观测数据进行了归档和分享。

2. 极端天气事件的观测和监测

日本气象厅针对日本和世界其他地方发生的异常天气事件展开监测,总结并发布了天气灾害的周期性和异常信息,公布了经常出现极端高低温、强弱降雨等活动的地区。此外,当出现极端天气并对公众造成重大影响时,我们还会通过总结报告提供天气特征、发生因素和变化前景等方面的信息。

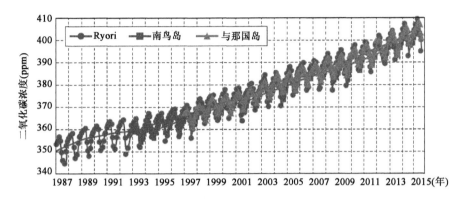

图Ⅱ-8-7-1 日本二氧化碳浓度时间序列

资料来源:日本气象厅。

作为世界气象组织的区域气候中心,日本气象厅还向亚洲国家的国家气象水文部门提供极端天气监测和分析等信息,派遣专家和举办培训,为亚太地区的气候服务提供技术支持。

3. 利用同步气象卫星进行观测和监测

2014年10月7日,日本气象厅向太空发射了新的地球同步气象卫星Himawari-8,2015年7月7日它开始运转。2016财年,我们还计划发射Himawari-9。利用这些卫星,除能加强热带气旋和暴雨等灾害的预防功能之外,日本还可进一步提升自己在全球变暖等地球环境监测方面的水平。

4. 海洋的观测和监测

海洋储存的热量比大气更多,因而对地球气候的影响极大;另外,海洋也可吸收人类经济活动排放的二氧化碳,由此缓解全球变暖进程。为加强全球变暖监测,准确掌握海洋状况至关重要。

根据国际合作框架,日本气象厅利用西北太平洋调查船对海洋展开了高精度观测,通过卫星数据、Argo浮标或剖面浮标来自动观测海洋内部,从而了解海洋状况,见图Ⅱ-8-7-2。

日本气象厅网站"海洋诊断报告"提供了有关海洋现状的各种信息,比如海洋温度、洋流、海平面、海冰以及未来变化,见图Ⅱ-8-7-3。

日本海岸警卫队使用高频雷达不断监测着伊豆群岛周边海域的黑潮波动,并公布了相关观测数据。此外,日本海洋数据中心还收集和管理着日本海洋研究机构获得的数据,并提供给相关机构和公众。

5. 臭氧层的观测和监测

日本气象厅每年都会公布臭氧和紫外线辐射的观测结果。这些研究发现,从长远角度来看,全球臭氧总量将会持续保持低位。此外,为防止紫外线对人体产生不良影响,加强民众对紫外线强度的认识,我们每天都会公布相关的数值指标(紫外线指数)和信息。

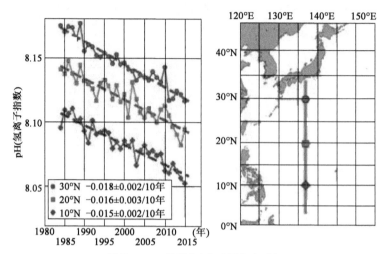

图Ⅱ-8-7-2 使用考察船监测全球环境

注:137°E,10°N、20°N、30°N 的氢离子指数(pH)长期变化图(左);以及数据分析区域图(右)。图中数字表示每10年的递减率。pH越低,表明"海洋酸化"程度越大。

资料来源:日本气象厅。

图Ⅱ-8-7-3 日本气象厅网站"海洋诊断报告"示例——鄂霍次克海南部的卫星图像(同步气象卫星 Himawari)

注:地球同步气象卫星 Himawari-8 观测到的鄂霍次克海南部的卫星图像。卫星拍摄的多幅图像经过处理后,海冰显示为蓝色,海洋显示为黑色,云显示为白色至红色(2016年2月28日的卫星图像)。浅蓝色代表海冰,分布在库页岛东海岸至鄂霍次克海对面北海道海岸一带。

资料来源:日本气象厅。

6. 推进南极地区的日常观测

日本国土地理院为南极考察活动提供了更多支持。同时,它还针对南极地区进行了大地测量,制作和更新了地形图,绘制了卫星影像图,从而为全球环境变化和大地测量研究方面的国际活动提供了更多支持。

日本气象厅还通过南极洲的昭和基地,对臭氧、太阳和红外辐射、地表和高空展开了观测。积累下来的气象资料既有助于监测和研究全球环境——比如南极臭氧层空洞与全球气候的变化,也可被用来制定国际政策。

日本海岸警卫队正在开展海底地形研究。这些观测资料可用来绘制航海图,或作为研究冰川侵蚀和沉积环境等历史环境条件的基础。此外,他们还进行了潮汐观测,监测与全球变暖密切相关的海平面波动。

二、全球环境的研究和预测

日本气象厅和气象研究所正在共同开发日本乃至全球气候变化的预测模型,并积极参与了"世界气候研究计划"(WCRP)等国际研究计划。有关追踪碳循环及其他变化的地球系统模型和分辨率更高的区域气候模型也正在开发,另外还有变暖预测方面的研究。我们为2012财年《全球变暖预测(第8卷)》的发布做出了积极贡献,根据非常先进的区域气候模型、政府间气候变化专门委员会第五次评估报告(2013—2014年发布)、气候变化影响适应计划(内阁决议,2015年11月)对日本周边地区的变暖趋势进行了详细预测。

通过《气候变化适应研究中期报告》(2013年)及其他文件,国家土地与基础设施管理研究所发布了从防洪、用水和环境等角度进行的气候变化适应研究成果。这些成果已被纳入各种材料,其中包括社会发展委员会发布的报告《水灾地区适应气候变化》(2015年8月)以及国土交通省制定的适应气候变化计划(2015年11月)。

三、推进全球测图项目和世界大地测量网络

作为全球测图项目秘书处的主管(截至2016年1月,共有183个国家和地区参加),日本国土地理院不断带头推进项目,制作和发布全球陆地区域的数字地理空间信息。利用地理空间信息来减少灾害风险的活动,以及对全球环境的认识与分析进一步得到了推动。另外,日本还通过多种活动对全球观测和研究做出了贡献,比如国际VLBI(甚长底线干涉量度法是一种利用类星体无线电波实现的空间大地测量技术)和SLR(卫星激光测距是一种利用激光脉冲测量人造卫星反射器与地面站之间距离的方法)、潮汐观测、绝对重力测量和参与国际GNSS(全球导航卫星系统)服务(IGS)。

第九章 加强战略性国际扩展,做出更大贡献

第一节 促进基础设施系统出口

一、政府政策的总体方向

2013年3月,日本政府组织了"基础设施战略经济合作会议",并根据国土交通大臣等相关大臣同年5月就政府政策进行的审议,编制成了"基础设施系统出口战略"。2015年6月对这一战略进行了修订,目的在于帮助日本企业赢得2020年约30万亿日元的基础设施系统订单(2010年约为10万亿日元)。同月,内阁批准要积极实施2015年修订的《日本振兴战略》。

2015年5月,安倍首相宣布了一项优质基础设施合作计划,未来五年将为亚洲地区提供约1100亿美元的优质基础设施建设投资。通过这项合作计划,政府旨在进一步调用私营部门的资金和专业知识,提供质量足够高、数量足够多的基础设施投资。同年11月,日本首相宣布对日元贷款和海外投资及贷款进行系统性改善,从而将促进优质基础设施的进一步扩展纳入政策框架。

二、国土交通省的举措

根据上述战略并充分利用上述的系统性改进,国土交通省将会有力推进土地、基础设施、交通和旅游部门的基础设施系统向海外扩展。为成功应对国外竞争,帮助日本企业中标,就必须在依靠日本优势(比如建立安全、可靠的结构性和非结构性系统)的同时灵活满足受援国的需求。为此,我们正计划推广以下三大主要措施。

1. "上游"规划与信息共享

为能从各个项目的概念阶段(上游)参与其中,日本将会向其他国家展示自己的技术优势,特别是如何综合提供安全性、可靠性和卓越的成本效益,这也包括运营阶段。日本将通过与公私营部门领导者共同开展贸易促进活动、组织驻东京的外国大使进行城市和公司参观,以及利用国际会议等机会来分享这些信息。

2. 减轻商业风险

2014年10月,我们成立了日本海外运输和城市发展基础设施投资公司(JOIN)来减轻企业在运输和城市基础设施领域向下游(管理和运营)功能扩展时面对的商业风险,比如大量的初始投资、长期的维护要求和需求风险。为帮助企业解决海外扩展时遇到的问题,我们除了开设海外建设热线咨询服务之外,还在努力为参与海外基础设施系统建设的日本企业提供多元化支持,其中包括派遣中小企业、通过海外建筑和房地产市场数据库分享最新信息、举办研讨

会、利用知识产权支持海外建设。

3. 软基础设施的海外发展

我们正在努力建立有助于日本企业参与项目的理想环境,其中包括日本技术和系统的国际标准化和/或成为伙伴国的"事实标准";为伙伴国的体制发展提供支持,改善日本企业的经营环境;帮助培训工程师和技术工人,以此提高伙伴国家基础设施的管理和维护水平。

(1)推进"高层营销"

2015财年,国土交通大臣访问了韩国、土耳其、菲律宾、马来西亚、老挝等地,并与这些国家的土地、基础设施、运输和旅游高层官员及内阁部长进行了讨论和交流,参与了日本基础设施系统的高层贸易促进活动。此外,副大臣兼秘书还访问了包括非洲和拉丁美洲在内的15个国家,进一步利用日本的基础设施系统来满足这些国家的基础设施需求。此外,我们还积极利用外长和政要来日访问、举办研讨会等机会,广泛宣传日本基础设施系统的优越性。

(2)制定国土交通省海外基础设施系统建设行动计划

邻近的东盟国家和其他海外国家的基础设施需求正在迅速增长,日本与竞争对手之间的客户竞争正在加剧。为打造安倍首相所提出的优质基础设施合作伙伴关系,日本正在加紧实施政府提出的举措,以增加订单和获得其他收益。国土交通省在日本海外基础设施建设中发挥的作用非常巨大。我们需要继续实施和完善现有举措,尽可能利用好系统扩展,且必须采取新的措施来应对目前条件的变化。为此,国土交通省制定了自己的行动计划(基础设施系统海外发展行动计划)。这个行动计划并不是针对不同的行业部门,而是具有跨部门性(按地区和国家划分)。除进一步说明优先项目、何时采取何种行动等细节问题之外,该行动计划还包含了国际标准化等方面的具体措施、对软基础设施(包括人力资源开发和系统建设)的支持、促进参与PPP(公共私营合作)项目、加强战略升级以及中小企业的海外部署。国土交通省将会根据这一行动计划和最有效的时间安排,战略性地推进优质基础设施系统向海外发展。

(3)积极参与公共私营合作项目

在新兴国家快速城市化和经济快速增长的推动下,世界基础设施市场预计将会继续增长。在这之中,通过公共私营合作(PPP)利用私营资金的基础设施建设日见增多,而且已有更多的公共交通服务运营选择了特许经营的方式。这些事例表明私营企业面临着巨大商机。但是,交通和城市建设项目的特点是建设时间长、运营阶段存在需求风险以及地方政府机构会施加影响,因此只靠私营部门参与存在挑战。

为此,国土交通省2014年10月成立了日本海外运输和城市发展基础设施投资公司(JOIN),根据需求风险综合性地进行资本投资和参与项目,以帮助日本私营企业参与海外的交通和城市建设市场。迄今为止,该公司已决定为三个不同的项目提供支持。2015年9月,它与国土交通省和日本国际协力银行(JBIC)共同举办了第一届基础设施业务海外发展国际研讨会。2016财年,财政投资和贷款计划安排的投资额为900亿日元(其中行业投资380亿日元,政府担保投资520亿日元)。日本海外运输和城市发展基础设施投资公司的作用将会继续得到发挥。

专栏 基础设施系统的海外发展——日本海外运输和城市发展基础设施投资公司决定的事项

对于2014年10月(公司成立)至2015年12月底(国土交通大臣批准)日本海外运输和城市发展基础设施投资公司决定的事项,主要支持及其重要性介绍如下。

(1) 越南胡志明市附近施威国际港的管理和运营

投资约12亿日元,参与胡志明市附近施威国际港废钢进口码头的管理和运营项目。

这是日本港口运输公司首次参与越南港口运营,预计将惠及越南的日本企业,为国内经济发展做出贡献。

如图Ⅱ-9-1-1所示为吊运废钢示意图。

(2) 得克萨斯高速铁路项目

投资约49亿日元,参与得克萨斯州达拉斯和休斯敦的高速铁路建设项目,两市之间的行驶时间将缩短为90min左右。

美国的一家私人公司正在推进这个有望采用日本新干线系统(N700-I子弹列车,图Ⅱ-9-1-2)的项目,因此日本海外运输和城市发展基础设施投资公司的投资将能为该系统的使用提供支持,提高该项目的可行性。此外,该项目还能为尚不熟悉高速铁路的美国的新干线系统产生示范作用,为推动日本新干线技术走向海外做出实质性贡献。

图Ⅱ-9-1-1 吊运废钢
资料来源:国土交通省。

图Ⅱ-9-1-2 日本的子弹列车系统(N700系列新干线)
资料来源:国土交通省。

(3) 巴西城市铁路管理和运营项目

在巴西里约热内卢等三个城市投资约56亿日元,参与四个项目(一条市郊铁路、一条地铁线路和两条轻轨)的集体规划。

图Ⅱ-9-1-3 里约热内卢郊区的铁路服务(行驶中的列车)
资料来源:国土交通省。

对于日本的海外客运铁路项目投资以及全面参与的日本铁路公司项目运营,我们将派遣日本工程师为当地工程师提供培训,从而实现城市铁路的安全和稳定运输,为解决交通拥堵和环境污染等城市问题做出贡献。

如图Ⅱ-9-1-3所示为里约热内卢郊区的铁路服务(行驶中的列车)。

(4) 加强战略宣传

为进一步推进基础设施系统向海外发展,我们必须加强战略宣传,制定有效的宣传措施,以简单易懂的方式传播优质基础设施的理念——这是日本基础设施系统的一个突出特点。除制作视频来专门宣传优质基础设施的理念之外（比如利用高层贸易促进活动、贵宾访问日本和举办研讨会等时机），我们还将利用在线广播频道和传播媒体，针对相关国家和地区的观众广而告之。

(5) 在不同国家和地区推出的举措

除采取上述举措之外，我们还举办了基于公私伙伴关系的基础设施会议，以增加人们对日本优质基础设施投资的了解，创造机会通过公私合作推进基础设施系统海外发展。生态城市、水利、道路、防灾、铁路、港口和海港、航空等各个基础设施领域也建立了海外公私合作委员会，以促进日本基础设施信息共享。比如在准备"防灾合作会谈"时与两国的学术、商业和政府部门展开合作，帮助新兴国家寻找防灾解决方案的过程中，我们会通过"日本防灾平台"——该组织成立于2014年6月，是学术界、商界和政界之间的一种合作框架——向其他国家政府介绍和引荐日本技术。为更好地参与缅甸、肯尼亚、莫桑比克等港口和海港的开发和经营，向越南港口和海港引入合适的技术标准，我们正在加紧人力资源开发，通过海外港口物流项目委员会交流意见、共享数据。此外，我们还利用日本生态城市海外发展会议以及其他推进海外城市发展的机构实施公私合作计划，并为2016年国际地产投资展览会MIPIM JAPAN—ASIA PACIFIC（日本版的国际地产投资展览会，预计将于2016年9月在大阪举行）的组织提供了支持。

2015财年各个地区和国家有关推进基础设施系统海外发展的讨论、合作和其他举措概述如下。

①东盟地区

随着2015年年底东盟经济共同体的成立，该地区的区域连通性正在演变成一个巨大的单一市场，这一点非常重要。2015财年，我们共开展了三个核查项目来促进高质量日本物流系统向海外部署；这些也是亚洲物流的试点项目，其中包括湄公河地区引入陆路轮辐式物流系统的核查项目。

为帮助日本企业利用东盟—日本运输合作伙伴关系（AJTP）提供的框架进入东盟地区，我们以2015年11月举行的东盟交通部长会议（东盟交通部长+日本）为契机，启动了全球道路网络铺设技术和超载管理技术联合研究，注重传播优势技术。

对于日本的基础设施相关技术，我们已与印度尼西亚和越南开展了联合研究，以制定运输安全和环境铺设标准。作为这些工作的一部分，2015财年还在印度尼西亚举办了联合研讨会，进行技术讨论和交流研究合作意见。

a. 印度尼西亚

2015年3月，日本—印度尼西亚首脑会议同意将建立新的合作框架"PROMOSI：日本—印度尼西亚投资和出口促进计划"。因此，基础设施发展委员会于6月举行第一次会议，就两国未来的基础设施建设项目交换了意见。

同年6月，第九届印度尼西亚—日本建筑大会举行，以期为土地和建筑行业的公司进入海外市场提供支持。

同年12月，日本—印度尼西亚交通高级官员第六次会议在名古屋市举行。在这次会议上，双方针对铁路、汽车、港口和海港、海上交通、航空等不同领域的合作以及最近面临的挑战，就问题解决办法和未来合作方向交换了意见。印度尼西亚官员介绍了海上交通的新概念以及港口和海港的发展事宜,对主要大都会区可持续交通网络使用的信息技术以及日本在这方面的成就表示出了浓厚兴趣。两国都表示要继续努力,促进密切合作、加强相互协调。

2016年2月,日本—印度尼西亚高级建筑官员第三次会议在东京举行。全体大会就三个主题(战略性土地和基础设施建设、战略性使用公共私营合作、地面塌陷与水资源的可持续和综合管理)交换了两国的计划、问题和技术信息,并通过单个工作会议分享了道路、水资源、污水处理系统、住宅和城市等方面的计划、问题和技术信息。同年3月,作为"防灾合作会谈"的一部分,我们还与印度尼西亚举办了公私合作研讨会。为促进日本道路管理技术的普及,我们专门启动了资产管理试点项目。为缓解雅加达首都特区的交通拥堵,我们通过对实际交通状况的调查,根据拟议解决方案框架展开了合作。

b. 泰国

2015年5月,国土交通大臣太田与泰国交通运输部长巴津会面并签署谅解备忘录,其中涉及了曼谷与清迈高铁项目采用日本高速列车技术的政策,为快速实施该项目而展开的一项详细可行性研究,讨论了适用的商业计划及其他有关事项。11月,国土交通大臣石井启一会见泰国交通运输部长阿空,签署了南部经济走廊铁路设施建设和升级、货物铁路运输、人力资源开发等相关事宜的谅解备忘录。

c. 越南

2015年3月,越南测绘局与日本国土地理院签署合作备忘录,以期加强地理空间信息领域的技术合作。同年6月,我们与越南建设部首次举行高层会谈,该国建设部副部长亲自出席。双方针对城市发展、人力资源开发和质量控制事宜展开了热烈讨论,并发布了相关公告。根据2010年缔结的排污行业合作备忘录(2014年3月更新),我们在2015年10月举行了第八次政府间会议。我们为污水处理系统顶管法标准的实施、污水处理系统方面法律制度的制定、管道改造方法的推广提供了支持。

同年10月,日本海外运输和城市发展基础设施投资公司决定为胡志明市郊区施威港的一个开发和经营项目提供支持。

同年12月,作为"防灾合作会谈"的一部分,我们与越南举办了公私合作研讨会。

2016年3月,第九次越南—日本高速公路发展研讨会成功举行,并展示了日本的道路技术。

d. 马来西亚和新加坡

2015年5月,马来西亚总理纳吉布和夫人以及交通部长廖中莱一行访问日本,他们参加了首脑会议并亲自体验了乘坐高速列车的快感。

同年7月,马来西亚陆路公共交通委员会主席哈米德访问日本,就采用子弹列车系统事宜向国土交通大臣太田寻求支持。

同年11月,国土交通大臣石井启一访问马来西亚,会见了纳吉布总理、哈米德主席、交通部长廖中莱、总理府官员瓦希德、新加坡交通部长许文远等,参加了有关高铁计划的高级贸易促进活动。

e. 缅甸

2016年1月,第三次日本—缅甸副部级建设会议在缅甸举行,双方交流了两国在道路、城市、住房建设和建筑业等领域的举措、挑战和技术。与此同时,我们还与缅甸建设部签署了城市住房政策方面的全面合作备忘录。

f. 柬埔寨

2015年6月和11月,政府间会谈在柬埔寨成功举行,介绍了日本为新兴国家建筑和房地产企业打造营商环境的相关制度和案例研究。

同年6月,我们按照柬方要求举行了公共住房研讨会,并调整了日本国际协力机构(JICA)为该国提供的培训。

同年8月,城市交通研讨会在柬埔寨成功举办,推动城市交通系统进一步向海外拓展。同年12月举行了柬埔寨—日本高速公路研讨会,介绍了日本高速公路的相关成就和技术。

2015财年,我们还参与了一项拟议计划的详细调查,以便按照柬埔寨的要求实施日本国际协力机构的"车辆登记和检查程序管理系统改革"项目。

② 印度

2015年10月,通过公私伙伴关系组织的铁路研讨会成功举行,双方同意在同年12月首相访印时发表题为《日印2025年共同愿景》的日印联合声明。此外,日本政府还与印度政府签订了高速铁路合作备忘录,日本国土交通省和印度铁道部也签订了铁路技术合作方面的合作备忘录。我们与印度政府达成协议,将子弹列车技术应用于孟买至阿默达巴德的铁路线。

同年5月,日本—印度道路交通联合研讨会小组第二次会议成功举行,讨论了有关高山道路的政策和技术。

③ 美国

2015年4月,通过公私伙伴关系组织的铁路研讨会在加利福尼亚成功举行,该州州长还体验了子弹列车模拟器。同年11月,日本海外运输和城市发展基础设施投资公司决定为达拉斯至得克萨斯州休斯敦的一个高速铁路项目提供支持。同月,美国运输部长福克斯访问日本并试乘了磁悬浮列车,同意设立日美铁路合作委员会。美国联邦政府批准了一项有关资助马里兰州"磁悬浮部署计划"(MDP)的申请,成为美国高铁项目的范例。

2016年3月,菲律宾举办基础设施研讨会,以促进基础设施系统在第三国的部署,其中涉及了美国政府与公司的相互合作。

④ 中东

作为"防灾合作会谈"的一部分,我们在2015年5月举办了日本—土耳其防灾合作与技术博览会,展览和宣传了两国私营企业的防灾技术。

2016年1月,土耳其—日本桥梁技术研讨会成功举行,展示了日本桥梁技术对土耳其桥梁项目的功绩。同年3月,日本—土耳其抗震建筑研讨会成功举行,进一步促进了抗震减震技术的推广。

⑤ 俄罗斯

根据国土交通省与俄罗斯交通部签署的交通领域合作备忘录,第二次日俄交通工作小组高官会在2015年11月举行,交流的主题包括俄罗斯铁路系统和其他交通基础设施的改进和现代化,以及北冰洋航运通道的安全措施。有关俄罗斯城市环境方面的合作也正在通过日俄城市环境工作小组得到推进。第三次、第四次全体大会已分别于2015年6月和12月举行。在这些会议上,日本和俄罗斯决定为两国选定的旗舰企业提供共同支持。此外,两国还同意设立"日俄城市发展平台",用于分享城市发展业务信息,为日俄企业牵线搭桥。

⑥中亚

2015年10月日本首相访问中亚,同年9月和11月分别在乌兹别克斯坦和哈萨克斯坦举行了公私营基础设施会议。除加深对中亚地区优质基础设施投资的了解之外,有关支持日本基础设施相关企业进入当地拓展业务的举措也得到了推进。

此外,国土交通大臣石井启一还在同月与哈萨克斯坦投资发展部签署合作备忘录,旨在推进运输行业的基础设施建设、技术合作和私营业务。

⑦拉丁美洲

2015年12月,日本海外运输和城市发展基础设施投资公司决定为巴西三座城市(里约热内卢、圣保罗和哥亚尼亚)的城市铁路开发和经营项目提供支持。

⑧非洲

鉴于2016年夏将要召开第五届非洲开发会议(TICAD),2015年7月和2016年1月,国土交通省分别在埃塞俄比亚和肯尼亚以及莫桑比克和坦桑尼亚举办了公私营基础设施会议。在加深对优质基础设施投资了解的同时,有关支持日本企业在目标国家开展基础设施业务的举措也得到了推进。

专栏 日本首次举办国际地产投资展览会"MIPIM JAPAN"

1990年以来,国际地产投资展览会(MIPIM)已在法国戛纳举行20多年;2015年5月20日—21日,在国土交通省、国家旅游局和金融服务局的赞助下,这场盛会首次以MIPIM JAPAN的面目在东京上演。

国际地产投资展览会为投资者、开发商、设计公司、制造商和城市机构提供了相聚和收集信息的机会,以便进行商业城市和房地产开发谈判,探索新市场,推动城市发展。2015年3月在戛纳举办的国际地产投资展览会共吸引到了全球89个国家和地区的大约23000个参与者,是全球规模最大的房地产交易活动。

第一届MIPIM JAPAN共吸引来了全球30个国家和地区的2500多个参与者,举办了40多场会议,日本国内外56家公司和地方政府举办了展览,参与者还通过交流活动增进了了解。日本房地产公司协会和不动产证券化协会主席岩佐弘道(Hiromichi Iwasa)、日本东京都知事舛添要一都在主题演讲中透露了鼓励对日投资的信息。

第二节 促进国际合作与谈判

一、经济伙伴关系领域的举措

1. 跨太平洋战略经济伙伴关系协定(TPP)

《跨太平洋战略经济伙伴关系协定》既是亚太地区经济贸易和经济活动(约占全球国内生产总值的40%)法则的基础性经济合作协议,也是日本促使亚太地区经济增长的战略支柱。日本于2013年7月参加《跨太平洋战略经济伙伴关系协定》谈判,2015年10月就大纲达成了一致意见。该协定的关键条款涉及了土地、基础设施、运输和旅游等行业,旨在促进汽车的环境和安全标准在国际层面达到统一,而不降低国内标准。对于政府采购活动,马来西亚、越南等地将会实行一般竞争性招标,这个变化有望推动日本基础设施系统进军海外。同年11月,日本政府编制了全面的《跨太平洋战略经济伙伴关系协定》政策原则,将该协定与日本的经济振兴和区域发展直接联系在一起。

2.《日本与欧盟经济伙伴关系协定》、其他经济合作协定和《自由贸易协定》

日本正在从战略层面推进与亚太地区、东亚地区、欧洲和其他地区的经济合作。截至2016年3月,日本与十五个国家和地区的经济伙伴关系协定(《跨太平洋战略经济伙伴关系协定》除外)已经生效、签署或正在谈判(以期最终达成协议),其中包括《日本与欧盟经济伙伴关系协定》和《东亚区域全面经济伙伴关系协定》。这些协定将有助于加强日本交通、建筑及其他行业的国际竞争力,促进国际发展和伙伴国家服务行业的开放,其中包括取消或解除外资限制、扩大政府采购参与机会。

《日本与欧盟经济伙伴关系协定》谈判于2013年3月启动,截至2016年3月已举行了15场。在2015年11月举行的欧盟国家元首或政府首脑会议上,各方同意将尽最大努力争取年底前就主要内容在原则上达成一致意见;如果无法达成协议,也要争取在下一年尽早就主要内容在原则上达成一致意见。包括国土交通省在内,整个日本政府正在努力促成协议尽早达成。

包括东盟国家、中国、韩国和澳大利亚在内的16个国家正在就《东亚区域全面经济伙伴关系协定》展开谈判。这些谈判于2013年5月启动,截至2016年3月已举行了11场。

3. 世界贸易组织

在包括日本在内的相关国家和地区展开讨论,以期推出新的《服务贸易协定》,进一步推进服务行业的贸易自由化。谈判已从2013年6月启动。

二、对国际组织的贡献及其战略性使用

1. 长野轻井泽七国集团交通部长会议

2016年,日本将主持召开七国集团峰会。除5月主持伊势志摩峰会之外,我们还将在全国各地举办十场相关部长会议。

同年9月,国土交通省将在长野县轻井泽举办七国集团交通部长会议。这次会议将会根据2015年9月德国七国集团交通部长会议的商谈结果,进一步讨论研究和推广有关汽车和道路的最新技术,以及交通基础设施建设和淘汰的基本策略。

2. 亚太经合组织

亚太经合组织是一种旨在促进贸易和投资自由化、商业便利化、经济和技术合作的经济合作框架,通过诸如此类目标的实施来促进亚太地区的可持续发展和繁荣。国土交通省积极参与了亚太经合组织运输和旅游部门的部长会议和工作组会议。

交通部门举行了交通部长会议,以促进货物和人员流动,为特定地区的贸易和投资提供支持。2013年9月,第八届亚太经合组织运输部长会议在东京举行,讨论了在亚太经合组织区域内通过高质量运输促进互联互通的基本主题。按照日本的提议,当时发表的部长联合声明增加了亚太经合组织地区运输发展的三个关键概念:加强连通性、利用私人资金发展交通基础设施、部署高质量的运输系统。在2015年10月菲律宾举行的第九届亚太经合组织运输部长

会议上,日本提交了第八届会议讨论形成的报告,其中包括三项举措:(1)连通性地图;(2)分享成员国和地区的基础设施投资、融资和运营最佳做法;(3)以便利、安全和环保为核心的高质量运输系统愿景。

3. 东南亚国家联盟

国土交通省参与了"东盟—日本运输伙伴关系"下的各种合作项目,这个运输部门合作框架由日本与东盟设立于2003年。我们每年都会举行"东盟—日本运输部长级会议",以监督现有项目的进展情况,并就新的项目和未来发展方向展开讨论。

2015年11月,第13次"东盟—日本运输部长级会议"在马来西亚举行,大会批准了《2015—2016年东盟—日本运输伙伴关系工作计划》(东盟—日本运输伙伴关系的具体实施计划),以及四个新的合作项目:①交通领域新的东盟—日本环境行动计划;②东盟跨境走廊道路技术联合研究;③海上安全合作(船舶交通服务人力资源开发与合作项目);④新的东盟—日本综合运输安全和环境措施合作计划,其中包括汽车标准和认证体系等。经过项目实施,目前已有四份文件获得批准:①运输安全和防灾正面案例研究汇编;②公共私营合作正面案例研究汇编;③陆桥建造调查报告;④绿色物流愿景和行动计划。

2015年11月,第27届东盟峰会宣布将在年末建立一个包括东盟经济共同体(AEC)在内的东盟共同体,并制定了新的行动计划,将2025年作为新的一体化目标年。同年11月举行的第21次东盟运输部长会议也批准了运输部门新的行动计划(2016—2025年)。

4. 经济合作与发展组织

国土交通省参与了众多经济合作与发展组织举办的活动,其中包括国际交通论坛、理事会造船工作组、区域发展政策委员会、旅游委员会,以及由经济合作与发展组织同国际交通论坛联合设立的联合运输研究中心。

利用国际交通论坛这个国际框架,来自57个国家的运输部长在年会中发挥核心作用,与世界知名专家和商业人士就运输政策展开高层次公开讨论。运输部门的气候变化和全球化都是曾经讨论过的主题。2015年5月召开的部长会议围绕运输、贸易、旅游等主题展开了多方面探讨。与会者讨论了如何应对贸易量和游客人数增多而引起的全球运输需求增长,以及如何打造能够适应环境和其他社会经济负担的运输系统。

为确保造船市场的公平竞争,经合组织理事会造船工作组认真审查了不同国家的造船政策,建立了政策支持平台,以期提高政策透明度。我们交流了各国采取的政策,正在讨论如何解决最近供应过剩的问题——这也是导致全球造船市场竞争加剧的一个因素。

区域发展政策委员会主动审查了成员国在土地和区域方面的政策,研究了绿色增长战略下的城市政策,调查了老龄化社会的可持续城市政策和弹性城市。另外,2014—2015财年日本土地和区域政策也接受了第二次审查。这次审查明确指出日本正处于人口下降和老龄化的并发期,它正在通过长期和综合土地规划将这一危机转化为机遇,这些观点已于2015年11月被区域发展政策委员会采纳。

联合运输研究中心对普遍适用于成员国的政策问题进行了调查和研究。日本还参加了以"安全系统实施"为重点的工作组,处理道路交通安全问题。日本为2016年及以后提出的道路合理使用计划已于2016年3月通过并实施。

5. 联合国

(1) 国际海事组织和国际劳工组织

在海事方面,除积极响应国际海事组织的全球议程之外,我们还举行了主管级别的双边会谈。日本曾有一名官员担任国际海事组织秘书长(直至2015年年底),而它作为世界领先的航运和造船国也积极参与了这个组织的活动。2015财年,我们积极讨论了船舶温室效应气体减排措施,加入了《国际船舶压载水和沉积物控制与管理公约》;制定了适用于北冰洋和其他极地海洋船舶的标准,重点是采用新的航线;制定了船员培训要求;颁布了适用于天然气船舶的安全标准——它们的环境负荷更小、经济效益更大。

我们还努力遵从了2006年国际劳工组织《海事劳工公约》有关体面的船上工作和生活条件的规定;该公约于2014年在日本生效。

(2) 国际民航组织

国际民航组织是联合国的专门机构,为国际民用航空的安全、有序发展以及国际航空运输的健康、经济运行提出了一些规则和规定。日本提供的财政捐款在成员国中名列第二;作为第一类理事国(在航空运输领域具有重要作用的国家),日本积极参与国际民航组织的各项活动,为民用航空的发展做出了贡献。

日本还带头为制定国际航空领域的温室气体减排制度提出建议,在此方面做出了积极贡献,并在2014年3月任命了一位联合主席。

(3) 联合国人居署

联合国人居署是联合国的一家资助和规划机构,致力于解决人类居住问题。日本自联合国人居署成立以来便是理事会的积极参与者,利用其在改善土地、区域和居住环境方面的知识和成就,为解决全球人类居住问题,特别是亚洲人口爆炸和快速城市化问题,做出了贡献。

2016年10月,第三届联合国住房和城市可持续发展大会(Habitat III)将会在厄瓜多尔举行。联合国的这个首脑会议每20年举行一次,旨在讨论有关人类住区的国际计划,总结该领域的全球议程。2014年4月,日本设立自己的理事会(由外务省和国土交通省共同主持)并提交了一份国家报告,总结了日本在该领域做出的努力,并在初次会谈中积极分享了土地和区域政策方面的知识和经验。

(4) 联合国水与灾害主题会议

联合国水与灾害主题会议是由联合国机构高级官员和各国内阁部长出席的高级别会议。本届会议旨在讨论国际社会的举措,以期推进各国采取的水相关灾害应对措施。2015年11月,本届会议的第二次高级别小组辩论在美国(纽约)举行,国土交通大臣石井启一谈到了日本经历过的东日本大地震、数场洪水以及其他类似事件,分享了我们从这些事件中学到的经验和水相关灾害的应对措施。他还强调说,要想加强世界各地的水相关灾害应对措施,每个国家都要主动分享水相关灾害的应对经验和知识,相互学习。对于旨在完善不同国家水相关灾害应对措施的水与灾害高层专家组会议,我们参加了第五届(2015年4月)和第六届(2015年11月)会议,分享了适应气候变化的措施及其他有关事项的信息。

6. 世界银行

2016年1月,国土交通省和世界银行共同主办了"通过优质基础设施投资推进可持续发展"国际会议,以便与其他国家的基础设施官员有效分享优质基础设施投资方面的知识。此外,根据日本与经合组织城市发展和绿色增长政策论坛(2014年10月)的主席决议,国土交通省和世界银行在2015年6月和10月共同举办了"公交导向发展"在线研讨会,与其他亚洲国家分享日本的城市发展经验。

三、多边和双边国际谈判以及不同部门的合作计划

1. 国家土地政策部门

与韩国定期举行总干事级别的会谈,就国家土地政策和区域政策等两国面临的类似问题交换信息。2015年8月,两国第20次会谈在日本举行。通过法国土地平等委员会秘书处(CGET、前DATAR、国土开发和地区竞争机构),我们与法国交换了有关国家土地政策和区域发展政策方面的意见。根据2013年与科威特签订的谅解备忘录(就制定新的国家发展计划推进政策对话),我们正在加快与该国达成技术合作协议。

2. 水务部门

2015年4月,第七届世界水论坛在韩国举行,国土交通大臣主持了主题为"水资源综合管理"的部长级圆桌会议。我们采取多种方式,积极参与了各种国际会议有关水问题的讨论,并发表了有关加强水、卫生和防灾措施的声明。

日本正在与联合国教科文组织和亚洲江河流域组织网络加强协调,为"水资源综合管理"的传播与推广做出贡献。我们还与美国、中国和韩国举行了有关河流、沉积物控制设施和水资源管理的双边会议,以促进信息交流,加强技术合作,共享成果。

此外,地方政府联盟"水和环境解决方案中心"、日本下水道事业团、国土交通省等还通过举办研讨会、培训和其他项目,向发展中国家提供污水处理方面的专业知识。

3. 防灾部门

为减少世界水灾的发生,我们除积极推广日本的经验和技术之外,还在努力加强水灾应对合作,从而形成防灾是可持续发展关键的国际共识。"国际水灾风险管理中心"由一家名为"土木研究所"的国家研发机构设立,它致力于开发综合洪水分析系统(IFAS)和降雨—径流—淹没(RRI)模型,研究风险管理,使用上述成果培养人力资源,并会通过联合国教科文组织和亚洲开发银行的项目为易受水灾影响的国家和地区提供技术合作和国际援助。

根据2013年3月欧盟防灾办公室与国土交通省交换的信函,我们于2015年12月举行了工作会谈,以加强日本和欧盟的防灾措施。同年11月,日本—巴西科技合作联合委员会第四次会议在东京成功举行。会议介绍了日本掌握的先进沉积物控制技术,并交换了相关信息和观点。此外,国土交通省还派出了专家提供技术建议,帮助他们了解灾情和未来的应对措施。

4. 公路部门

日本积极参与了世界道路协会(WRA)的各个技术委员会,带头制定未来政策。2015年11月,第25届世界道路大会在韩国首尔举行,基于ETC 2.0的智能道路计划被纳入日本新的道路政策。

5. 住房和建筑部门

日本参加了区域间协调委员会(IRCC)世界大会,并与伙伴国就建筑规范的发展趋势交

换了信息。

我们还就住房政策、节能建筑和老年人住房等问题,与中国、德国、缅甸和印度尼西亚举行了双边会谈。

通过派遣日本国际协力机构专家及其他措施,我们为缅甸提供了广泛的技术合作。在柬埔寨部长的要求之下,我们还在柬埔寨举行了公共住房研讨会。

6. 汽车部门

2015 年 11 月,第 13 次东盟—日本交通部长会议批准了"东盟—日本新的车辆安全和环境综合措施合作项目(包括制定技术法规和建立车辆型号审批制度)",以进一步扩大现有合作项目的范围。于是,我们又在同年 11 月举行了亚洲地区公私联合论坛。在论坛上,我们交流了全球统一车辆管理规定和车型相互认可的活动信息。同年 12 月,我们与中国共同举办了第六次日中汽车交通交流促进会,就道路运输经营者的安全管理和商用车辆检测系统等多个主题交换了意见。

7. 海事部门

在海事方面,除积极响应国际海事组织的全球议程之外,我们还举行了主管级别的双边会谈。2015 财年,我们与印度、美国、欧盟和韩国举行总干事级别的会谈,针对拆船、温室气体减排措施、压载水管理、网络安全和其他相关问题分享了信息并交换了意见。2015 年 10 月,马六甲海峡和新加坡海峡联合水文测量部门开始更新电子航海图。我们还根据 2014 年东盟—日本交通部长会议通过的"东盟—日本邮轮推进战略",进行了邮轮示范航线调查。

8. 港口部门

我们正在利用各种国际会议交流港口和海港管理方面的最新信息,采取措施推进游轮运营和日本技术标准向海外部署,其中包括东北亚港湾局长会议、亚太经合组织运输工作组会议以及国际航运协会(PIANC)的会议。

9. 航空部门

2015 年 4 月,根据与法国达成的民用航空技术合作谅解备忘录,日本—法国合作工作组第一次会议成功召开。会议决定未来将进一步加强合作,其中包括举办定期会议。

同年 10 月,第 52 届亚太地区民航局长会议召开,我们就亚太地区不同国家正在航空领域实施的各项举措交换了意见,其中包括增强航空运输能力、航空部门的环境措施以及航空专家的教育与培训。

10. 物流部门

在物流领域,日本、中国和韩国三边合作正在按 2014 年 8 月第五次中日韩运输和物流部长级会议达成的协议向前推进,比如研究如何加强车辆底盘的互换性,增加东北亚物流信息服务网络所涉及的日本、中国和韩国的港口,强化与东盟等国的关系伙伴等。

按照东盟—日本运输伙伴关系的框架,我们还在通过双边政策对话讨论物流环境的优化。我们还与柬埔寨和老挝(2015 年 10 月)以及马来西亚(2016 年 2 月)举行了物流政策对话。2016 年 3 月,我们为越南学生提供了拓展培训,为东盟地区培育出色的人力资源。

11. 地理空间信息部门

除向联合国全球地理空间信息管理专家委员会(UNCE-GGIM)派遣工作人员,促使联合国大会通过有关建立"全球大地测量参考框架"(GGRF)的决议之外,我们还派遣人员担任了联合国全球地理信息管理亚太区域委员会(UN-GGIM-AP)主席,并为该地区地理空间信息的开发和利用做出了贡献。

12. 气象和地震/海啸部门

按照世界气象组织的框架,日本利用自己的先进技术提供了各种信息,其中包括热带气旋预报,并与世界气象界交换了气象资料和技术信息。此外,按照联合国教科文组织政府间海洋学委员会的框架,日本还向该地区的多个国家提供了西北太平洋海啸咨询,为减轻海啸灾难做出了贡献。

13. 海岸警卫队

我们正在通过"北太平洋海岸警卫队论坛"(由日本、加拿大、中国、韩国、俄罗斯和美国6个国家组成)伙伴关系、亚洲海岸警备机构局长会议(19个亚洲国家和一个地区)、双边高层会议以及联合演习,积极推动海岸警卫组织在搜救和海事安全措施等领域的协调与合作。

日本还积极参与各种国际组织,通过国际航道组织(IHO)委员会制定海图制作标准,通过全球卫星搜救系统项目协调了西北太平洋地区,通过国际灯塔协会(IALA)委员会调查自动识别系统的发展,并根据《亚洲打击海盗及武装抢劫船只的地区合作协定》向信息共享中心派遣了日本海岸警卫队人员。此外,我们正在通过各种举措向国际社会做出贡献,比如帮助发展中国家提高海岸警卫队能力。

14. 国际运输

2016年1月,第八次日中交通高层会议四年来首次在北京举行,其旨在促进日本和中国展开副部级政策对话,讨论两国在交通运输方面的问题。会议决定双边将继续推进信息交流合作,进一步实施确保交通运输安全、应对大规模灾害的举措,维护和保障本地区的运输和物流服务。在海事方面,双方重申了通过国际海事组织开展的活动加强合作的重要性,并将在海事局长一级举行会谈。

韩国关系方面,我们根据1999年日本—韩国部长级会议达成的协议举行了部长级会谈,以协调交通部门的高层政策。2016年3月,第11次日韩交通合作会议在爱媛县松山市举行,我们就各种议题交换了意见,其中包括实现自动驾驶操作的措施和问题、网络邮购市场的扩展与物流、增强公共交通的便利性以及区域振兴。

第三节 国际标准化倡议

一、国际标准化方面的努力

为及早提高汽车的安全和环保性能以及使用效率,日本正在积极参加世界车辆法规协调论坛(WP29)的活动,以促进安全和环境法规的国际统一;同时日本也在利用这些活动向世界推广安全性能高、环保性能强的日本汽车,推进新技术普及。为促进这些活动的开展,我们正在稳步实施"监管和认证体系国际化行动计划",推动汽车监管和认证体系的国际化;这项计划包含四大支柱:①日本技术和法规的国际标准化战略;②建立国际整车型式认证体系(IWVTA);③促进亚洲国家参与国际统一的规则制定;④建立法规和认证全球化处理框架。

二、铁路部门的国际化和其他举措

欧洲正在积极推行欧洲标准的国际标准化,如果日本的优越技术被排除在国际标准之外,那么铁路系统海外扩展面临的障碍便会增多。这会影响铁路行业的全球竞争力,所以积极推进铁路技术标准国际化至关重要。为此,作为处理铁路相关国际标准的核心组织,铁道综合技术研究所的铁路国际标准中心正在积极推进铁路安全以及铁路产业的发展。

对于国际标准化组织(ISO)铁路应用技术委员会(TC269)的个别标准提案和委员会活动,日本已发挥了核心作用,取得了巨大成功。日本在各种国际会议[包括国际标准化组织/铁路应用技术委员会、国际电工委员会铁路技术委员会(TC9)组织的会议]上的形象得到极大提升,正在努力促进铁路技术的国际标准化。国家交通安全和环境实验室(独立行政机构)是国内第一个铁路行业国际标准认证机构,利用自己的认证办公室积累了可靠的认证经验,为日本铁路系统走向国际化做出了贡献。

三、船舶和船员国际标准

为减轻环境影响,提高航运安全性,推进日本出色节能技术的开发,日本率先对《国际海上人命安全公约》❶《防止船舶污染国际公约》❷《海员培训、发证和值班标准国际公约》❸的标准制定展开了讨论,所有意见都得到了国际海事组织的采纳。在协助东盟方面,我们帮助完善和协调了东盟地区的船舶安全条例,比如缔结了一份协议备忘录,其中包括同意成员国使用日本提供的安全条例指南。

此外,日本海岸警卫队还参加了由国际航道组织一个工作组主持的会议,商讨了航海图、航海出版物和航行警告方面的国际标准。为确保船舶交通安全,提高船舶运营效率,日本主动筹办了多场国际会议,另外还率先推出了下一代 AIS❹-VDES❺ 的国际标准。2016 年 2 月,日本海岸警卫队邀请国际灯塔协会(IALA)到日本举办研讨会,积极向 VDES 性能标准草案推荐日本的意见。

四、土木工程和建筑行业标准和认证体系的国际统一

在土木工程、建筑和住宅领域,我们正在推进行业标准和认证体系的国际统一,实施了进口建材性能进行认证和评级机构审批计划,获得了日本国际协力机构等组织的技术支持,并参与了 ISO 设计和施工技术标准的制定。同样,为了将日本积累的技术纳入国际标准,我们正在按照制定国际标准的趋势,讨论制定和修订国内技术标准。

---

❶《国际海上人命安全公约》。
❷《防止船舶污染国际公约》。
❸《海员培训、发证和值班标准国际公约》。
❹用于识别和定位船舶的自动识别系统。
❺VHF 数据交换系统。

五、智能交通系统的国际标准化

为促进智能交通系统的有效应用,为国际社会做出贡献,推动日本相关产业的发展,我们正在通过国际性的标准化组织(包括 ISO 和国际电信联盟)推进这项技术的国际标准化。

我们还专门参加了智能交通系统国际标准化技术委员会(ISO/TC204),并参与了使用 ETC2.0 探测数据的标准化活动。日本还率先制定了自动驾驶方面的国际规范,比如担任了智能交通系统和自动驾驶非正式工作小组和自动指挥转向功能非正式工作小组[由联合国世界车辆法规协调论坛(WP29)设立]的联合主席,提出了旨在实现高速公路自动驾驶的规程建议。

六、地理信息标准化

为确保不同地域之间地理信息系统(GIS)的兼容性和互操作性,日本积极参与了国际标准化组织地理信息技术委员会(ISO/TC 211)国际标准的制定。同样,我们也正在采取行动来规范国内的地理信息。

七、国际技术资格的相互承认

亚太经合组织工程师互认计划旨在根据参与国家和地区的技术资格互认,促进合格技术人员之间的流动。根据亚太经合组织建筑师计划(建筑师注册体系),日本分别与澳大利亚(2008 年 7 月)和新西兰(2009 年 7 月)签署了双边互认谅解备忘录,以促进建筑设计合格人才的流动。

八、污水处理部门

根据知识产权战略计划,我们正在努力推进污水处理领域的国际标准化,以期创建一个有助于提高日本企业竞争力并向海外扩展的国际市场。目前,我们积极参与了水回用技术委员会(ISO/TC282)、污泥回收、循环、处理和处置技术委员会(ISO/TC275)和雨水管理工作组(ISO/TC224/WG11)的相关工作,推动制定国际标准,确保相关的日本污水处理技术得到认可。

第十章 利用信息通信技术促进技术研发

第一节 利用信息通信技术促进土地、基础设施、交通和旅游领域的创新

我们正在与首相领导的信息技术战略总部（旨在打造先进信息和通信网络社会的战略总部）加强协调，进一步按照《打造全世界最先进的信息技术国家宣言》（2015年6月30日修订）实施土地、基础设施、交通和旅游领域的信息技术举措。

一、促进智能交通系统发展

智能交通系统（ITS）使用最新信息通信技术将人、道路和车辆等信息集聚在一起，能够优化道路使用，确保驾驶员和行人安全，显著提高运输效率和舒适性，解决交通事故和交通拥堵、环境和能源等各种社会问题，并能为汽车行业、信息技术行业等相关领域开拓新的市场。

按照《打造全世界最先进的信息技术国家宣言》（内阁2013年6月批准，2014年6月和2015年6月进行了修订）和《基于公私伙伴关系的智能交通系统概念和路线图》（信息技术战略总部2014年6月批准，2015年6月进行了修订），我们还积极推行道路交通信息收集与推广计划，传播有效的安全措施、交通拥塞应对措施和防灾措施，以期在日本实现全球最安全、最环保、最经济的道路交通系统。

1. 智能交通系统在社会中的推广及效果

（1）ETC的推广及效果

目前，日本所有的国家高速公路和大部分收费公路均已引入了电子收费系统ETC。截至2015年9月，新增装机量约为5125万套，其在全国所有高速公路的使用率约为90.0%。收费站过去的拥堵状况（约占高速公路拥堵成因的30%）已得到缓解，且有助于减少二氧化碳排放和环境负担。另外，我们还实施了ETC的支持措施，比如引入专用于ETC道口的智能IC系统和为ETC车辆提供折扣。除应用于收费公路之外，ETC还可用于停车收费和渡轮登船手续，显示了ETC服务的广泛化和多样化。

（2）优化道路交通信息的提供及其效果

搭载道路交通信息通信系统（VICS）的车载设备能够提供出行路线指导，截至2015年9月已出货约4837万套。该系统能够实时提供行程时间、拥堵情况和交通管制等道路交通信息，对于驾驶员非常便利。这最终有助于提高里程效率和减少环境负担，其中包括减少二氧化碳排放量。

2. 新的智能交通系统服务技术开发与普及

（1）利用ETC2.0

我们正在推广多项"智能道路"措施。其中包括使用车辆速度数据、行驶路线、旅行时间

数据以及 ETC2.0 车载设备（2015 年 8 月已进入市场）收集的其他各种大数据（图 Ⅱ-10-1-1），引入灵活的通行费率以减少拥堵和事故，推广高效的物流管理系统。

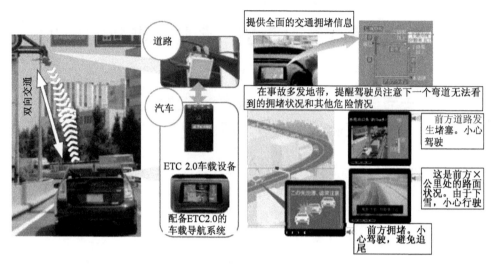

图 Ⅱ-10-1-1　ETC 2.0 提供的交通拥堵信息
资料来源：国土交通省。

图 Ⅱ-10-1-2　远距通信安全驾驶支持系统
　　　　　　［先进安全车辆（ASV）］说明
资料来源：国土交通省。

（2）推进"先进安全车辆"计划

在"先进安全车辆"方面，我们正在使用 ICT 等先进技术努力开发有助于提高驾驶员安全水平的"先进安全车辆"计划，加快商业化进程以及它们的广泛采用。2015 财年，我们在驾驶员过度自信应对措施、系统复杂化的趋势、基于通信（包括车辆之间的通信以及行人与车辆之间的通信）的安全驾驶支持系统（图 Ⅱ-10-1-2）等方面展开了研究。

二、实现自动驾驶系统

日本已被任命为联合国世界车辆法规协调论坛（WP29）设立的智能交通系统和自动驾驶非正式工作小组（2014 年 11 月成立）以及自动指挥转向功能非正式工作小组（2015 年 2 月成立）的联合主席，正在带头研究适用于自动驾驶系统的国际安全规则。

在国内，我们还将按照跨部门战略创新推进计划（SIP）的框架，与相关部委和机构展开合作，进一步研究基于通信的驾驶辅助系统商业化示范实验以及安全和稳定的驾驶员沟通系统。我们与经济产业省联合召开了自动驾驶业务审查会，探讨了今后十五年自动驾驶系统的发展方向和需要解决的相关问题。

三、加强社会对地理空间信息的综合利用

为通过信息通信技术加强社会对位置和地点信息（即"地理空间信息"❶）的利用，我们正

---

❶指示地理空间中特定点或区域的位置（包括与所述信息有关的时间信息）以及所有的相关信息，又称为 G-空间信息。

在推进建设"地理空间信息综合利用型社会",以便任何人都可根据内阁2012年3月发布的"推进地理空间信息利用基本计划"随时随地使用地理空间信息。

1. 维护和更新地理空间信息,夯实社会基础

我们正在各行政机构的协调下迅速开发和更新数字日本基本地图❶和基础地理空间数据❷,它们构成了各种地理空间信息的基础,应用范围十分广泛。我们正在开发国家土地方面的各种信息,比如航空照片、地理名称信息、国家土地数字信息等,并利用GNSS控制站对地壳运动展开持续监测。此外,相关系统也正在建设,以便能够及时评估和提供国家基础设施信息,比如地形分类信息(可用作未来灾害地图的基本制作材料)和灾难期间的紧急航拍图片。

2. 促进地理空间信息利用的举措

通过互联网广泛提供所开发的地理空间信息。此外,工业界、学术界和政府部门正在采取措施,进一步推动地理空间信息库建设,实现各种信息的搜索、浏览和下载;进一步完善GSI地图❸,促进网络多元信息的分层,推动整个社会对这些信息的共享和利用。为进一步向公众传播这些信息,创造新的产业和服务,我们开展了可有效用于防灾减灾、地方建设和地区振兴的验证项目。此外,通过产业界、学术界和政府间的合作,我们还在2015年11月成功举办了"G Spatial Expo 2015"。

四、实现电子政务

继《打造全世界最先进的信息技术国家宣言》之后,我们采取了各种举措来实现电子政务。特别是在网络应用方面,我们通过改革简化了行政程序和网络操作,提高了民众便利性和行政效率。

我们正在与各个部门加紧合作,为汽车购买提供"一站式服务",比如在线完成车辆检查、登记、停车位确认和各种税费缴纳等程序,目前11个城市的新车登记已采用该系统。根据内阁2013年12月24日通过的"独立行政机构改革基本政策",我们正在采取措施,争取2017财年结束前完成"一站式服务"在全国的部署,增加其负责的事务。根据2015年修订的《日本振兴战略》(内阁决议,2015年6月)和《打造全世界最先进的信息技术国家宣言》(内阁决议,2015年6月),我们正在研究便民措施,以便在汽车检查登记程序中采用"我的号码卡"(My Number Card)。

五、公共设施及其住房空间管理的光纤铺设和使用开放

根据"电子日本优先政策计划",我们推进了河流、道路、港口和污水处理厂公共设施及其住房空间管理的光纤铺设和使用开放。截至2015年4月,政府控制的、用于河流和道路管理

---

❶新的可作为国家基本地图的电子地图,而不是1∶25000地形图等之类的传统纸质地图。除能真实描绘国家领土之外,它还与日本国土地理院提供的地理空间信息构成了日本土地状况的最基本信息。

❷是确定数字地图地理空间信息位置的依据,比如大地控制点、海岸线、公共设施边界和行政边界的位置信息。规范和标准由国土交通省的部级法令定义。日本国土地理院在2011财年完成了初步开发,目前正在与数字日本基本地图一起更新。

❸日本国土地理院(http://maps.gsi.go.jp/)运行的Web地图,已发布1200多条地理空间信息。

的光纤总长约为38000km,其中约18000km不会影响设施管理的核心电缆已提供给了私营部门使用,2015年新增约400km。

六、利用信息通信技术进行水资源管理和水灾预防

近年来信息技术不断发展,我们正在应用新技术来进一步提高水资源管理和水灾预防水平。

在河流及其流域监测方面,我们为降雨观测引入了XRAIN(国土交通省X波段MP雷达网络),近实时地观测当地降雨。为观察流量和水位,我们正在引入和实践一些新技术,比如ADCP(声学多普勒流速剖面仪)和基于闭路监控及其他类型图像的图像分析。为确定洪灾的严重程度,2015年9月关东和东北地区暴雨期间我们使用卫星SAR系统(Daichi-2)进行了应急观测[图Ⅱ-10-1-3a)]。我们还在使用大数据展开研究,其中包括社交网站的帖子和各种类型的位置数据。

a)2015年9月关东和东北地区普降暴雨时使用SAR系统拍摄到的观测影像(茨城若索市附近)

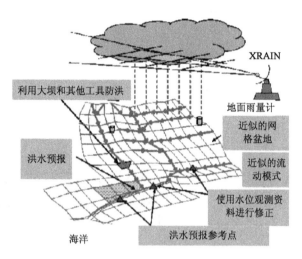

b)分布式水文模型的洪水预报

图Ⅱ-10-1-3 信息通信技术应用于精细水管理和防洪实例

注:1. ALOS-2/PALSAR-2(RGB合成图像 R;G;B=2015/07/31;2015/09/11;2015/09/11)。
观察时间:2015年9月11日,约22:56(日本标准时间)
2. 地图比例尺:1:30000(A1纸打印时),约1:21213(A0纸打印时)。
3. 投影方法:UTM54(JGD2000)。
4. 图像中的红色和蓝色代表2015年7月31日以来已发生变化的区域。特别是红色区域受到17号和18号台风所引发暴雨、洪水和水面上升的影响最大。鬼怒川沿线也可看到溃堤或溢流。

资料来源:国土交通省。

除通过航空激光轮廓测量获得高精度地形数据之外,我们还在利用移动测绘系统(MMS)图像数据来提高维护和管理效率。

为进一步推进危机管理,我们实施了基于"分布式降雨径流模型"的洪水模拟和风险理解

计划[图Ⅱ-10-1-3b)],这种洪水预报模型与传统相比更先进,能依据雨量、水位和高精度地形数据等信息做出判断。

另外,对于暴雨等造成的泥沙灾害,我们还想方设法对异常情况进行持续监测,比如可高精度观测大面积降雨情况的雷达雨量计、火山监测摄像机、滑坡监测系统等。此外,为应对深层灾难性滑坡灾害,我们正在开发深层灾难性滑坡监测预警系统,以便及早发现灾害发生的位置和规模,快速采取应急措施,通过适当的警告和疏散来预防和减轻损失。

在污水处理领域,我们正在调查和改进传感器实地勘测的高效性和有效性,通过大数据和分析技术的综合利用来有效管理排水,利用模拟技术和预测技术优化设备操作。

七、利用大数据为地方线路公交企业创新提供支持

1. 利用大数据为地方路线公交企业创新提供支持

由于人口减少、出生率下降和人口老龄化,公交企业(尤其是地方线路公交企业)经营状况正在恶化,人们担心公共交通网络将会萎缩,服务水平进一步下降。加强公交企业管理、重组地方可持续公交网络已成为当前迫切需要解决的问题,许多地方正在研究经营者加强管理的措施和地方政府的公共交通重组计划。

根据2014财年的信息通信技术与公共交通调查研究,我们在2015财年利用大数据和数据分析推出了一种商业模式,为地方线路公交企业创新提供支持。这方面的商业创新包括利用大数据进行市场调查,以确定人口流动的实际状况和居民需求,通过管理分析来评估公交企业的收入和支出;重新设置公交路线和时间表;制定管理改进措施;持续实施、评估和审查。

作为2015财年研究的一部分,在验证了新潟市和新潟交通株式会社示范项目(采用了快速公交系统并调整了公交路线)商业模式的实用性和有效性之后,我们根据相关结果决定在更多地区采用和推广这种商业模式。

2. 汽车相关信息的利用

为按照2015年1月制定的"汽车相关信息利用未来愿景"进一步推广远程信息处理保险服务,我们与率先推出此类服务的保险公司合作,共同分享了核查结果、确定了事故减少情况。通过验证和评估活动,我们意在确定可追溯性数据的存在能否影响二手车购买的成交率,从而通过收集和使用车辆历史信息来提供可追溯性服务。通过这种方式,我们为创造新服务、通过汽车相关信息的使用推进工业创新采取了具体措施。我们将继续研究引入新服务的可行性评估框架,以及为实现新服务而收集、管理和提供信息的框架;积极推进环境优化,促进汽车相关信息的利用。

第二节 促进技术研发

一、技术研发在技术政策和全面推广中的地位

2015年修订的《日本振兴战略》(内阁决议,2015年6月)指出,日本工业振兴计划的一个支柱是"促进科学、技术和创新",要通过《科学、技术和创新综合战略》(内阁决议,2015年6

月)的实施来充分发挥科学、技术和创新的作用。在通盘考虑政府整体政策(包括"科学技术基本计划")的基础之上,国土交通省按照自己的"第三个基本计划"进一步完善了产学官协作框架,全面推进了跨行业技术研发;目前正在积极采取公共工程、建筑和运输业等领域的成果。

1. 各种机构组织、特别机构、外部机构和国家研发机构的举措

国土交通省管辖的各种机构组织、特别机构、外部机构和国家研发机构所采取的主要举措如图Ⅱ-10-2-1和图Ⅱ-10-2-2所示。国家研发机构根据社会和行政需要选择性地开展有效研究,以期提高日本科学技术水平和其他能力,利用最大研发成果促进国民经济的健康发展。

组织等	概述
日本国土地理院	日本国土地理院隶属于地理和地壳动力学研究中心,旨在通过研发活动的开展加强社会对先进地理空间信息的利用;利用各种地壳运动数据开发可监测板块边界滑差率和前滑状况的系统,为防灾和环境目标做出贡献;使用卫星SAR干涉法可对监测复杂地壳运动的电离层校正技术展开研究;探寻有效的土地脆弱性信息检测方法,制作地震危害地图;利用全自动航空三角测量技术提高正射影像效率
国土交通旅游政策研究所	国土交通旅游政策研究所旨在开展调查和研究活动,为国土交通领域的政策制定做出广泛贡献。2015年度开展的研究课题包括:运输企业的组织安全管理方法;利用大数据进行土地、基础设施、交通和旅游管理;与各参与方加强合作,维护和更新战略公共基础设施;预测访日外国游客国内地域分布的方法
国土技术政策综合研究所(NILIM)	国土技术政策综合研究所的研究和开发工作主要侧重于基础设施维护,这一领域包括诊断道路结构完好性的方法,制定修理和加固工程的方法,研究污水检查和劣化诊断技术;研究防灾、减灾、危机管理方法,这一领域包括利用实时观测和监测数据精确预测泥沙灾害的方法,尽可能延长河堤崩溃时间的技术,海啸发生时有助于居民逃离港口或海港的安全技术;研究定量评价技术的智能化应用,通过ETC 2.0促进道路的有效利用,将节能设计引入各种房屋骨架结构;进行工作程序创新,比如通过公私合作关系推进项目实施的新方法
气象研究所	对天气、气候、地震、火山和海洋现象展开研究,加强认识和预测,为"强化台风暴雨应对措施""强化地震、火山、海啸灾害应对措施"和"强化气候变化和全球环境应对措施"做出贡献
日本海岸警卫队	对海岸警卫相关设备材料进行试验和研究,开展海上法医科学试验研究,推进海底地壳运动观测技术

图Ⅱ-10-2-1 2015财年机构组织、特别机构和外部机构的主要举措

2. 各区域发展局的举措

针对土木工程材料和水质的测试和研究、有效和高效设施开发的水力测试和设计、开发环境监测系统及其他技术开发事宜,技术和工程办公室与港口和机场技术调查办公室同各自管辖的办事处积极展开协调,利用和推广地区适用的新技术。

3. 推动建筑和交通运输领域的技术研发

对于涉及面广、亟待解决的重大施工技术研究课题,政府部门率先与工业界、学术界和政府展开协调,全面组织实施"综合性技术开发项目",2015财年针对"灾害现场建筑物功能持续性技术开发"等五个课题进行了研发。

国家研发机构	概 述
土木研究所*	通过研究开发，为高效率地创造优质社会资本和北海道的发展做出贡献，比如"密集化和多样化自然灾害的预防、缓解和早期恢复研究""社会资本存量的战略维护和管理研究"和"绿色社会基础设施创新技术研究"
建筑研究所*	研究与开发住房、建筑和城市规划等相关技术，比如"低碳住宅、建筑和城市建设研究与开发""提高建筑物抗震安全性的技术研究与开发"
国家交通安全与环境实验室	在陆上交通安全保障和环境保护、汽车技术标准符合性评估、召回相关技术评估等方面开展试验研究，其中包括"促进下一代重型车辆的开发和商业化"和"行人与车辆通信要求调查"
海上技术安全研究所*	在海上运输安全保障、海洋环境保护、海洋开发和先进海洋运输等方面开展研究，其中包括"海洋事故高精度再现先进分析技术研究""减少环境破坏的船舶绿色演变研究"和"可再生能源生产系统安全评估方法研究"
港湾空港技术研究所*	在确保社会安全、维护和创造优良沿海环境、建设充满活力的经济社会等方面展开研究与开发，其中包括"大规模地震和海啸中的社区保护研究""沿海生态系统保护与恢复以及二氧化碳的吸收""封闭沿海海域环境改善"和"港口和海港与机场设施战略维护与管理研究"
电子导航研究所*	针对先进的空中交通管理系统进行研究与开发，比如"提高航空公司能力""提高繁忙机场的处理能力"和"空地安全技术"

图Ⅱ-10-2-2　2015财年国土交通省所管辖国家研发机构的主要举措

注：*国家研发机构。

另外在交通运输领域，通过与工业界、学术界和政府协调，我们有效推进了有助于确保安全、提高便利性和保护环境的技术研发。2015财年，我们对利用高精度定位技术的公共交通系统进行了升级技术开发。

4. 为私营部门技术研发提供支持

为促进私营部门加大研发投资力度，我们为实验和研究费用提供了税收优惠措施。

5. 推进开放式研发

为促进建筑领域的技术创新，我们通过"施工技术研发资助计划"公开呼吁要利用技术发展解决政策问题（2~3年针对性地商业化），邀请各方提出技术研发建议，帮助提高国土交通省所管建筑技术的国际竞争力，并进一步推动国土交通省的研发工作。2015财年，共有9个新问题和6个老问题得到了处理。

2015财年，我们通过"交通技术开发促进系统"对五个研究课题进行了公开意见征集，其中包括防灾减灾措施中的防老化措施、交通基础设施的适当维护和更新等。该系统在国家政府一级研究了国土交通省基本计划和技术方面真正需要解决的政策问题。三个新问题和六个老问题得到了处理。

二、促进新技术在公共工程中的利用和采用

1. 公共工程新技术利用系统

为积极利用民营企业开发的先进新技术，我们专门利用新技术信息系统（NETIS）建立了"公共工程新技术利用系统"。截至目前，已有23项推荐技术和53项第二推荐技术被选为创新性新技术，它们将能进一步提高公共工程技术水平。此外，为提高现场维护和管理效率，促进新技术的现场采用与进一步开发，我们利用新技术信息系统设立了技术主题，以使用和评估

现场提交的技术。

2.为新技术利用提供支持

为促进公共工程和其他领域的新技术利用,每个设计阶段我们都会进行应用评估,签订施工合同时就会确定具有较高应用价值的技术。对于正在积极考虑使用的新技术,2012—2015财年为七种技术制定了有助于简化合同过程的临时单价。

第三节 改进施工管理技术

一、改进公共工程成本核算技术

为加强公共工程的透明度,我们公布了各种价格数据标准。2015财年,我们进一步实施了"i-Construction",为信息通信技术建设制定了新的评估标准。"i-Construction"可将信息通信技术融入研究、调查、设计功能、施工、检查、维护功能和更新流程,有助于提高生产力。

除推广"i-Construction"之外,我们还修改了评估标准,以便完善养护部门的相关标准,提高所有建筑工地的生产力和吸引力。它们包括审查新的桥梁保护工作和估算维修费用,修订质量检验法;审查主要大都会功能的改进,完善交通指导和安全人员采用的记账方法。

此外,土木工程的标准百分比也得到了修订。2015财年,为应对社会基础设施的老化,我们增加了维护保养的建筑类别,调整了相关占比,并根据最新的建筑情况修正了建筑效率的百分比。

另外,对于建筑机械折旧费用,我们对承包商的建筑机械进行了实地研究,对基本价值、维护和管理费用、运营成本进行了评估和修订。

二、施工信息模型/管理(CIM)和建筑信息模型(BIM)计划

施工信息模型/管理(CIM)通过连接和开发从勘察、规划和设计阶段到施工和维护管理阶段的三维模型,促进有关各方在整个项目中分享信息,从而实现所有阶段流程的无缝连接。继2012财年开始试运行之后,2015财年工业界、学术界和政府共同合作,又从系统和技术两个方面进行了CIM采用和推广研究。

我们于2010财年开始推进建筑信息模型(BIM)的试运行,进行设计内容的可视化处理和建筑信息的整合,从而验证BIM的采用效果,发现可能出现的问题。此外,"政府建筑工程项目BIM模型开发和使用指南"也于2014年3月编制完成,概述了政府建筑项目使用BIM时需要考虑的基本原则和考虑因素。我们从2014财年起便一直根据这一指南推进BIM的应用。

第四节 建筑机械和机械设备技术开发

一、建筑机械的开发和供应

为对国家管理的河流和道路进行适当的维护和管理,针对灾难做出快速反应,全国各地正在开展采用机械的维护管理和灾害应对工作。2015财年新增机械41台,更新机械279台。

此外,为提高防洪工程和道路建设项目的施工效率和安全水平,节约劳动力,建筑机械和施工工艺方面的研究开发也正在推进。

二、优化机械的维护和管理,提高可靠性

为保护公民生命财产安全,我们从 1965 年年底开始进一步推进了闸门设施、蓄排水泵设施和道路排水设施建设,更新了许多老化设施。为确保这类机械设备在洪水期间的可靠运行,我们还修订了《大坝和水闸设备技术规范(草案)》,新制定了《河闸和河泵系统检查与开发程序(草案)》。

三、建筑技术开发成果的利用

为在大型水灾、泥沙灾害、山体崩塌等次生灾害危险性较高的灾害现场安全、快速地开展恢复活动,我们研制了可以遥控、拆卸、空运的液压挖掘机。全国已部署 11 台,有的已参加了灾后恢复工作。

四、为下一代社会基础设施而开发、引入机器人

日本的社会基础设施正面临许多问题,比如年久失修,地震、暴风雨和洪水灾害风险上升。因此,对于需要开发和引入机器人的"五个重点领域"(维护和管理:桥梁、隧道和水;灾难响应:调查和紧急恢复),我们正计划开发和引入非常有用的机器人(图Ⅱ-10-4-1),采取措施加强社会基础设施的维护和管理,提供灾害应对效率。2015 财年,我们公开呼吁私营企业和大学优先研发上述五大领域的机器人,并希望能从下个财年开始试验性引入。在下一代社会基础设施机器人实地调查委员会的监督下,由我们直接授权的地点为提交的 80 项技术进行了测试和评估,相关结果随后已公布于众。

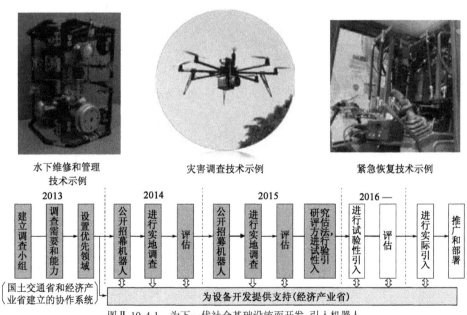

图Ⅱ-10-4-1 为下一代社会基础设施而开发、引入机器人

资料来源:国土交通省。